Prophet des Neuen Stil
Der Architekt und Designer Henry van de Velde

Klassik Stiftung Weimar
Jahrbuch 2013

Klassik Stiftung Weimar
Jahrbuch 2013

Prophet des Neuen Stil
Der Architekt und Designer Henry van de Velde

*Herausgegeben von
Hellmut Th. Seemann
und Thorsten Valk*

WALLSTEIN VERLAG

Inhalt

HELLMUT TH. SEEMANN
Vorwort 9

I. Künstlerische Strömungen und geistige Prägungen

CARSTEN RUHL
Henry van de Velde, das Bauhaus, der Internationale Stil
und die Historiographie der Moderne 17

GABRIEL P. WEISBERG
Jugendstil und Japonismus
Zur Katagami-Rezeption im Frühwerk van de Veldes 33

OLE W. FISCHER
Weimarer Transkriptionen
Henry van de Velde interpretiert Friedrich Nietzsche 53

THOMAS FÖHL
Neuer Stil und Expressionismus
Henry van de Velde und Ernst Ludwig Kirchner 65

ANTJE NEUMANN
Ein exklusives Interieur, Gewänder wie Tapeten
und Goethes Gartenmauer
Henry van de Velde in der Karikatur um 1900 87

II. Maler – Architekt – Gestalter

GERDA WENDERMANN
Zwischen Realismus und Neoimpressionismus
Henry van de Veldes Anfänge als Maler 103

ULRIKE WOLFF-THOMSEN
Linie und Ornament
Henry van de Velde in seinen frühen kunsttheoretischen Schriften . . 129

DIETER DOLGNER
»Ich war totaler Autodidakt«
Henry van de Veldes Selbstverständnis als Architekt 145

JÉRÉMY VANSTEENKISTE
Henry van de Velde als Schöpfer seiner eigenen Wohnhäuser
Bloemenwerf – Hohe Pappeln – De Tent – La Nouvelle Maison . . . 169

SABINE WALTER
Agent der Moderne
Henry van de Velde als Kunstsammler und -vermittler 193

III. Wirken in Weimar

HANSDIETER ERBSMEHL
»Nun haben wir ein Haus und ein Wahrzeichen«
Henry van de Velde und das Nietzsche-Archiv 219

NORBERT KORREK
Enttäuschte Hoffnungen
Drei Architektur-Entwürfe von Henry van de Velde
in den frühen Weimarer Jahren 243

URSULA MUSCHELER
Expressive Heiterkeit und pathetische Schönheit
Henry van de Velde, Harry Graf Kessler und die Welt des Theaters . 263

ANGELIKA EMMRICH
Von Friedrich Justin Bertuch zu Henry van de Velde
»Künstlerische Hebung von Handwerk und Industrie« in Weimar . . 281

UTE ACKERMANN
Eine Allianz für Weimar?
Henry van de Velde und Walter Gropius 301

VOLKER WAHL
1903 – »Das neue Weimar« und seine Folgen 323

Nachrufe	337
Jahresbericht	342
Siglenverzeichnis	380
Mitarbeiter des Bandes	381
Bildnachweis	382

Henry van de Velde, Türbeschläge am Portal des Nietzsche-Archivs, Weimar, 1903

Vorwort

Das Haus, das Henry van de Velde für sich und seine Familie baute, steht immer noch, mehr als hundert Jahre nach seiner Errichtung, am Rande Weimars. Man ruft es noch heute, wenn man es auf dem Weg nach Schloss Belvedere auf der Westseite der Allee kurz zwischen den Bäumen durchlugen sieht, mit dem Namen auf, den van de Velde ihm einst gab: Haus Hohe Pappeln. Indessen sind weit und breit Bäume dieser Gattung schon seit Generationen nicht mehr zu entdecken. Stattdessen wird die Villa von hohen Fichten umstanden, die ein späterer Bewohner des Hauses in großer Zahl in den weitläufigen Garten setzte. Das macht einen eher düsteren Eindruck. Zwar war Haus Hohe Pappeln von Beginn an ein Projekt des strengen Stils, des hohen Tons, aber das Jahrhundert seit der Entstehung hat das Haus über sein gestalterisches Anliegen hinaus verdunkelt. Dunkel sollte es gerade nicht wirken. Schon der Name »Hohe Pappeln« lässt an Landschaften der Schule von Barbizon denken, an westliche Winde und rauschende Baumwipfel. Kurzum: Van de Velde errichtete im Süden Weimars einen durchaus ernsten, vielleicht sogar strengen Bau, mit dem er vor allem seinen *Gestaltungswillen*, sodann seinen *Behauptungswillen* und schließlich gewiss auch einen *Rückzugsort* für sich und seine große Familie markieren wollte.

Von der Familie ist nichts geblieben. Kein Jahrzehnt konnte sie in diesem Haus leben. Nicht einmal den finanziellen Gegenwert erhielt van de Velde, als es ihm nach dem Ende des Ersten Weltkriegs schließlich gelang, das Haus zu verkaufen. Die Inflation hatte alles vernichtet.

Van de Veldes Behauptungswille erschließt sich der historisch interessierten Betrachtung. Der Entschluss, ein Haus für sich und die Familie zu bauen, entsprang 1906 keineswegs nur der pragmatischen Erwägung eines Vaters von fünf Kindern. Van de Velde war seit vier Jahren in Weimar, als er begann, nach einem geeigneten Grundstück Ausschau zu halten. Wenn er sich gerade jetzt anschickte, ein eigenes Haus zu errichten, so war damit die Aussage verbunden, Weimar solle auch weiterhin der Ort seines Lebens und Schaffens sein. Das war gerade im Sommer des Jahres 1906 eine starke Erklärung. Denn mit der Demission Harry Graf Kesslers als Direktor des Museums für Kunst und Kunstgewerbe war auch seine eigene Position als zweiter Protagonist des Neuen Weimar in Frage gestellt. Das Haus Hohe Pappeln erwies sich somit als Stein gewordene Versicherung, trotz des Rückzugs von Kessler bleiben zu wollen. Wir wissen heute, dass diese Treue van de Veldes zu dem Auftrag, den er in und für Weimar übernommen hatte, einseitig war. Schon wenige Jahre später musste er erfahren, dass man, ohne ihn davon unterrichtet zu haben, nach einem Nachfolger suchte. Bevor man ihn hinauskehrte, zog er es 1914 vor, von sich aus zu kündigen. Eine von den wirklich trostlosen Weimarer Geschichten. Allerdings erzählte sie sich ganz anders zu Ende, als von ihren Agenten vorgesehen. Aber wer wird schon, wenn er Intrigen spinnt, daran denken, dass die ganze und damit auch die eigene Welt untergehen könnte? Schließlich kam es so, dass van de Velde, ganz gegen seinen Willen, Weimar erst 1917 verlassen konnte – und so kaum eineinhalb Jahre bevor auch der Großherzog, dessen Ruf nach Weimar er fünfzehn Jahre zuvor angenommen hatte, die Stadt eilends verlassen musste.

Diese Zusammenhänge sieht man dem zurückgesetzt an der Belvederer Allee liegenden Wohnhaus nicht an. Sie erschließen sich erst dem, der das Haus, wie es da steht, nicht nur als solches betrachtet, sondern als historisches Dokument in den Kontext seiner Entstehungszeit einordnet. Dass es aber – und dass es vor allem – ein Zeugnis für den Gestaltungswillen seines Erbauers ist, das hingegen sieht jeder bis zum heutigen Tag augenblicklich und ohne weitere Anleitung.

Van de Veldes Existenz als Architekt hatte 1895 mit der Errichtung seines ersten Hauses begonnen. Bloemenwerf, wie er es nannte, in einem Vorort von Brüssel gelegen und durch das Geld seiner Schwiegermutter ermöglicht, dieser bis heute hinreißende Geniestreich eines Autodidakten von gerade einmal 32 Jahren begründete seinen Ruhm als Gestalter des Neuen. Die Irritation, die von der Villa ausging, ist noch immer nachzuvollziehen. Hielten viele, die das allem Gewohnten widersprechende Haus damals sahen, seinen Architekten vermutlich für übergeschnappt, sahen die Spürhunde der Moderne sogleich, dass hier ein neuer Stern aufgegangen war. Bloemenwerf ist eine Inkunabel des Jugendstil.

Ein Dutzend Jahre nach diesem Statement eines unbändigen, man kann auch sagen: nur durch die Freiheit eines gänzlich neuen Stils zu bändigenden Gestaltungswillens errichtete van de Velde sein zweites Haus. Zum zweiten Mal das Haus schlechthin, das Haus des Architekten. Als Eigenheim wäre es gänzlich falsch bezeichnet, eher schon ein Eigenhaus: das Haus Hohe Pappeln. Wer nun erwartet, eine Fortsetzung von Bloemenwerf zu sehen, gar eine organische Weiterentwicklung des Jugendstil-Gedankens, irrt vollständig. Das Haus Hohe Pappeln ist die Überwindung des Jugendstil durch einen seiner Erfinder. Aber das Entscheidende an diesem Haus ist nicht, dass es den Jugendstil durch die ›Entdeckung‹ eines neuen Stilprinzips überwindet. Der eigentliche Effekt des Hauses besteht darin, dass es ein Haus ohne Stil ist. Oder, mit Jules Renard zu sprechen: Sein »Stil ist das Vergessen aller Stile«.

Helene von Nostitz hat es Mitte der zwanziger Jahre in ihrem Erinnerungsbuch *Aus dem alten Europa* im nostalgisch getönten Rückblick auf die untergegangene Welt der Vorkriegszeit zutreffend gesehen: »Als ob sich der Boden gewölbt hätte, so wächst [...] van de Veldes Haus, klein, fest und organisch wie eine Pflanze aus der Erde«. Die Pflanzen-Assoziation war bei der Erinnerung an den Jugendstil-Künstler, der van de Velde für seine Zeitgenossen immer blieb, vermutlich unvermeidlich, auch wenn sein Werk seit der Mitte seiner

Weimarer Jahre kaum noch etwas mit dem Jugendstil zu tun hatte. Entscheidend ist die Formulierung »als ob sich der Boden gewölbt hätte«, denn darin kommt die richtige Assoziation zum Ausdruck, die des, wie der Geologe sagt, »anstehenden Steins«. Herb und unverrückbar ist die Kubatur des Hauses in das Gelände gerückt. So könnte ein Geschiebe eiszeitlicher Herkunft am Fuß einer flachen Senke liegen. Durch einen ebenso einfachen wie genialen Zug erreicht van de Velde diese Wirkung. Er ordnet den langrechtwinkligen Korpus, der wie ein Naturstein nach oben, vor allem aber zu den Schmalseiten hin spitz zulaufende Bruchkanten aufweist, in den hinteren Bereich des Grundstücks und nimmt ihn zugleich aus der markanten Achse, die durch die Allee vorgegeben wird, heraus, indem er ihn leicht schräg auf dem Grundstück platziert. So gewinnt der ganz ungewöhnlich wirkende Bau zugleich den Anschein völliger Natürlichkeit. Der tatsächlich am Ilmhang unter der Erdkrume liegende Travertin hat sich hier als ein Bruchstück dieses Materials aus der Erde herausgehoben, wobei das Erdreich auf dem Steinbrocken liegen blieb und nun als dunkle Kappe erscheint, die dem Haus tief ins Gesicht gezogen ist und seine ganze obere Hälfte ausmacht. Nichts strebt hier nach Harmonie, aber alles nach Natürlichkeit. Absichtslos und wie von blind wirkenden Kräften gefügt, hat sich nach Jahrmillionen eine endgültige Form ergeben, in die man von Norden her mehr eindringt als eintritt. Es wirkt wie der natürliche Zugang zu einer Höhle, was van de Velde hier geschaffen hat.

Umso verblüffender und beglückender zugleich ist die Wirkung auf den Eintretenden, der in das Herz des Inneren, die Diele in der Mitte des Hauses, gelangt. Alles wirkt plötzlich verwandelt, ja, umgewandelt. Das Dunkle ist dem Hellen, das Beliebige dem Wohlkalkulierten, das Kantige der fließenden Form gewichen. Lichtdurchflutet liegen die Haupträume des Hauses vor dem Eintretenden, der sich wie von selbst aus der Diele in den mittleren Salon geleitet findet. Nach Norden gelangt er in das Arbeitszimmer des Hausherrn, nach Süden in das Speisezimmer, von dem aus er die Terrasse erreicht, die das Haus wie ein Flanierdeck an der südlichen Schmalseite umfasst: das Licht aus Osten, Süden und Westen den ganzen Tag über ausnutzend und zugleich vom Haus in den Garten überleitend. Hatte das Äußere die steinige Kargheit der Natur wiedergegeben, so dominiert im Inneren eine bestechende Klarheit. »Klein«, wie Helene von Nostitz schrieb, kann man das Einfamilienhaus mit seinen 500 Quadratmetern Nutzfläche nicht wirklich nennen, gleichwohl liegt in dieser Rückerinnerung etwas Richtiges, denn hier wirkt nichts prachtvoll oder gar pompös, sondern allenfalls wohlproportioniert. So sollte der Mensch wohnen können. Eine letzte unsichtbare Pointe des Hauses Hohe Pappeln sei erwähnt: Die längliche Kubatur, sagten wir, sei aus der Achse, die von Weimars Prachtallee vorgegeben war, in antiklassizistischer, naturhaft wirkender Manier herausgerückt worden. Das bleibt richtig. Aber wohin wurde sie verlegt? Exakt in die Nord-Süd-Achse, ins vom Menschen gefundene Lot, das von der Allee aus barocker Zeit eben um einige Grad verfehlt worden war. Was zunächst und von außen zufällig wirkt, erscheint, allerdings nur dem mit einem Kompass Ausgestatteten, im Innern und auf den zweiten, den bewussten Blick hin strikt genordet.

Keineswegs alles, was van de Velde in Weimar angriff, ist ihm gelungen. Dabei ist gar nicht einmal in erster Linie an die vielen Projekte zu denken, die sich aus vielerlei Gründen zerschlugen. Auch seine Entwürfe der Weimarer Zeit, ob nun realisiert oder nicht, können keineswegs alle gleichermaßen überzeugen. Seien wir froh, dass der Nietzsche-Gedenkort Papier und Gedanke blieb. Aber auch auf manch anderes, so etwa die Umwandlung des Großherzoglichen Museums von Josef Zítek in einen schicken Luxusliner für Kunstevents, verzichten wir mit allenfalls *einem* tränenden Auge.

Die anderthalb Jahrzehnte van de Veldes in Weimar waren in vieler Hinsicht seine fruchtbarsten, darüber gibt es in der architekturgeschichtlichen Forschung kaum Streit. Aber allzu vieles ist van de Velde – oft auch durch die Missgunst seiner Umgebung – versagt geblieben. Man muss sich bewusst machen, dass die Jahre seiner Arbeit in Weimar Jahre eines enormen Aufschwungs in der kleinen Stadt waren. Ganze Stadtteile entstanden zwischen dem Jahrhundertanfang und dem Ersten Weltkrieg. Van de Velde hat von diesem vergleichsweise großen Kuchen wenig abgeschnitten bekommen. Neben den beiden außerordentlich bescheiden budgetierten Hochschulgebäuden, die seit 1996 zum UNESCO-Weltkulturerbe gehören, und zwei allerdings üppigen Villen in der südwestlichen Vorstadt (Henneberg und Dürckheim) fiel in der allgemeinen Baukonjunktur Weimars zwischen 1902 und 1917 für den Architekten nichts Größeres ab. Der Platzhirsch hieß nicht Henry van de Velde, sondern Rudolf Zapfe. In Abwandlung eines berühmten Essay-Titels von Walter Benjamin kann man sagen, dass die Weimarer Zapfe bauten, als van de Velde hier seine visionären Pläne zeichnete. So stehen den vier erwähnten Gebäuden des Belgiers 400 Zeugnisse des Baumeisters Zapfe aus Weimar gegenüber.

Aber dann ist da eben auch noch dieses eine und einzigartige Haus, das Haus Hohe Pappeln. Inkommensurabel steht es, zeitlos und modern, einfach und raffiniert, massiv und funktional, außer jeder Relation zu Rudolf Zapfe ›e tutti quanti‹. Es gibt aus dem Munde oder der Feder Henry van de Veldes kaum etwas Geharnischtes gegen Weimar zu zitieren. Er trug der Stadt nichts nach. Als er ging, war er mit sich im Reinen. Das Haus Hohe Pappeln mag diesen Gleichmut maßgeblich gefördert haben. Van de Velde wusste, dass es Bestand haben würde. So wie etwas Bestand hat, das seinem Wesen nach außerhalb der Umstände, unter denen es entstanden ist, existiert.

Wenn Weimar mit der Gründung des Staatlichen Bauhauses nach dem Ende des Ersten Weltkriegs noch einmal, um mit Goethe zu sprechen, wie »Bethlehem in Juda« zugleich »klein und groß« sein durfte, so ist der letzte Prophet vor dieser Erscheinung ohne Zweifel Henry van de Velde. Aber auch nur bis hierher mag die historische Anspielung plausibel sein. Keineswegs richtig wäre es hingegen, die Linie der Analogie dahin auszuziehen, der Vorläufer sei nicht wert gewesen, dem auf ihn Folgenden die Schuhriemen zu lösen. Wie wir an den Narrativen des historischen Fortschritts generell und zu Recht zweifeln, so wollen wir auch in dem Haus Hohe Pappeln nicht den Vorläufer des von Georg Muche entworfenen Hauses Am Horn erkennen, auch wenn dies letztere heute zum Weltkulturerbe gehört. Henry van de Velde trug der Stadt, als er ihr den Rücken kehrte, nichts nach, weil er in ihr etwas hinterlassen hatte, das zwar nicht unverwüstlich, aber keinesfalls verbesserungsfähig war. Wenn er einmal sagte: »Jeder kleine Teil der Zeit, jede Minute sehnt sich danach, ihre Seele einem Kunstwerk einzuhauchen, das diese Minute verewigen, ihre Seele in Ewigkeit aufbewahren soll«, so durfte er gewiss sein, dass sein Haus Hohe Pappeln als ein Inbegriff seiner in Weimar verbrachten Lebenszeit ihn selbst wie ein Kunstwerk verewigen würde.

Es war im Frühjahr 2012 ein gutes Vorzeichen für das nun zu eröffnende Van-de-Velde-Jahr, dass die Klassik Stiftung das Haus Hohe Pappeln endlich erwerben konnte. Bis dahin nur Nutzerin der Liegenschaft, ist es der Stiftung nun möglich, das Haus und den Garten langfristig zu erhalten und weiter zu entwickeln. Die Nachhaltigkeit des Van-de-Velde-Jahres 2013 ist so auf die schönste Weise bereits im Vorfeld gesichert. Mit dem neuen Jahrbuch der Klassik Stiftung wird nun ein weiterer Schritt getan, der dem reichhaltigen Veranstaltungs- und Ausstellungsprogramm des Van-de-Velde-Jahres vorausgeht. Allen, die an dieser Publikation mitgewirkt haben, den Autoren und Redakteuren, den Gestaltern und Herstellern, danke ich an dieser Stelle von Herzen. Mein besonderer Dank geht an meinen Mit-Herausgeber Thorsten Valk, der ohne Zweifel die Hauptlast der Arbeit an diesem Jahrbuch 2013 getragen hat. In den Dank an ihn sind die umsichtigen und fleißigen Mitarbeiterinnen, insbesondere Angela Jahn und Ann Luise Kynast, selbstverständlich eingeschlossen.

Mit dem Erscheinen des Jahrbuchs am 16. Februar 2013, dem Tag des Jahresempfangs der Klassik Stiftung, der zugleich der 227. Geburtstag der Großherzogin Maria Pawlowna ist, beginnt das Van-de-Velde-Jahr 2013. Wenig später, am 23. März 2013, wird mit der Eröffnung der van de Velde gewidmeten Jahresausstellung »Leidenschaft, Funktion und Schönheit« im Neuen Museum das Jahr so recht in Fahrt kommen. Der eigentliche Höhepunkt muss jedoch der 3. April 2013 sein: der 150. Geburtstag van de Veldes.

Stellen wir uns für einen Augenblick die Szene im Jahr 1913 vor! Der umstrittene, in Weimar inzwischen eher geduldete als wohlgelittene belgische Professor der Kunstgewerbeschule feiert seinen 50. Geburtstag. Am Vormittag verlässt er sein Domizil, die Belvederer Allee 58, um wie üblich den Fußweg in die Kunstgewerbeschule zu nehmen. Dort wird man ihm einen Empfang unter seinen Mitarbeiterinnen und Mitarbeitern ausrichten, bevor sich der Jubilar am Nachmittag in die Luisenstraße 36, das Nietzsche-Archiv, begeben wird, wo sich eine größere Gesellschaft ihm zu Ehren zusammenfindet. Das eigentliche Ereignis des Tages ist jedoch eines, das kein Beteiligter beobachtet und kein

Chronist notiert – ein Ereignis der Möglichkeit. Es trägt sich vermutlich auf dem Gelände der heutigen Bauhaus-Universität zu: Van de Velde begegnet einem Mann auf dem Fahrrad. Ausgerüstet ist dieser mit Regenschirm und Malutensilien. Er macht sich auf den Weg in die andere Richtung, stadtauswärts. Heute ist sein Tag, obwohl der andere Geburtstag hat. Lyonel Feininger erfindet am Nachmittag des 3. April 1913 das Sujet seines Lebens: die Kirche von Gelmeroda. Er hat es aufgeschrieben in einem Brief an seine Frau: »Nachmittags krabbelte ich los mit'm Regenschirm und einem Block nach Gelmeroda; ich habe dort 1½ Stunden herumgezeichnet, immer an der Kirche, die wundervoll ist – und wie ich endlich mich aufmache nach dem Heimweg, war ich, statt müde und zerschlagen zu sein, angeregt und elastisch und habe gar ein Lied gesummt!« Schon 1906 hatte er den Ort entdeckt, jetzt wird er zum Leitmotiv. Noch 1913 werden drei Gemälde von dem Kirchlein entstehen, das Feininger lebenslang begleiten wird. Welch eine Konstellation, eigentlich Konjunktion am 3. April 1913 in Weimar! Der im Kosmos Weimar absteigende und der darin aufsteigende Stern begegnen einander. Die zu Ende gehende Epoche des Neuen Weimar und die noch durch einen Weltkrieg vom 3. April 1913 getrennte Epoche des Bauhauses touchieren sich, für einen Moment nur, in der Begegnung des Belgiers mit dem Amerikaner in Weimar. Möge sie ein gutes Omen für den Beginn der Realisierung des neuen Bauhaus-Museums im Van-de-Velde-Jahr 2013 sein!

Weimar, im Januar 2013   Hellmut Th. Seemann

I.
Künstlerische Strömungen und geistige Prägungen

CARSTEN RUHL

Henry van de Velde, das Bauhaus, der Internationale Stil und die Historiographie der Moderne

Im Rückblick auf das 20. Jahrhundert erscheint der belgische Architekt Henry van de Velde als eine seltsam isolierte Figur. Weder in den großen historischen Erzählungen der Architekturmoderne noch im Zusammenhang mit deren kritischer Reflexion wurde seinem Werk größere Aufmerksamkeit zuteil. Die Beschäftigung mit van de Velde unter dem Aspekt des Internationalen Stil mag sich vor diesem Hintergrund als eine unzulässige Zuschreibung darstellen. Allerdings besteht die Absicht der folgenden Ausführungen nicht in der nachträglichen Aufwertung van de Veldes durch die Eingliederung seiner Architektur in den Kanon des Internationalen Stil. Jenseits solcher zweifelhaften Bemühungen soll vielmehr nach der geschichtstheoretischen Zurichtung der ästhetischen Moderne gefragt werden, die das architektonische und theoretische Werk van de Veldes allenfalls noch als Randerscheinung der großen Bewegungen des 20. Jahrhunderts zu akzeptieren bereit war.

Abstraktion und Stil

Der Begriff des Internationalen Stil geht bekanntlich auf die erste und bis heute legendäre Architekturausstellung des Museum of Modern Art »Modern Architecture« sowie die begleitende Publikation *The International Style. Architecture since 1922* zurück.[1] Die Suspension der Wand durch das Skelett, die Autonomie der architektonischen Form, die Öffnung der Kiste, die Rationalität ästhetischer Lösungen, das Immaterielle und Unstatische sowie das Primat der Geometrie stellten für die verantwortlichen Autoren und Kuratoren Henry-Russell Hitchcock, Philip Johnson und Alfred Barr die entscheidenden Kriterien eines neuen internationalen Stils dar.[2] Der Fotografie kam hierbei eine Schlüsselfunktion zu (Abb. 1), denn im Unterschied zur Zeichnung besaß ihre sachliche Ästhetik die Fähigkeit, die präsentierten Architekturkonzepte in zweifacher Hinsicht optisch zu vereinheitlichen: Auf der einen Seite schuf sie die

---

1 Henry-Russell Hitchcock, Philip Johnson: The International Style. Architecture since 1922. New York 1932.
2 Zum historischen Hintergrund der Ausstellung vgl. Henry Matthews: The Promotion of Modern Architecture by the Museum of Modern Art in the 1930s. In: Journal of Design History 7 (1994), H. 1, S. 43-59.

Abb. 1
Ausstellung »Modern Architecture« im Museum of Modern Art, New York, 1932

Illusion autonom-abstrakter Körper, die keine Zeichen einer individuellen Gestaltung aufzuweisen schienen. Auf der anderen Seite ersetzte die fotografische Aufnahme des Gebauten die subjektive Erfahrung des Betrachters durch die massenmediale Reproduktion privilegierter Ansichten, die schon bald an die Stelle der eigentlichen Bauten zu treten schienen. Die damit verbundene Mobilisierung der Architektur im fotografischen Bild erfolgte zweifellos in der Absicht, das Gebaute im Sinne der proklamierten Maschinenästhetik als eine von Raum und Zeit autonome Apparatur vorzustellen. Indem die Konstrukteure des Internationalen Stil jene fotografische Imagination einer intersubjektiv gültigen Ästhetik ausgerechnet zum Stilbegriff in Beziehung setzten, offenbarten sie allerdings die Ambivalenz derartiger Unternehmungen. Denn die Bemühungen, die moderne Architektur als ein stilloses Phänomen zu begreifen, das jenseits der Kunstgeschichte ein gleichsam metaphysisches Dasein fristete, wurden darin zugleich bestätigt und konterkariert. Zwar stimmten Johnson, Hitchcock und Barr grundsätzlich der Einschätzung zu, dass es sich bei der Entwicklung seit 1922 um ein völlig neues Phänomen handle. Allerdings hinderte sie die erklärte Stilverweigerung der Architekten nicht daran, dies umso mehr als Indikator für die Existenz eines solchen zu betrachten. In der funktionalistisch-wissenschaftlichen Auffassung der Architektur schlummerten ihres Erachtens ebenfalls ästhetische Prinzipien, die der Historiker oder Kritiker zu Bewusstsein bringen könne.[3] Noch in der radikalsten Abkehr von der Vergan-

---

3 Vgl. Henry-Russell Hitchcock, Philip Johnson: The International Style (Anm. 1), S. 50.

genheit bewahrte der Stilbegriff somit seine Daseinsberechtigung als Instrument einer systematisierenden Kategorisierung, die benennt, was der Künstler noch nicht auszusprechen vermag: »For the international style already exists in the present; it is not merely something the future may hold in store. Architecture is always a set of actual monuments, not a vague corpus of theory«.[4]

So betrachtet, konnte die neue Ästhetik kaum als ein Bruch mit der Kunstgeschichte angesehen werden. Im Gegenteil: Geschult an Heinrich Wölfflins *Kunstgeschichtlichen Grundbegriffen*,[5] lieferte sie vielmehr das methodische Rüstzeug, um auf der Grundlage weniger formaler Kriterien und durch den Einsatz des modernen Mediums Fotografie bereits für die eigene Gegenwart das Bild einer zeitgebundenen einheitlichen Ästhetik herzustellen. Der Mythos avantgardistischer Voraussetzungslosigkeit erwies sich damit als radikale Anwendung eines Prinzips, das die historistische Vorstellung einander ablösender Stilepochen nicht überwand, sondern zur Voraussetzung hatte. Mit dem Unterschied, dass jene Abstraktion von der tatsächlichen Vielfalt der Phänomene nicht mehr aus der historischen Distanz geschah. Die Stilbildungen einer zukünftigen Geschichtsschreibung vorwegnehmend, richtete sich jetzt der kategorisierende Blick auf die zeitgenössischen Entwicklungen. Die daraus erwachsenen Konsequenzen zeigten sich vor allem in einer neuen Beziehung zwischen Architekt und Architekturgeschichte. Während die Architekten der Moderne keine Mühen scheuten, die Existenz einer homogenen Ästhetik durch Ausstellungen, Konferenzen und gemeinsame Manifeste im Hier und Jetzt nachzuweisen und damit dem Zufall einer zukünftigen Geschichtsschreibung zuvorzukommen, lieferten die Historiker den epischen Rahmen für die heroische Entstehungsgeschichte der neuen Architektur, bevor dieselbe im eigentlichen Sinne Geschichte geworden war. Angesichts dieser doppelten Negierung der Zeit entbehrt die widersprüchliche Annahme eines »stillosen Stils«, wie sie insbesondere mit Adolf Loos in Verbindung gebracht wird, nicht einer gewissen Logik.[6] Drückt sich darin doch ein stillschweigender Vertrag zwischen Architektur und Architekturgeschichte aus. Er beinhaltet die konsequente Vermeidung des Stilbegriffs, um die Existenz eines zeitlosen Stils umso entschiedener behaupten zu können. »Das Ziel«, so fasste es der einflussreiche Architekturhistoriker, Kritiker und Theoretiker des Neuen Bauens Adolf Behne 1921 zusammen, sei »die objektiv gewonnene Form, die sich über dem Nebelwallen der Personalgefühle erhebt«.[7]

---

4 Ebenda, S. 37.
5 Heinrich Wölfflin: Kunstgeschichtliche Grundbegriffe. Das Problem der Stilentwicklung in der neueren Kunst. München 1915.
6 Vgl. hierzu zuletzt Anders V. Munch: Der stillose Stil – Adolf Loos. Übers. von Heinz Kulas. München 2005.
7 Adolf Behne: Die Zukunft unserer Architektur. In: Sozialistische Monatshefte 27 (1921), H. 2, S. 90-94, hier S. 91.

Das moderne Primat der Technik erschien vor diesem Hintergrund als probates Mittel, um die Architektur einer wissenschaftlichen Abstraktion jenseits des historischen Wandels zuzurechnen.[8] Der Ursprung der Moderne lag demnach nicht in der willkürlichen Schöpfung eines neuen Stils, sondern in der objektiven Veränderung der Lebensverhältnisse und deren rationaler, das heißt wissenschaftlicher Analyse. Die moderne Architektur sollte in diesem Zusammenhang als eine logische Notwendigkeit erscheinen, die im Gegensatz zu allen anderen Stilen Objektivität für sich reklamieren könne. Wie gern sich insbesondere Walter Gropius im Glanze dieses Wahrheitsversprechens darstellte, ist bestens bekannt. Seit Mitte der 1920er Jahre, also etwa zu dem Zeitpunkt, da das Bauhaus von Weimar nach Dessau wechselte, arbeitete er daran, seinen Ruhm als bedeutendster Ideengeber und Repräsentant des Neuen Bauens zu festigen. Im Vorwort der zweiten Ausgabe von *Internationale Architektur*[9] (1927) weist er nur zwei Jahre nach dem Erscheinen dieses ersten der Bauhausbücher darauf hin, wie sehr die Architektur zwischenzeitlich »der Entwicklungslinie dieses Buches« gefolgt sei.[10] Dabei ist nicht nur interessant, dass Gropius seinem »Bilderbuch moderner Baukunst«[11] eine stilprägende Wirkung zuschreibt. Darüber hinaus ist es für den oben beschriebenen Zusammenhang auch symptomatisch, dass Gropius von »Baugesinnung«[12] spricht, wenn er Stil meint, und die Objektivierung des Bauens durch die »Entwicklung eines *einheitlichen* Weltbildes«[13] nachzuweisen sucht, indem er neben seinen eigenen Projekten ausschließlich europäische Architekturbeispiele zeigt. Deren gemeinsame Grundlage sieht Gropius in einer wesenhaften Architekturauffassung, während er der unmittelbar vorausgegangenen Zeit einen oberflächlichen Formalismus attestiert, der sich zuletzt in einer schnellen Aufeinanderfolge unterschiedlicher ›Ismen‹ Bahn gebrochen habe.[14]

Damit waren die wesentlichen Differenzkriterien formuliert, derer sich die »Erzählkonstruktionen der Moderne«[15] bedienen sollten, um das Neue Bauen als längst überfällige Berücksichtigung des technischen Zeitalters und als Überwindung willkürlicher Stile legitimieren zu können. Fortan steckten die Oppositionen Wesen und Formalismus, Sein und Schein, Bild und Raum das Feld ab, auf dem man die herausragende Bedeutung der neuen Architektur als Gestal-

---

8 Vgl. Maria Ocón Fernández: Ornament und Moderne. Theoriebildung und Ornamentdebatte im deutschen Architekturdiskurs (1850-1930). Berlin 2004.
9 Walter Gropius: Internationale Architektur. Hrsg. von Hans Maria Wingler. Zweite veränd. Aufl. München 1927. Faksimile-Nachdruck Mainz 1981.
10 Walter Gropius: Vorwort zur zweiten Auflage. In: Ebenda, S. 9.
11 Ebenda, S. 5.
12 Ebenda, S. 6.
13 Ebenda, S. 7.
14 Vgl. ebenda, S. 5 f.
15 Dieser Begriff entstammt der Publikation von Maria Ocón Fernández: Ornament und Moderne (Anm. 8), S. 27 f.

tung der Lebensrealität verhandelte. Die Zeit nach dem Ersten Weltkrieg wurde entsprechend als Ablösung einer orientierungslosen und dem raschen Wechsel der Moden unterworfenen Kunstgeschichte betrachtet. Fluchtpunkt dieser Entwicklung war selbstverständlich das Werk Gropius', womit sich die These der amerikanischen Philosophin Susanne Langer, dass die Abstraktion in der Kunst im Unterschied zur Abstraktion in der Wissenschaft niemals verallgemeinerbar sei, sogar in einer Disziplin bewahrheitete, die sich immer schon im Spannungsverhältnis zwischen Technik, Wissenschaft und Ästhetik zu definieren hatte. In ihrem aufschlussreichen Aufsatz *Abstraction in Science and Abstraction in Art*[16] von 1951 stellt Langer zwar fest, dass alle großen Werke der Kunstgeschichte, und zwar nicht nur die der Moderne, immer schon abstrakte Werke gewesen seien. Im Unterschied zu den Wissenschaften leitete sich daraus jedoch kein Absolutheitsanspruch ästhetischer Mittel ab. Im Gegenteil: Während Abstraktion in der Wissenschaft ungegenständliche, logische Diskursformen meine, die eine intersubjektive Verständigung erst erlaubten, ziele der künstlerische Abstraktionsbegriff stets auf einen materiellen nicht verallgemeinerbaren Formbegriff ab. Mit anderen Worten: So sehr sich die Kunst auch bemühe, die reinen Mittel der Gestaltung jenseits ihrer semantischen Einfärbung zur Darstellung zu bringen, war sie dennoch stets der Welt der Dinge und ihrer individuellen, von Zeit und Raum abhängigen Auffassung verhaftet: »A work of art is and remains specific«.[17] In *The New Architecture and the Bauhaus*[18] (1935) spitzt Gropius diesen Zusammenhang unbewusst zu, wenn er die Auffassung vertritt, dass die Wahrhaftigkeit der Architektur sowie die Ideale des Bauhauses am besten anhand des eigenen Werks in Erinnerung zu rufen seien, nachdem das Neue Bauen nunmehr »in vielen Ländern Mode, Nachahmung, Snobismus und Mittelmäßigkeit« geworden sei.[19]

Typus versus Einfühlung

Die Inszenierung Gropius' als alleiniger und voraussetzungsloser ›spiritus rector‹ einer mit innerer Notwendigkeit erfüllten Form erforderte zwangsläufig die vorzeitige Historisierung anderer Kräfte, die zur Durchsetzung einer neuen Ästhetik beigetragen hatten. Dies galt insbesondere für das Werk Henry van de Veldes, dem Gropius mehr verdankte als ihm später lieb sein sollte. Mit seiner Kunstgewerbeschule in Weimar ebnete van de Velde nicht nur den Weg für die Gründung des Staatlichen Bauhauses. Darüber hinaus unterstützte er nach

---

16 Susanne K. Langer: Abstraction in Science and Abstraction in Art. In: Dies.: Problems of Art. Ten Philosophical Lectures. New York 1957, S. 163-180.
17 Ebenda, S. 167.
18 Walter Gropius: The New Architecture and the Bauhaus. London 1935.
19 Ebenda, S. 9.

seiner Demission als Leiter der Schule auch die anschließende Ernennung Gropius' zu seinem Nachfolger.²⁰ Dabei gründete das Vertrauen, das van de Velde dem sehr viel jüngeren Architekten entgegenbrachte, auf der berechtigten Annahme gemeinsamer Überzeugungen. Bereits während der Werkbundausstellung 1914 in Köln, an der beide Architekten beteiligt waren, sympathisierte Gropius mit der Gruppe der sogenannten Individualisten, die sich um van de Velde, Karl Ernst Osthaus und Bruno Taut gegen Muthesius' Streben nach Typisierung formiert hatte. Entgegen der weit verbreiteten Auffassung begrenzte sich dieser Streit allerdings nicht auf das engere Umfeld der Werkbundausstellung. Darin spitzten sich vielmehr Auffassungen zu, die bereits in den ersten Jahren des 20. Jahrhunderts formuliert worden waren.

Muthesius hatte schon 1904 in seiner Beschäftigung mit dem englischen Haus den quasi empirischen Nachweis zu führen gesucht, dass das Ideal einer einheitlichen Kultur in einer über Jahrhunderte gewachsenen Lebensweise und eben nicht in einem Stil wurzele.²¹ Die rationalistische Philosophie Francis Bacons mit ihrer Forderung nach einer utilitaristischen Baukunst diente hierbei ebenso als Ausgangspunkt für die Konstruktion eines englischen Nationalcharakters wie der elisabethanische Landsitz.²² Auf der Grundlage dieser historischen Referenzen sah Muthesius in der pragmatischen Vernunft der Engländer eine anthropologische Konstante, die im Typus des englischen Hauses auf dem Land ihren idealen Ausdruck gefunden habe. Traditionelle Bescheidenheit, Einfachheit, Sachlichkeit und relative Schmucklosigkeit korrespondieren gewissermaßen mit der nüchternen Feststellung Bacons, dass Häuser gebaut würden, um darin zu wohnen, nicht aber, um sie anzuschauen. Aus der Perspektive von Muthesius wurde Bacons Maxime zum bestimmenden Moment für die Herausbildung eines typischen englischen Volkscharakters, der nach Jahrhunderten stilistischer Verirrungen mit der Gartenstadtbewegung zuletzt wieder einen authentischen Ausdruck gefunden habe. Als Synthese aus den Bautraditionen des Landes, der Vorliebe für schlichte Einfachheit und den Grundsätzen der Vernunft schien sich an ihrem Beispiel zu zeigen, wie sich im Laufe der Geschichte eine typische Lebensweise und Architektur herauskristallisierte, die auf anthropologischen Konstanten anstatt auf wechselnden Stilen

---

20 Zum Verhältnis zwischen van de Velde und Gropius vgl. zuletzt Kathleen James-Chakraborty: Henry van de Velde and Walter Gropius. Between avoidance and Imitation. In: Dies. (Hrsg.): Bauhaus Culture. From Weimar to the Cold War. Minneapolis 2006, S. 26-43.
21 Vgl. Hermann Muthesius: Das Englische Haus. Entwicklung, Bedingungen, Anlage, Aufbau, Einrichtungen und Innenraum. 3 Bde. 2., durchges. Aufl. Berlin 1908-1911. Nachdruck Berlin 1999.
22 Vgl. hierzu Carsten Ruhl: Praktischer Verstand als anthropologische Konstante. Hermann Muthesius und das rationalistische Architekturverständnis Francis Bacons. In: Architectura 35 (2005), H. 2, S. 168-177.

beruhte. Damit verbunden war eine grundsätzliche Skepsis gegenüber dem Individualismus des Künstlers sowie den Formalismen des Stilbegriffs. Denn wie das Beispiel Englands zu zeigen schien, basierte die Idee einer harmonischen Kultur nicht auf dem schöpferischen Leistungsvermögen einiger Weniger, sondern wurzelte in einer tief verankerten kollektiven Geisteshaltung. Dass dieselbe gegenüber Fragen des Stils gleichgültig schien, war für Muthesius Ausweis ihrer Authentizität. Verband sich doch seit dem 19. Jahrhundert mit diesem Begriff ein kunsthistorisches Ordnungssystem, das im Moment seiner Anwendung immer schon eine unüberbrückbare Distanz zum Gegenstand der Betrachtung herstellte. Was in Bezug auf historische Epochen seine Berechtigung haben mochte, zog für die eigene Gegenwart fatale Konsequenzen nach sich. Noch bevor sich eine eigene zeitgenössische Kultur ausgebildet habe, trenne der »Stilgesichtswinkel«[23] die Form von der Substanz, um sie dem kunsthistorischen Zugriff gefügig machen zu können. Aus dieser Perspektive offenbarte sich für Muthesius die schädigende Wirkung jeder unzeitgemäßen Stildiskussion: Sie befördere nicht die Entstehung eines neuen Stils, sondern zerstöre dessen kulturelle Grundlagen. Die einzige Lösung des Problems sah Muthesius in dem Paradox, den Stil durch eine konsequente Gleichgültigkeit gegenüber Stilfragen zu verwirklichen.[24] Die Suche nach dem Ursprung aller »Zeitstile« vor jeder willkürlichen Benennung wurde so zur eigentlichen Herausforderung. Weder die Kunstgeschichte noch der Künstler konnten damit noch Aufschluss über das Rätsel der Stilbildung geben. Sie waren nur oberflächliche Symptome eines substantielleren, die ganze Lebensrealität umfassenden Prinzips. Für die Gegenwart bedeutete dies, die akademische Diskussion ästhetischer Fragen durch das moderne Primat ökonomischer Vernunft zu ersetzen. Auf dieser Grundlage, so die Auffassung von Muthesius, werde die eigene Zeit zukünftigen Betrachtern wie von selbst als ein Stil erscheinen, der sich mit seinen historischen Vorgängern messen lassen könne.

Aus der Perspektive dieses historischen Materialismus erschien van de Veldes Position als der Inbegriff einer unbedingt zu überwindenden Apotheose des Künstlers. Denn wenngleich auch van de Velde nach einer harmonischen Kultur strebte, konnte seine Position unterschiedlicher nicht sein. Wo Muthesius die Überwindung des Individualismus forderte und die Verschwiegenheit in Fragen des Stils zur Maxime erklärte, beharrte van de Velde auf der Autonomie des Künstlers als der unbedingten Voraussetzung für die aktuelle Verwirklichung eines neuen Stils. Dabei wurde Stil nicht lediglich als formale Darstellung einer schon existenten Einheit der Lebensrealität begriffen. Im Unterschied

---

23 Hermann Muthesius: Stilarchitektur und Baukunst: Wandlungen der Architektur im 19. Jahrhundert und ihr heutiger Standpunkt. Mühlheim-Ruhr 1902, S. 49.
24 Vgl. hierzu Fedor Roth: Hermann Muthesius und die Idee der harmonischen Kultur. Kultur als Einheit des künstlerischen Stils in allen Lebensäußerungen eines Volkes. Berlin 2001, S. 19 f.

zu Muthesius erklärte van de Velde, der Künstler bringe mittels des Gesamtkunstwerks jene Realität erst hervor. Vor diesem Hintergrund kam er erwartungsgemäß zu einer ganz anderen Interpretation des Stilbegriffs als Muthesius. Was in der Kunstgeschichte als Differenzkriterium für die Charakterisierung einander ablösender Epochen dient, bezeichnet, bezogen auf die eigene Gegenwart, die Verwirklichung eines neuen Gemeinschaftsgefühls, das »von dem Druck der unaufhörlichen, rastlosen Aufeinanderfolge der Moden« befreit.[25] Der Künstler tritt vor diesem Hintergrund gleichsam an die Stelle früherer Potentaten, denen es aufgrund ihrer uneingeschränkten Machtbefugnis noch möglich war, einen alles umfassenden Stil zu diktieren. Nach der Französischen Revolution und dem raschen Sturz Napoleons, in dessen Folge »die Harmonie zwischen den Menschen und den Gegenständen […] zerstört« worden sei, war es nun nach van de Velde an der Zeit, jene Einheit durch die Herrschaft der Kunst wiederherzustellen.[26] Worin die Identität stiftende Grundlage jener etwa zeitgleich von den italienischen Futuristen als ›artecrazia‹ bezeichneten Herrschaft der Kunst wurzeln sollte, war indessen einigermaßen unklar. Zwar erkannte van de Velde die völlig neuen Bedingungen der künstlerischen Produktion in Zeiten der Industrialisierung an, betonte die Schönheit der Technik und der modernen Konstruktionen des Ingenieurs, sprach von der notwendigen Ausschaltung der Phantasie und einer radikalen Abkehr von der Überlieferung. Zugleich aber stellte sich ihm der künstlerische Schöpfungsprozess als ein unergründliches Mysterium dar, das ästhetisch-psychologische und nicht rationale Erklärungsmodelle erfordere. Muthesius' Auffassung vom Ursprung der Kunst in den Produktionsverhältnissen stand van de Veldes Überzeugung gegenüber, dass der Stil allein durch das »ästhetisch tätige Subjekt« entstehen könne.[27] Damit entzog sich die Kunst jeder Objektivierung im ökonomischen oder zweckrationalen Sinne. Vielmehr richtete sich die Aufmerksamkeit auf das wahrnehmende Subjekt, das die Materie vergeistigte. Adolf Behne stellte daher schon 1923 scharfsinnig fest, dass »van de Veldes Stellung zur Technik, zur Konstruktion […] eine ästhetische« sei, die nicht im »Widerspruch zur Einfühlung« stehe.[28]

Behnes Charakterisierung von van de Veldes Haltung ist nicht nur im Hinblick auf die darin zum Ausdruck kommende Ambivalenz interessant. Der Hinweis auf den Aspekt der Einfühlung lenkt die Aufmerksamkeit darüber hinaus auf einen wichtigen Einfluss im Denken des Architekten. Denn mit diesem Begriff spielt Behne auf die zu dieser Zeit omnipräsente Einfühlungs-

---

25 Henry van de Velde: Vom neuen Stil. Der »Laienpredigten« II. Teil. Leipzig 1907, S. 18.
26 Ebenda, S. 5 f.
27 Panajotis Kondylis: Die Aufklärung im Rahmen des neuzeitlichen Rationalismus. Stuttgart 1981, S. 313.
28 Adolf Behne: Der moderne Zweckbau. München [1925], S. 37.

ästhetik des Münchener Philosophen Theodor Lipps an.[29] Lipps versuchte, in seinen Schriften den Nachweis zu erbringen, dass jede Betrachtung eines sinnlich gegebenen Gegenstandes letztlich ihre Bestimmung im Bewusstsein des wahrnehmenden Subjekts habe.[30] Der ästhetische Akt kläre daher nur insofern über die Eigenschaften des ästhetischen Objektes auf, als es sich mal mehr oder weniger dazu eigne, Lust an der eigenen Wahrnehmungtätigkeit zu verspüren. Ästhetischer Genuss, so Theodor Lipps, existiere demnach nur als »objektivierter Selbstgenuß«. Mit anderen Worten: Die Welt der Dinge hat ihre Bestimmung in der Selbstwahrnehmung des Betrachters, während es »eine Grundthatsache aller Psychologie und erst recht aller Aesthetik sei, dass ein sinnlich gegebenes Objekt, genau genommen ein Unding ist, etwas, das es nicht giebt und nicht geben kann«.[31]

Es wäre übertrieben, zu behaupten, Henry van de Velde habe sich aus philosophischem Interesse mit Lipps Einfühlungsästhetik oder mit anderen Theorien intensiver auseinandergesetzt. Der apodiktische Grundton seiner eigenen Schriften erlaubte auch streng genommen keine wirkliche Reflexion ästhetischer oder kunsttheoretischer Fragen. Van de Velde verkündete seine Wahrheiten, als seien sie das Ergebnis eines religiösen Erweckungserlebnisses, das sich jeder vernünftigen Erklärung entziehe. Mit diesem Gestus korrespondierten freilich Lipps Rede von der Einfühlung sowie andere Ansätze, die allesamt den Künstler mit der Figur des Apostels, des Priesters oder des Sehers identifizierten: Der Künstler avancierte zum Zeremonienmeister eines quasi religiösen Kultes. Lipps psychologische Weiterentwicklung der philosophischen Ästhetik kehrte sich dabei in eine Produktionsästhetik um. Für van de Velde war es unbestreitbar, dass sich der Vorgang der Selbstobjektivation nicht nur rezeptiv, sondern auch produktiv im Sinne einer Vergeistigung der Materie übersetzen lässt.

In einer Zeit der Rationalisierung von Entwurfs- und Produktionsprozessen sowie der disziplinären Professionalisierung innerhalb der Architektur manifestierte sich damit der Mythos einer allein von ihrem Schöpfer autorisierten Raumkunst, die sich der Ökonomisierung der Lebenswelt durch ein phänomenologisches Kunstverständnis weitestgehend zu entziehen suchte.[32] Dass van de

---

29 Theodor Lipps: Die ästhetische Betrachtung und die bildende Kunst. Hamburg, Leipzig 1906.
30 »Indem ich die Auffassungstätigkeit vollbringe, erlebe ich sie und erlebe ich mich als den sie Vollbringenden«. Ebenda, S. 16.
31 Ebenda, S. 100, 106.
32 Dieser Versuch zur Selbstbehauptung ist keineswegs frei von Widersprüchen. Denn was auf den ersten Blick als Erhaltung künstlerischer Autonomie erscheinen konnte, ließ sich im gleichen Maße als Selbstauflösung der Kunst im Zeichen ihrer Entgrenzung interpretieren. Vgl. Eva Kernbauer, Simon Baier: Das Gesamtkunstwerk in der Gegenwart. In: Agnes Husslein-Arco, Harald Krejci, Bettina Steinbrügge (Hrsg.): Utopie Gesamtkunstwerk. Köln 2012, S. 66-70.

Velde zugleich die Bedeutung der abstrakten Vernunft betonte, mag im Widerspruch hierzu stehen. Bezieht man indessen ein, dass Wilhelm Worringer in seiner Dissertation von 1907 den menschlichen Drang zur Abstraktion mit dessen irrationaler Angst vor der Umwelt erklärte, lässt sich dieser Zusammenhang auch ganz anders deuten.[33] Vernunft konnte auch als Bewusstsein darüber verstanden werden, dass die Dinge mit Lipps allein dem objektivierten Selbstgenuss des betrachtenden Subjektes dienten und damit ihre einschüchternde Wirkung verloren. Mit Muthesius und van de Velde stehen sich also, anders als dies die Opposition von Typisierung und Individualismus vermuten lässt, letztlich zwei unvereinbare Vernunftbegriffe gegenüber: auf der einen Seite der Versuch, den Entwurfsprozess als Folge sachlicher Entscheidungen außerhalb der subjektiven Wahrnehmung der Umwelt zu begreifen; auf der anderen Seite die Einsicht in die Notwendigkeit, im Augenblick des ästhetischen Aktes der intuitiven Einfühlung in einen sinnlich gegebenen Gegenstand freien Lauf zu lassen.

Die Vorstellung der künstlerischen Schöpfung als induktive Versenkung in die Welt der Dinge prägte Gropius wie viele andere Architekten und Künstler auch noch lange nach dem Ende des Ersten Weltkriegs. Das Mysterium des Gesamtkunstwerks trat zumindest in der Imagination an die Stelle der Religion, während sich der Künstler selbst zum sehenden Visionär aufschwang. Unter dem Einfluss des Individualisten Bruno Taut und der von ihm ins Leben gerufenen Künstlergemeinschaft der Gläsernen Kette verfasste Gropius 1919 einen Text über die Ziele einer noch zu gründenden Bauloge.[34] Der Architekt geriet hierin zum Propheten und »übermenschlichen Wächter« aller Künste, der weit vor allen Anderen das Kommende am Horizont aufziehen sieht. Mit der Gründung des Staatlichen Bauhauses in Weimar sah man den Zeitpunkt gekommen, das bis dahin nur erträumte Ideal einer visionären Baukunst allmählich in die Realität zu überführen. Die Vorstellung eines monumentalen, durch die schillernde Lichtgestalt des Architekten geschaffenen kristallinen Kollektivkörpers prägte zunächst auch hier noch die programmatische Ausrichtung der neuen Schule. Der Bau wurde darin als »Endziel aller bildnerischen Tätigkeit«, der Künstler als prometheischer Handwerker, den die »Gnade des Himmels« in »seltenen Lichtmomenten« zu Höherem ermächtige, beschrieben.[35] Illustriert

---

33 Vgl. Wilhelm Worringer: Abstraktion und Einfühlung (1907). In: Ders.: Schriften. Hrsg. von Hannes Böhringer, Helga Grebing und Beate Söntgen. 2 Bde. München 2004. Bd. 1, S. 39-149, hier S. 73.

34 Walter Gropius: Das Ziel der Bauloge (1919). Zitiert nach Marcel Franciscono: Walter Gropius and the Creation of the Bauhaus in Weimar. The Ideals and Artistic Theories of its Founding Years. Urbana, Chicago, London 1971, S. 254 f.

35 Programm des Staatlichen Bauhauses in Weimar, Flugblatt, Weimar 1919. Zitiert nach Hartmut Probst, Christian Schädlich (Hrsg.): Walter Gropius. 3 Bde. Berlin 1985-1988. Bd. 3: Ausgewählte Schriften. Berlin 1988, S. 72.

Abb. 2
Lyonel Feininger, Kathedrale,
Holzschnitt auf dem Titelblatt des Bauhaus-Programms, 1919

wurde jener Zusammenhang bekanntlich durch Lyonel Feiningers berühmten Holzschnitt (Abb. 2). Er zeigt eine aus Licht gebaute Kathedrale, die als sozialromantisch verklärte Epiphanie des Mittelalters zum Vorbild für das Kommende werden sollte.

Dass Gropius ungeachtet aller frühen Sympathie für derartige Positionen dennoch stets Abstand zu ihnen hielt, zeugt von seinem strategischen Pragmatismus. Das Beispiel van de Veldes in Weimar verdeutlichte nur allzu sehr, dass die auf Autonomie und Individualismus basierende Herrschaft der Kunst mit der institutionellen Architektur einer staatlichen Schule kollidieren musste. Zudem zeigte sich, dass ein offensiv vertretener Individualismus, bezogen auf den eigenen Nachruhm, nicht den gewünschten Effekt hatte: Wenngleich sich van de Velde stets als die zentrale Figur einer modernen Gestaltungsauffassung darzustellen suchte, verblasste sein Ruhm doch auffallend schnell. Bemerkenswert in diesem Zusammenhang ist die Tatsache, dass Behne bereits Anfang der 1920er Jahre, als sich Gropius auf die neue Einheit von Kunst und Technik einzuschwören begann, von van de Velde zunehmend in der Vergangenheitsform sprach.[36] In *Der moderne Zweckbau*[37] betonte Behne zwar die Bedeutung der Weimarer Kunstschule und des Werkbundtheaters. Beiden Gebäuden hafte aber noch etwas vom Jugendstil an, womit sie lediglich als eine Etappe auf dem Weg zum modernen Zweckbau zu verstehen seien. Der Jugendstil wurde jetzt offenbar zum Synonym für all diejenigen Tendenzen, die wie der Expressionismus ›Bewusstsein‹ und ›Imagination‹ nicht als Gegensätze, sondern als Grundlage der neuen Kunst begriffen.

Während diese Entwicklung vor dem Krieg einer positiven Bewertung van de Veldes noch nicht im Wege stand, sah Behne in dieser Haltung nunmehr eine nicht weiter definierte Gefahr, die mit Muthesius' schon 1913 formulierter Feststellung korrespondierte, van de Velde sei Vertreter einer »manieristisch-ornamentalen« Strömung, die im Widerspruch zu den puristisch-deutschen Empfindungen stehe.[38] Vor diesem Hintergrund war sich Gropius der Tatsache bewusst, dass das Bauhaus nur überleben werde, wenn es ihm gelinge, seinen Nutzen für die Gesellschaft nachzuweisen und seine Hervorbringungen als Produkte einer wissenschaftlich-technischen Abstraktion darzustellen. Die Tendenz, Fragen der Ästhetik und der subjektiven Wahrnehmung durch eine Rhetorik der Rationalisierung und Verwissenschaftlichung zu ersetzen, resultierte zu einem großen Teil aus dem Legitimationsdruck, dem sich das Bauhaus seit seiner Gründung in Weimar ausgesetzt sah.[39] Zudem konnte sich Gropius selbst auf dieser Grundlage sehr viel besser als genialer Schöpfer der neuen Ästhetik inszenieren, während das Beispiel van de Veldes demonstrierte, wie das eigene Werk durch den expliziten Rückgriff auf den Stilbegriff vom Strom einer verzeitlichenden Kunstgeschichte mitgerissen wurde und damit der eigenen Bedeutung abträglich war.

---

36 »Sein Wirken hat sich seit 1900 fast ausschließlich in Deutschland abgespielt, und so darf er, der sehr schnell zu einem Führer der deutschen Bewegung wurde, nicht vergessen werden«. Adolf Behne: Die deutsche Baukunst seit 1850. In: Soziale Bauwirtschaft 1922. Zitiert nach Adolf Behne: Architekturkritik in der Zeit und über die Zeit hinaus. Texte 1913-1946. Hrsg. von Haila Ochs. Basel, Berlin, Boston 1994, S. 97-122, hier S. 111.
37 Adolf Behne: Der moderne Zweckbau (Anm. 28).
38 Fedor Roth: Hermann Muthesius (Anm. 24), S. 43.
39 Vgl. Oskar Bätschmann: Grammatik der Bewegung. Paul Klees Lehre am Bauhaus. In: Ders., Josef Helfenstein (Hrsg.): Paul Klee. Kunst und Karriere. Beiträge des Internationalen Symposiums in Bern. Bern 2000, S. 107-124.

Die Moderne als neue Antike

Aus dieser Perspektive betrachtet, entbehrte es nicht einer gewissen Logik, dass Gropius jeden Eindruck einer Kontinuität zwischen sich und van de Velde zu vermeiden suchte. Abgesehen von einer Abbildung des Werkbundtheaters in *Internationale Architektur* schwieg sich Gropius systematisch über die Bedeutung des belgischen Architekten für die Entwicklung des Bauhauses sowie für seine eigene Karriere aus. Sehr viel später, zu Beginn der 1950er Jahre, leugnete Gropius gar, dass die Idee des Bauhauses überhaupt irgendeinen Impuls durch van de Velde erhalten habe. Gropius betonte stattdessen, beide Schulen hätten völlig unterschiedliche Ziele verfolgt: Während das Bauhaus stets die Erfüllung überpersönlicher Prinzipien angestrebt habe, sei van de Velde lediglich an der Hervorbringung von Epigonen interessiert gewesen.[40] Gropius behauptete einen radikalen Neuanfang, als dessen wichtigsten Protagonisten er sich selbst betrachtete. Van de Velde hingegen sollte nunmehr als Repräsentant einer längst vergessenen »kunsthistorischen« Epoche wahrgenommen werden, die ebenso wenig zeitgemäß war wie alle anderen Stile der Vergangenheit.

Symptomatisch für diesen Zusammenhang ist Sigfried Giedions einflussreiche Publikation *Space, Time and Architecture* (1941).[41] Die reich bebilderte Schrift war aus Vorlesungen hervorgegangen, die Giedion als Norton Lecturer in Harvard zwischen 1938 und 1939 gehalten hatte. Es war Gropius, der Giedion zu dieser Position verholfen hatte, nachdem er selbst erst kurze Zeit zuvor in die USA emigriert war. Mit der Verpflichtung Giedions verband Gropius ganz konkrete Ziele. Giedion, Kunsthistoriker und seit 1928 Sekretär des Internationalen Kongresses für moderne Architektur (CIAM), hatte die Aufgabe, »fundamentale Erklärungen für unsere Bewegung«[42] zu geben. In *Space, Time and Architecture* entwarf Giedion denn auch eine »neue Tradition«, in deren Zentrum Gropius' Werk stand, während van de Velde allenfalls noch eine marginale Rolle spielte. Für Giedion beschränkte sich die Bedeutung des belgischen Architekten auf das Fin de Siècle und damit ausgerechnet auf eine Zeit, da van de Velde noch gar nicht als Architekt praktizierte.[43] Bis auf die Erwähnung von van de Veldes erstem Haus, das er für sich und seine Familie Ende der 1890er Jahre in Uccle gebaut hatte, fehlte jeder Hinweis auf sein umfangreiches architektonisches Werk sowie auf die zukunftsweisenden Reformen in

---

40 Vgl. Kathleen James-Chakraborty: Henry van de Velde (Anm. 20), S. 26.
41 Sigfried Giedion: Space, Time and Architecture. Cambridge 1941.
42 Zitiert nach Winfried Nerdinger: Die Verdrängung der Geschichte. Walter Gropius als Architekturlehrer. In: Ders., Norbert Knopp (Hrsg.): Festschrift für J. A. Schmoll gen. Eisenwerth zum 90. Geburtstag. München 2005.
43 Entsprechend wird das Werk van de Veldes in dem Kapitel »The Nineties: Precursors of Contemporary Architecture« behandelt. Vgl. Sigfried Giedion: Space, Time and Architecture (Anm. 41), S. 290-316.

Weimar. Entsprechend enthielt Giedions Kanonbildung auch keine einzige Abbildung von van de Veldes Bauten. In der allgemeinen Wahrnehmung wurde er gar als Romantiker angesehen, von dem sich Gropius umso heller als strahlender Apoll der Moderne abhob.

Wie sehr diese Zuspitzung der Architekturgeschichte auf die Person Gropius' zum Topos wurde, zeigen die nachfolgenden Veröffentlichungen namhafter Historiker der neuen Tradition. In seiner Geschichte der europäischen Architektur hielt es Nikolaus Pevsner nicht einmal mehr für nötig, van de Veldes Werk überhaupt noch zu erwähnen,[44] während Kenneth Frampton sehr viel später noch die Überzeugung vertrat, dass van de Velde »abgesehen von seinen ambitiösen Bauten« in Weimar wenig mehr geleistet habe, »als ein relativ bescheidenes ›Kunstseminar‹ für Handwerker einzurichten«.[45] Paradoxerweise wurde damit aber die Kunstgeschichte als Stilgeschichte nicht überwunden, sondern radikalisiert. Denn auch wenn der Stilbegriff gemäß der seit Muthesius vereinbarten Sprachregelung weitestgehend vermieden wurde, Gropius zudem der Bedeutung der Architektur- und Kunstgeschichte für die Ausbildung des Architekten eher skeptisch gegenüberstand, hatte das darin eingeschlossene Denken in Identitäten dennoch weiterhin seine Gültigkeit. Am Beispiel Gropius' wurde ja geradezu idealtypisch vorgeführt, wie sich mit den Mitteln der Kunstgeschichtsschreibung das Bild einer vollkommenen Übereinstimmung von Architekt, Werk, Vernunft und Zeitgeist konstruieren ließ, während die Moderne doch zu einem nicht unwesentlichen Teil durch die Erfahrung des Fragmentarischen, Ruinösen und Nicht-Identischen geprägt war.

In diesem Zusammenhang von einer einseitigen Instrumentalisierung der Kunstgeschichte durch die Architektur zu sprechen, wäre indessen ein Irrtum. Je radikaler die Protagonisten der Moderne auf eine Verankerung in der Tradition verzichteten, um ihre Architektur mit großem medialen Aufwand als Objektivierung des Gegenwärtigen und als wissenschaftliche Abstraktion im Sinne Langers erscheinen zu lassen, desto mehr konnte sich die Historiographie der modernen Architektur ihrerseits als objektive Darstellung einer sich selbst erfüllenden Geschichte begreifen. Das Insistieren van de Veldes und anderer Architekten auf einen neuen Stil musste vor diesem Hintergrund als unzulässiger Eingriff in den Eigensinn der Geschichte interpretiert werden. Allein dem Historiker sollte es nunmehr erlaubt sein, zu beschreiben, was eigentlich keiner Beschreibung bedurfte, weil es sich mit innerer Notwendigkeit verwirklichte.

---

44 Nikolaus Pevsner: An Outline of European Architecture. Harmondsworth, Middlesex 1943; ders.: Europäische Architektur. Von den Anfängen bis zur Gegenwart. München ⁵1981.

45 Kenneth Frampton: Die Architektur der Moderne. Eine kritische Baugeschichte. Stuttgart ⁵1995, S. 108.

Das Werk van de Veldes stellte sich aus dieser Perspektive als das Produkt einer verworrenen Kunstauffassung dar, während Gropius als Personifikation des Wesenhaften figurierte. Dies gilt selbst für die wenigen verdienstvollen wissenschaftlichen Darstellungen, die sich nach langer Zeit erstmals wieder dem Werk van de Veldes widmeten. In ihnen wurde der Künstler bisweilen als »eher transitorische denn endgültige Erscheinung«[46] charakterisiert, bevor sich, so wird implizit vorausgesetzt, erfüllte, was sich in der Logik eines teleologischen Geschichtsmodells erfüllen musste. Der Hegel'sche Grundton derartiger Zuschreibungen ist unüberhörbar. Drückt sich darin doch der Wunsch aus, dass Gropius' Verweigerung einer eigenen, subjektiven Reflexion der Tradition Symptom einer neuen »Einheit des Begriffs und der Realität«[47] sei, wie sie Hegel in seinen Vorlesungen zur Ästhetik für die klassische Kunst beschrieben hatte. Dabei vollendet sich die Architektur zumindest vorläufig in der nunmehr selbst klassisch gewordenen Moderne zu einer sinnlich erfahrbaren Denkform, die keiner weiteren Zeichen bedarf, weil hier Gestalt und Bedeutung identisch sind. Damit wird der Moderne eine historische Bedeutung beigemessen, die nach Hegel eigentlich nur der griechischen Antike zukam. Denn in ihr zeigte sich »die durch den Geist umgebildete hervorgebrachte Gestalt«, die »unmittelbar ihre Bedeutung an ihr« hat, »so daß der Ausdruck unmittelbar das Geistige ist«.[48] Für den italienischen Kunsthistoriker Giulio Carlo Argan schien es daher erwiesen, dass es sich beim Bauhaus um eine unabhängige »künstlerische Gemeinschaft« handle, die Architektur als etwas betrachte, das seinen »Zweck in sich selber hat« und somit »kein Mittel zur Lösung gewisser Probleme« darstelle, »sondern die Lösung aller Probleme« bereits in sich enthalte.[49] Dass die klassische Moderne selbst einmal dem Hegel'schen Eigensinn des historischen Weltgeistes zum Opfer fallen würde, schien vor diesem Hintergrund undenkbar. Wo bei Hegel das Klassische nur der Ausgangspunkt für die erneute und vielleicht endgültige Dissoziation von Inhalt und Form war, reklamierten die Konstrukteure der klassischen Moderne den Anspruch einer historischen Ewigkeit. Deren vergleichsweise kurze Dauer zeugt allerdings nicht von einem Ende der Architektur, sondern von dem wachsenden Misstrauen gegenüber den konstruierten Identitäten der Moderne und ihren Historiographien. Vor diesem Hintergrund mutet es fast wie der kritische Kommentar zu einer vergangenen

---

46 Klaus-Jürgen Sembach: Henry van de Velde. Stuttgart 1989, S. 31.
47 Georg Wilhelm Friedrich Hegel: Philosophie der Kunst. Vorlesung von 1826. Hrsg. von Annemarie Gethmann-Siefert u. a. Frankfurt a. M. 2005, S. 74.
48 Ebenda, S. 146.
49 Giulio Carlo Argan: Gropius und das Bauhaus. Übers. von Hertha Federmann. Reinbek 1962, S. 27. Die italienische Originalausgabe *Walter Gropius e la Bauhaus* erschien 1951 in Turin.

Abb. 3
Henry van de Velde, Kröller-Müller-Museum Otterlo, 1936-1953

Geschichte an, dass ausgerechnet in den Räumen von Henry van de Veldes Kröller-Müller-Museum in Otterlo (Abb. 3) der verzweifelte Versuch scheiterte, die Einheit der modernen Architektur durch einen letzten Internationalen Kongress für moderne Architektur wiederherzustellen.[50]

---

50 Die Konferenz ist in folgender Publikation dokumentiert: Oscar Newman (Hrsg.): CIAM '59 in Otterlo. Rotterdam 1961.

Gabriel P. Weisberg

Jugendstil und Japonismus
Zur Katagami-Rezeption im Frühwerk van de Veldes

Als der Kunsthistoriker Julius Meier-Graefe im Jahre 1898 die erste Ausgabe seiner Avantgarde-Zeitschrift *L'Art Décoratif* publizierte, konzentrierte er sich auf die jüngsten Tendenzen im europäischen Kunstgewerbe und Industriedesign. Dabei betonte er, wie eng diese teils rasanten Entwicklungen mit einzelnen Künstlerpersönlichkeiten verbunden seien.[1] In der französischen Ausgabe seiner Zeitschrift maß Meier-Graefe dem Werk Henry van de Veldes auf allen Gebieten der Kunst großen Wert bei und führte in diesem Zusammenhang das damalige Haus des Belgiers als Beispiel für ein Gesamtkunstwerk an. Das bei Brüssel gelegene Haus Bloemenwerf zeichnete sich durch eine höchst moderne Inneneinrichtung aus, in der die Architektur, das Mobiliar und das Geschirr sowie Tapeten und Gegenstände aller Art – von van de Velde selbst geschaffen oder von ihm gesammelt – sorgfältig aufeinander abgestimmt waren und so seine künstlerischen Überzeugungen vor Augen führten. Eine zentrale Bedeutung gewann hierbei die programmatische Verknüpfung fernöstlicher und westlicher Künste.[2] Bloemenwerf hatte um die Mitte der 1890er Jahre bereits den Status eines Modellhauses für Architekten und Raumgestalter gewonnen. Es galt als *das* moderne Wohnhaus, weshalb es von Meier-Graefe und seinem Freund Siegfried Bing, dem Kunsthändler und Förderer des Jugendstil, 1895/96 besucht wurde.

Da die Einrichtung von Bloemenwerf anhand jener Fotografien, die in *L'Art Décoratif* abgedruckt wurden, gut zu rekonstruieren ist, lässt sich auch demonstrieren, wie intensiv van de Velde die japanische Kunst bei der Ausgestaltung seines Hauses einbezog. Auf einer Fotografie ist etwa ein japanischer

---

1 Der Untertitel der Zeitschrift, *Revue Internationale d'Art Industriel et de Décoration*, verwies auf die Absicht des Herausgebers. Die Zeitschrift erschien auch in einer deutschen Ausgabe, deren Inhalt und Fotografien deutlich von der französischen abwichen, insbesondere hinsichtlich der Stellung, die Henry van de Velde einnahm. Vgl. Catherine Krahmer: Meier-Graefe et les Arts Décoratifs. Un Redacteur à deux têtes. In: Alexandre Kostka, Françoise Lucbert (Hrsg.): Distanz und Aneignung. Kunstbeziehungen zwischen Deutschland und Frankreich 1870-1945. Berlin 2004, S. 231-254.
2 Vgl. Yoko Takagi: Katagami and Japonisme in Belgium. In: Katagami Style. Paper Stencils and Japonisme. Ausstellungskatalog, Mitsubishi Ichigokan Museum Tokio u.a. Tokio 2012, S. 40-44. Für weitere Informationen zu japanischen Schablonen vgl. Susan Shin-Tsu Tai (Hrsg.): Carved Paper. The Art of the Japanese Stencil. Ausstellungskatalog, Santa Barbara Museum of Art u.a. Santa Barbara, New York 1998.

Abb. 1
Henry van de Velde, Haus Bloemenwerf, Speisezimmer,
aus: L'Art Décoratif 1898, S. 17

Druck aus van de Veldes Sammlung zu sehen, der im Speisezimmer neben dem Kamin aufgehängt wurde und damit eine interessante Spannung zu der vom Künstler selbst gestalteten Tapete erzeugte (Abb. 1). Eine weitere Fotografie zeigt die Eingangshalle des Hauses, in die van de Velde ein zweites japanisches Kunstwerk hängte: ein sogenanntes Katagami – eine Papierschablone mit dynamischen, fließenden Linien, auf der zwei in einem mäandernden Wasserlauf schwimmende Karpfen zu sehen sind (Abb. 2).[3] Die Platzierung des Katagami an einem derart markanten Ort in Bloemenwerf wirft verschiedene Fragen auf, insbesondere die Frage nach der Bedeutung, die van de Velde japanischen Kunst- und Gebrauchsgegenständen in seinen Privaträumen zumaß.

Die japanische Kunst stellte van de Velde ein reiches Repertoire dekorativer Formen zur Verfügung. Sie war für ihn ebenso wie für viele andere Künstler der 1890er Jahre eine unerschöpfliche Quelle, vor allem, wenn es um eine Integration beziehungsweise Annäherung aller Künste ging. Van de Velde sammelte nachweislich japanische Kunst, bislang liegt jedoch keine Inventarliste

3 Vgl. Yoko Takagi: Katagami and Japonisme (Anm. 2), S. 41.

Abb. 2
Henry van de Velde, Haus Bloemenwerf, Eingangshalle,
aus: L'Art Décoratif 1898, S. 16

seiner japanischen Kunstwerke im Einzelnen vor. Auch konnte noch nicht geklärt werden, wie er mit Japan in Berührung kam. Wann, wo und durch wen wurden erste Kontakte mit Japan geknüpft? Wann begann van de Velde, japanische Kunst zu sammeln? Warum stellte er japanische Kunstobjekte in Bloemenwerf aus? Um eine erste Antwort auf diese Fragen geben zu können, muss zunächst die allgemeine Wertschätzung japanischer Kunst im ausgehenden 19. Jahrhundert rekonstruiert werden. Vor diesem Hintergrund lassen sich anschließend jene Wege nachzeichnen, auf denen sich van de Velde einige Grundzüge japanischer Kunst aneignete.

Japan und der Japonismus

Schon in den 1880er Jahren, als sich van de Velde für japanische Kunst zu interessieren begann, hatte die internationale Auseinandersetzung mit japanischer Kultur einen Höhepunkt erreicht. Sie verdankte sich einerseits der Faszination, die Japan auf westliche Künstler aller Disziplinen ausübte, und andererseits der Umtriebigkeit geschickter Geschäftsleute, die in Europa und

Amerika einen regen Handel mit japanischen Kunstgegenständen etablierten: Der Japonismus wurde geboren.[4] Wann van de Velde das erste japanische Kunstwerk erwarb, ist nicht zu ermitteln. Doch spricht vieles dafür, dass er schon früh mit Künstlern und Kunsthändlern in Kontakt kam, die japanische Kunst förderten.[5] Ausstellungen japanischer Kunst fanden in Belgien und Frankreich im 19. Jahrhundert regelmäßig statt; auch in der Tagespresse und in Ausstellungskatalogen wurde sie ausführlich behandelt und in Fachartikeln für Zeitschriften diskutiert. Das Wissen über japanische Kunst und deren Wertschätzung galt geradezu als Voraussetzung, um als moderner Künstler anerkannt zu werden. Westliche Grundsätze der Kreativität wurden durch das Verständnis der Arbeitsweisen japanischer Gestalter modifiziert. Die zeitgenössischen Künstler in Europa erschlossen sich auf diesem Weg neue Kompositionsverfahren, neue Grundsätze der räumlichen Organisation und nicht zuletzt auch neue Werkstoffe in allen Gestaltungsbereichen.[6] Als van de Velde Mitte der 1880er Jahre nach Paris zog, um im Atelier des akademischen Malers Carolus-Duran zu arbeiten, kam er sehr wahrscheinlich mit japanischer Kunst in Berührung und diskutierte deren Bedeutung für die neue Kunst zweifellos auch mit anderen Künstlern.[7]

Während der aufkeimenden Japanmode in den 1880er Jahren muss van de Velde von den führenden Kunsthändlern in Paris gewusst haben; und er mag wohl während eines Besuchs im Jahr 1884 von seinem Freund Max Elskamp, einem belgischen Dichter, der sich für japanische Drucke begeisterte, seine erste Bekanntschaft mit japanischer Kunst gemacht haben. Zu ihren bedeutendsten Förderern in den 1880er Jahren gehörte der Kunsthändler und Unternehmer Siegfried Bing, der gerade aus dem Fernen Osten zurückgekehrt war. Bing gewährte jedem Interessierten wegweisende Unterstützung in der Auseinander-

---

4 Der Japonismus wurde in der kunsthistorischen Literatur ausführlich behandelt, die Kommerzialisierung der Bewegung ist jedoch bisher vernachlässigt und nicht eingehend untersucht worden. Zum Japonismus vgl. Gabriel P. Weisberg, Yvonne Weisberg: Japonisme. An Annotated Bibliography. New York 1990 sowie Gabriel P. Weisberg, Edwin Becker, Évelyne Possémé (Hrsg.): The Origins of l'Art Nouveau. The Bing Empire. Ausstellungskatalog, Van Gogh Museum Amsterdam. Amsterdam 2004.
5 Überraschenderweise werden Japan oder der Japonismus in der Literatur über van de Velde oftmals nicht ausführlich behandelt. Ausnahmen dazu bilden einige Beiträge in: Der westdeutsche Impuls 1900-1914. Kunst und Umweltgestaltung im Industriegebiet. Von der Künstlerseide zur Industriefotografie. Das Museum zwischen Jugendstil und Werkbund. Ausstellungskatalog, Kaiser-Wilhelm-Museum Krefeld. Krefeld 1984.
6 Vgl. Yoko Takagi: Katagami and Japonisme (Anm. 2), S. 42.
7 Vgl. ebenda, S. 41. Vgl. zum Einfluss von Carolus-Durans Unterricht auf van de Velde auch Susan M. Canning: Henry van de Velde 1863-1957. Antwerpen 1987, S. 52. Die Frage, ob Carolus-Duran selbst von japanischer Kunst beeinflusst wurde oder Interesse daran zeigte, erübrigt sich, da dafür kaum Anhaltspunkte in seinen Gemälden zu finden sind.

setzung mit japanischer Kunst. Seine Galerien, die von ihm organisierten Wanderausstellungen mit japanischen Kunstobjekten und seine Monatszeitschrift *Le Japon Artistique* (1888 begründet und gleichzeitig auf Französisch, Deutsch und Englisch publiziert) boten zahlreiche Möglichkeiten, japanische Gestaltung zu studieren und sich mit ihrer Integration in die westliche Kultur zu beschäftigen (Taf. 1, S. 49). Insbesondere die Gestaltung des modernen französischen Privathauses im Rückgriff auf fernöstliches Design war ein reizvolles Thema für Kreative aller Couleur. Bing versorgte Künstler mit Aufträgen und fand eine bereitwillige Klientel, die sich gerade jene Objekte für Wohnungen sichern wollte, die dem neuesten Geschmack entsprachen.[8] Bing kannte die Artikel von Autoren wie dem Kunstkritiker und leidenschaftlichen Sammler japanischer Kunst Philippe Burty, und er sah, dass Burty die Wertschätzung japanischer Kunst und Kultur im Westen zutreffend beurteilte, indem er sie auf den Begriff des Japonismus brachte. Aber Bing ging weiter als Burty. Er bemühte sich, ein tieferes Interesse an allen japanischen Künsten, ob historisch oder zeitgenössisch, zu befördern, da japanische Kunst die Quelle »of a new vitality« sein könne, »stimulating the traditional arts of France«.[9]

In den monatlichen Ausgaben von *Le Japon Artistique*, die van de Velde sehr wahrscheinlich auch noch nach seinem Paris-Aufenthalt studiert hat, sind zahlreiche Autoren vertreten, die für die Entwicklung des modernen Designs in Frankreich maßgeblich waren, unter ihnen Philippe Burty, Victor Champier, Lucien Falize und Roger Marx. Letzterer war ein höchst scharfsinniger Kritiker, dessen Tätigkeit für die Zentralregierung der Dritten Französischen Republik die Botschaft aussandte, dass japanische Kunst ebenso wie die Kreation neuer Designobjekte im japanischen Stil von Regierungsmitgliedern und progressiven Industriellen wohlwollend betrachtet werde.[10] Bings Engagement für die internationale Verbreitung japanischer Kunst und des Japonismus wurde auch durch die Publikation von Artikeln englischer Autoren in *Le Japon Artistique* unterstützt. Unter den Autoren fanden sich so bekannte Namen wie William Anderson, Arthur Lasenby Liberty und Justus Brinckmann, der als Direktor des Museums für Kunst und Gewerbe in Hamburg tätig war. Die Aufnahme dieser Autoren sowie die Qualität und Vielfalt der Abbildungen japanischer Kunstgegenstände stellten für Künstler, unter ihnen auch van de Velde, eine reiche Quelle dar. Die Zeitschrift spielte eine wichtige Rolle für die Entwicklung van de Veldes, da sie just in jenen Jahren erschien, als er eine

---

8 Vgl. zur ausgreifenden Monopolstellung, die Bing in der Förderung und im Verkauf aller erdenklichen japanischen Kunstgegenstände innehatte, Gabriel P. Weisberg, Edwin Becker, Évelyne Possémé (Hrsg.): The Origins of l'Art Nouveau (Anm. 4).
9 Akiko Mabuchi: The Influence of Katagami on French Art and Decorative Arts. In: Katagami Style (Anm. 2), S. 34–39, hier S. 35.
10 Vgl. Roger Marx: Un critique aux côtés de Gallé, Monet, Rodin, Gauguin. Ausstellungskatalog, Musée des Beaux-Arts, Nancy. Nancy 2006.

Abkehr von der Malerei zu erwägen begann, um seine Fähigkeiten in den Dienst der angewandten Künste zu stellen.[11]

Von der ersten Ausgabe im Mai 1888 an, in der Bing einen Überblick über potenzielle japanische Einflüsse gab, druckte er stets qualitativ hochwertige Farbbilder ab, welche die Vielfalt japanischer Kreativität widerspiegelten. Masken, Drucke, Stoffe und sogenannte Katagami (Färbeschablonen) wurden in die Zeitschrift aufgenommen. Ganzseitige Farbabbildungen mit Drucken von Hiroshige oder Utamaro stellten sie als wegweisende Exemplare der Ukiyo-e-Tradition heraus. Bings Umsicht, die Farben dieser Drucke exakt wiederzugeben, eröffnete Kennern deren Schönheit und Bedeutsamkeit. Durch die großformatige, ganzseitige Reproduktion dieser Objekte wurde ihre zentrale Bedeutung für die Entwicklung des Kunstgewerbes in der westlichen Welt bekräftigt. *Le Japon Artistique* avancierte zu einem Vorlagenbuch, welches Künstler und Industriedesigner konsultieren konnten, und stellte Quellen bereit, die junge Künstler wie van de Velde zur genauen Betrachtung und Reflexion japanischer Kunst anregte. Die Zeitschrift bewog van de Velde während seines Pariser Aufenthalts, Bing und dessen berühmte Galerie aufzusuchen.[12] Im Jahr 1889, mehrere Jahre nach van de Veldes Rückkehr nach Belgien, organisierte Bing eine Ausstellung japanischer Drucke und Gemälde im Cercle artistique et littéraire in Brüssel, die auch Exemplare aus Bings eigener Sammlung japanischer Kunst enthielt. Die Ausstellung wurde just zu der Zeit eröffnet, als die Bedeutung der Zeitschrift *Le Japon Artistique* am größten war und die Pariser Weltausstellung europäische Künstler anregte, über exotische Kulturen nachzudenken.[13]

---

11 Für van de Veldes Abkehr von der Malerei war die Freundschaft mit Max Elskamp entscheidend, dessen Interesse an japanischer Kunst demonstrierte, dass diese der Betrachtung und Beschäftigung wert sei. Zu Elskamp und Japan vgl. Catherine De Croës, Beata Romanowicz, Julie Bawin: Oriental Fascination 1889-1915. Le japonisme en Belgique – Het japonisme in België – The japonisme in Belgium. Ausstellungskatalog, Bruxelles-Musées-Expositions – Brussel-Musea-Tentoonstellingen. Brüssel 2008. In der Veröffentlichung werden einige von Elskamps Bildern aus seinem *Éventail Japonais* (1886) behandelt.
12 Das Jahr 1895 gilt als Datum des ersten Treffens zwischen van de Velde und Siegfried Bing. Vgl. zum Beispiel Susan M. Canning: Henry van de Velde (Anm. 7), S. 21. Auch wenn genaue Quellen über van de Veldes und Bings Treffen fehlen, kann Bings Bedeutung für die Kunstszene der 1880er Jahre nicht hoch genug eingeschätzt werden.
13 Vgl. Henry van de Velde: Récit de ma vie. 2 Bde. Hrsg. und kommentiert von Anne van Loo in Zusammenarbeit mit Fabrice van de Kerckhove. Brüssel 1992-1995. Bd. 1: Anvers, Bruxelles, Paris, Berlin 1863-1900. Brüssel 1992, S. 161. Auch die Bedeutung von Läden, die zu dieser Zeit japanische Kunst in Brüssel verkauften, muss gewürdigt werden, da sie es Künstlern wie van de Velde ermöglichten, sich mit japanischen Kunstwerken zu befassen, ohne nach Paris reisen zu müssen.

Als van de Velde durch französische Quellen mit Japan in Berührung kam, tat die Freundschaft mit Max Elskamp ihr Übriges.[14] Elskamp war offensichtlich von japanischer Kunst und Kultur fasziniert; er besaß eine Sammlung japanischer Drucke, die van de Velde und er gemeinsam studierten.[15] Im Jahr 1886 erschien Elskamps Buch *L'Éventail Japonais*, dessen Titelblatt höchstwahrscheinlich von van de Velde gestaltet wurde.[16] Diese Gedichtsammlung verstärkte van de Veldes Interesse an japanischem Design und bestätigte ihn zudem darin, sich mehr und mehr den angewandten Künsten zuzuwenden. Die Bedeutung des Buches wird für die gegenwärtige Forschung, die sich um den Nachweis einer frühen Bekanntschaft van de Veldes mit japanischer Kunst bemüht, allerdings dadurch gemindert, dass es nicht kommerziell vertrieben wurde und daher heute nur schwer zu finden ist. Wird in der Forschung mitunter die These vertreten, dass van de Veldes frühester Kontakt mit angewandter Kunst durch Elskamps Sammlung japanischer Drucke zustande kam, verhält es sich tatsächlich weitaus komplizierter.[17] Van de Veldes Berührung mit japanischer Kunst und Kultur hatte verschiedene Ursprünge: Er hielt sich zur Zeit ihrer größten Strahlkraft in Paris auf, wo er Bekanntschaft mit Bing und dessen Galerie machte, er studierte die Zeitschrift *Le Japon Artistique* und kam schließlich auch über seinen Freund Elskamp mit japanischer Kunst in Berührung. Elskamp verfasste ein Buch über Japan und besaß einige wichtige Werke, die japanischer Kunst gewidmet waren, darunter Louis Gonses *L'Art Japonais* sowie sämtliche Ausgaben von Bings *Le Japon Artistique*.[18] Außerdem ergab sich aus der engen Freundschaft zwischen van de Velde und Elskamp immer wieder die Möglichkeit, die Entwicklungen und Tendenzen der zeitgenössischen Kunst sowie maßgebliche Einflussfaktoren zu diskutieren.

---

14 Vgl. ebenda, S. 63. Vgl. zu dieser Freundschaft auch Abraham-Marie Hammacher: Le Monde de Henry van de Velde. Anvers, Paris 1967, S. 12.
15 Vgl. Susan M. Canning: Henry van de Velde (Anm. 7), S. 66. Weder die genaue Identität noch der Verbleib der Drucke werden hier näher beschrieben. Vgl. zu Elskamp in diesem Kontext auch Catherine De Croës, Beata Romanowicz, Julie Bawin: Oriental Fascination (Anm. 11).
16 Zum Titelblatt vgl. Henry van de Velde: Récit de ma vie (Anm. 13). Bd. 1, S. 63, Anm. 1. Eine Reproduktion des Titelblatts findet sich ebenda, S. 160. Vgl. auch Christian Berg: Max Elskamp et l'esthétique fin-de-siècle. In: Bulletin de l'Académie Royale de Langue et de Littérature Françaises 47 (1969), S. 132-155.
17 Vgl. Susan M. Canning: Henry van de Velde (Anm. 7), S. 66.
18 Vgl. zu Elskamps Bibliothek: Inventaire de la bibliothèque de Max Elskamp, léguée à l'Université Libre de Bruxelles. Brüssel 1973, S. 60 (Nr. 494) und 61 (Nr. 505).

Abb. 3
Maria Sèthe im Atelier von Haus Bloemenwerf, um 1898

Katagami und Ukiyo-e-Drucke

Dass an den Wänden von Bloemenwerf Mitte der 1890er Jahre Katagami (französisch ›pochoirs‹, englisch ›stencils‹, deutsch ›Färbeschablonen‹) und japanische Drucke aufgehängt wurden, wirft faszinierende Fragen auf, die nicht leicht zu beantworten sind. Van de Velde hatte Bloemenwerf für sich und seine Frau Maria Sèthe gestaltet, die – als Schülerin des belgischen Malers Theo van Rysselberghe – ebenfalls künstlerisch tätig war und daher ihren eigenen Arbeitsplatz erhalten sollte. Der Raum der angehenden Künstlerin und Gestalterin, die hoffte, van de Veldes Kleidungsentwürfe verwirklicht zu sehen, spiegelte das Interesse ihres Ehemanns an japanischer Kunst, besonders an den japanischen Färbeschablonen, wider (Abb. 3). Angeregt durch das Werk von William Morris veranlasste Maria ihren Mann, sich mit der Gestaltung von Textilien zu beschäftigen. Das führte van de Velde nach Krefeld, in die bekannte deutsche Textilstadt, wo er eine fruchtbare Beziehung zu Friedrich Deneken aufbaute, dem Direktor des Kaiser Wilhelm Museums.[19] Das Inter-

---

[19] Vgl. Le Cercle des XX. Ausstellungskatalog, Tzwern-Aisinber Fine Arts Brüssel. Brüssel 1989, S. 285; vgl. außerdem Gerda Breuer: Deneken und die Krefelder Textilindustrie. In: Der westdeutsche Impuls 1900-1914 (Anm. 5), S. 88-103. Hier sind eine Reihe von van de Veldes Entwurfszeichnungen für Stoffe abgedruckt, die sich im Kaiser Wilhelm Museum Krefeld befinden.

Abb. 4
Henry van de Velde, Haus Bloemenwerf,
Speisezimmer mit japanischen Drucken, um 1900

esse an japanischer Gestaltung und Kunst erwies sich als Schlüsselfaktor für van de Veldes spätere Hinwendung zum Textildesign, das zu einem bedeutsamen Aspekt seiner ästhetischen Produktion werden sollte.[20]

In jenem Zeitraum, in dem van de Velde und Maria Sèthe japanisches Design zusammentrugen und sich davon inspirieren ließen, wurden Ukiyo-e-Drucke und Katagami vielerorts gesammelt. Van de Veldes Kollektion japanischer Drucke konzentrierte sich auf Einzelblätter späterer Ukiyo-e-Graphiker wie Kiyonaga oder Toyokuni, obwohl er sicher auch die Drucke von Utamaro, Hiroshige und Hokusai kannte, die von französischen Japonisten besonders geschätzt wurden. Unabhängig davon, ob sie Teil einer Serie oder Einzelblätter waren, platzierte van de Velde die Ukiyo-e-Drucke oftmals in selbst entworfenen Rahmen; er hängte eine Reihe von ihnen in Bloemenwerf auf (Abb. 4), so dass distinguierte Besucher wie Siegfried Bing oder Julius Meier-Graefe die gemeinsame Ausstellung aller Künste aus Ost und West betrachten konnten.[21]

---

20 Zu einem Katagami an der Wand hinter Maria Sèthe in Bloemenwerf vgl. Abb. 3.
21 Van de Veldes Gewohnheit, Rahmen für japanische Drucke zu bauen, beeinflusste andere Künstler, es ihm nachzutun. Als der Architekt Louis Bonnier, der mit Bing zusammenarbeitete, seine japanischen Drucke ausstellte, wurden sie in einem von van de Veldes Arbeiten inspirierten Rahmen gezeigt. Der Verfasser machte in den 1970er Jahren einen japanischen Druck in einem van de Velde-Rahmen in den Archiven des Enkelsohns Bernard Bonnier in Paris ausfindig.

Obwohl in der Auseinandersetzung mit dem Japonismus wesentlich mehr Aufmerksamkeit auf die Bedeutung japanischer Drucke als auf die Rolle von Katagami gerichtet worden ist, darf die Bedeutung dieser weniger bekannten Kunstform nicht unterbewertet werden. Nicht nur van de Velde und Maria Sèthe schätzten Katagami; auch Siegfried Bing hatte bereits 1887 eine Serie von Katagami im Palais de l'Industrie in Paris ausgestellt. Acht dieser Arbeiten wurden – wenn auch verkleinert – im November 1887 in der *Gazette des Beaux-Arts* abgedruckt. Die »fertilité d'invention«, verbunden mit der »souplesse ingénieuse et originale du génie décoratif des Japonais«, werde weithin offenbar, hieß es im Kommentar.[22] Auch in *Le Japon Artistique* wurden Katagami oft abgedruckt. Katagami fluteten geradezu den Kunstmarkt in Frankreich und anderen Ländern; eine große Anzahl gelangte schließlich auch in die Sammlung des Musée des Arts Décoratifs in Paris, wo sie heute in den Archiven der Bibliothek und in der Museumssammlung zu finden sind.[23] Ob van de Velde genau diese Exemplare gesehen hat, kann nicht nachgewiesen werden, obwohl einige der Katagami, von denen zwei Blumen und Fächer darstellen,[24] die Initialen »S.B.« tragen, was darauf hindeutet, dass sie ursprünglich im Besitz Siegfried Bings waren.

Die Färbeschablonen eröffneten eine nahezu endlose Bandbreite an Gestaltungsmöglichkeiten: Die Bewegung von Fischen in einem Fluss, fliegenden Vögeln oder Pflanzenformen erzeugen wirbelnde, abstrakte Muster, die europäische Gestalter veranlassten, ihre eigenen Entwürfe aus den Mustern zu abstrahieren und sich so immer mehr von einer realistischen Darstellungsweise zu lösen. Es ist nicht bekannt, wie viele Künstler Katagami sammelten, obwohl der zunehmende Gebrauch von abstrakten Schablonenmustern während der Jugendstilzeit in den 1890er Jahren nahelegt, dass sie vielen Künstlern, auch van de Velde, wertvolle Anregungen gaben. Die überlieferten dokumentarischen Fotografien van de Veldes und Maria Sèthes wie auch van de Veldes erster großer Stoffentwurf lassen die Bedeutung der Katagami (die zusammen mit den flächigen Farbmustern japanischer Drucke benutzt wurden) erkennen, deren fast schon symbolischer Charakter darauf hinweist, wie stark die Künstler von ihnen beeinflusst worden sind.[25]

---

22 Paul Lefort: L'Union Centrale des Arts Décoratifs. Neuvième Exposition. In: Gazette des Beaux-Arts 36 (1887), S. 353-366, hier S. 364.
23 Diese seltenen Stücke werden in großen Alben aufbewahrt; die Sammlung in der Bibliothek enthält auch diverse Alben mit gedruckten Exemplaren. Für weitere Informationen vgl.: Ancien Fonds 1864-1882/1904, 17348, R121, Collection de 361 pochoirs japonais en 4 volumes gr. fol. Weder ist das exakte Zugangsdatum bekannt, noch ist der Ursprung der ›pochoirs‹ sorgfältig dokumentiert.
24 Ebenda, Album 4, Nr. 1335 und 1349.
25 Deneken in Krefeld betonte die Bedeutung japanischer Kunst, Katagami inbegriffen. Vgl. Gerda Breuer: Japanische Kunst als Vorbild. In: Der westdeutsche Impuls 1900-1914 (Anm. 5), S. 120-130.

Van de Veldes »Engelwache« im Kontext der Katagami-Mode

Im Jahr 1891, als van de Velde gemeinsam mit anderen Mitgliedern der Künstlergruppe Les Vingt ausstellte, experimentierte er auch mit kunstgewerblichen Projekten. Er vollendete verschiedene Entwürfe und stellte einen von ihnen im 1892er Salon von Les Vingt aus. Im selben Jahr begann er auch die Arbeit an seinem kühnsten Projekt, dem Wandbehang *Engelwache*, den er im letzten Salon von Les Vingt im Februar und März 1893 ausstellte (Taf. 2, S. 50). Diese große Komposition zeigt, wie van de Velde nun sein persönliches künstlerisches Reifen mit dem Anspruch auf eine Erneuerung des Kunstgewerbes verband.[26] Der Wandbehang demonstriert zudem, wie intensiv van de Velde in den 1890er Jahren über die Ebenbürtigkeit aller Kunstformen nachdachte. Angeeignet hatte er sich dieses Konzept im Zuge seiner Beschäftigung mit japanischer Kunst und Gestaltung, in der die Vereinigung aller Künste als ein Grundsatz der Kreativität galt.

Der große Wandbehang, den van de Velde mit Hilfe einer Tante realisierte, verrät eine Vielzahl verschiedener Einflüsse. Als besonders dominant erweist sich der Einfluss Paul Gauguins, dessen Gemälde van de Velde während mehrerer Ausstellungen der bereits erwähnten Künstlergruppe Les Vingt gesehen hatte. Der Wandbehang, der sich dem Thema der Christusverehrung widmet, zeigt Bauersfrauen, die inmitten einer Waldsenke über dem Körper des Christuskindes beten.[27] Die knienden Figuren wie auch die Landschaft setzen sich aus flächigen Formen zusammen. Jede Form, einschließlich der Figuren und Bäume, ist mit einer andersfarbigen Linie konturiert, die das Muster zu einer Einheit zusammenfasst, ähnlich wie Gauguins Technik in *Vision nach der Predigt* (1888). Eine analoge Formensprache ist auch schon in van de Veldes *La Faneuse* (1892) zu erkennen (Taf. 3, S. 50).

Die Komposition der *Engelwache* gewinnt in manchen Bereichen an Tempo; sie hält anmutig bei dem Christuskind inne, welches das Zentrum der Komposition bildet. Der Eindruck einer umsichtig orchestrierten Bildbewegung, bei der alle Facetten der Komposition in vollkommenem Einklang stehen, während sie gleichzeitig als Abstraktionen fungieren, spricht ein weiteres Mal für die zentrale Bedeutung japanischer Kunst im Wirken van de Veldes. Das gilt insbesondere für die Ukiyo-e-Drucke, bei denen flächige Formen, die sich zu Mustern gruppieren, dominieren. Allerdings gibt es noch eine andere Quelle, auf die in Verbindung mit diesem herausragenden Wandbehang oder mit anderen Werken des Künstlers selten, wenn überhaupt, verwiesen worden ist: die Katagami. Angesichts der Tatsache, dass mehrere Katagami in die programmatische Einrichtung von Bloemenwerf integriert wurden und dass viele Katagami

---

26 Vgl. Susan M. Canning: Henry van de Velde (Anm. 7), S. 69.
27 Vgl. für eine detaillierte Schilderung der Herstellung des Wandbehangs Henry van de Velde: Récit de ma vie (Anm. 13). Bd. 1, S. 191-193.

wirbelnde, geschwungene Muster haben, die sich zu einer einheitlichen Komposition zusammenfügen, muss ihre Rolle als fundamentales Hilfsmittel für van de Veldes *Engelwache* anerkannt werden.

Die Wiederholung von Motiven in vielen Katagami stellte all jenen Künstlern, die sich vom Naturalismus abwandten, ein inspirierendes Formenrepertoire zur Verfügung. Manche Katagami zeigten die Bewegung von Fischen in einem Strom, wobei das Wassermuster mit seinen dynamisch geschwungenen Linien jene wirbelnde Bewegung betonte, die für die gesamte Komposition von zentraler Bedeutung war (Taf. 4, S. 51). Andere Katagami erzeugten durch Wellenbewegungen, die aus einer Vogelperspektive dargestellt wurden, rhythmisch geschwungene Linien (Abb. 5). Auch wenn sich, wie bereits erwähnt, nicht exakt angeben lässt, welche Katagami van de Velde gekannt hat oder wie viele ihm zugänglich waren, zeugt die Gestaltung der *Engelwache* unverkennbar von ihrem Einfluss. In der *Engelwache* schuf van de Velde einen Pfad aus Licht, der sich von rechts oben nach links unten bewegt, bevor er im Bildvordergrund auf der Höhe des Christuskindes abbricht. In dieser dynamischen Gestaltung des Weges spiegelt sich die Art und Weise, in der manche Katagami bewegte Wellenbahnen zeigen. Die Welle selbst, die sich aus einer Reihe von Binnenlinien zusammensetzt, scheint von van de Velde bei der Gestaltung seines Lichtpfades in der Art aufgenommen worden zu sein, in der Linien hier die Bewegung vorwärtstreiben. Die Flächen, aus denen die betenden Bauersfrauen geformt sind, spiegeln die Art und Weise, in der japanische Künstler Vögel oder Fische über dem Wasser platzierten. Die Kenntnis dieser Elemente half van de Velde, stärker von der Natur zu abstrahieren, so dass sein Wandteppich die ganzheitliche Wirkung eines Katagami gewann.

Dass ein Katagami als vertikales oder horizontales Muster gesehen werden kann, spielte eine bedeutsame Rolle in van de Veldes Rezeptionsprozess. Er konnte auf ein Katagami von oben herunterblicken; er konnte es jedoch auch auf die Seite stellen, so dass sich das ursprünglich vertikale Muster in eine horizontale Ausrichtung verschob. Auf diese Weise verwendete van de Velde zweifellos ein Katagami, als er den Wandbehang *Engelwache* schuf. Das Bewegungsmuster wurde durch die horizontale Position, in der das Katagami van de Velde zur Vorbereitung seines Werkes diente, noch stärker betont. Halten wir dies fest, so bleibt eine weitere Frage zur Anlage der *Engelwache* offen: Warum ist diese Beziehung zu einem Aspekt japanischer Kunst noch nie untersucht worden? Die Antwort liegt darin begründet, dass bislang nur wenige Kunsthistoriker den Katagami Beachtung schenkten; sie hängt freilich auch damit zusammen, dass Katagami in der japanischen Textilindustrie zum Bedrucken von Stoffen für Kimonos oder Haushaltstextilien verwendet wurden, wodurch das westliche Verständnis erschwert wurde: Man hat Katagami lange Zeit vornehmlich als Instrument in einem Schöpfungsprozess von etwas anderem angesehen und nicht als vollendetes, selbstständiges Kunstwerk betrachtet. Da sich van de Velde, als er die *Engelwache* schuf, von der Malerei zunehmend

Abb. 5
Katagami aus der Sammlung der Bibliothèque des Arts Décoratifs, Paris

distanzierte und dem Kunstgewerbe sowie dem Industriedesign annäherte, ist es umso plausibler, dass er sich einer weitverbreiteten japanischen Musterübertragungstechnik zur Herstellung ornamentaler Heim- und Modetextilien zuwandte. Dass Katagami keine Kunstgegenstände per se waren, mag erklären, warum sie im Zuge des Japonismus nicht breit als würdige Beispiele für die Übertragung japanischer künstlerischer Prinzipien diskutiert wurden, obwohl sie weithin bekannt und sichtbar waren. Westliche Künstler verwendeten Katagami auch als Hilfsmittel für eigene Kreationen, insbesondere, da sie anstelle wirklichkeitsgetreuer Abbildungen Linie und Formen betonten.[28]

28 Vgl. Gerda Breuer: »Linie und Form«. Krefeld 1904. Zur frühen Wertschätzung funktionaler Gestaltung. In: Der westdeutsche Impuls 1900-1914 (Anm. 5), S. 138-152.

Kleiderentwürfe im Kontext der Katagami-Rezeption

Gemäß seinem Programm einer alle Gattungen einbeziehenden Gesamtkunst brachte van de Velde seinen Ideenreichtum auch in die Gestaltung von Alltagskleidung ein. Dabei vertraute er auf die Mitarbeit seiner Frau, um sein Ziel einer Verbesserung von Kleidung im Kontext der internationalen Reformbewegung zu verwirklichen.[29] In enger Zusammenarbeit mit Maria begann er in den 1890er Jahren, Frauenkleidung zu entwerfen (vgl. Abb. 5, S. 296). Zu dieser Zeit war Kleidung ein weiteres Element gestalterischer Reformbewegungen in Europa und Nordamerika geworden; die Idee der Reformkleidung basierte auf der Gestaltung von Alltagskleidung, die die avanciertesten künstlerischen Prinzipien widerspiegelte. Ebenso wie Charles Rennie Mackintosh in Schottland oder Frank Lloyd Wright in den USA schuf auch van de Velde Kleidungsstücke, die er als selbstständige Kunstwerke betrachtet wissen wollte.[30] Während der Phase, in der van de Velde Kleidung entwarf, war das Interesse an diesem Gebiet groß; einschlägig erforscht ist es bislang indessen kaum.[31] Die Befürworter der Reformkleidung glaubten, dass die neue Gestaltung Frauen helfen werde, sich von der traditionellen Mode und den damit verbundenen Einschränkungen zu emanzipieren. Van de Velde wurde zu einem entscheidenden Fürsprecher dieses Wandels, denn er sah das Modedesign als wichtige Konsequenz jenes Bedeutungsgewinns, den man dem zeitgenössischen Design gemeinhin zusprach. Einmal mehr aber waren die Katagami von zentraler Bedeutung für die von van de Velde entworfenen Kleidungsstücke, die stark an japanische Kimonos erinnern.[32]

Von den Empfangskleidern, die van de Velde entwarf, haben sich Fotografien erhalten. Eine von ihnen zeigt ein Kleid in der Rückenansicht. Den Saum bildet eine Folge abstrakter Muster, die jenen auf dem Rücken und den Schultern des Kleides gleichen (Abb. 6). Bezeichnenderweise steht das Modell, das das Kleid trägt (eventuell ist es Maria Sèthe selbst), vor zwei Chugata-

---

29 Zu Kleidung, Mode und der Reformbewegung in der Gestaltung vgl. das Kapitel »The Modern Design Movement in Germany and Dress Reform«. In: Patricia A. Cunningham: Reforming Women's Fashion 1850-1920. Politics, Health, and Art. Kent 2003, S. 170-184. Deneken, Direktor des Kaiser Wilhelm Museums Krefeld, habe, so heißt es hier, van de Velde im April 1900 gebeten, im Zusammenhang mit dem Deutschen Schneidertag einen Vortrag zu halten, und verschiedene Architekten, Künstler und Designer eingeladen, ein ›Reformkleid‹ für diesen Anlass zu entwerfen.
30 Vgl. Jennifer Barrows: The Sources, Rhetoric and Gender of Artistic Dress. 1893 to 1911. Diss. Urbana-Champaign 2009.
31 Jennifer Barrows (ebenda) merkt an, dass das Interesse an diesem Gebiet zum Erliegen gekommen sei, wenngleich sie einige Erkenntnisfortschritte seit den 1980er Jahren hervorhebt.
32 Ob van de Velde Kimonos sammelte, ist nicht bekannt. Andere Künstler, die sich für den Japonismus begeisterten, taten dies, so zum Beispiel der Maler James Tissot.

JUGENDSTIL UND JAPONISMUS

Katagami-Schablonen, die gerahmt an der Wand von Bloemenwerf hängen.³³ Eine der Schablonen zeigt, wie bereits erwähnt, ein bevorzugtes Muster, welches in zahlreichen Katagami verwendet wurde. Es war auch das Motiv, welches unter jenen Katagami gefunden wurde, die van de Velde gehörten: ein Karpfen, der flussaufwärts und einen Wasserfall hinaufschwimmt. Die geschwungenen Linien und die Bewegung beider Katagami, die auf der Fotografie zu sehen sind, korrespondieren deutlich mit der Verzierung des Kleides.

Durch seine Arbeit an Kleiderentwürfen kam van de Velde, wie bereits erwähnt, mit Friedrich Deneken, dem Direktor des Kaiser Wilhelm Museums in Krefeld, in Kontakt. Diese Verbindung brachte van de Velde nicht nur Aufträge, sondern machte ihn auch in den Kleiderwerken von Krefeld bekannt.³⁴ Van de Velde und seine Frau Maria arbeiteten gemeinsam an der Gestaltung von Kleiderschmuck. Manche ihrer Muster wurden in einem Album von 1900 abgedruckt, das von der Bedeutung dieses Schaffensfeldes für beide zeugt.³⁵

Abb. 6
Henry van de Velde, Empfangskleid, um 1900, aus: Deutsche Kunst und Dekoration 10 (1902), S. 379

---

33 Laut Jennifer Barrows: The Sources, Rhetoric and Gender of Artistic Dress (Anm. 30) stand das Modell vor Entwürfen von van de Velde. Die valide Identifikation dieser Arbeiten als Schablonen legte Yoko Takagi: Katagami and Japonisme (Anm. 2) vor.

34 Vgl. Gerda Breuer: »Der Künstler ist seiner innersten Essenz nach glühender Individualist«. Henry van de Veldes Beiträge zur Reformierung der Krefelder Industrie – Grenzen einer Gewerbeförderung durch Kunst. In: Klaus-Jürgen Sembach, Birgit Schulte (Hrsg.): Henry van de Velde. Ein europäischer Künstler seiner Zeit. Ausstellungskatalog, Karl-Ernst-Osthaus-Museum, Hagen u. a. Köln 1992, S. 206-229.

35 Maria van de Velde: Album moderner, nach Künstlerentwürfen ausgeführter Damenkleider, ausgestellt auf der Grossen allgemeinen Ausstellung für das Bekleidungswesen Krefeld. Düsseldorf 1900.

Dennoch blieb bislang weithin unbeachtet, wie viele Entwürfe, die van de Velde und seine Frau geschaffen haben, tatsächlich durch verschiedene Katagami-Formen und Katagami-Motive inspiriert wurden.

Gesamtkunstwerk

Als einer der ersten Designer, die das Ideal des Gesamtkunstwerks auch auf die Kleidung ausweiteten, handelte van de Velde entsprechend seiner Überzeugung, dass sämtliches künstlerisches Schaffen zu einem Ganzen vereint werden solle. In Bloemenwerf konnte er seine Vorstellungen umsetzen. Alle Elemente seines Entwurfs, ob von ihm selbst entworfene Gegenstände oder solche, die ihn inspirierten, fügte er so zusammen, dass sie sich zu einem harmonischen Ganzen verbanden. Damit ebnete er den Weg für die Vorhaben anderer Designer, nicht nur ein Ensemble verwandter Objekte, sondern ganze Ausstattungen zu schaffen. Er tat dies als einer der ersten Designer und bestätigte damit Siegfried Bings Vorstellungen von neu zu schaffenden Gesamtentwürfen. Nicht zufällig wurde Henry van de Velde zu einem entscheidenden Anreger für Bing, der seinerseits zu einem der prominentesten Förderer des internationalen Jugendstil avancierte. Es bleibt jedoch weiterhin differenziert zu erforschen, wie van de Velde japanische Vorlagen nutzte, um seine ästhetischen Vorlieben zu untermauern.

Zu Beginn folgte van de Velde anderen Japonisten in ihrer Hochachtung und Wertschätzung von Ukiyo-e-Drucken. Als sich van de Veldes Japonismus vertiefte und sich sein Verständnis für alle Arten japanischer Kunst erweiterte, erkannte er zunehmend jene Prinzipien, die dem japanischen Design zugrunde lagen und die er verstehen musste, wenn er ein moderner Designer sein wollte. Daher beschäftigte er sich mit den Katagami und verwendete sie, ohne seinen Rückgriff auf diese Schablonenmuster zu verbergen. Gemeinsam mit seiner Frau stellte er Exemplare in den Räumen und Ateliers von Bloemenwerf aus, er fotografierte sie und bestätigte so die zentrale Bedeutung, die er ihnen als Inspirationsmomente für das eigene Arbeiten zusprach. Die Katagami erhielten gewissermaßen eine symbolische Bedeutung; sie wurden zu Leitbildern, die van de Velde und seine Mitarbeiter für ihr Schaffen in Bloemenwerf studieren, aufnehmen und diskutieren mussten. Bis heute gehört der Japonismus zu den faszinierendsten Aspekten in van de Veldes ästhetischer Philosophie. Die Bedeutung, die Japan für den belgischen Designer hatte, wird zukünftig in dem Maße umfassender erkannt werden, in dem man seine Philosophie des Gesamtkunstwerks weiter erforscht.

Aus dem Englischen von Ann Luise Kynast

Tafelteil I

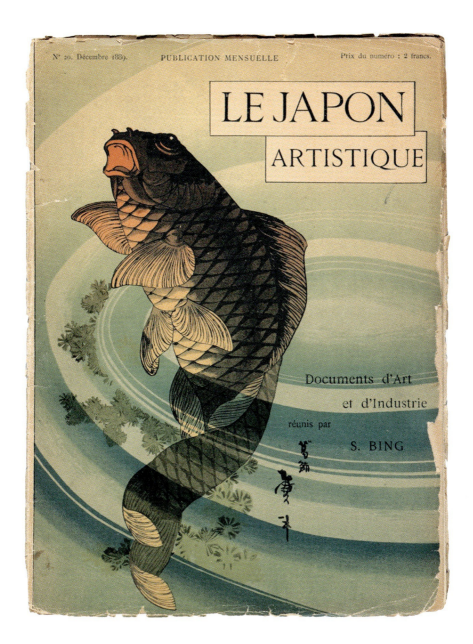

Tafel 1 (zu S. 37)
Le Japon Artistique, Titelblatt, 1889

Tafel 2 (zu S. 43 und 120)
Henry van de Velde, Die Engelwache, Wandbehang, 1893

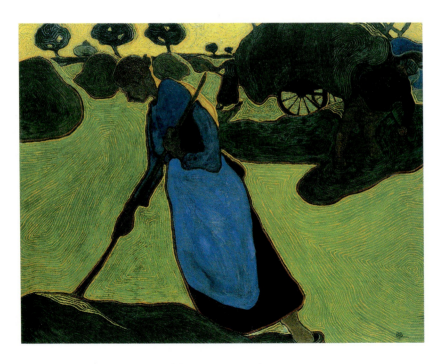

Tafel 3 (zu S. 43 und 120)
Henry van de Velde, La Faneuse, Leimfarbe auf Leinwand, 1892

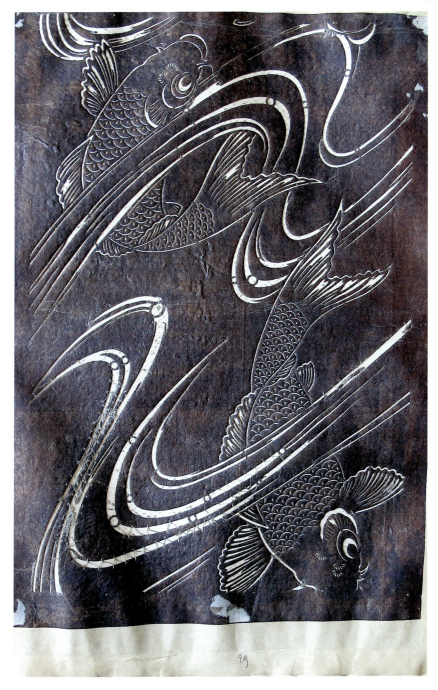

Tafel 4 (zu S. 44)
Katagami aus der Sammlung der Bibliothèque des Arts Décoratifs, Paris

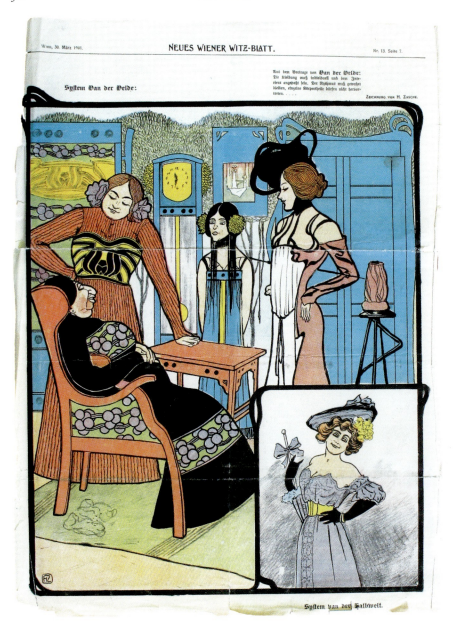

Tafel 5 (zu S. 91)
Theodor Zasche, »System Van der Velde«,
aus: Neues Wiener Witz-Blatt 13 (1901), S. 7

Ole W. Fischer

Weimarer Transkriptionen
Henry van de Velde interpretiert Friedrich Nietzsche

Mit ihrem Wunsch nach einem radikalen Neubeginn standen die Künstler und insbesondere die Architekten der Jahrhundertwende vor einer zentralen Herausforderung: Die Abwendung von den historischen Stilen und das Bekenntnis zur Abstraktion drohten ihren Werken jenen Sinngehalt zu entziehen, den sie bis dahin im Narrativen (des bildnerischen Motivs) oder in der historistischen Tektonik (der Architektur) mit ihren vielfältigen kulturellen Referenzen gefunden hatten. Nicht wenige Künstler, unter ihnen auch Henry van de Velde, propagierten das Sinnlich-Geistige des Stoffes an sich – wobei solche Bekenntnisse nicht selten auch dazu dienten, künstlerische Beliebigkeit zu verdecken. Auf der Suche nach neuen Fundamenten für eine künstlerische Praxis in postchristlichen Zeiten bot sich die Philosophie an: Eine besondere Rolle spielten hierbei die radikalen Gedanken sozialistisch-anarchistischer Prägung, doch auch die Lebensphilosophie Nietzsches gewann für viele Künstler eine zentrale Bedeutung – nicht zuletzt für Henry van de Velde, der die Verbindung zwischen seinem »neuen Stil« und Nietzsches »neuem Menschen« immer wieder hervorgehoben hat.[1] Doch wie muss man sich eine solche Verbindung konkret vorstellen? Wo lässt sich die Übertragung philosophischer Ansätze in architektonische Entwürfe nachvollziehen? Der vorliegende Essay skizziert zunächst Nietzsches Auseinandersetzung mit der Architektur Italiens und seiner daraus entwickelten philosophischen Position. Sodann setzt er diese Philosophie zu van de Veldes kunsttheoretischen Überlegungen in Beziehung und verfolgt Nietzsches Einfluss auf van de Veldes raumkünstlerisches Wirken. Hierbei wird das Nietzsche-Archiv in Weimar (1902/03) als ein für van de Veldes Rezeption des Philosophen ›programmatisches‹ Kunstwerk zu diskutieren sein.[2]

---

1 Vgl. Henry van de Velde: Geschichte meines Lebens. Hrsg. und übertragen von Hans Curjel. München 1962; vgl. auch ders.: Récit de ma vie. 2 Bde. Hrsg. und kommentiert von Anne van Loo in Zusammenarbeit mit Fabrice van de Kerckhove. Bd. 1: Anvers, Bruxelles, Paris, Berlin 1863-1900. Brüssel 1992. Bd. 2: Berlin, Weimar, Paris, Bruxelles 1900-1917. Brüssel 1995.
2 Dieser Essay basiert auf der umfassenden Studie *Nietzsches Schatten*, die 2008 an der Eidgenössischen Technischen Hochschule Zürich als Dissertation angenommen wurde und jetzt in überarbeiteter Fassung als Buch erschienen ist: Ole W. Fischer: Nietzsches Schatten. Henry van de Velde – von Philosophie zu Form. Berlin 2012. Aus Gründen der Komplexität wird hier nur ein Einzelaspekt beleuchtet.

Von der Philosophie: Friedrich Nietzsche und die Architektur

Entgegen gängiger Meinung[3] war Nietzsche nicht nur ein Ohren-, sondern auch ein Augenmensch, der seine Umgebung sehr genau beobachtete. Zahlreich sind die detaillierten Beschreibungen von Landschaften, Städten, Plätzen, Bauwerken oder kunstgewerblichen Details in seinen Schriften und Briefen. Sein unstetes Leben zwischen Basel und Naumburg, zwischen dem Engadin und verschiedenen italienischen Städten hat deutliche Spuren in seinem philosophisch-dichterischen Werk hinterlassen.[4] Doch neben diese konkreten Einzelbilder tritt vielfach auch die metaphorische Verwendung von Landschaften (wie den Alpen), architektonischen Typen (wie der italienischen Villa) oder städtebaulichen Figuren (wie den Arkaden) bis hin zu sprichwörtlichen Figuren (wie dem Baumeister). Von Nietzsches Aussagen zur Architektur, die sich in allen Werkphasen finden, werden im Rahmen dieses Beitrags nur zwei herausgegriffen: die Vorstellung einer Übersetzung menschlicher Innenwelten in Stein und die Vorstellung einer physiognomischen Architektur, wie sie Nietzsche am Ende der *Fröhlichen Wissenschaft* (1882) formuliert hat. Beide Konzepte sind eng mit der Figur der »Erkennenden« verbunden – so charakterisiert Nietzsche am Übergang zum Spätwerk den Typus der »höheren Menschen« und »freien Geister«.[5]

In Bezug auf Nietzsches Architekturvorstellung wird häufig der Aphorismus »Architektur der Erkennenden« genannt, so bereits im Index zur Großoktavausgabe.[6] Oftmals wird die dort artikulierte Forderung nach den »weitgedehnte[n] Orte[n] zum Nachdenken«[7] als Vorgeschmack einer modernen humanistischen Stadtarchitektur verstanden, die Anleihen bei klassisch-mediterranen Vorbildern wie den Höfen und Palästen Genuas oder den Arkaden Turins mache.[8] Doch trotz der scheinbar harmlosen Forderung nach einer anderen Architektur, die ihre vornehme Kontemplativität gegen kapitalistischen Handel und chaotisches Treiben ebenso abgrenzt wie gegen die alte Dominanz der

---

3 Vgl. beispielsweise die Interpretation bei Theo Meyer: Nietzsche und die Kunst. Tübingen, Basel 1993, S. 105.
4 Vgl. Tilmann Buddensieg: Nietzsches Italien. Städte, Gärten und Paläste. Berlin 2002.
5 Friedrich Nietzsche: Die fröhliche Wissenschaft. Viertes Buch. § 283 (1882, 1887). In: Ders.: Sämtliche Werke. Kritische Studienausgabe in 15 Bänden (nachfolgend KSA). Hrsg. von Giorgio Colli und Mazzino Montinari. Neuausgabe München 1999. Bd. 3, S. 526 f.
6 Richard Oehler: Nietzsche-Register. In: Nietzsche's Werke. 20 Bde. Leipzig 1892-1926. Bd. 20: Register. Leipzig 1926, S. 10.
7 Friedrich Nietzsche: Die Fröhliche Wissenschaft. Viertes Buch. § 280. In: KSA 3, S. 524.
8 Vgl. Tilmann Buddensieg: Architecture as Empty Form: Nietzsche and the Art of Building. In: Alexandre Kostka, Irving Wohlfarth (Hrsg.): Nietzsche and ›An Architecture of Our Minds‹. Los Angeles 1999, S. 259-284; vgl. auch Fritz Neumeyer: Der Klang der Steine – Nietzsches Architekturen. Berlin 2001.

Kirche über die Rückzugsorte (um nicht zu sagen: über die Heterotopien)⁹ und vielleicht sogar den Anspruch auf Partizipation aller Bürger als historische Errungenschaft urbaner Kultur andeutet, zeigt sich, dass Nietzsches »Erkennende« nicht mit bürgerlichen Urbaniten oder metropolitanen Intellektuellen gleichzusetzen sind. Auch die Auslegung, welche auf die Wahrnehmung von gebauter Architektur durch das in der anonymen Großstadt spazierende Individuum verweist und ideengeschichtlich an die Figur des Flaneurs bei Charles Baudelaire, Walter Benjamin und dem Surrealismus anknüpft, wird dem Bedeutungsgehalt der »Erkennenden« im Kontext der *Fröhlichen Wissenschaft* nicht gerecht.¹⁰ Nietzsches »Architektur der Erkennenden« muss vielmehr als eine direkte Herausforderung an die Kirche (sowie die geschäftige Bourgeoisie) und als Machtanspruch einer neuen Elite gelesen werden, die ihre architektonische Präsenz innerhalb der bestehenden städtischen Gesellschaft (und nicht mehr an zurückgezogenen Orten) einfordert:

> *Architektur der Erkennenden.* – Es bedarf einmal und wahrscheinlich bald einmal der Einsicht, was vor Allem unseren grossen Städten fehlt: stille und weite, weitgedehnte Orte zum Nachdenken, Orte mit hochräumigen langen Hallengängen für schlechtes oder allzu sonniges Wetter, wohin kein Geräusch der Wagen und der Ausrufer dringt und wo ein feinerer Anstand selbst dem Priester das laute Beten untersagen würde: Bauwerke und Anlagen, welche als Ganzes die Erhabenheit des Sich-Besinnens und Bei-Seite-gehens ausdrücken. Die Zeit ist vorbei, wo die Kirche das Monopol des Nachdenkens besass, wo die vita contemplativa immer zuerst vita religiosa sein musste: und Alles, was die Kirche gebaut hat, drückt diesen Gedanken aus. Ich wüsste nicht, wie wir uns mit ihren Bauwerken, selbst wenn sie ihrer kirchlichen Bestimmung entkleidet würden, genügen lassen könnten; diese Bauwerke reden eine viel zu pathetische und befangene Sprache als Häuser Gottes und Prunkstätten eines überweltlichen Verkehrs, als dass wir Gottlosen hier *unsere* Gedanken denken könnten. Wir wollen *uns* in Stein und Pflanze übersetzt haben, wir wollen *in uns* spazieren gehen, wenn wir in diesen Hallen und Gärten wandeln.¹¹

In diesem Aphorismus bringt Nietzsche das Konzept einer physiologisch-psychologischen Architektur zum Ausdruck, die eine geistige Haltung oder einen Lebensstil – den er mit dem scholastischen Begriff der ›vita contempla-

---

9 Vgl. Michel Foucault: Des espaces autres. Hétérotopies. In: Architecture, Mouvement, Continuité 5 (1984), S. 46-49; in deutscher Sprache: Andere Räume. Übersetzt von Walter Seitter. In: Idee, Prozess, Ergebnis. Die Reparatur und Rekonstruktion der Stadt. Berlin 1984, S. 337-340.
10 Vgl. Jörg H. Gleiter: Der philosophische Flaneur. Nietzsche und die Architektur. Würzburg 2009.
11 Friedrich Nietzsche: Die fröhliche Wissenschaft. Viertes Buch. § 280. In: KSA 3, S. 524f.

tiva‹ benennt, aber zugleich von der religiösen Konnotation zu reinigen versucht – in eine architektonisch körperliche Form übersetzen will. Allerdings schwebt ihm keine direkte Übersetzung vor, sondern eine Übereinstimmung des »Ausdrucks« der Architektur mit den Eigenschaften der »Erkennenden« (etwa Ruhe und Erhabenheit). Ziel ist ein »In-sich-spazieren-gehen« der »Erkennenden«, also der Einklang von geistiger Innenwelt und architektonischer Außenwelt, von Mensch und Objekt, von Gedanke und räumlicher Formgebung. Mit seiner Kritik an sakralen Bauwerken demonstriert Nietzsche eine sensible architektonische Wahrnehmung: Architektonische Formen deutet er nicht abstrakt oder absolut, sondern als konkreten Ausdruck kultureller Konventionen und als komplexe Verständigung zwischen Künstler und Publikum über kulturelle Traditionen.[12] Es genügt Nietzsche nicht, den Kreuzgang eines aufgehobenen Klosters als Wandelgang oder Park neu zu nutzen, denn einer solchen Neudefinition widersprächen schon allein die Pathosformeln kirchlicher Architektur, die das freie (gottlose) Denken stören. Im Sinne der »Erkennenden« als einer kommenden Geistesaristokratie verlangt Nietzsches Konzept der ›Transkription‹ die Herstellung visuell und körperlich erfahrbarer Räume, die aus dem geschäftigen Treiben der Großstadt ausgeschlossen, zugleich aber in die städtische Struktur als Orte des Anderen eingewoben sind und unter typologischen Aspekten an Wandelgänge, Hallen und (umschlossene) Gärten anknüpfen. Zwischen den Zeilen des Aphorismus »Architektur der Erkennenden« scheinen Spuren von Nietzsches damaligem Aufenthaltsort auf: Genua.[13]

> *Genua.* – Ich habe mir diese Stadt, ihre Landhäuser und Lustgärten und den weiten Umkreis ihrer bewohnten Höhen und Hänge eine gute Weile angesehen; endlich muss ich sagen: ich sehe *Gesichter* aus vergangenen Geschlechtern, – diese Gegend ist mit den Abbildern kühner und selbstherrlicher Menschen übersäet. Sie haben *gelebt* und haben fortleben wollen – das sagen sie mir mit ihren Häusern, gebaut und geschmückt für Jahrhunderte und nicht für die flüchtige Stunde: sie waren dem Leben gut, so böse sie oft gegen sich gewesen sein mögen. Ich sehe immer den Bauenden, wie er mit seinen Blicken auf allem fern und nah um ihn her Gebauten ruht und ebenso auf Stadt, Meer und Gebirgslinien, wie er mit diesem Blick Gewalt und Eroberung ausübt: Alles diess will er *seinem* Plane einfügen und zuletzt zu seinem *Eigenthum* machen, dadurch dass es ein Stück desselben wird. Diese ganze Gegend ist mit dieser prachtvollen unersättlichen Selbstsucht der Besitz- und Beutelust überwachsen; und wie diese Menschen in der Ferne keine Grenze anerkannten und in ihrem Durste nach Neuem eine neue Welt neben die alte hinstellten, so empörte sich auch in der Heimat immer noch Jeder gegen

---

12 Vgl. Friedrich Nietzsche: Menschliches, Allzumenschliches I. § 218: »Der Stein ist mehr Stein als früher«. In: KSA 2, S. 178 f.
13 Vgl. Tilmann Buddensieg: Nietzsches Italien (Anm. 4), S. 27-57.

Jeden und erfand eine Weise, seine Ueberlegenheit auszudrücken und zwischen sich und seinen Nachbar seine persönliche Unendlichkeit dazwischen zu legen. Jeder eroberte sich seine Heimat noch einmal für sich, indem er sie mit seinen architektonischen Gedanken überwältigte und gleichsam zur Augenweide seines Hauses umschuf. Im Norden imponirt das Gesetz und die allgemeine Lust an Gesetzlichkeit und Gehorsam, wenn man die Bauweise der Städte ansieht: man erräth dabei jenes innerliche Sich-Gleichsetzen, Sich-Einordnen, welches die Seele aller Bauenden beherrscht haben muss. Hier aber findest du, um jede Ecke biegend, einen Menschen für sich, der das Meer, das Abenteuer und den Orient kennt, einen Menschen, welcher dem Gesetze und dem Nachbar wie einer Art von Langerweile abhold ist und der alles schon Begründete, Alte mit neidischen Blicken misst: er möchte, mit einer wundervollen Verschmitztheit der Phantasie, diess Alles mindestens im Gedanken noch einmal neu gründen, seine Hand darauf-, seinen Sinn hineinlegen – sei es auch nur für den Augenblick eines sonnigen Nachmittags, wo seine unersättliche und melancholische Seele einmal Sattheit fühlt, und seinem Auge nur Eigenes und nichts Fremdes mehr sich zeigen darf.[14]

Im Typus des Genueser Patriziers scheint Nietzsches »höherer Mensch« bereits Gestalt gewonnen zu haben: Seefahrt, Krieg und Eroberung, Reise, Entdeckung und der Anspruch, sich selbst Gesetze zu geben, mithin die vorgefundene Welt als Schaffender umzuformen, neu zu erfinden: durchweg Charakteristika der »Erkennenden«. Zugleich liest sich dieses Loblied auf einen aristokratischen Individualismus, der das Ensemble von Haus und Garten zu einem autonomen Herrschaftsbereich, zu einem Mikrokosmos des großen Einzelnen umwandelt, wie ein historisches Vorbild für die »Architektur der Erkennenden« und folgt diesen nur wenige Seiten später. Trotzdem besteht ein Unterschied zwischen den architektonischen Vorstellungen eines In-sich-Spazierens in Außenräumen, die Interieur-Charakter haben[15] (Wandelgang, Halle und eingefasster Garten) und dem physiognomischen ›vis à vis‹ des Palastes oder der Villa, die sich dem Betrachter als Solitäre entgegenstellen und ein Kraftfeld um sich herum aufspannen. Die Verwandtschaft von Körper und Haus ist seit den mythologischen Anfängen der Architektur kulturhistorisch weit verbreitet, die Analogie von Gesicht und Aufriss wird besonders im französischen Begriff der ›façade‹ deutlich. Das Konzept einer architektonischen Physiognomie, eines anthropomorphen Ausdrucks erinnert an den Begriff des ›caractère‹ der französischen Architekturtheorie im 18. Jahrhundert. Zudem zeigen sich Parallelen zur frühen

---

14 Friedrich Nietzsche: Die fröhliche Wissenschaft. Viertes Buch. § 291. In: KSA 3, S. 531 f.
15 In der antiken Rhetorik diente die Vorstellung eines Spazierganges durch die verschiedenen Räume eines großen Hauses als Merkhilfe für das Memorieren einer Rede, vgl. Marcus Tullius Cicero: De oratore. II. LXXXVI-XC.

psychologischen kunsthistorischen Interpretation von Architektur und Raum, wie sie 1886 von Heinrich Wölfflin formuliert worden ist.[16]

Die Überlegungen zur Architektur als Ausdruck individueller Eroberungslust, anarchischer Gesetzgebung und autonomer Herrschaft verweisen bereits auf eine spätere Definition der Architektur als »Macht-Beredsamkeit in Formen« – so formuliert es Nietzsche in der *Götzen-Dämmerung*.[17] Die Betrachtung der Paläste und Villen Genuas, die größtenteils aus der Zeit des Manierismus und des Barock stammen, macht Nietzsche vielleicht erst auf die Möglichkeit einer Zukunft der Architektur aufmerksam, die unabhängig von sakralen Motiven zu einem allgemeinverständlichen Vokabular, zu antiker Dauerhaftigkeit sowie säkularer Vornehmheit findet und die für ihn mit betonter Autonomie und Individualität im Gegensatz zu Unterordnung, Gleichmacherei, Gehorsam der nordischen, mithin deutschen Stadtarchitektur steht.

Zur Theorie: Henry van de Veldes Neuer Stil im Lichte von Nietzsches Ästhetik

Die Nietzsche-Lektüre Henry van de Veldes, der den Philosophen zeitlebens nie getroffen hat, reicht zurück in die Jahre 1888 und 1889. Während dieser Jahre durchlebt der belgische Künstler eine persönliche Krise, die zur Abwendung von der Malerei führt und sowohl kunstgewerbliche als auch architektonische Arbeiten in den Mittelpunkt seines Interesses rücken lässt. Van de Velde rezipiert Nietzsche zunächst vor dem Hintergrund der Décadence sowie unter dem Einfluss symbolistischer und anarchistischer Tendenzen primär als Kulturkritiker des Historismus. In seinen Weimarer Jahren ab 1902 nimmt er ihn jedoch zunehmend als Künder des »neuen Menschen« und als Stifter eines neuen Lebenskultes wahr. Für diese Akzentverschiebung sind insbesondere die Protagonisten des Neuen Weimar verantwortlich, allen voran van de Veldes Mäzen Harry Graf Kessler und die Leiterin des Nietzsche-Archivs, Elisabeth Förster-Nietzsche.

In der Folge dieser Neuorientierung zeichnet sich auch eine Relativierung des frühen, von Viollet-le-Duc geprägten Rationalismus ab: Während van de Velde zuvor die Bedeutung der vernunftgemäßen Gestaltung – ›conception rationnelle‹ – absolut gesetzt hat, stellt er nach 1902 den Entwurfsprozess als antagonistische Steigerung von künstlerischer Sensibilität und logischer Zweckform vor, mithin als einen Wettstreit zwischen sinnlicher Belebung des Stoffes und entschiedener Betonung der stofflichen Eigenschaften (Materialechtheit

---

16 Vgl. Heinrich Wölfflin: Prolegomena zu einer Psychologie der Architektur. München 1886.
17 Vgl. Friedrich Nietzsche: Götzen-Dämmerung. Streifzüge eines Unzeitgemässen 11. In: KSA 6, S. 118 f., hier S. 118.

und Materialgerechtigkeit). Manifest wird dieser Wechsel der Perspektive in den *Prinzipiellen Erklärungen* der *Laienpredigten* von 1902, in denen van de Velde die griechische Ornamentik analog zu Nietzsches *Geburt der Tragödie* mit dem dionysischen Lebenskult verbindet und zur Legitimation des abstrakten modernen Ornamentes heranzieht,[18] um zur Definition der Linie als Geste, Kraft und Rhythmus fortzuschreiten. Bedeutsam ist auch van de Veldes Schluss: Der »neue Stil« soll den modernen Menschen mit den Dingen seiner Umgebung versöhnen und auf diesem Wege zu einer neuen »Harmonie und Heiterkeit« ebenso wie zu »Fatalismus« und »dogmatische[r] Ruhe« führen, wie er sie in der griechischen Antike zu erkennen glaubt.[19] Letzteres erweist sich als Anspielung auf Nietzsches Liebe zum Schicksal – ›amor fati‹.[20]

Van de Velde entdeckt wie Nietzsche die (vorklassische) Antike als Projektionsfläche und Referenzepoche für eine alternative Moderne: Damit greifen beide die traditionelle These von der Antike als Wiege der europäischen Kultur auf, um das bildungsbürgerliche Klischee umzuwerten. Die Antike steht für eine organische Kultur, für eine hohe Kunst und ein geschlossenes Weltbild, somit in schärfstem Gegensatz zu einer Gegenwart, die nicht die evolutionäre Fortschrittserzählung Hegels von der Antike bis zur Klassik repräsentiert, sondern deren Auflösung und Dekadenz vor Augen führt. Aus dieser Differenz zwischen Anspruch und Wirklichkeit der bürgerlichen Gesellschaft entwickelt van de Velde sein Programm für eine Wiedergeburt der »wahren, heroischen« Antike: die »klassische« Moderne, die nicht durch Nachahmung, sondern auf gleicher kultureller Höhe im Selbstbewusstsein der eigenen Leistung der Antike achtungsvoll gegenübertritt. Vor diesem Hintergrund muss van de Velde die Reise nach Griechenland im Jahre 1903 als tiefe Bestätigung seiner gewandelten Ansichten empfunden haben. Dies zeigt sich insbesondere daran, dass er die Entmaterialisierung als höchstes Ziel der Kunst und die sinnlich-energetische Belebung des Stoffes aus der Betrachtung des griechischen Tempels par excellence, dem Parthenon auf der Akropolis, herleitet.[21]

Ebenso wie van de Velde von einer Übertragung der Energien und Lebenskräfte des Künstlers über das (abstrakt ornamentierte) Objekt auf die Sinne des Betrachters ausgeht, stellt er auch eine organische Einheit zwischen menschlichem Innen und architektonischem Außen, eine Entsprechung zwischen einer Stimmung der Räume und den Gedanken ihrer Bewohner her – analog zu

---

18 Vgl. Henry van de Velde: Prinzipielle Erklärungen. In: Ders.: Kunstgewerbliche Laienpredigten. Leipzig 1902, S. 185 f.
19 Ebenda, S. 194 f.
20 Vgl. Friedrich Nietzsche: Die fröhliche Wissenschaft. Viertes Buch. § 276. In: KSA 3, S. 521.
21 Vgl. Henry van de Velde: Notizen von einer Reise nach Griechenland. In: Kunst und Künstler 3 (1905), S. 323; vgl. auch Henry van de Velde: Gedankenfolge für einen Vortrag. In: Ders.: Vom neuen Stil. Der »Laienpredigten« II. Teil. Leipzig 1907, S. 99.

Nietzsches »Architektur der Erkennenden«. Doch im Unterschied scheint van de Veldes Übersetzung der Physiognomie in den Raum weniger kämpferisch als einfühlsam und defensiv, als Ausgrenzung der als störend chaotisch empfundenen urbanen Außenwelt, um ein perfektes (oder totales) Interieur als Gesamtkunstwerk zu errichten. Oftmals beschreibt van de Velde die Motive seiner Einrichtungen für befreundete Kunden mit Hinweisen auf deren Persönlichkeit, Charakter, Aussehen und Beruf; wiederholt akzentuiert er auch besondere Gegenstände wie Kunstwerke, die es bei der Raumgestaltung zu integrieren gilt. So stellt er beispielsweise eine Analogie zwischen der Freifrau von Bodenhausen und den für sie entworfenen Möbeln her, oder er verwendet die Farbstimmung eines Gemäldes als Ausgangspunkt für die Gestaltung eines Salons. In Kesslers Berliner Wohnung etwa bezieht sich van de Velde auf ein Gemälde von Seurat, um durch dessen ›Erweiterung‹ zum Interieur den Raum zu individualisieren. Analog verfährt er mit einem Gemälde von Bonnard für den Salon des Hohenhofes von Karl Ernst Osthaus in Hagen. Mehrfach betont van de Velde in seinen Schriften die zentrale Bedeutung von Stimmungen und Atmosphären in Räumen, deren moralische Kraft auf das empfindungsfähige Individuum übergehe.[22]

Zur Form: das Nietzsche-Archiv in Weimar als programmatisches Kunstwerk des Nietzsche-Kultes

Dass sich van de Velde bei der Gestaltung von Räumen und Kunstgegenständen von Nietzsche inspirieren ließ, belegen mehrere ›Nietzscheana‹ in seinem umfangreichen Werk: Die wichtigsten materiellen Zeugnisse sind das Nietzsche-Archiv in Weimar sowie die Prachtausgaben zu Nietzsches Werken für den Insel-Verlag (*Zarathustra*, *Ecce Homo*, 1908; *Dionysos Dithyramben*, 1914). Mit Hilfe der abstrakt-ornamentalen Übertragung oder Umschrift – der »transcription ornementale«[23] – dachte van de Velde daran, seine abstrakten Entwürfe, Kräftediagramme und physiologischen Bauten mit philosophischer Bedeutung aufzuladen, und berief sich dabei auf das spätromantische Konzept des Gesamtkunstwerks. Er opponierte gegen eine Hierarchisierung der Künste, wie sie in den ästhetischen Systemen des Idealismus ausgebildet worden war, und erhob stattdessen den Anspruch, Themenvorlagen aus Bereichen wie der Literatur und Philosophie mit raumkünstlerischen Mitteln – also abstrakt oder

---

22 Vgl. Henry van de Velde: Wie ich mir freie Bahn schuf. In: Ders.: Kunstgewerbliche Laienpredigten (Anm. 18), S. 31: »[W]ir können nicht Gedanken der Ewigkeit oder auch nur ernsten Gedanken in frivolen Räumen nachhängen; das Dekor wird uns doch schliesslich beeinflussen. Wir unterliegen trotz aller Gegenanstrengungen der fortdauernden Suggestion«.

23 Henry van de Velde an Eberhard von Bodenhausen, 26. April 1899. DLA, A: v. Bodenhausen.

Abb. 1
Nietzsche-Archiv, Straßenansicht nach dem Umbau, um 1904

strukturell und nicht symbolisch oder allegorisch – auszudrücken beziehungsweise zu umschreiben. Sein Ziel war es, Intellekt, Sensibilität und Phantasie des Betrachters zu konkreten Vorstellungen anzuregen, und so den sinnlichen Kunstgenuss mit philosophischen oder literarischen Gedanken und Vorstellungen zu ergänzen und zu fundieren. Wichtig für van de Veldes künstlerische Theorie und Praxis war freilich nicht nur das synthetische Konzept des Gesamtkunstwerks, das er auf alle Bereiche des Lebens auszudehnen versuchte, sondern auch die Betonung der Struktur und des Stofflichen gegenüber der naturalistischen Nachahmung, die es ihm ermöglichte, philosophische Bedeutung jenseits von symbolischem Schmuck und klassisch-tektonischer Rhetorik auszudrücken.

Eine kurze Analyse des Nietzsche-Archivs in Weimar mag diesen ›programmatischen‹ Umgang mit architektonischen Motiven im Werk van de Veldes verdeutlichen: So ergänzte der Architekt die bestehende Villa Silberblick (Abb. 1; vgl. Abb. 2, S. 221) um einen kubischen Portikus an der Straßenseite, der die unbefriedigende Eingangssituation verbesserte, aber gleichzeitig auch als neues Signet diente. Um den Status eines öffentlichen Gebäudes zu beanspruchen, ließ er in breiter Antiqua die Inschrift »NIETZSCHE-ARCHIV« einmeißeln, was nicht ganz dem privaten Charakter von Archiv und Villa Elisabeth Förster-Nietzsches entsprach, aber als ›Titel‹ und Thema des Werkes gelesen werden kann. Für den Portikus selbst verwendete van de Velde die Materialien des historistischen Bestandsbaus (Travertinsockel, Backstein und Stuckrahmen), aber, entgegen dessen Logik von Wand und gerahmter Öffnung, in einer geometrischen Komposition der Flächen, Schichten und Proportionen (vgl. Abb. 7, S. 229). Die anthropomorphisierende Setzung der Öffnungen bezieht sich auf Nietzsches Gedanken einer charakterlichen, physiognomischen »Architektur der Erkennenden«. Doch beim Nähertreten verschieben sich die Proportionen der Fassade: Der Besucher steht vor einer überhöhten, dunklen Eichen-Flügeltür, die statt einer Klinke mit zwei skulpturalen Messinggriffen beschlagen ist, die sich aus einem labyrinthischen Ornament heraus plastisch entwickeln. Der fehlende Drücker verweist auf den Charakter des Hauses zwischen Villa und Schrein, literarischem Archiv und letzter Lebensstätte des Philosophen, verdeutlicht aber auch van de Veldes Absicht, dem Äußeren und dem Eingang ein »feierliches und monumentales Aussehen wie einer *Schatzkammer*« zu geben.[24] Der fehlende Drücker unterstreicht darüber hinaus die Asymmetrie der Machtverhältnisse: Nur von innen, aus der Position der Gastgeberin und ›Hüterin des Erbes‹, konnte geöffnet werden. Der Zugang zum Tempel, zum Heiligsten, stand nicht jedermann offen, sondern nur der Eingeweihte, der Geladene, der durch Referenzschreiben anderer Freunde des Archivs Ausgewiesene, erhielt Zutritt.

Hat man die Tür zum Schatz durchschritten und die Stufen des Windfangs zum erhöhten Parterre genommen, der von einer zweiten, verglasten Flügeltür, über der ein gelblich kristallines Oberlicht ruht, abgeschlossen wird, stößt man auf das Treppenhaus (des Bestandsbaus) und die Garderobe mit den in Reihe montierten Messing-Kleiderhaken, wobei der Blick zurück zur Straße verwehrt ist. Trotz der bescheidenen Größe des Portalanbaus wirkt diese Raumfolge wie ein Filter, der sich zwischen die chaotische, bürgerlich-kapitalistische Außenwelt und die neue und vollkommene Ordnung der Archivräume schiebt (Taf. 24, S. 167). So bestärkt er das Gefühl einer Gemeinschaft der ›Nietzscheaner‹.

Im Inneren befindet sich auf der dem Tal und der Stadt zugewandten Nordseite der Archivraum mit Nietzsches Bibliothek und Manuskripten, dem *Schatz* der »Schatzkammer« (Taf. 22, S. 166). Der Ausblick auf die Stadt, auf die Spitze der Herderkirche, auf den Schlossturm und den Bismarckturm am Ettersberg wird durch ein breites, liegendes Fenster gerahmt, welches die Angewohnheit des kranken Nietzsche aufnimmt, vom Balkon auf die Stadt zu schauen. Die längliche Form des Saales erklärt sich aus der Zusammenlegung von zwei kleineren Räumen, wodurch eine ungünstige Höhenproportion entsteht, die innerhalb der bestehenden Struktur des Hauses aber nur schwer zu

---

24 Henry van de Velde: Grand manuscrit autobiographique. BRB, Nachlass Henry van de Velde, FSX 1 f., S. 414: »solennel et monumental d'une ›Schatzkammer‹«. Zitiert nach Henry van de Velde: Récit de ma vie (Anm. 1). Bd. 2, S. 155, Anm. 1.

ändern gewesen wäre. Deshalb hat van de Velde den Raum durch die ›organischen Rippen‹ der Regalwände strukturiert, deren vertikaler Rhythmus den Saal virtuell erhöht und den weißen Plafond ›stützt‹. Die raumhaltigen Wände der vertikalen ›Rippen‹ integrieren Bücherregale, Schränke und Vitrinen, doch sie rahmen auch alle Tür- und Fensteröffnungen bis hin zu Möbeln und einem Kammerflügel, der teilweise in einer Aussparung verschwindet. Die Farbpalette reicht vom Rotbraun der natürlich belassenen Blutbuche, die den Besucher bereits im Garten begrüßt, über erdbeerfarbene Plüschbezüge der Sitzmöbel bis zum gesättigten Rot der Vorhänge, gehöht von weißem Stuck und von Messingdetails, um die Atmosphäre des Alpenglühens zu erzeugen, wie sich ein zeitgenössischer Mitarbeiter van de Veldes geäußert hat.[25] Wie schon am Portal hat van de Velde auch im Archivraum eine Titelreferenz platziert, diesmal in Form eines in Messing gefassten und von einem Kreis umzogenen ›N‹, bündig im Putz über dem Kachelofen verlegt, das auch als Signet für Einladungen und Streichholzlivrées des Nietzsche-Archivs reüssierte, und so eine der vielen Geburtsstunden des Corporate Design darstellt. Außerdem erinnert das ›N‹ an das Signet Napoleon Bonapartes, den van de Velde ebenso wie Nietzsche als »Genie der Tat« bewunderte.[26] Der Philosoph selbst ist – außer durch seine Bücher und Manuskripte – durch eine überlebensgroße Marmorstele des Bildhauers Max Klinger ›anwesend‹: Dieses Objekt, das einzige, das nicht von van de Velde gestaltet wurde, ist auf eine Plattform an der Westwand gegen die farbig gefasste, dreigeteilte Bleiverglasung gestellt, so dass gleichsam eine ›Abendröte‹ Nietzsches Züge umstrahlt (Taf. 21, S. 166). Diese für die Betrachtung der Skulptur ungünstige Aufstellung gegen das Licht wurde von van de Velde bewusst gewählt, um Nietzsches Konterfei in die Umfassung der Rippen einzubinden, aber mehr noch, um ihm durch halo-artige Umstrahlung und Anhebung auf den Sockel eine sakrale Atmosphäre zu verleihen.

Doch was *bedeutet* dieser Saal, der zwischen privatem Salon und Tempel, zwischen Literaturarchiv und intimer Bibliothek zu oszillieren scheint? Ein Hinweis liefert das ›Programm‹ des Neuen Weimar, welches als Fortsetzung der goldenen Weimarer Klassik und der silbernen Weimarer Romantik gleichzeitig

---

25 Sigurd Frosterus an seine Mutter, Briefe vom 6. Dezember 1903 und 12. Dezember 1904. Zitiert nach Henry van de Velde: Geschichte meines Lebens (Anm. 1), S. 261 f.; vgl. auch ders.: Récit de ma vie (Anm. 1). Bd. 2, S. 155-157. Die Originalbriefe befinden sich in der BRB (FSX 411/2 und 411/5).
26 Zur Bewunderung Napoleons vgl. Henry van de Velde: Die veränderten Grundlagen des Kunstgewerbes seit der Französischen Revolution. In: Ders.: Vom neuen Stil (Anm. 21), S. 4 f.; vgl. auch Henry van de Velde: Der neue Stil. In: Ebenda, S. 53 f.; Henry van de Velde: Vernunftgemäße Schönheit. In: Ders.: Essays. Leipzig 1910, S. 84 f.; Friedrich Nietzsche: Morgenröthe. Viertes Buch. § 245. In: KSA 3, S. 203; ders.: Jenseits von Gut und Böse. Fünftes Hauptstück: zur Naturgeschichte der Moral 199. In: KSA 5, S. 120; ders.: Zur Genealogie der Moral. Erste Abhandlung 16. In: KSA 5, S. 287 f.

in direkter Rivalität mit dem Goethe-Kult stand, der sich seit der Gründung des Goethe-Nationalmuseums im Jahre 1885 und durch den markanten Neubau für das Goethe- und Schiller-Archiv überdeutlich zu formieren begann. Das Nietzsche-Archiv musste dem Vergleich mit dem großräumigen Bürgerhaus des Dichters mit seinen exquisiten klassischen Interieurs und Kunstwerken standhalten. Goethe selbst hatte nach seiner Italienreise (1786 bis 1788) das Haus am Frauenplan zu einem persönlichen Mikrokosmos umgestaltet: Die Salons, Speisezimmer, Studierzimmer, Sammlungszimmer, der Garten und die Bibliothek galten als Ideal des bildungsbürgerlichen Zeitalters. Dagegen wirkte die Archivvilla von Elisabeth Förster-Nietzsche anfangs kleinbürgerlich und beliebig, wie Graf Kessler anlässlich eines Besuchs in Weimar 1897 seinem Tagebuch anvertraut hatte:

> Weimar. 7. August 1897. Sonnabend. [...] Das Haus liegt oberhalb der Stadt an einem Hügel in einem neugepflanzten noch ziemlich kahlen Garten; aber die Aussicht auf Stadt und Land ist hübsch. Innen ist viel Raum; Parterre Archiv und Empfangszimmer, in der ersten Etage die Privatwohnung von Nietzsche und seiner Schwester, in der zweiten mein Fremdenzimmer; hier kein Federbett mehr aber auch noch kein Tub. Alles andre kulturell dementsprechend; wohlhabend aber ohne Rücksicht auf die raffinierteren Kulturbedürfnisse eingerichtet [...]. In den Empfangsräumen zu ebener Erde sind hier rote Sammetmöbel und eingerahmte Familienphotographieen mit Erinnerungen aus Paraguay untermischt, Spitzenschleier, Stickereien, Indianer Majoliken; Alles in erster Linie des stofflichen Interesses wegen, nicht um einen ästhetischen Gesamteindruck hervorzurufen, aufgestellt; es ist wie bei einem recht gut situierten Universitätsprofessor oder Staatsbeamten. [...]
> Weimar. 8 August 1897. Früh in der Stadt am Goethehause vorbei; ergreifender Gegensatz zwischen diesem Hause, in dem ein Genie sich zur Gesundheit ausgegohren hat, und dem andren Hause oben auf dem Hügel.[27]

Van de Veldes Strategie der Einrichtung eines glaubwürdigen, aber retrospektiv gestalteten Studiolos als Ausdruck einer starken, ganzheitlich organischen Persönlichkeit Friedrich Nietzsches war äußerst erfolgreich: Nietzsche, der sich aufgrund seiner geistigen Umnachtung nicht mehr bewusst war, dass er vier Jahre lang in Weimar unter der Obhut seiner Schwester verbrachte, wurde somit postum ein physiologisch-psychologisches Gesamtkunstwerk des Neuen Stil (Taf. 23, S. 167) errichtet – mit dem Anspruch, die Grundzüge seiner Philosophie und seines Charakters in eine organische Ganzheit, in eine architektonisch-philosophische Atmosphäre zu übersetzen und so die Modernität und künstlerische Raffinesse des Philosophen auf dem Hügel dem klassischen Dichter im Tal entgegenzustellen.

---

27 Harry Graf Kessler, Tagebucheinträge vom 7. und 8. August 1897. DLA, A: Kessler.

Thomas Föhl

Neuer Stil und Expressionismus
Henry van de Velde und Ernst Ludwig Kirchner

»Das Geistige hat ja keine Heimat.
Es gehört der ganzen Welt.«[1]

Die Lebenslinien von Ernst Ludwig Kirchner und Henry van de Velde haben sich vielfach berührt und gekreuzt. In den ersten Jahren nach 1900 waren es vornehmlich gemeinsame Bekannte, Freunde und Förderer, die beide Künstler aufeinander aufmerksam machten: zunächst in Dresden und Hagen, später in Berlin, Köln und Jena. Von 1917 bis 1919 standen Kirchner und van de Velde dann in einem engen Austausch: Während ihres Schweizer Exils korrespondierten sie nicht nur regelmäßig, sondern besuchten einander auch und verfolgten gemeinsame Pläne wie den Aufbau einer Künstlerkolonie in Uttwil am Bodensee. Während seiner Schweizer Jahre übernahm der 17 Jahre ältere van de Velde mehr und mehr die Rolle des väterlichen Freundes. Er verschaffte Kirchner neue Aufträge, öffnete ihm Türen zu Galerien und vermittelte ihm sogar eine Einzelausstellung im Kunsthaus Zürich. Van de Veldes älteste Tochter Nele wurde zeitweilig von Kirchner im Zeichnen, im Lithographieren sowie in der Technik des Holzschnitts unterrichtet.

Gemeinsame Lebenslinien

Van de Velde lernte Kirchner zunächst aus der Ferne als Mitglied der expressionistischen Künstlergemeinschaft Brücke kennen. Von besonderer Bedeutung waren hierbei Kunstvermittler wie Karl Ernst Osthaus, Ludwig Gutbier und

---

1 Ernst Ludwig Kirchner an Henry van de Velde, 3. August 1918. Zitiert nach E. L. Kirchner: Briefe an Nele und Henry van de Velde. München 1961, S. 87f., hier S. 88. Die Briefedition wurde mit einem Vorwort von Nele van de Velde und einem Nachwort von Mary van Deventer versehen und von letzterer für den Druck bearbeitet. Bedauerlicherweise hat sich keiner der 39 Briefe Kirchners an Nele van de Velde aus dem Zeitraum von 1918 bis 1924 sowie keiner der 45 Briefe Kirchners an Henry van de Velde aus den Jahren von 1917 bis 1924 in dessen umfassendem Nachlass in Brüssel erhalten. Entweder wurden Kirchners Briefe von der Gattin des ersten Direktors des Kröller-Müller-Museums in Otterlo, Sam van Deventer, zurückgehalten, oder sie verblieben in der Familie van de Veldes und müssen derzeit als verloren betrachtet werden. Dies gilt auch für die rund 100 Briefe von Henry van de Velde und seiner ältesten Tochter, die im Nachlass Kirchners nicht mehr nachweisbar sind.

Herwarth Walden. Van de Velde war im Mai 1900 mit Osthaus bekannt geworden und regte den jungen Mäzen aus dem Ruhrgebiet spontan dazu an, sein bis dahin eher antiquiertes Museumskonzept des Folkwang der Moderne zu öffnen. Er baute mit großem Aufwand das 1902 eröffnete Museum in Hagen um, vermittelte Osthaus eine Fülle von Kontakten zu Künstlern der Moderne und vollendete schließlich 1908 für ihn die Villa Hohenhof, eines der ambitioniertesten Bauprojekte des Belgiers während seiner deutschen Epoche. Der Hagener Museumsgründer wiederum öffnete der Brücke bereits im Sommer 1907 seine Räumlichkeiten und zeigte im Folkwang-Museum anschließend eine Ausstellung zu Henri Matisse, dem Pariser Hauptvertreter der Fauves, der für die Brücke-Künstler zu einem wichtigen Impulsgeber werden sollte. Osthaus war der erste, der schon früh Arbeiten der Brücke-Künstler für sein Museum erwarb. 1912 setzte er schließlich die Teilnahme von Künstlern der Brücke auf der Ausstellung des Sonderbundes in Köln durch, die als ein Meilenstein in der Etablierung moderner Kunst in Deutschland gelten kann.[2] Als Gründungsmitglied des Deutschen Werkbunds und führendes Mitglied im Organisationskomitee vermittelte Osthaus kurz danach Kirchners Teilnahme an der ebenso wichtigen Werkbundausstellung 1914 in Köln. Kirchner, der 1905 in Dresden sein Studium der Architektur mit dem Diplom abgeschlossen hatte, hob dabei im Rückblick vor allem Henry van de Veldes Werkbundtheater als bedeutend hervor.[3] Im Oktober 1913 richtete Osthaus Kirchners erste Einzelausstellung im Museum Folkwang in Hagen aus, die ab November auch in der Galerie Gurlitt in Berlin zu sehen war. Während des Krieges gewährte Osthaus dem Maler mehrfach seine Unterstützung.

Ähnlich sind die gemeinsamen Verbindungen zu dem Kunsthändler Ludwig Gutbier zu sehen, der seit 1902 als alleiniger Inhaber die Galerie Arnold in Dresden führte. Bereits 1897 suchte der 23-jährige Gutbier den Belgier in seinem Haus Bloemenwerf in Uccle auf, woraus sich eine rege Zusammenarbeit entwickelte. Van de Velde vermittelte Gutbier Kontakte zu seinen zahlreichen Künstlerfreunden, so dass die Galerie Arnold schon bald zu einer gesuchten Adresse für die Kunst der Moderne avancieren konnte. Gutbier erwarb Mobiliar und Silberarbeiten von van de Velde für seinen Privatgebrauch, vertrieb aber auch dessen Produkte, vermittelte dem Belgier sogar Aufträge der eigenen Kunden und ließ ihn seine Galerie mehrfach umbauen und neu einrichten, zuletzt 1906/07.

---

2 Vgl. hierzu die unlängst erschienene Publikation zum 100. Jubiläum der Ausstellung: Barbara Schaefer (Hrsg.): 1912. Mission der Moderne. Die Jahrhundertschau des Sonderbundes. Ausstellungskatalog, Wallraf-Richartz-Museum & Fondation Corboud, Köln. Köln 2012.
3 Ernst Ludwig Kirchner an Henry van de Velde, 22. November 1919: »Ich denke oft an das Kölner Theater, das mich begeisterte in seinem schlichten und höchsten Raffinement«. In: E.L.Kirchner: Briefe (Anm. 1), S. 101f., hier S. 101.

Die Gruppenausstellung der Brücke in der Galerie Arnold im Sommer 1910 bedeutete den Durchbruch für den Expressionismus in Deutschland. Gutbier ermöglichte zudem die Herstellung eines Katalogs mit Holzschnitten. Kirchner schuf das ausdrucksstarke Plakat als großformatigen Farbholzschnitt und lieferte Gutbier daneben einen Holzschnitt für das Plakat zur Ausstellung über Paul Gauguin, die unmittelbar im Anschluss zu sehen war. Im selben Jahr wurden Teile von Gutbiers Brücke-Ausstellung in Weimar gezeigt, stießen dort jedoch – wie vieles andere – auf strikte Ablehnung. Verständnislos wurde von einem »abschreckenden Beispiel« gesprochen: Man zeige »kindische Fratzen« einer »Gruppe von kindischen Anstreichern«.[4]

Herwarth Walden sorgte in seiner Zeitschrift *Der Sturm* ab 1911 für eine Popularisierung des Expressionismus, insbesondere der Arbeiten Ernst Ludwig Kirchners, der mehr und mehr als führender Kopf der Brücke galt und selbst nicht müde wurde, dieses Urteil publizistisch zu untermauern, was Ende Mai 1913 zum Auseinanderbrechen der Gruppe führte. Neben der Neuen Secession wurde Waldens 1912 gegründete Sturm-Galerie zu einem Anlaufpunkt der Brücke-Künstler, die Ende 1911 von Dresden nach Berlin umgezogen waren. Van de Velde verfolgte die Bestrebungen in Berlin sehr aufmerksam. Er reiste zu vielen Vorträgen Waldens und besuchte zahlreiche Ausstellungseröffnungen in den modernen Galerien der Reichshauptstadt.

In Jena waren Werke der Brücke-Künstler im Anschluss an die Weimarer Station erstmals ab dem 22. Februar 1911 im Volkshaus zu sehen, wiederum vermittelt durch Ludwig Gutbier. In den Folgejahren wurde Jena für Kirchner zu einem Ort neuer Freundschaften. Er traf im Kreis der Kunstfreunde von Jena und Weimar ebenso wie bei einigen Mitgliedern des Kunstvereins auf breite Resonanz, auf engagierte Käufer und auf ein teilnehmendes Verständnis. Im Jahr 1918 verfügte der Jenaer Kunstverein über einen Fundus von vier wichtigen Gemälden und 260 graphischen Arbeiten des Künstlers, mehr als jedes Museum in Deutschland.[5] Ein entscheidender Anteil an dieser Erwerbungspolitik kam Eberhard Grisebach zu, dem Geschäftsführer des Kunstvereins von 1912 bis 1921, den Ehepaaren Irene und Rudolf Eucken beziehungsweise Anna und Felix Auerbach sowie dem Extraordinarius für Archäologie und Kunstgeschichte Botho Graef. In Botho Graef, einem Bruder der Berliner Porträt-

---

4 Jenaische Zeitung, 6. November 1910. Zitiert nach Volker Wahl: Jena als Kunststadt. Begegnungen mit der modernen Kunst in der thüringischen Universitätsstadt zwischen 1900 und 1933. Leipzig 1988, S. 148. Die Ausstellung fand vom 30. Oktober bis zum 25. November 1910 im Museum für Kunst und Kunstgewerbe statt, das Harry Graf Kessler von 1903 bis 1906 geleitet hatte. Zu Ludwig Gutbier bzw. der Galerie Arnold vgl. Ruth Negendanck: Die Galerie Ernst Arnold (1893-1951). Kunsthandel und Zeitgeschichte. Weimar 1998.
5 Vgl. Volker Wahl: Jena als Kunststadt (Anm. 4), S. 295; dort auch S. 259-292 die Nachweise zur Ausstellungstätigkeit des Jenaer Kunstvereins.

malerin Sabine Lepsius, die seit den späten 1890er Jahren eng mit dem Kreis um Stefan George verbunden war, fand Kirchner ab 1914 einen ihm innig verbundenen Freund. Lebenslang hat er dessen frühen Tod am 9. April 1917 betrauert, den er 1918 zum Anlass nahm, dem Kunstverein mit der »Botho-Graef-Spende« einen Großteil seines graphischen Œuvres zu überlassen.[6] Graef, der im Weimarer Nietzsche-Archiv und in dessen Umfeld mit Henry van de Velde, Harry Graf Kessler sowie dem Dichter und Dramatiker Ernst Hardt verkehrte, hat vielfach über die Kunst der Moderne geschrieben. Wir verdanken ihm einige der einfühlsamsten Texte zur Kunst Kirchners. In der kurzen Zeitspanne ihrer Freundschaft baute Graef eine bedeutende Sammlung mit Kirchners Werken auf, die nach seinem Tod von der Schwester auf seine Freunde verteilt wurde. Während des Krieges konnte Kirchner zeitweise Graefs Wohnung in Jena nutzen, der wiederum den gemütskranken und von Medikamenten abhängigen Maler nach Kräften unterstützte.

Wie diese Skizze gemeinsamer Lebenslinien vor Augen führt, dürften Henry van de Velde und Ernst Ludwig Kirchner ab 1906 wiederholt aufeinander aufmerksam geworden sein, vermutlich haben sie auch am Tun des jeweils anderen Künstlerkollegen Anteil genommen. Es gibt jedoch keine Indizien dafür, dass sich van de Velde und Kirchner vor 1917 persönlich begegnet wären. Gleichwohl belegen die gemeinsamen Spuren in den Biographien der beiden so unterschiedlichen Künstler eine frappierende Parallelität im Kampf um einen neuen Ausdruck, einen Neuen Stil, um einen Lieblings- und Kampfbegriff von van de Velde zu wählen. In der Epoche des Wilhelminismus, die beide Künstlerpersönlichkeiten auf ganz unterschiedliche Kampfplätze verwies, waren die homogenen Freundes- und Kundenkreise sowie ein landesweit vernetzter Ausstellungsbetrieb noch von zentraler Bedeutung.

Das Schockerlebnis des Ersten Weltkriegs

In den Jahren 1913/14 sollten sich die Lebensumstände der beiden Künstler radikal verändern. Kirchner hatte sich 1913 nach der Auflösung der Brücke auf die Darstellung von Straßenszenen und Stadtlandschaften in der vibrierenden Metropole Berlin konzentriert sowie Kokotten, Varieté- und Bordellszenen ins Zentrum seiner Arbeit gerückt. Nach den ersten Begegnungen mit Botho Graef im Februar 1914 schloss er sich dem 23 Jahre älteren Kunstkenner enger an und fand eine menschliche Nähe, die er bislang bei keinem anderen Freund zugelassen hatte. Graefs Tod stellte Kirchner in einem Brief an Eberhard Grisebach höher als den Verlust des eigenen Vaters: »Ich möchte selbst tot sein ... Da Ihr Telegramm zu spät kam, konnte ich der Beisetzung nicht beiwohnen. Es ist schrecklich. Er hat so unendlich viel Gutes an mir getan. [...] Mir ist, als

---

6 Vgl. Volker Wahl: Jena als Kunststadt (Anm. 4), S. 295.

wenn mein Vater tot wäre, mehr, viel mehr«.⁷ Trotz des Beistands von Förderern wie Osthaus und Grisebach musste Kirchner weiterhin in bescheidenen Verhältnissen leben, die sich auch in den Nachkriegsjahren nicht mehr grundlegend ändern sollten.

Der Kriegsausbruch im August 1914 löste bei Kirchner keine patriotischen Gefühle aus; vielmehr wurde er von diffuser Angst ergriffen. Als er sich im Frühjahr 1915 als »unfreiwillig Freiwilliger« zum Militärdienst meldete und im Juli seinen Dienst in Halle antrat, geschah dies aus der Überlegung heraus, die Wahl einer Waffengattung selbst bestimmen zu können.⁸ Schon nach wenigen Tagen aber zeigte sich Kirchner dem militärischen Drill als Feld-Artillerist nicht gewachsen. Er setzte seinen übermäßigen Konsum von Absinth und anderen Alkoholika fort und begann, seine seelischen Schmerzen mit dem damals weit verbreiteten Beruhigungs- und Schlafmittel Veronal zu betäuben. Schon bald zeigten sich erste Anzeichen der Abhängigkeit. In Halle war nun Hans Fehr um das Wohlergehen des Künstlers bemüht. Als Reitlehrer kümmerte er sich um die Rekruten der Hallenser Garnison. Nach wenigen Wochen erreichte Fehr im September 1915, dass Kirchner vom Regimentsarzt als untauglich vom Dienst freigestellt wurde – mit der Auflage, sich einer stationären Behandlung zu unterziehen. In den Jahren 1916/17 wechselten bei Kirchner die von Gönnern finanzierten Klinikaufenthalte bei dem Psychiater Oskar Kohnstamm in Königstein im Taunus mit wiederholten Reisen nach Berlin und Jena, wo er sich meist ambulant behandeln ließ. In Berlin kümmerte sich Erna Schilling um die Belange ihres Geliebten, wobei sie und Kirchner von 1915 bis zum Ende des Krieges durch die Künstlernothilfe der Freien Secession Unterstützung fanden, um die sich vor allem van de Veldes langjähriger Freund, der Neoimpressionist Curt Herrmann, verdient machte.⁹

---

7 Ernst Ludwig Kirchner an Eberhard Grisebach, 13. April 1917. In: Maler des Expressionismus im Briefwechsel mit Eberhard Grisebach. Hrsg. und mit einem Nachwort versehen von Lothar Grisebach. Hamburg 1962, S. 67; vgl. auch E. L. Kirchner. Dokumente. Fotos. Schriften. Briefe. Gesammelt und ausgewählt von Karlheinz Gabler. Ausstellungskatalog, Museum der Stadt Aschaffenburg u. a. Aschaffenburg 1980, S. 130.

8 Klaus von Beyme: Das Zeitalter der Avantgarden. Kunst und Gesellschaft 1905-1955. München 2005, S. 576.

9 Vgl. Rolf Bothe (Hrsg.): Curt Herrmann. 1854-1929. Ein Maler der Moderne in Berlin. Ausstellungskatalog, Berlin-Museum u. a. 2 Bde. Berlin 1989. Bd. 2: Briefe. Bearb. von Thomas Föhl. Die 22 dort publizierten Briefe von Kirchner bzw. Erna Schilling an Curt Herrmann datieren vom 14. Januar 1915 bis zum 20. Mai 1918 und zeugen von der tiefen Dankbarkeit Kirchners für die unkonventionelle Hilfestellung des damals bereits über 60-jährigen Malers durch die jahrelange Übernahme seiner Miete ebenso wie durch die Übersendung von Büchern oder den Kauf von Kunstwerken des Kranken. Curt Herrmann unterstützte daneben mit Erich Heckel, Karl Schmidt-Rottluff und Otto Mueller die Freunde Kirchners und sorgte für die Präsentation ihrer Bilder in den Ausstellungen der von ihm damals geleiteten Freien Secession.

Eindrucksvoll belegen viele Gemälde und Graphiken der Kriegsjahre Kirchners tief empfundene Notlage, die kein Ende fand, da er immer wieder Rückfälle erlitt. Einen letzten Ausweg wies im November 1916 Eberhard Grisebach, der Kirchner eine Kur in den Schweizer Alpen vorschlug und ihn seinen Schwiegereltern Helene und Dr. Lucius Spengler in Davos empfahl.[10] Der schwerkranke und völlig desillusionierte Künstler traf am 19. Januar 1917 in Davos ein, reiste aber bereits nach zehn Tagen wieder nach Berlin, da er die Eiseskälte nicht ertragen konnte. Auf der Rückreise wurde er auf einem Bahnsteig von einem Zug erfasst und in Berlin von einem Auto angefahren. Zur Linderung der Schmerzen erhielt er Morphiuminjektionen, die schwere Lähmungen aller Gliedmaßen verursachten.[11] In einem Brief an Eberhard Grisebach riet Botho Graef am 18. März 1917 von einer neuerlichen Einlieferung in Königstein ab: »Aber so lange er heimlich Veronal nimmt, hilft ihm kein Arzt der Welt. Kohnstamm nimmt ihn nicht, weil er nicht pariert, nicht nur in punkto Veronal, auch in dem der Zigaretten und auch im Essen«.[12] Vier Monate später, am 8. Mai 1917, kehrte Kirchner nach Davos zurück, wo er Ende Juni erstmals van de Velde begegnete.

Für van de Velde verliefen die Jahre 1913 und 1914 nicht weniger dramatisch. Bereits vor dem Ausbruch des Krieges nagten Zweifel, fehlgeschlagene Projekte und die Zwietracht in den engen Verhältnissen der Residenzstadt Weimar am mächtigen Ego des Flamen. Als Prophet der Moderne und als »guter Europäer« im Geiste Nietzsches fühlte er sich missverstanden. Daher suchte er seit 1910 nach neuen beruflichen Perspektiven. Als der Direktor der Kunsthochschule, sein Rivale Fritz Mackensen, im Verein mit Großherzog Wilhelm Ernst und der Ministerialbürokratie hinter seinem Rücken nach einem Nachfolger für ihn Ausschau hielt, setzte er sich zwar für einige Monate energisch zur Wehr. Doch schließlich – kurz vor Ausbruch des Krieges – musste er resigniert einsehen, dass es keinen Sinn hatte, in Weimar weiterzukämpfen. Am 25. Juli 1914 kündigte er.[13] Die Kündigung wurde erwartungsgemäß angenom-

---

10 Seiner Schwiegermutter Helene Spengler schrieb Grisebach am 25. November 1916: »Daß Du Kirchner aufnehmen willst, finde ich hochherzig – ich halte es für ausgeschlossen, daß man diesen aller Gesellschaft entflohenen Mann irgendwo eingewöhnen kann. [...] Kirchner ist ein Schicksal, das man ihm nicht abnehmen kann. Überwindet er es wie Munch, so muß die Kraft aus ihm allein kommen. Die Nervenärzte im Taunus haben nichts vermocht. Seine Kunst wächst, je mehr sein Körper versagt«. In: Maler des Expressionismus im Briefwechsel mit Eberhard Grisebach (Anm. 7), S. 56.
11 Vgl. ebenda, S. 56, 59-62; E. L. Kirchner. Dokumente (Anm. 7), S. 170.
12 Zitiert nach E. L. Kirchner. Dokumente (Anm. 7), S. 172.
13 Vgl. Niederschrift des Chefs des Ministerialdepartements des Großherzoglichen Hauses vom 25. Juli 1914 über die abgegebene Erklärung Henry van de Veldes zur Aufkündigung seines Vertragsverhältnisses. In: Volker Wahl (Hrsg.): Henry van de

men – mit der von van de Velde akzeptierten Bitte, das letzte Studienjahr noch bis zum 1. Oktober 1915 zu begleiten.[14]

Wenige Tage nach seiner Kündigung überschlugen sich in der Euphorie des Kriegsausbruchs die Ereignisse. Van de Velde sah sich plötzlich als »feindlicher Ausländer« neuer Drangsal ausgesetzt. Gemeinsam mit seiner Familie wurde er unter polizeiliche Aufsicht gestellt, woraufhin der Künstler eine Nervenkrise durchlitt und den Schutz des Jenaer Psychiaters Otto Binswanger suchte, der 1889/90 schon Friedrich Nietzsche behandelt hatte. Auf die Beantragung eines Passes, den er für einen Kuraufenthalt in der Schweiz benötigte, erhielt er in Jena am 25. August 1914 zunächst die Antwort, er sei nunmehr »als Staatsangehöriger des Grossherzogtums Sachsen zu betrachten«.[15] Wenige Tage später wurde ihm der Pass erneut verweigert mit der Begründung: »Heimatschein oder Pass werden nicht ausgestellt [...] mit Rücksicht auf Ihre Beziehungen zu Belgien«.[16] Am 31. August stellte van de Velde einen dritten Antrag, dem schließlich stattgegeben wurde. Der renommierte Jenaer Jurist und zeitweilige Rektor der Universität, Eduard Rosenthal, hatte hier seinen Einfluss geltend gemacht. Der Pass war auf den 25. August rückdatiert worden und bis zum 15. Oktober gültig, berechtigte allerdings nicht zu einer Reise ins Ausland.[17] Da dem Künstler das von Otto Binswanger empfohlene Sanatorium Bellevue im schweizerischen Kreuzlingen somit verwehrt war, begab er sich bis zum 19. Oktober nach Königstein im Taunus zu Oskar Kohnstamm, der 1916 auch Ernst Ludwig Kirchner, allerdings mit wenig Erfolg, behandeln sollte. Van de Veldes seelische Zerrüttung war indessen nicht allein auf die Kündigung in Weimar, die groben Feindseligkeiten gegen seine Person, den Krieg und das drückende Schicksal seines Heimatlandes zurückzuführen. Hinzu kam eine schwere Ehekrise, ausgelöst durch ein intimes Verhältnis, das er seit 1910 mit seiner Schülerin und zeitweiligen Mitarbeiterin, der Meisterbuchbinderin Else

    Velde in Weimar. Dokumente und Berichte zur Förderung von Kunsthandwerk und Industrie (1902 bis 1915). Köln, Weimar, Wien 2007, S. 303.

14 Vgl. ebenda sowie Schreiben des Ministerialdepartements des Großherzoglichen Hauses an die Direktion der Kunstgewerbeschule vom 23. März 1915. In: Volker Wahl (Hrsg.): Henry van de Velde in Weimar (Anm. 13), S. 313.

15 BRB, Nachlass van de Velde, FSX 168, »Dossier affaires Etrangères, les pièces originales officielles«. Juristisch wurde die Sachlage später anders eingeschätzt. Van de Velde hat diesen Umstand aber immer wieder betont und die Frage der Nationalität spielte auch nach seinem Umzug 1917 in die Schweiz bzw. 1920 in die Niederlande mit der gleichzeitigen Sperrung seines Vermögens in Weimar eine gewichtige Rolle.

16 Ebenda, »Correspondance administrative relative à l'année 1914, dont un refus de passeport pour la Suisse«.

17 Ebenda. Der erhaltene, von Henry van de Velde unterschriebene, aber nicht offiziell abgestempelte Pass ist mit dem Eintrag versehen: »Der Pass darf unter keinen Umständen zu einer Reise nach dem Ausland benutzt werden«.

von Guaita, unterhielt. Trotz der resultierenden Probleme setzte er die Beziehung ohne erkennbare Skrupel bis 1918 fort.

Nach der Rückkehr aus Königstein wurde van de Velde genötigt, sich dreimal täglich auf der Weimarer Polizeistation zu melden, eine schikanöse Verfügung, die nach knapp vier Wochen am 16. November 1914 wieder aufgehoben wurde.[18] Zur Untätigkeit verdammt, nutzte er die 1913 von Kessler gegründete Cranach Presse für den Druck eigener Publikationen. Außerdem schrieb er weiter an kunsttheoretischen Texten und lebte mitunter über Monate bei seiner Geliebten im oberbayerischen Dorf Bergen bei Traunstein in deren Landhaus, das er 1916/17 umbaute und erweiterte.[19] Nach endlosen Bemühungen und mit Hilfe einflussreicher Freunde in Berlin erhielt van de Velde Anfang April 1917 die Erlaubnis zur Ausreise in die Schweiz, wo er am 10. April in Bern eintraf, vier Wochen vor Kirchners endgültiger Übersiedlung in die Schweiz, die der kranke Maler im Gegensatz zu seinem zweiten ›väterlichen‹ Freund nach Botho Graef nicht mehr verlassen sollte. Offiziell hatte Henry van de Velde über den Generaldirektor der Berliner Museen, Wilhelm von Bode, sowie das Auswärtige Amt den vage formulierten Auftrag erhalten, über die Lage der in der Schweiz internierten beziehungsweise dahin emigrierten Künstler und Kunsthandwerker Informationen einzuholen und Berichte zu erstatten.

Begegnungen im Schweizer Exil

Einen ersten, undatierten Brief Ernst Ludwig Kirchners erhielt der Belgier Anfang Mai 1917 in Bern,[20] in dem der Maler noch von Berlin aus – in Unkenntnis des Auftrags von Henry van de Velde – seine Mithilfe bei etwaigen Bauprojekten anbot: »Da könnte ich Ihnen doch wundervoll helfen für die Bauten Holzfiguren schlagen lassen und überhaupt für die Bauten, die Sie dort machen werden«. Außerdem bot er ihm eine Figur zum Geschenk an, die van de Velde in Graefs Wohnung gesehen und bewundert hatte.[21] Van de Veldes Aufenthaltsort sowie der Umstand, dass dieser sich für Kirchners Kunst außerordentlich interessierte und noch kurz vor seiner Ausreise eines seiner Gemälde in Jena

---

18 Vgl. ebenda; vgl. auch Henry van de Velde: Geschichte meines Lebens. Hrsg. und übertragen von Hans Curjel. München 1962, S. 377.
19 Vgl. BRB, Nachlass van de Velde, FSX 786/14-18. Da das Ehepaar van de Velde in den Kriegsjahren vielfach und über teils längere Zeiträume getrennt war, haben sich Hunderte von Briefen beider erhalten, die eindrucksvoll ihre damaligen Lebensumstände und ihre Eheprobleme illustrieren.
20 Vgl. BRB, Nachlass van de Velde, FSX 786/17. Laut einem Brief von Maria van de Velde an ihren Mann vom 20. April 1917 hatte sie Kirchners Brief eben erhalten und an ihn weitergeleitet.
21 E. L. Kirchner: Briefe (Anm. 1), S. 65.

gekauft hatte, war Kirchner vermutlich über Curt Herrmann bekannt geworden. Auch der Weimarer Maler und Graphiker Walther Klemm und der Bildhauer Richard Engelmann, der Erfurter Museumsdirektor und spätere Reichskunstwart Edwin Redslob sowie Rudolf Eucken und Eberhard Grisebach hatten in der Ausstellung des Künstlers im Jenaer Kunstverein Gemälde von ihm erworben.[22]

Per Telegramm kündigte van de Velde am 21. Juni 1917 seinen Besuch in Davos an und schickte Kirchner am Folgetag 500 Mark zur Milderung seiner Notlage, für die sich der Maler am 23. Juni bedankte mit der Bemerkung: »Ich hätte Ihnen auch gern für Ihre Zuwendung ein Bild gegeben, da es mich glücklich macht von Ihnen, den ich als Meister verehre, für würdig empfunden zu werden, was noch schöner wird durch Sie von Angesicht zu Angesicht kennen zu lernen«.[23] Das erste Treffen fand am 27. Juni in Davos statt. Kirchner bedankte sich tags darauf erneut in einem Brief: »Ach, ich habe so viel vergessen Ihnen zu sagen und nun wo Sie fort sind, überfällt mich wieder die Trauer und Angst [...]. Ich habe einen Menschen gesehen«.[24] Der malende Architekt und der bau- wie raumkünstlerisch tätige Maler begegneten sich fortan häufiger, zunächst bei Kirchner in der von van de Velde zeitlebens so geliebten Einsamkeit der Berge, später in Kreuzlingen. Auch ist anzunehmen, dass Kirchner in der Folge weitere Unterstützung durch van de Velde erfuhr, der in dieser Zeit selbst über keine nennenswerten Mittel verfügte.

Fehlen aus dem Jahr 1917 bis auf zwei Postkarten die Briefe van de Veldes an seine Frau, so erlauben doch deren zahllose Briefe an ihren Mann aus den Folgejahren sowie die große Zahl anderer schriftlicher Dokumente des Ehepaars eine minutiöse Rekonstruktion der Lebensumstände beider in ihrem jeweiligen Umfeld, so dass auch das Fehlen der Briefe van de Veldes an Kirchner teilweise kompensiert werden kann. Oberste Priorität hatte für van de Velde die Unterstützung des kranken Malers. Innerhalb weniger Wochen gelang es ihm, Kirchner zu einem neuerlichen Klinikaufenthalt zu bewegen. Am 15. September wurde der Maler in das berühmte Sanatorium Bellevue der mit van de Velde befreundeten Familie Binswanger in Kreuzlingen aufgenommen, wo sich Kirchner bis zu seiner Entlassung am 15. Juli 1918 fast ein Jahr aufhielt. Seinen Plan, in einem Brief an van de Velde vom 22. Juni 1918 ausgesprochen, im Herbst wieder nach Kreuzlingen zurückzukehren, führte er dagegen nicht aus.[25] In der Zwischenzeit waren im Sommer zwei großformatige Holzschnitte

---

22 Vgl. Maler des Expressionismus im Briefwechsel mit Eberhard Grisebach (Anm. 7), S. 68. In einem Brief vom 2. Mai 1917 berichtete Grisebach seiner Schwiegermutter Helene Spengler freudig von den neun Bilderverkäufen Kirchners und dem Erfolg des Malers in Jena; vgl. auch Volker Wahl: Jena als Kunststadt (Anm. 4), S. 172.
23 E. L. Kirchner: Briefe (Anm. 1), S. 66.
24 Ebenda, S. 67.
25 Vgl. ebenda, S. 85.

Abb. 1
Ernst Ludwig Kirchner, »Kopf Henry van de Velde, dunkel«, Holzschnitt, 1917

entstanden, in denen Kirchner den neu gewonnenen Freund einmal als Menschen (*Kopf van de Velde, dunkel*; Abb. 1), das andere Mal prononcierter als Architekten und Gentleman porträtierte (*Kopf van de Velde, hell*; Abb. 2).[26] Es handelt sich bei den beiden Darstellungen um die eindrücklichsten Bildnisse des damals 54-Jährigen, der von vielen namhaften Künstlern porträtiert worden war. Seine Frau sah den »Schwarzen Kopf« erstmals Mitte Dezember 1917 in Jena und berichtete ihrem Mann:

> Vorher sahen wir bei Grisebachs die Holzschnitte von Kirchner. Den einen Schwarzen Kopf von Dir finde ich ganz erschütternd! Monumental & psychologisch & doch auch malerisch & technisch reizvoll & interessant.

26 Annemarie Dube, Wolf-Dieter Dube: E. L. Kirchner. Das graphische Werk. 2 Bde. München 1967. Bd. 1: Katalog, S. 36, Kat. Nr. 311 und 312; Bd. 2: Abbildungen, S. 49. Beide Holzschnitte sind in nur wenigen Exemplaren überliefert.

Abb. 2
Ernst Ludwig Kirchner, »Kopf Henry van de Velde, hell«, Holzschnitt, 1917

Hauptsächlich die Augen. Es war so eine große Freude diese Menschen von Dir erzählen zu hören & Gutes zu hören. – Bei Auerbachs zeigte uns noch Grisebach eine Reihe von schönen Radierungen & Holzschnitten Kirchners. Es war sehr anregend.[27]

Kurz zuvor hatte sie mit Hilfe von Walther Klemm das in Jena neu erworbene Gemälde Kirchners in ihrem Zimmer aufgehängt und suchte damit ganz bewusst die symbolische Nähe zu ihrem Mann.[28] Kirchner wiederum verhielt sich ähnlich, als er van de Velde in einem Brief vom 16. Januar 1918 aus dem Sa-

---

27 BRB, Nachlass van de Velde, FSX 786/17. Entgegen der bisherigen Praxis musste das Ehepaar in den Kriegsjahren wegen der Briefzensur auf Deutsch korrespondieren, was Maria van de Velde, Tochter einer deutschen Mutter, weitaus leichter fiel als ihrem Mann.
28 Vgl. ebenda.

Abb. 3
Haus am See in Uttwil, von Henry van de Velde von 1918 bis 1921 bewohnt,
Ansichtskarte, um 1930

natorium berichtete: »[...] gestern kam das Buch und heute Ihr lieber Brief. Beides hat mich etwas aus meiner Lethargie gerissen. Ich habe eine kleine Umhängung vorgenommen. Meine beiden väterlichen Freunde, Sie und Gräf hängen jetzt über meinem Bett. Das ist doch die Rasse, zu der ich gehöre«.[29]

Gemeinsame Pläne für die Künstlerkolonie Uttwil

Bald rückte ein neues Betätigungsfeld in den Blick beider Künstler. Van de Velde, der Kirchner in Kreuzlingen oft besuchte und dort als Freund der Binswangers auch häufiger für längere Zeit lebte, entdeckte nach einem Besuch bei Kirchner im Herbst 1917 im nahen Dörfchen Uttwil ein Patrizierhaus des späten 18. Jahrhunderts (Abb. 3 und 4). Er verliebte sich in das stattliche Gebäude mit dem »herrlich verwilderten Garten, dessen hohe, mächtige Mauer [...] unmittelbar an den See grenzte. [...] Der Gedanke, dieses Besitztum mieten

---

29 E.L.Kirchner: Briefe (Anm. 1), S. 76.

Abb. 4
Henry van de Velde in Uttwil, Aufnahme von Maria van de Velde, 1919

oder erwerben, mich nach Kriegsende mit den Meinen hier niederlassen und Schüler um mich versammeln zu können, verließ mich nicht mehr«.³⁰ Es bedurfte allerdings langwieriger Verhandlungen, ehe er das sogenannte Haus am See ein Jahr später kaufen konnte.³¹

In den ehrgeizigen Plan, das beschauliche Uttwil zu einer Kolonie freigeistiger Mitstreiter und einem neuen Mittelpunkt der Wirksamkeit van de Veldes zu gestalten, war Kirchner von Anbeginn einbezogen. Er entwarf im August 1918 ein Signet für das Briefpapier (Abb. 5) und beabsichtigte, gemeinsam mit

---

30 Henry van de Velde: Geschichte meines Lebens (Anm. 18), S. 406.
31 Vgl. BRB, Nachlass van de Velde, FSX 786/18. In einem Brief an seine Frau vom 13. August 1918 schilderte er die Bedingungen der Kaufs: 20.000 Mark mussten in bar auf ein deutsches Konto eingezahlt werden; daneben waren Hypotheken in Höhe von 55.000 Franken zu 5 % abzulösen; zudem war anfangs nur eine Etage bewohnbar. Insgesamt stellte der Hauskauf eine enorme Belastung für die Familie dar und war nur durch den Verkauf wichtiger Bilder aus der eigenen Sammlung durch Paul Cassirer zu bewerkstelligen. Der Verkauf des Hauses Hohe Pappeln in Weimar war zum damaligen Zeitpunkt nicht möglich.

Abb. 5
Ernst Ludwig Kirchner, Entwurf eines Briefkopfs für die geplante Künstlerkolonie,
Holzschnitt, 1918

Nele van de Velde einzelne Zimmer zu gestalten.³² In den folgenden Monaten ließ sich zunächst der Schriftsteller und Pazifist René Schickele mit seiner Frau Anna in Uttwil nieder, mit denen van de Velde seit 1917 freundschaftlich verkehrte. Hinzu kamen der Dramatiker und Dichter Carl Sternheim sowie seine Frau Thea, der Kirchner 1916 in Königstein begegnet war, wo Thea Sternheim in ihrem Tagebuch Kirchners Pazifismus hervorgehoben hatte.³³ Es folgten der Komponist und Dirigent Oskar Fried sowie die Schriftstellerin Annette Kolb, alle mehr oder minder enge Freunde van de Veldes. Daneben wurde das Haus am See seit Anfang 1919 von vielen Gästen frequentiert, unter anderem von Frans Masereel, Edwin Redslob, Conrad Felixmüller, Pamela Wedekind, Erika und Klaus Mann sowie von Erna Schilling.³⁴

Nachdem Maria van de Velde und die in Deutschland verbliebenen vier Kinder erst am 25. November 1918 ihre Pässe erhalten hatten, trafen sie anderntags über München in Uttwil ein. Zumindest die Familie führte nach den Entbehrungen der Kriegsjahre bis zum Umzug in die Niederlande zu Beginn des

---

32 Vgl. Kirchners Briefe an Nele van de Velde vom 23. August und 13. Oktober 1918. In: E. L. Kirchner: Briefe (Anm. 1), S. 8, 10.
33 Vgl. Thea Sternheim: Tagebücher 1903-1971. Hrsg. und ausgewählt von Thomas Ehrsam und Regula Wyss. 5 Bde. Göttingen 2002. Bd. 1: 1903-1925, S. 332f. (Eintrag vom 3. April 1916). Das kultur- und zeitgeschichtlich aufschlussreiche Tagebuch von Thea Sternheim, von 1903 bis 1971 und damit über einen längeren Zeitraum geführt als das legendäre Tagebuch Harry Graf Kesslers, enthält auch eine Fülle von Einträgen über Henry van de Velde und seine Familie. Über ihre erste Begegnung mit Kirchner, der sich in Königstein am 21. Januar 1916 ihre Sammlung angesehen hatte, monierte sie anfangs aber vor allem dessen »unangenehmen körperlichen Geruch« (ebenda, Bd. 1, S. 317).
34 Vgl. Ernst Ludwig Kirchner an Nele van de Velde, 29. November 1920. In: E. L. Kirchner: Briefe (Anm. 1), S. 30 f.

Jahres 1921 in der Schweiz ein freies, unbeschwertes Leben. Van de Velde selbst musste aber schon nach wenigen Monaten einsehen, dass sein Traum einer Künstlerkolonie am beschaulichen Ufer des Bodensees nicht zu realisieren sei. Er fand weder Aufträge noch Schüler, und eine Anstellung in Zürich, Bern, Basel oder St. Gallen stand ebenfalls nicht zur Disposition. Hatte sein Entschluss, Deutschland dauerhaft den Rücken zu kehren, seit Langem festgestanden, liebäugelte er 1919 doch für einen Augenblick wieder mit einer Rückkehr nach Weimar.[35] Dies war nicht zuletzt dadurch bedingt, dass die Behörden dem »deutschen Staatsbürger belgischer Nation« Anfang 1919 aufgrund einer angeblichen Steuerschuld seine Konten gesperrt hatten und er weder über den Erlös aus dem Hausverkauf in Weimar noch seine verbliebenen Guthaben verfügen konnte.[36] Abhilfe schaffte im Oktober 1919 endlich das Angebot von Anton Kröller und Helene Kröller-Müller aus Den Haag, die ihn zum 1. Februar 1920 mit einem Jahresgehalt von 20.000 Gulden als Architekten für den Bau ihrer Villa und eines Museums anstellten.[37]

Mit der Übersiedlung van de Veldes in die Niederlande stand ein Umzug Kirchners nach Uttwil nicht mehr zur Diskussion. Gleichzeitig zerschlug sich der seit zwei Jahren gehegte Plan einer Publikation van de Veldes über Kirchners graphische Arbeiten. Wie aus den Briefen des Ehepaars van de Velde hervorgeht, stand zunächst der Kiepenheuer-Verlag in Weimar zur Diskussion. Danach bestand die Hoffnung, dass Osthaus das Buch verlegen würde, der damals an einer Monographie über das Œuvre van de Veldes arbeitete.[38] Anlässlich eines Besuchs von van de Velde bei dem an Tuberkulose erkrankten Osthaus in Arosa wurde die Publikation nochmals ohne konkrete Ergebnisse diskutiert. Kirchner blieb ungeachtet aller Schwierigkeiten gelassen und kommentierte den Vorgang in einem Brief vom 22. November 1919 lakonisch gegenüber Henry van de Velde: »Nun wird wohl aus dem geplanten Buch über meine Grafik von Ihnen im Folkwang Verlag nichts werden? Das ist schade, aber Sie haben wahrhaftig mehr den Menschen zu geben als Bücher über

---

35 Vgl. den Beitrag von Ute Ackermann in diesem Band.
36 Vgl. Thomas Föhl: Henry van de Velde. Architekt und Designer des Jugendstils. Weimar 2010, S. 311 f. Sein deutsches Vermögen musste er auf dem Höhepunkt der Inflation vollständig abschreiben, als die Konten Anfang 1923 endlich wieder freigegeben waren.
37 Vgl. ebenda, S. 310, 313-321.
38 Karl Ernst Osthaus: Van de Velde. Leben und Schaffen des Künstlers. Hagen 1920. Zur Monographie van de Veldes über Kirchner im Hagener Folkwang-Verlag vgl. den Brief Kirchners (Diktat an Erna Schilling) an Osthaus vom 24. Januar 1918 sowie van de Veldes Brief an Osthaus vom 17. Mai 1919. In: Ernst Ludwig Kirchner und das Folkwang-Museum Hagen. Briefe von, an und über Kirchner, zusammengestellt aus den Beständen des Osthaus-Archivs Hagen. Eingel. und kommentiert von Herta Hesse-Frielinghaus. Münster 1974, S. 60-62, 72.

komische Maler.«³⁹ Für ein zunächst von Eberhard Grisebach geplantes Buch über sein Werk hatte Kirchner 1918 bereits einen Titelholzschnitt geschaffen, dem 1919 ein weiterer für einen Sammelband der Aufsätze Botho Graefs folgte. Keiner der beiden Bände kam zustande.⁴⁰

Henry van de Veldes Neuanfang in den Niederlanden und Kirchners Entwürfe für das Kröller-Müller-Museum in Otterlo

Auch nach seinem Umzug in die Niederlande band van de Velde Kirchner wie selbstverständlich in seine neuen Vorhaben ein. Seit dem Frühjahr 1920 arbeitete Kirchner an Skulpturen beziehungsweise an einem Portal, das der belgische Architekt in das Kröller-Müller-Museum zu integrieren beabsichtigte. In zahlreichen Briefen an Henry van de Velde und seine Tochter Nele ist bis Ende 1924 immer wieder die Rede von großen rahmenden Reliefs, von flankierenden Portalfiguren und einer geschnitzten Portaltür, die Kirchner für den Skulpturenhof des Kröller-Müller-Museums in Skizzen und Kartons sowie in Tonfiguren und Gemälden intensiv vorbereitete.⁴¹ Die Forschung hat sich diesem Thema bislang allerdings nur am Rande gewidmet.⁴²

Das gewaltige Museumsprojekt van de Veldes für das Ehepaar Kröller-Müller in deren riesigem, mehr als 5.400 Hektar umfassenden Park von Otterlo bei Arnheim, für das bis 1924 bereits mehr als zwei Millionen Gulden aufgewendet worden waren, musste in der Folge eingestellt werden, da das weitverzweigte Handels- und Firmengeflecht von Anton Kröller in der Wirtschaftskrise der Jahre 1923/24 zunehmend ins Wanken geraten war. Van de Velde empfand dies als schwere Niederlage. Zudem scheiterte sein Versuch, der

---

39 E.L. Kirchner: Briefe (Anm. 1), S. 101.
40 Vgl. Annemarie Dube, Wolf-Dieter Dube: E.L. Kirchner (Anm. 26). Bd. 1, S. 72, Kat. Nr. 746 und 747; Bd. 2, S. 105. Kurz vor der Entlassung aus Kreuzlingen hatte Kirchner am 22. Juni 1918 an van de Velde bezüglich der Monographie geschrieben: »›Schicksal‹ ist wohl die Geschichte Ihres eigenen Lebens? Auf den ›Kirchner‹ freue ich mich. Expressionist ist dieser Mann nicht, sondern nur Maler«. Zitiert nach E.L. Kirchner: Briefe (Anm. 1), S. 85.
41 Die Skizzen sind in der Edition der Briefe Kirchners an Nele und Henry van de Velde reproduziert worden (vgl. Anm. 1).
42 Kirchner hatte mit diesem ersten Museumsauftrag aber genauso wenig Glück wie mit seinem monumentalen Gemäldezyklus, an dem er von 1927 bis 1931/32 für Ernst Gosebruch arbeitete, den Direktor des ›neuen‹ Museum Folkwang, das nach dem frühen Tod von Karl Ernst Osthaus 1922 von dessen Erben während der Inflationszeit für einen Spottpreis an die Stadt Essen verkauft worden war. Aus der Fülle der Literatur zum Thema sei der zuletzt erschienene Überblick genannt: »Das schönste Museum der Welt«. Museum Folkwang bis 1933. Ausstellungskatalog, Museum Folkwang, Essen. Göttingen 2010.

Sammlerin Helene Kröller-Müller ein museales Hauptwerk Kirchners zu vermitteln. Über einen Ankauf hatte er mit dem Maler und seiner Auftraggeberin mehrfach verhandelt, denn bislang war es ihm in einer ganzen Reihe von Fällen geglückt, dass Helene Kröller-Müller Schlüsselwerke der Moderne wie Georges Seurats berühmtes Zirkusbild *Le Chahut* auf seinen Rat hin ankaufte.[43] Er selbst erwarb dagegen weitere Arbeiten des Künstlers und erhielt außerdem von Kirchner zu seinem 60. Geburtstag am 3. April 1923 letztmalig ein Gemälde geschenkt, das den Künstler und Erna Schilling als Liebespaar darstellt (Taf. 18, S. 128).

Nachdem die opulente Sammlung Kröller-Müller mit allein fast hundert Arbeiten van Goghs an den niederländischen Staat übereignet worden war, erfolgte nach van de Veldes vielfach modifizierten Entwürfen 1937 der erste Spatenstich, 17 Jahre nach Planungsbeginn! Das in stark reduzierter Form als »Übergangsbau« bezeichnete Museum wurde am 13. Juli 1938 eröffnet, wobei die Hoffnung bestand, dass die ursprünglich repräsentativeren Planungen van de Veldes noch zur Umsetzung gelangen würden. Die Eröffnung wurde überschattet vom Tod Kirchners, der am 15. Juni 1938 seinem Leben ein Ende gesetzt hatte. Deprimiert von seiner eigenen Lebenssituation und der politischen Lage in seinem Heimatland hatte er am 13. Februar 1938 in seinem Tagebuch vermerkt: »Ich bin durch die deutschen Ereignisse tief erschüttert und doch bin ich stolz darauf, daß die braunen Bilderstürmer auch meine Werke verfolgen und vernichten. Ich würde es als Schmach empfinden, von ihnen geduldet zu werden«.[44]

Nele van de Velde als Schülerin von Kirchner

Nele van de Velde, die älteste, 1897 geborene Tochter von Maria und Henry van de Velde, zeigte bereits als Jugendliche ein beachtliches künstlerisches Talent, so dass die Eltern nicht müde wurden, das zeitlebens »schwierige Kind« nach Kräften zu fördern.[45] Während des Krieges erhielt sie in den Jahren 1915 bis 1918 von den bereits erwähnten Professoren der Weimarer Kunsthochschule, Walther Klemm und Richard Engelmann, Unterricht im Zeichnen und in der Praxis graphischer Techniken. Wie sie in ihrer Vorbemerkung zur Edition der Briefe Kirchners an sie und ihren Vater ausführte, zeigte sie sich von Kirchners Arbeiten spontan begeistert: »Unverhofft kamen mein Vater und ich eines Tages im Jahre 1916 mit Kirchners Kunst in Berührung. Wir fuhren zu Dr. Grisebach nach Jena und standen tief beeindruckt vor einigen Bildern, die den

---

43 Vgl. Salomon van Deventer: Henry van de Velde und seine Bindungen an das Ehepaar Kröller-Müller. Privatdruck. Eschwege 1963, S. 22-24.
44 Zitiert nach E. L. Kirchner. Dokumente (Anm. 7), S. 340.
45 Vgl. Thomas Föhl: Henry van de Velde (Anm. 36), S. 163.

Wunsch in uns erweckten, Kirchner persönlich kennenzulernen und tiefer in seine Kunst einzudringen«.[46]

Nach zahllosen Behördengängen ihrer Mutter erhielt Nele van de Velde Ende Januar 1918 die Erlaubnis zur Ausreise. Sie folgte ihrem Vater in die Schweiz, der seit Wochen auf ihr Eintreffen wartete. Einen Brief an seine Frau ergänzte van de Velde am 26. Januar 1918 nach einer mehrtägigen Periode des Ausharrens am Hafen von Romanshorn mit der Bemerkung, dass ihn Bekannte nach seiner Tochter gefragt hätten:

> Das war mir so gleichgültig – »kann untergehen«, dachte ich mir. Mein Herz war eisig kalt. Das Schiff kam; kein Mensch winckte mich zu. Es manoevrierte slecht u. die Landung war nicht genau. Ich sah vor mir vier Menschen – Nele war nicht dabei. – Und doch stand sie dabei; still wie versteinert – genau so wie ich – nur ihre Augen strahlten u. ich weinte, weinte u. rührte die Lippe ohne dass ein Klang ein Laut heraus kam. – Dann ging alles ganz eilig – wie eine Flucht von dem Ort wo [ich] so gelitten u. das qualvollste erstanden – Abend's Zürich ….[47]

Kirchner, mit dem van de Velde über seine künstlerisch begabte Tochter gesprochen hatte, erwähnte die junge Frau ebenfalls in seinen Briefen, ließ Grüße ausrichten und freute sich auf die Begegnung, die Anfang Februar 1918 in Kreuzlingen möglich wurde. Kirchner war damals vermutlich krankheitsbedingt wenig gesellig und entschuldigte sich in einem Brief an van de Velde vom 25. Februar 1918: »Ich bedaure sehr, daß ich in einer so schrecklichen Stimmung war, aber es überfallen mich jetzt so oft solche Zeiten und die Nervosität der kommenden Ausstellung trägt auch manches dazu bei«.[48] Die erwähnte erste Einzelausstellung Kirchners in der Schweiz hatte van de Velde dem Künstlerkollegen Mitte Januar durch seine Kontakte ermöglicht. Das Kunsthaus Zürich eröffnete bereits in der zweiten Märzwoche einen Überblick zur Kunst Kirchners mit rund zwei Dutzend seiner Bilder und wichtigen Graphiken, die ihm Erna Schilling aus Berlin gesandt hatte, sowie Leihgaben von Marie-Luise Binswanger und anderen neu gewonnenen Freunden (Abb. 6).[49] Kirchner ver-

---

46 E. L. Kirchner: Briefe (Anm. 1), S. 5. Die zitierte Aussage, Anfang der 1960er Jahre kurz nach dem Tod des Vaters formuliert, muss dahingehend berichtigt werden, dass Henry van de Velde die Arbeiten Kirchners bereits seit längerer Zeit kannte.
47 BRB, Nachlass van de Velde, FSX 786/18. Die fehlerhafte Orthographie ist dem bereits erwähnten Umstand geschuldet, dass van de Velde in den Kriegsjahren aufgrund der Briefzensur gehalten war, seine Briefe auf Deutsch zu schreiben.
48 E. L. Kirchner: Briefe (Anm. 1), S. 80.
49 Vgl. die Briefe Kirchners an van de Velde vom 1. und 25. Februar sowie vom 12. März 1918. Ebenda, S. 78-81. Die aus Bremen stammende Marie-Luise Binswanger (1871-1941) wird in den Briefen von Kirchner und van de Velde meist als »Frau Dr. R.« bezeichnet. Sie war die Witwe des 1910 verstorbenen Robert Binswanger und damit die Schwägerin von Otto Binswanger und die ›jugendliche‹, nur

Abb. 6
*Ernst Ludwig Kirchner, Kopf Dr. Ludwig Binswanger und kleine Mädchen,
Holzschnitt, 1917/18*

ließ erstmals für einige Tage das Sanatorium und zeigte sich glücklich über den Erfolg in Zürich, den er seinem väterlichen Freund verdankte.[50] In den nächsten Jahren kümmerte sich Kirchner in menschlich rührender Weise um Nele van de Velde, gab ihr Hinweise zu graphischen Techniken ebenso wie zu Fragen von Zeichnung und Form, und er unterstützte sie nach Kräften in ihrer noch tastenden Kunstausübung (Abb. 7). Seiner Frau hatte van de Velde hierüber im

> neun Jahre ältere Stiefmutter des Anstaltsleiters Ludwig Binswanger. Ende 1920 erwarb sie von Henry van de Velde das Haus am See gemeinsam mit ihrem Schwager Otto Binswanger, der nach seiner Pensionierung 1919 von Jena nach Kreuzlingen zurückgekehrt war. Kirchner hat sie und viele ihrer Verwandten in zahlreichen Graphiken und einigen Gemälden porträtiert.
>
> 50 Vgl. BRB, Nachlass van de Velde, FSX 786/18. Seiner Frau berichtete van de Velde hierüber am 7. März 1918: »Nele ist ja zerstreut; [...] Das Kind erlebt so viel u. es geht Schlag auf Schlag! [...] Nun fahre ich heute Abend nach Zürich um dort Kirchner zu helfen bei der Anordnung seiner Ausstellung u. das Aufhängen seiner Bilder. [...] Nele kommt dann mit oder bleibt einige Tage alleine in Kreuzlingen, je nachdem sie es vorzieht bei Kirchner zu bleiben um zu arbeiten oder bei mir zu kommen. In ›Bellevue‹ ist sie verwöhnt u. alle lieben sie so sehr!«

Abb. 7
Ernst Ludwig Kirchner, Junges Mädchen mit Zigarette (Nele van de Velde),
Holzschnitt, 1918

Zuge der Vorbereitungen zur Ausstellung Kirchners am 13. Februar 1918 berichtet: »Nele ›erlebt‹ Kirchner u. jeden Tag begleitet sie mich bei ihm u. dann hört sie zu u. wir sehen Bilder, Graphik u. Photos. Er hat jetzt eine Menge Werke um sich u. mit der Hilfe von Frau Doct Robert Binswanger ordnet er alles. – Aber es geht ihm schlecht u. sein Schicksal berührt mich so dass ich körperlich darunter leide«.[51]

51 Ebenda. Vor der ersten Begegnung Neles mit der Kunst Kirchners hatte ihm Maria van de Velde am 5. Februar 1918 geschrieben: »Aber das hat ja gerade solchen Reiz & sie teilt einem etwas mit von dem ganzen Rausch. Wie oft ist es ihr hier gelungen alle mitzureisen & Leben in die Bude zu bringen! Sie muss es ja maaslos geniessen alles was sie nun erleben darf & [sie hat wohl] bereits vergessen dass trotz allem was in der Welt geschieht das Leben hier stehen bleibt. – Thylla [...] hat sich

Bis zur Entlassung Kirchners im Juli 1918 kam es zu zahlreichen Begegnungen mit van de Veldes Tochter, die der Künstler im Anschluss mehrfach nach Davos einlud. Nele freundete sich zudem eng mit der Großfamilie Binswanger an und lebte – wie zuvor ihr Vater – oft über Wochen in Kreuzlingen. In den nächsten Monaten tauschten sich Kirchner und Nele in Briefen aus und sandten einander ihre neuesten graphischen Arbeiten. Kirchner blieb auch nach der Rückkehr in die Bergwelt bei Davos zeitweise an Händen und Beinen gelähmt. Die Briefe berichten vielfach von Momenten tiefer Verzweiflung. Am 6. Januar 1919 traf wieder eine Einladung in Uttwil ein:

> Sie müssen wirklich einmal für einige Zeit in die Berge kommen. Diese Menschen hier üben einen feinen und guten Einfluß aus auf einen. Mit welcher Geduld gehen die ihrer täglichen Beschäftigung nach. Es ist bewunderungswürdig und auch ihre große Liebe zu den Tieren. Ich kann leider nicht in den Stall oder zu Ihnen hinunterkommen, sonst könnte ich wirkliches Leben malen. Dies braucht der Maler doch nötiger als ein Anderer Hände und Beine.[52]

Wie schon zuvor ihr Vater versorgte nun Nele den Künstler mit Lektüre, mit Farben und Papier. Im Gegensatz zu ihrem Vater, der Kirchner 1919 noch mehrfach in Davos aufsuchte, ergab sich für sie ein längerer, etwa vierwöchiger Besuch bei Kirchner erst wieder im Oktober 1920. Sie schrieb dazu einen Bericht für die avantgardistische Zeitschrift *Genius*, den sie mit elf eigenen Holzschnitten illustrierte.[53] Kurz nach dieser letzten Begegnung schrieb ihr Kirchner am 29. November 1920:

> Ich habe hier noch 2 Drucke von Ihren Holzschnitten gefunden. Ihre Art zu sehen und zu schneiden ist so verschieden von meiner, daß nur Übelwollende von »verkirchnern« reden können. Ich glaube nicht, daß einer, der *nicht* weiß, daß Sie hier waren so etwas entdecken könnte. […] lassen Sie sich nicht irre machen durch die Menschen. Gehen Sie gerade Ihren Weg, man kann sich nach niemand dabei richten, sonst wird man unsicher. Es wird schön, wenn Sie im Sommer wieder hier sind.[54]

Der zuletzt ausgesprochene Wunsch Kirchners sollte nicht mehr in Erfüllung gehen, denn Nele van de Velde kam bis zu Kirchners Tod im Jahre 1938 nicht mehr nach Davos. Sie verbrachte die meiste Zeit ihres weiteren Lebens in

---

so darüber amüsiert dass Nele schrieb Du hättest bei Deinem Vortrag ungewöhnlich schön & jung ausgesehen!«

52 E. L. Kirchner: Briefe (Anm. 1), S. 13.
53 Nele van de Velde: Ein Tag bei Kirchner auf der Staffelalp. In: Genius. Zeitschrift für werdende und alte Kunst 2 (1920), S. 282-292. Auch abgedruckt in: E. L. Kirchner: Briefe (Anm. 1), S. 28-30.
54 E. L. Kirchner: Briefe (Anm. 1), S. 32.

Kreuzlingen. Sie blieb in der Obhut der Familie Binswanger – nicht allein wegen ihrer oft panischen Ängste gegenüber fremden Menschen, ihrer Klaustrophobie und ihrem zunehmenden Misstrauen, sich einer Lebenswirklichkeit zu stellen, die sich ihr nach dem Ende des Krieges und dem Eingewöhnen in eine fremde Umgebung weitgehend chaotisch darstellte. Vielmehr fand sie in Kreuzlingen die Geborgenheit neuer Freunde, gab den Patienten Mal- und Zeichenunterricht und schuf sich abseits der eigenen Familie eine neue Heimat. Sehr zum Leidwesen der Eltern ließ sie sich nicht dazu bewegen, dauerhaft in die Niederlande beziehungsweise nach Belgien zurückzukehren, stellte doch ihre jahrelange Unterbringung in Kreuzlingen eine schwere finanzielle Belastung dar, die Henry van de Velde und seine damals schon schwerkranke Frau 1938 schließlich nicht mehr tragen konnten. Nach dem Tod von Maria van de Velde 1943 blieb Nele beim Vater und zog mit ihm 1947 wieder zurück in die Schweiz nach Oberägeri südlich von Zürich, wo sie 1965 verstarb, acht Jahre nach dessen Tod. Sie wurde bis zuletzt von ihrem jüngsten Bruder Thyll van de Velde betreut, der für ihre Versorgung immer wieder Teile jener gemeinsamen Erbschaft veräußern musste, die den beiden verblieben war, nachdem die drei übrigen Geschwister sämtlich vor dem Vater gestorben waren.

Antje Neumann

Ein exklusives Interieur, Gewänder wie Tapeten und Goethes Gartenmauer
Henry van de Velde in der Karikatur um 1900

Im Jahre 1905 kürte das *Berliner Tageblatt* Henry van de Velde zum beliebtesten Kunstgewerbler der Gegenwart.[1] Anlass dieser Auszeichnung war eine groß angelegte Leserumfrage, in deren Rahmen auch Repräsentanten anderer Kunstgattungen ausgezeichnet wurden, etwa Wilhelm Busch, Max Klinger und Richard Strauss. Obwohl oder gerade weil van de Velde in den Jahren um 1900 so erfolgreich war, mithin in Deutschland eine außergewöhnliche Popularität genoss, musste er auch mit einer Vielzahl verschiedenartiger Schmähungen leben. Verunglimpfungen in der Presse gehörten ebenso dazu wie persönliche Schikanen. Einer Freundin vertraute Maria van de Velde 1925 in diesem Kontext an, dass ihr Mann überall auf dieselbe Sorte Freunde und Feinde getroffen sei und sie deshalb an kein Heimatland mehr glauben würden.[2] Eberhard von Bodenhausen bemerkte an anderer Stelle: »Ein Ausnahmemensch soll nie mit einem Durchschnittsmoppel gemessen werden; wo würden da alle großen und selbst die halbgroßen Männer bleiben? Jeder Mensch hat das Recht seiner eigenen Moral, um wieviel mehr ein Genie«.[3]

»Van der Blöde«

Im Jahre 1899 erschien in der Satirezeitschrift *Lustige Blätter* eine Karikatur von Wijnand Otto Jan Nieuwenkamp (Abb. 1). Wie der Titel verrät, handelt es sich um »Ein ganzmodernes Schlafzimmer«. Die Betonung liegt auf »ganzmodern«, was durch die Zusammenschreibung eigens akzentuiert wird. Als

---

1 Die Umfrage des Berliner Tageblatts lautete »Die beliebtesten Künstler der Gegenwart«. Von 9762 eingegangen Postkarten entfielen im Bereich Kunstgewerbe 1190 Siegerpunkte auf Henry van de Velde. Berliner Tageblatt und Handels-Zeitung, 6. April 1905.
2 »Tu sais d'ailleurs que nous n'avions pas la croyance en ›aucune patrie‹. C'est un mot qui n'a pas de sens pour nous, surtout depuis que nous avons vu ce que les peuples en ont fait pendant la guerre. Or Henry trouvera partout sur son chemin le même genre d'amis et le même genre d'ennemis. On les connaît d'avance«. Maria van de Velde an Sophie Herrmann, 7. Dezember 1925 (Privatbesitz).
3 Eberhard von Bodenhausen an Dora von Bodenhausen, 13. September 1902. DLA, A: v. Bodenhausen.

Ein ganzmodernes Schlafzimmer. (Entwurf von Van der Blöde.)

Abb. 1
Wijnand Otto Jan Nieuwenkamp, »Ein ganzmodernes Schlafzimmer«,
aus: Lustige Blätter 14 (1899), S. 3

Schöpfer wird ein gewisser »Van der Blöde« genannt. Die bewusste Verunstaltung des Namens van de Velde kennzeichnet viele Karikaturen aus der Zeit um 1900. Meist findet die eingedeutschte Variante »van der Velde« Verwendung, interessanterweise ein im heutigen Sprachgebrauch noch immer vorhandenes Phänomen, das besonders im thüringischen und sächsischen Sprachraum zu vernehmen ist. Der Spott der Karikatur in den Lustigen Blättern richtet sich trotz der Verballhornung des Namens nicht in erster Linie gegen die Person van de Velde, sondern vor allem gegen seinen neuartigen Stil.

Bei der Karikatur von Nieuwenkamp handelt es sich um eine Persiflage auf ein Schlafzimmer, das 1898 in der Kunsthandlung Arts and Crafts in Den Haag ausgestellt und 1899 in der Zeitschrift Dekorative Kunst abgebildet wurde (Abb. 2).[4] Das Raumensemble zählt somit zu den frühen Arbeiten des Künstlers und stammt aus der belgischen Periode. Der Betrachter erlebt das Schlafzimmer wie den Hohlraum einer Frucht. Mittels einer schwungvollen Holzkonstruktion wird das Zimmer umrahmt und zugleich vom Betrachter abgetrennt. Es gehört zu van de Veldes bevorzugten Gestaltungsmitteln der frühen Phase,

---

4 Dekorative Kunst 3 (1899), H. 1, S. 36, 38. Abgebildet war ferner das zeitgleich in der Kunsthandlung Arts and Crafts ausgestellte Speisezimmer. Vgl. ebenda, S. 37 f.

Abb. 2
Henry van de Velde, Schlafzimmer, aus: Dekorative Kunst 3 (1899), H. 1, S. 36

einen Raum auf diese Weise zu gliedern und somit seinen gesamtkünstlerisch-einheitlichen Charakter zu betonen. In zeitgleich entstandenen Inneneinrichtungen – etwa für den Verleger Ludwig Loeffler, die Zigarrenhandlung Continental Havana Compagnie oder die Kunsthandlung Keller & Reiner in Berlin – findet sich dieses kühne Gestaltungselement wieder.

Grundsätzlich fasste van de Velde ein Zimmer als Körper auf. Die Möbel sollten daher wie Organe in einem funktionalen Einklang zueinander stehen. Bereits 1897 schrieb er hierzu:

> Was nun das Mobiliar anlangt, so wird der Unterschied in folgendem bestehen: man wird ein einheitliches Stück einem komplizierten, ein einheitliches Zimmer einem ungeordneten und zusammenhanglosen vorziehen und erkennen, dass jedes Zimmer einen Haupt- und Knotenpunkt hat, von dem sein Leben ausstrahlt und dem sich alle anderen Gegenstände darinnen angliedern und unterordnen müssen. Diesem neuentdeckten Skelett des Zimmers gemäß wird man die verschiedenen Einrichtungsstücke anordnen, die man fortan als lebendige Organe des Zimmers und der Wohnung empfinden wird.[5]

---

5 Henry van de Velde: Ein Kapitel über Entwurf und Bau moderner Möbel. In: Pan 3 (1897/98), H. 4, S. 261.

Der Knotenpunkt des Schlafzimmers von 1898/99 ist zweifelsohne das Bett, das sich organisch aus dem Boden wölbt und über zwei angebaute Nachtschränkchen verfügt. Flankiert wird es von zwei Frisierstühlen mit halbhoher Lehne. Auch das Möbelstück begriff van de Velde als plastisch-ornamentalen Körper. So folgt der Frisierstuhl den Gesetzen der Linie derart, dass er aus einem Guss zu sein scheint. Die Stuhlbeine wachsen vegetabil aus dem Boden. Sie schwellen an und lassen Sitz und Lehne durch sanfte Schwünge zu einer Einheit verschmelzen. Die Last des Stuhles ruht auf den Füßen, die sich weich nach außen wölben. Schlichte Eleganz und solide Verarbeitung zeichnen dieses Möbelstück aus.[6] Auch die Waschkommode fügt sich harmonisch mit dem gegenüberliegenden Kamin in das Raumensemble ein. Sie ist funktional und nach den Gesetzen der Zweckmäßigkeit aufgebaut. So sind die Seifenschalen aus Metall praktisch in die Ablagefläche der Kommode eingelassen und die Elektroleitungen dekorativ nach außen gekehrt. Auffallend reich bewegt ist der Fries unterhalb der Decke. Die hinabsinkenden Ornamente, so eine zeitgenössische Quelle, stünden für Müdigkeit und Schlaf. Als Lichtquelle fungiert eine Deckenleuchte aus Messing, deren unverkleidete Lichtleitungen der Betrachter gleichermaßen als Konstruktions- und Gestaltungselemente wahrnimmt. Ferner sind in die Wandvertäfelung hinter dem Bett zwei schwenkbare Wandarme integriert, die das Zimmer indirekt ausleuchten. Wie eingangs bereits erwähnt, fasste van de Velde das Schlafzimmer als kompositorische Einheit auf, und genau darauf zielt auch die in hohem Maße überspitzte Karikatur von Nieuwenkamp ab.

Dank einer Fülle witziger Details gleicht die Karikatur einer Art Suchbild für Kinder. Der Betrachter blickt in ein üppig ausgestattetes Zimmer, dessen Vorder- und Hintergrund sich nicht voneinander abheben. Aus Möbeln, Wand und Decke erwachsen Vorsprünge, Auskragungen und ornamentale Arabesken, die auf das Vegetabile des Jugendstil anspielen. Keines der unzähligen Gestaltungselemente geht in einer übergeordneten Einheit auf. Im Gegenteil: Das Zimmer scheint vielfach verästelt und zersplittert in einer grotesken Überfülle ornamentaler Details. Auch bei Nieuwenkamp behauptet sich das Bett als zentrales Element, in dem ein Herr mit Schlafmütze und eine Dame mit lockigem Haar im Lichte zweier unverkleideter Glühbirnen schlafen, während ein Baby schreit und auf der bemalten Schauseite des Bettes eine weibliche Gestalt mit wallendem Haar Zither spielt. Aus dem Fußende des Bettes wachsen Halterungen für Nachttöpfe sowie ein weit auskragender Arm für die halsbrecherisch anmutende Babyschale hervor. Der Frisierstuhl seitlich des Bettes präsentiert sich als Krebs. Die Waschkommode besticht durch ihre schwungvollen

---

6 Im Jahre 2002 wurde der Frisierstuhl vom Auktionshaus Phillips de Pury & Luxembourg in New York auf 10.000 $ geschätzt. Auktionskatalog Phillips de Pury & Luxembourg. Auktion 20 – 19th Century Design Art, 11. Dezember 2002. New York 2002, S. 96.

Lichtleitungen, die sich beim genauen Hinsehen als Gliedmaßen eines extrem abgemagerten Menschen entpuppen.

Ein besonderes Augenmerk richtete der Karikaturist auf die Verzierung von Wand und Decke: Neben bildhaften Elementen wie den Wikingerschiffen oder Heißluftballons in einem friesähnlichen Band unterhalb der Decke dominieren dünnblütige Fantasiegestalten und bizarre Wesen das Zentrum der Wand. Dekorative Blumen dienen als Fonds. Was auf den ersten Blick plakativ wirkt, ist auf den zweiten Blick subtil hintergründig. Es fällt auf, dass van de Velde nur stellvertretend lächerlich gemacht wird. Denn ob Symbolismus, Jugend-, Wellen-, Yachting- oder Sezessionsstil: Es handelt sich hier um eine Persiflage auf den modernen Stil schlechthin, der die Grenzen zwischen den Künsten aufzuheben und in sämtliche Bereiche des alltäglichen Lebens einzudringen versucht, und Künstler wie Beardsley, Munch, Horta, Hankar, Böcklin oder Guimard mit einschließt. Das Interesse des Karikaturisten richtet sich auf die Überakzentuierung eines zeittypischen Einrichtungsstils. Zum einen wird das Überfunktionale und Organische des modernen Stils karikiert, gleichfalls aber auch der Symbolgehalt zeitgleicher Kunstströmungen. Als Zitate finden sich kraftlose und sphärisch-dekadente Gestalten an Möbeln und Wänden. Fratzen recken sich aus der Decke. Im Kontrast zur auf- und untergehenden Sonne im Deckenfries steht die Zurschaustellung der Elektroleitungen. Trotz aller Überfunktionalität bleibt kein Platz für Alltägliches wie eine schlichte Garderobe, an der sich Kleider aufhängen lassen.

»System Van der Velde«

Wie der Großteil der überlieferten Karikaturen zielt auch die im März 1901 in der Zeitschrift *Neues Wiener Witz-Blatt* veröffentlichte Karikatur (Taf. 5, S. 52) gegen van de Veldes gesamtkünstlerisches Schaffen, hier jedoch vor allem gegen seine Bestrebungen, das Kleid der Frau zu reformieren. Die kolorierte Zeichnung wurde von Theodor Zasche angefertigt und nimmt Bezug auf einen Vortrag, den van de Velde kurz zuvor in Wien gehalten hatte.[7] Zu sehen sind vier Damen unterschiedlichen Alters in farbigen Jugendstil-Gewändern. Zur näheren Erläuterung ist ein Zitat von van de Velde beigefügt: »Die Kleidung muß individuell und dem Interieur angepaßt sein. Der Rhythmus muß gewahrt bleiben, einzelne Körpertheile dürfen nicht hervortreten«.[8] Zugespitzt führt die Karikatur die Folgen dieser Auffassung vor Augen: Im Gegensatz zu der sehr weiblich und reizvoll gekleideten Dame mit Schnürtaille, Puffärmeln, Schirm und opulenter Kopfbedeckung in der unteren Bildecke sollen die vier

---

7 Henry van de Velde: Das neue Kunst-Prinzip in der modernen Frauen-Kleidung. Abgedruckt in: Deutsche Kunst und Dekoration 10 (1902), S. 363-386, hier S. 367.
8 Neues Wiener Witz-Blatt, 30. März 1901.

Damen den Reformschick van de Veldes illustrieren. Eine ältere Dame mit markantem Profil und in schwarzem Kleid sitzt auf einem Armlehnstuhl. Ihre üppige Oberweite wird von einem ornamentalen Band umspannt, das sich am Rocksaum, an der Lehne des Armlehnstuhls und am Schrank fortsetzt. Frau und Möbelstück bilden eine optische Einheit. Ihr zugewandt ist eine Dame, deren Kleid farblich mit den Möbeln harmoniert. Der ornamentale, gelbe Besatz des Kleides, der den Busen kaschieren soll, findet ebenfalls im rückseitigen Schrank seine Entsprechung. Eine weitere Dame steht etwas zurückgesetzt im Raum. Bei genauerer Betrachtung fällt auf, dass sie farblich und stilistisch der Standuhr gleicht und sich von der Wandfläche kaum mehr abhebt. Die vierte Dame ist im Profil zu sehen. Ihre Haltung korrespondiert mit dem Postament, auf dem eine Vase steht, die wiederum farblich perfekt zum Kleid passt. Außerdem setzen sich die schwungvollen Arabesken des Hutes in der Türumrahmung fort. »System Van der Velde« lautet der Titel dieser Darstellung, während die zeittypisch gekleidete Dame mit »System van der Halbwelt« betitelt ist und auf die absurd hässliche und unweibliche Mode van de Veldes hinweisen möchte.

Van de Velde zufolge sollte sich das Kleid der Frau ebenso wie die anderen Gegenstände des täglichen Lebens einer übergeordneten Raumharmonie unterordnen und deshalb Teil eines Gesamtkunstwerks sein. Er verwarf nicht das Korsett als solches, kritisierte jedoch den unnützen Zierrat und den unnatürlichen Zuschnitt des modernen Damengewandes. Im Gegenzug plädierte er für die Betonung der natürlichen Linie der Frau und forderte, dass sich das Kleid der Gestalt des weiblichen Körpers, dem Wesen des Stoffes sowie den Anforderungen der Zeit auf eine logische und zugleich schöne Weise anzupassen habe. Rückblickend beschrieb van de Velde seine Beweggründe, sich mit der Damenmode seiner Zeit auseinanderzusetzen:

> Die gleichen Kräfte, die mich dazu getrieben hatten, ohne Architekt zu sein, die Pläne unseres Hauses zu entwerfen, Möbel, Beleuchtungskörper und andere Gegenstände zu zeichnen, Tapeten, Matten und Teppiche auszudenken, ohne vorher je an die Hervorbringung solcher Dinge gedacht zu haben, veranlaßten mich, das Prinzip vernunftgemäßer Gestaltung, die fundamentale Methode meiner gesamten Arbeit, auch auf die Frauenkleidung anzuwenden. Wie bei allen meinen früheren Experimenten folgte ich einem inneren, persönlichen Bedürfnis: dem gebieterischen Wunsch, aus meiner unmittelbaren Umgebung alles zu verbannen, was mein vernünftiges Empfinden beleidigte und gegen das moralische Prinzip verstieß, das ich in der Übereinstimmung der äußeren Erscheinung und dem inneren Daseinszweck der Dinge erkannt hatte.[9]

---

9 Henry van de Velde: Geschichte meines Lebens. Hrsg. und übertragen von Hans Curjel. München 1962, S. 151.

Abb. 3
Maria van de Velde im »Künstlerkleid« in Haus Bloemenwerf, Uccle, um 1899

Die ersten Kleider entwarf van de Velde für seine Frau Maria (Abb. 3), die sich seit 1893 mit Leidenschaft der Mission ihres Mannes verschrieben hatte und selbst schöpferisch tätig war. Da sie im Abstand von wenigen Jahren sieben Kinder gebar, war sie über längere Zeit auf eine bequeme und korsettfreie Kleidung angewiesen. Sie nutzte diesen Umstand und trug mit Vorliebe die eigens für sie entworfenen Kleider, wovon eine Reihe historischer Aufnahmen zeugen. Sie bestärkte ihren Mann, die Frauenmode durch neue Entwürfe zu bereichern und schrieb in diesem Kontext das Vorwort zur »Sonderausstellung moderner, nach Künstlerentwürfen ausgeführter Damenkleider«, die im April 1900 mit großem Erfolg in Krefeld gezeigt wurde. Gleichzeitig trat sie auch öffentlich in Erscheinung, etwa in den Salons der vornehmen Berliner Gesellschaft, wo sie jedoch nicht selten belächelt wurde. Nach einem Frühstück bei Cornelie Richter hielt Harry Graf Kessler hierzu in seinem Tagebuch fest:

> Rede von Frau VandeVeldes Kleidern; die Varnbüler findet sie hässlich, aber wenn V[elde] die Absicht gehabt habe, mit ihnen Aufsehen zu machen, so habe er seinen Zweck erreicht; denn man spräche in Gesellschaft jetzt von Nichts Andrem. Auch Knesebeck findet die Kleider »scheusslich«, geschmacklos und den Gelegenheiten nicht angemessen. Das Kleid bei der Matinée der Frau Richter sei ein Kleid »von Kameelshaaren« gewesen, das so ausgesehen habe, als ob die Frau 48 Stunden Eisenbahn gefahren sei. Jemand: Wenn meine Frau arbeiten sollte, so würde ich dieses Kleid verstehen; aber im Salon sollen wir doch nicht arbeiten.[10]

Tatsächlich sollte sich die Optik des Kleides der Persönlichkeit der Trägerin sowie dem Ort anpassen. Van de Velde unterschied daher zwischen Empfangstoiletten, Straßenkostümen und Festkleidung. In seinem Aufsatz *Das neue Kunst-Prinzip in der modernen Frauen-Kleidung* schrieb er:

> Die Toilette wird durch den Ort, wo man sie trägt, bestimmt, und diese Orte sind entweder private oder gemeinsame. Im Hause, am eigenen Herde, herrscht eine andere Atmosphäre als auf der Straße und wieder eine andere in den feierlichen Zusammenkünften, und es liegt klar auf der Hand, dass die Toilette sich diesen wesentlichen Unterschieden anpassen muss. Die Männer oder ihre Schneider — (man kann es zum Lobe von beiden sagen) haben diese Unterschiede gefühlt, und mehr oder weniger drückt jeder seine Individualität in seinem Haus- oder Arbeits-Anzug aus, während sie sich auf der Straße ähnlich und bei feierlichen Gelegenheiten gleich sind.[11]

Van de Velde empfahl den Frauen, sich zu Hause individuell und auf der Straße gemäßigt individuell zu kleiden. Für festliche Gelegenheiten begrüßte er eine Art feststehende »Zwangs-Toilette« wie bei den Herren.[12] Schließlich legte er jedoch Wert auf eine natürliche und vernunftgemäße Mode. Ein Knopf sollte zum Knöpfen, eine Schnalle zum Schließen und ein Band zum Zubinden sein und nicht als bloße Applikation dienen. Er verwarf daher funktionslose Details und ließ die Nähte bewusst sichtbar, um die Konstruktion des Kleides hervorzuheben.

Im Grunde fasste van de Velde das Kleid wie ein Möbelstück auf, das nur dann als Einheit erscheint, »wenn alle sozusagen fremden Teile wie Schrauben,

---

10 Harry Graf Kessler. Das Tagebuch 1880-1937. Hrsg. von Roland S. Kamzelak und Ulrich Ott. Stuttgart 2004 ff. Bd. 3: 1897-1905. Hrsg. von Carina Schäfer und Gabriele Biedermann. Stuttgart 2004, S. 399 (Eintrag vom 8. März 1901).
11 Henry van de Velde: Das neue Kunst-Prinzip in der modernen Frauen-Kleidung (Anm. 7), S. 367.
12 Ebenda, S. 366.

Scharniere, Schlösser, Griffe, Haken nicht selbständig bleiben, sondern in ihm aufgehen«.[13] Die Kleidung sollte zwar dem äußerlichen Rahmen angepasst werden, jedoch keine zwanghafte Einheit mit den Möbeln eingehen, wie die Karikatur von Zasche insinuiert. Van de Velde animierte die Damenwelt vielmehr dazu, selbst kreativ tätig zu werden und eigene Entwürfe zu fertigen.

> Wenn erst die Frau die Verantwortung und die Folgen auf sich genommen hat, die ihr entstehen, sobald sie versucht, in und ausser dem Hause Kostüme zu tragen, die sie selbst geschaffen hat; wenn sie die Schwierigkeiten durchgemacht hat, die ein sorgfältig überlegtes Wählen der ihrem Typus entsprechenden Stoffe und Formen mit sich bringt; wenn sie die Zeit und die Ausdauer überlegt, die erforderlich waren, etwas Tüchtiges zustande zu bringen, die Kämpfe mit den Lieferanten, die sich ihren Wünschen aus Bequemlichkeit so gern entzogen hätten – nach alledem wird sie davon durchdrungen sein, dass die That ihrer Überzeugung eine wahre Revolution in ihrer Existenz, eine Evolution zu einer besseren Lebensform herbei führen muss. Sie wird sich von der geisttötenden Tyrannei der Mode frei machen.[14]

Maria van de Velde wurde diesen Forderungen gerecht, indem sie Kleider in Kooperation mit ihrem Mann entwarf, selbst ausführte und im stilistischen Einklang mit dem Wohninterieur als Teil eines Gesamtkunstwerks trug. Der Kunstkritiker Karl Scheffler, häufig bei van de Veldes zu Gast, merkte hierzu an:

> In van de Veldes eigenem Haus saß man in der Folge auf Stühlen und vor Tischen seiner Erfindung, aß mit Messern und Gabeln und von Tellern aus seinen Werkstätten, weilte in Räumen, die bis zum letzten von ihm durchgebildet waren, sah nur Bilder und Plastiken, die er als seinem Stil angemessen duldete, und führte Damen zu Tisch, die schwere Stilkleider aus Samt mit gestickten Ornamenten und Schmuckstücken von der Hand des Künstlers trugen.[15]

Auch die großbürgerliche Zeitschrift *Sport und Salon* widmete sich der Thematik und griff den Gedanken der stilistischen Einheit von Kleidung und Mobiliar kritisch auf.

> Nun stellen Sie sich einmal vor, Sie seien Richter, moderne Parise. Denken Sie sich, Sie kämen in ein Haus, in dem die Frauen nach dem Styl der Einrichtung gekleidet sind, denn so will es ja van de Velde. Nun muss ja nicht

---

13 Henry van de Velde: Ein Kapitel über Entwurf und Bau moderner Möbel (Anm. 5), S. 262.
14 Henry van de Velde: Die künstlerische Hebung der Frauentracht. Krefeld 1900, S. 33.
15 Karl Scheffler: Die fetten und die mageren Jahre. Ein Arbeits- und Lebensbericht. München, Leipzig ²1948, S. 30.

jeder mit van de Velde-Möbeln eingerichtet sein; das ist ja schliesslich nicht Jedermanns Sache. Sondern Sie kommen zu einer Frau, die ein recht angenehmes Embonpoint besitzt – es gibt auch schöne Frauen in diesem Genre –, und die ein Faible für den Rococo-Styl hat. Sie müsste also, nach van de Velde, in einer Watteau-Schäferinnen-Toilette paradiren. Wäre das schön?[16]

»Pietät? Ick 'aben keine Pietät!«

»Was sagt Herr Goethe dazu?« – mit dieser Frage und einer Karikatur auf der Titelseite (Abb. 4) wandte sich die Berliner Satirezeitschrift *Ulk* am 4. Dezember 1903 an das interessierte Leserpublikum und setzte damit einer in Weimar tobenden Provinzposse die Krone auf.[17] Die doppeldeutige und rassistisch angehauchte Karikatur zeigt den Belgier mit klobiger Nase als dünnes Männlein in Schlossermontur, wie er erfolgreich die Gartenmauer hinter dem Weimarer Haus des Dichters Goethe eingeschlagen und einen schmiedeeisernen Zaun errichtet hat. Erst auf den zweiten Blick vermeint der Betrachter zwei nackte Negerinnen in den ornamentalen Verschnörkelungen des Gitters zu erkennen.[18] Ihre reizbetonten Formen bestimmen die schwungvollen Linien des Zaunes, auf dessen Spitze ein munteres Vöglein sitzt. Ungleich mächtig stemmt sich dagegen die steinerne Gestalt des Dichters vom Trümmerfeld der abgerissenen Mauer empor und blickt bedenkenvoll, aber erhaben auf die Szenerie herab. Der berühmten Napoleonischen Frage »Qu'en dit Monsieur Goethe?« (Was sagt Herr Goethe dazu?) steht ein weiteres Zitat gegenüber: »Pietät? Ick 'aben keine Pietät!«

Die Karikatur der Satirezeitschrift *Ulk* dürfte Henry van de Velde besonders verletzt haben. Schließlich war er unverkennbar als Protagonist dieser Szene dargestellt. Als pietätloser, gebrochen deutsch sprechender Belgier und als Verfechter der sogenannten Barbarenkunst wurde er schamlos kompromittiert. Dabei war van de Velde nur eine von vielen prominenten Weimarer Persönlichkeiten, die im Herbst 1903 den Abriss der Mauer um Goethes Hausgarten an der Ackerwand befürwortet hatten. Er war weder Initiator dieser Idee noch lag ihm daran, als Störenfried öffentlich in Erscheinung zu treten.

Im Grunde spiegelt die Karikatur zwei Anlässe wider: zum einen den Streit um Goethes Gartenmauer und zum anderen eine kolportierte Äußerung van de Veldes gegenüber dem Jenenser Philosophie-Professor Rudolf Eucken. Bereits

---

16 Sport und Salon, 14. März 1901.
17 Vgl. Volker Wahl: »Ick 'aben keine Pietät«. Henry van de Velde als Opfer des Streites um Goethes Gartenmauer 1903. In: Die Pforte. Veröffentlichungen des Freundeskreises Goethe-Nationalmuseum 9 (2008), S. 328-354.
18 Das Gitter erinnert stilistisch an das schmiedeeiserne Gartentor, das van de Velde 1897 für das Haus seiner Schwiegermutter Louise Sèthe in Uccle entworfen hat.

Goethes Gartenmauer.

„Pietät? Ick 'aben keine Pietät!" *(Ausspruch Van de Veldes.)*

„Qu'en dit Monsieur Goethe?" *(Ausspruch Napoleons.)*

Abb. 4
Goethes Gartenmauer, aus: Ulk 32 (1903), Nr. 49, Titelseite

seit Juli 1903 beschäftigte die Debatte um den Erhalt oder den Abriss der Mauer die Gemüter in Weimar. Auslöser war ein Artikel von Oskar Graf von Wedel, in dem sich der pensionierte Oberhofmarschall für den Abriss der Mauer ausgesprochen und im Zuge der sich rasch entfaltenden Kampagne eine Petition aufgesetzt hatte, zu deren 137 Unterzeichnern neben Henry van de Velde zahlreiche honorige Persönlichkeiten aus Weimar gehörten: wie der amtierende Oberhofmarschall Charles Aimé von Palézieux-Falconnet, der Oberbürgermeister Karl Papst, der Architekt Rudolf Zapfe, der Maler Ludwig von Hofmann, Harry Graf Kessler und auch Viktor Graf von Donnersmarck. In dem Gesuch bat man den Großherzog um Prüfung der Frage, ob »die theilweise Niederlegung der Mauer um den Goethegarten aus Rücksicht auf dessen dauerhafte Erhaltung und auf den Wunsch der Bevölkerung, sich an dem täglichen Anblick des Gartens zu erfreuen, thunlich sei«.[19] Der Garten sollte nunmehr

---

19 ThHStAW, Staatsministerium, Departement des Kultus 346, Bl. 37.

von der Ackerwand aus einsehbar sein und nicht mehr zweckentfremdet werden. Schließlich hatte sich herumgesprochen, dass das Hausmeisterehepaar darin Küchenkräuter anzubauen und Wäsche aufzuhängen pflegte. Darüber hinaus gemahnte man an den wachsenden Verkehr, an »Enge, Dumpfheit u. Feuersgefahr« und schlug in diesem Kontext die Abtragung des Torhauses an der Ecke zum Wielandplatz vor.[20] Luft und Licht sollten endlich in den Garten dringen und die von Goethe angelegten Pflanzen vor dem Verkommen retten. Auch gingen irrtümlich einige Gegner davon aus, die Mauer stamme nicht aus Goethes Zeit.[21] Im November 1903 verhärteten sich schließlich die Fronten. Die Mauerbefürworter, unter ihnen Bruno Eelbo, Hans Olde, Theodor Hagen, Max Thedy, Bernhard Suphan, Ernst von Wildenbruch, Gerhart Hauptmann und Eduard Lassen, drängten den Großherzog zu einer Stellungnahme. Dieser lehnte am 26. November 1903 ab, »irgendwelche Maßnahmen zu genehmigen, die der ernst und gern geübten Pflicht Weimars zuwiderlaufen, Goethes Haus und Garten in ihrer weihevollen Eigenart zu erhalten«.[22] Zuvor hatten bereits diverse Protestversammlungen und Unterschriftenaktionen stattgefunden. Auch die spitzzüngige Malerin Mathilde Freiin von Freytag-Loringhoven hatte sich zu Wort gemeldet und prophezeit, dass ein gitterumzäunter Garten womöglich »als Ablagerungsstätte für alte Hüte, Stiefel, Flaschen und sehr viele Papierfetzen« und »zuweilen auch als Kletterstudienstätte für Knaben und Mädchen« dienen werde.[23] Die Tragikomik dieses Weimarer Provinzstücks brachte Gerhart Hauptmann treffend zum Ausdruck, als er besorgt den befreundeten Mauer-Gegner Ludwig von Hofmann fragte:

> Aber was macht Ihr denn? Laßt doch dem alten Goethe seine Gartenmauer stehn. Er will doch nicht, daß die Leute ihm in seine Intimitäten gucken. Was zum Guckuk, Geliebtester, bist Du denn auf einmal so gigantenkämpferisch, mauerblockschleuderlich aufgelegt? Denk doch, wenn der Geist des Alten dir nachts mal vors Bett rückt und für solche boshaften Indiskretionen Rache nimmt. Geh in Dich! Kehr um, solange es Zeit ist! Schlage an Deine Brust und mache Moosforschungen an der Mauer, damit schädigst Du niemand und kommst vielleicht noch zu Tiefblicken in die Geheimnisse der Natur, die das Wegräumen jedweder Mauer überflüssig machen.[24]

Obgleich die Debatte Anfang Dezember 1903 beendet schien, hatte sie für van de Velde ein bitteres Nachspiel. Nachdem bereits sämtliche Zeitungen

---

20 Ebenda.
21 Vgl. Ludwig von Hofmann an Gerhart Hauptmann, 21. November 1903. In: Gerhart Hauptmann – Ludwig von Hofmann. Briefwechsel 1894-1944. Hrsg. von Herta Hesse-Frielinghaus. Bonn 1983, S. 54.
22 ThHStAW, Staatsministerium, Departement des Kultus 346, Bl. 60-65.
23 Weimarische Zeitung, 29. Juli 1903.
24 Gerhart Hauptmann an Ludwig von Hofmann, 20. November 1903. In: Gerhart Hauptmann – Ludwig von Hofmann. Briefwechsel (Anm. 21), S. 4.

deutschlandweit über den Streit berichtet hatten, erschien am 3. Dezember 1903 krönend die Karikatur in der Satirezeitschrift *Ulk*. Als Aufhänger diente ein Ausspruch, den der Goethe-Philologe Hans Gerhard Gräf während einer morgendlichen Zusammenkunft im Hause von Rudolf Eucken aufgeschnappt und dem Kontext entrissen an die Presse weitergegeben hatte. Demnach habe van de Velde am 8. November 1903 behauptet, »nur für schöne Dinge Pietät« zu besitzen.²⁵ Gräf ließ diese Aussage in seinen Artikel vom 17. November 1903 einfließen und verwies auf die »moderne Pietätlosigkeit« der »modernen Menschen in einer durch Überkultur, Luxus und Blasiertheit schwer erkrankten, ja zerrütteten Zeit«.²⁶ Der kolportierte Ausspruch landete schließlich in Berlin und wurde dort begierig vom *Ulk* aufgegriffen. Als schließlich die *Weimarische Zeitung* am 8. Dezember 1903 auf die Karikatur verwies, ergriff van de Velde erstmals öffentlich das Wort. Mit Witz und Verve kritisierte er vor allem den Ton des Weimarer Lokalblattes, das ebenso bedeutungsschwanger vom Sturz eines Pferdes in der Bürgerschulstraße zu berichten vermochte wie beispielsweise von »dem Unglück einer Frau, die infolge des Schnees hinstürzt und dabei den Inhalt ihres Semmelkorbes verstreut«.²⁷

Mochte van de Veldes Zitat in der Berliner Satirezeitschrift noch ulkig wirken, so erhielt es in der *Weimarischen Zeitung* eine gewisse Ernsthaftigkeit. »Jedermann in Deutschland weiß«, so van de Velde,

> daß ich so wenig wie möglich das »H« ausspreche, und daß ich dort welche hinsetze, wo keine sind. Auch das ist ein Mangel der Pietät. Ich habe schon oft daran gedacht, daß mir diese Pietätlosigkeit noch einmal einen schlechten Streich spielen würde, und ich kann übrigens sagen, daß sie mir schon manchen gespielt hat und daß Damen erröteten, weil sie dachten, daß ich von etwas ganz anderem spräche, als von dem ich wirklich sprach – nur aus dem Grunde, weil ich ein »H« fortließ.²⁸

Van de Velde fuhr fort:

> Ich kann nicht umhin zu behaupten, daß meine Gegner wirklich zu weit gehen. An demselben Tage, bei dem selben Besuch, vor denselben Zeugen gestand mir die liebenswürdige Gemahlin [Irene Eucken] desselben Professors, welche meine Behauptung sicher auf die äußersten Möglichkeiten mit Bezug auf mich vorbereitet hatte, daß ich in Chemnitz ein Haus gebaut habe, in welchem kein Fenster wäre, und daß dies den Besitzer entzückte. Das Merkwürdige lag gerade in der letzten Behauptung. Warum hat der Besucher, dem es so sehr daran gelegen war, meine erste Behauptung, betreffs der

---

25 Tägliche Rundschau, 14. November 1903; Weimarische Zeitung, 11. Dezember 1903.
26 Weimarische Zeitung, 17. November 1903.
27 Weimarische Zeitung, 11. Dezember 1903.
28 Ebenda.

Pietät zu verbreiten, nicht auch diese Neuigkeit weiter getragen und hinzugefügt, was ich selbst anstatt jeder Antwort auf die Frage von Frau Professor E. erwiderte: »Haben Sie denn noch nicht gehört, gnädige Frau, daß ich meinen Vater und meine Mutter ermordet habe?«[29]

Van de Velde spielte damit auf die von ihm projektierte und erbaute Villa Esche in Chemnitz an. Obgleich sie selbstverständlich Fenster besaß, löste die Neuartigkeit und Funktionalität dieses Baus derartiges Befremden aus, dass daraus solche Gerüchte erwachsen konnten. Seine Entgegnung beschloss van de Velde mit einem geistreichen Verweis auf ein Gespräch zwischen Goethe und Eckermann am 15. März 1830. Goethe selbst habe seinerzeit die Abtragung einer altehrwürdigen Mauer, der Jenaer Stadtmauer, »trotz der leidenschaftlichen Pietät, die die Bewohner [...] für dieselbe hegten«, veranlasst.[30]

Zeitlebens strebte van de Velde danach, dem Kunsthandwerk – dem lebensvollsten Kunstbereich – zu einer neuen Blüte zu verhelfen. Er verstand sich als Verkünder eines Neuen Stil und als Apostel einer Mission, die er als Apostolat bezeichnete. Es entsprach seinem Wesen, stets Anhänger zu sammeln und andere zu bekehren. Dabei war van de Velde ein nahezu biblisch-pathetischer Ton zu eigen. Von Natur aus »klein, bleich und nervös«[31] mit scharf geschnittenem Profil erinnerte sein ganzer Organismus »an ein vollblütiges Rennpferd«.[32] Trotz zyklisch wiederkehrender Schmähungen und gelegentlicher Selbstzweifel vertraute van de Velde letztlich immer auf seine Fähigkeiten und sein Talent. Dank einer enormen Willenskraft vermochte er es, zeitlebens künstlerische Höchstleistungen zu vollbringen und sämtliche Widrigkeiten weitgehend unbeschadet zu überstehen. »Alles endet mit einer Karikatur« übersetzte er daher das französische Sprichwort »Tout finit par des chansons« und wendete es ironisch auf sein eigenes Schicksal an.[33] Dass van de Velde gelegentlich zur Zielscheibe karikaturistischer Angriffe wurde, die auf sein künstlerisches Schaffen, seine belgische Staatsbürgerschaft, seine Aussprache, seinen Namen oder auf sein Aussehen abzielten, dürfte ihn als Mensch von »hervorsprudelndem Humor« im Rückblick mehr als amüsiert haben.[34]

---

29 Ebenda.
30 Ebenda. Vgl. Johann Peter Eckermann: Gespräche mit Goethe in den letzten Jahren seines Lebens. Hrsg. von Fritz Bergemann. Frankfurt a. M. ³1987, S. 684 f.
31 Helene Kröller-Müller an Sam van Deventer, 25. Oktober 1919. In: Salomon van Deventer: Henry van de Velde und seine Bindungen an das Ehepaar Kröller-Müller. Eschwege 1963, S. 12.
32 Sigurd Frosterus an Ida Frosterus, übersetzt aus dem Französischen und zitiert nach Kimmo Sarje: Ein neuer Stil für ein neues Weimar. In: Jahrbuch für finnisch-deutsche Literaturbeziehungen 30 (1998), S. 136.
33 Weimarische Zeitung, 11. Dezember 1903.
34 Wilhelm von Scholz: An Ilm und Isar. Lebenserinnerungen. Leipzig 1939, S. 100.

II.
Maler – Architekt – Gestalter

Gerda Wendermann

Zwischen Realismus und Neoimpressionismus
Henry van de Veldes Anfänge als Maler

Zur Forschungslage

Bereits zwei Jahre bevor Henry van de Velde als neues Mitglied in den exklusiven Kreis der Brüsseler Avantgardegruppe Les Vingt aufgenommen wurde, hatte Adrien-Joseph Heymans, einer der bedeutendsten Vertreter der belgischen Freilichtmalerei, auf die Qualitäten des jungen Malers aufmerksam gemacht. In einem Brief an den einflussreichen Sekretär der Vingt, Octave Maus, schrieb Heymans am 12. September 1886:

> Ich habe diesen Sommer einen jungen Maler kennengelernt, der mir sehr begabt zu sein scheint. Er wohnt in Antwerpen, und es besteht die Gefahr, daß er dort versandet. Meiner Ansicht nach würde er gut zu den »Vingt« passen. [...] Wenn Du mir versprechen könntest, zu einer Besichtigung zu kommen, würde ich Dir seine Werke aus diesem Sommer in meinem Atelier zeigen; Du könntest Dir dann ein eigenes Urteil bilden.[1]

Diese Empfehlung, die van de Velde auch in seiner Jahrzehnte später geschriebenen Autobiographie *Geschichte meines Lebens* zitiert, beeinflusste maßgeblich seinen weiteren künstlerischen Werdegang. Zwar folgte Maus nicht selbst der Aufforderung Heymans, doch sandte er seinen Vertrauten, den belgischen Maler Théo van Rysselberghe, der zu den Gründungsmitgliedern der Vingt gehörte. Dessen vorsichtige Einschätzung nach seinem Besuch bei Heymans Ende 1886 wirft ein interessantes Schlaglicht auf die erste Entwicklungsphase van de Veldes als Maler: »[...] in wenigen Worten meine Meinung über van de Velde: ein begabter junger Mann, zweifellos. Persönliches ist noch nicht zu sehen, aber das könnte kommen. Offen gestanden, ich finde nichts Außerordentliches. Aber von den ›Vingt‹ haben viele weniger gut begonnen«.[2] Es sollte gleichwohl noch bis November 1888 dauern, bis van de Velde offiziell ein Mitglied der Brüsseler Künstlergruppe wurde.[3]

1 Adrien-Joseph Heymans an Octave Maus, 12. September 1886. In: Madeleine Maus: Trente années de lutte pour l'art 1884-1914. Brüssel 1926, S. 46. Vgl. auch Henry van de Velde: Geschichte meines Lebens. Hrsg. und übertragen von Hans Curjel. München 1962, S. 34.
2 Ebenda. Der französische Originaltext des Briefes vom 1. Januar 1887 wurde erstmals publiziert bei Madeleine Maus: Trente années de lutte pour l'art (Anm. 1), S. 46.
3 Vgl. Gisèle Ollinger-Zinque (Hrsg.): Les XX & La Libre Ésthétique. Honderd Jaar later / Cent ans après. Ausstellungskatalog, Musées Royaux des Beaux-Arts de Belgique, Brüssel. Brüssel 1993, S. 44 f.

Die Anfänge Henry van de Veldes als Maler sind in Deutschland, wo er als Neuerer der Architektur und des Kunstgewerbes seine großen künstlerischen Erfolge feierte, bislang kaum untersucht worden. Als Folge dieses Forschungsdesiderats wurde noch 1992 für den Katalog einer umfangreichen, durch Westeuropa wandernden Retrospektive des belgischen Künstlers auf einen Text von Herta Hesse-Frielinghaus zurückgegriffen, der 1959 anlässlich einer Ausstellung zum Frühwerk des belgischen Künstlers erschienen war.[4] Zweifellos bleibt es bis heute das große Verdienst dieser Ausstellung, die seinerzeit vom Hagener Karl-Ernst-Osthaus-Museum unter dem Titel »Der junge van de Velde und sein Kreis 1883-1893« organisiert worden war, den Maler innerhalb seines künstlerischen Umfeldes zum ersten Mal in Deutschland ausführlich vorgestellt zu haben.[5] Die Beschäftigung mit van de Veldes Frühwerk wurde auch in Belgien lange Zeit vernachlässigt.[6] Erst 1987/88 widmete sich eine in Antwerpen und Otterlo gemeinsam konzipierte Ausstellung ausschließlich dem malerischen und zeichnerischen Schaffen van de Veldes.[7] Seine neoimpressionistische Werkphase wurde hingegen in zahlreichen Ausstellungen und Publikationen über das Phänomen dieser gesamteuropäischen Bewegung gewürdigt.[8]

4   Vgl. Herta Hesse-Frielinghaus: Der junge van de Velde und sein Kreis 1883-1893. In: Klaus-Jürgen Sembach, Birgit Schulte (Hrsg.): Henry van de Velde. Ein europäischer Künstler seiner Zeit. Ausstellungskatalog, Karl-Ernst-Osthaus-Museum, Hagen u. a. Köln 1992, S. 57-79.
5   Herta Hesse-Frielinghaus (Hrsg.): Der junge van de Velde und sein Kreis 1883-1893. Ausstellungskatalog, Karl-Ernst-Osthaus-Museum, Hagen. Hagen 1959.
6   Es finden sich lediglich einige Aufsätze: Robert L. Delevoy: Van de Velde avant van de Velde, 1882-1892. Dix années de peinture. In: Henry van de Velde, 1863-1957. Ausstellungskatalog, Palais des Beaux-Arts, Brüssel. Brüssel 1963, S. 23-30; Gisèle Ollinger-Zinque: »La fille qui remaille« ou »La ravaudeuse« d'Henry van de Velde. In: Bulletin des Musées Royaux des Beaux-Arts de Belgique 22 (1973), S. 165-169; Susan M. Canning: The Symbolist Landscapes of Henry van de Velde. In: The Art Journal 45 (1985), H. 2, S. 130-136.
7   Vgl. Susan M. Canning, Jean F. Buyck (Hrsg.): Henry van de Velde (1863-1957). Schilderijen en tekeningen. Paintings and drawings. Ausstellungskatalog, Koninklijk Museum voor Schone Kunsten, Antwerpen u. a. Antwerpen 1987.
8   Als Auswahl nenne ich hier nur die wichtigsten Publikationen: Robert L. Herbert (Hrsg.): Neo-Impressionism. Ausstellungskatalog, Solomon R. Guggenheim Museum, New York. New York 1968, S. 187-190; Ellen Wardwell Lee (Hrsg.): Neo-Impressionisten. Seurat tot Struycken. Ausstellungskatalog, Rijksmuseum Vincent van Gogh, Amsterdam. Zwolle 1988, S. 120-123; Erich Franz (Hrsg.): Farben des Lichts. Paul Signac und der Beginn der Moderne von Matisse bis Mondrian. Ausstellungskatalog, Westfälisches Landesmuseum für Kunst und Kulturgeschichte, Münster u. a. Ostfildern 1997, S. 212-216; Rainer Budde (Hrsg.): Pointillismus. Auf den Spuren von Georges Seurat. Ausstellungskatalog, Wallraf-Richartz-Museum, Köln u. a. München, New York 1997, Kat. Nr. 165-166.

Studienjahre in Antwerpen und Paris

Obwohl van de Velde aufgrund seines musikfreundlichen Antwerpener Elternhauses ursprünglich Komponist werden wollte, entschied er sich am Ende der Schulzeit für eine Laufbahn als bildender Künstler. Ohne Wissen seiner Eltern, die eine gutbürgerliche Verwaltungskarriere für ihn anstrebten, schrieb er sich 1880 an der Koninklijke Academie voor Schone Kunsten in Antwerpen ein. Hier durchlief er zunächst das traditionelle Klassensystem. An dem Niveau dieses akademischen Unterrichts übte er später als Rezensent für belgische Kunstzeitschriften wie *La Wallonie* scharfe Kritik. Vor allem stießen ihn die »trübseligen Ateliers der Akademie« ab, in denen »vertrocknete, in den Sand gesteckte Bäume [...] je nach Jahreszeit mit grünen oder gelben Blättern behängt« wurden.[9] Nach Aussage van de Veldes hatten nur wenige Lehrer den Mut, ihren Schülern direkte Studien vor der Natur zu empfehlen. Auch sein Privatunterricht bei dem Historien- und Tiermaler Charles Verlat, der 1885 zum Direktor der Akademie berufen wurde, konnte den jungen aufstrebenden Künstler nicht befriedigen. Verlat hatte in Paris bei Ary Scheffer, Hippolyte Flandrin und Thomas Couture gearbeitet und sich darüber hinaus mit Eugène Delacroix und dem Realismus von Gustave Courbet auseinandergesetzt. Als Vertreter der in Deutschland hochgeschätzten belgischen Historienmalerei war er von 1869 bis 1873 an der Großherzoglichen Kunstschule in Weimar tätig gewesen, die er in seinem letzten Weimarer Jahr auch als kommissarischer Direktor leitete.[10] Zwar unterrichtete Verlat in der thüringischen Residenzstadt die Historienmalerei, doch entwickelte sich in dieser Phase parallel auch die sogenannte Weimarer Malerschule als eine der frühesten realistischen Landschaftsschulen in Deutschland.[11] In Weimar schuf Verlat, der hier insbesondere wegen seiner Maltechnik und Koloristik geschätzt wurde, vor allem Porträts von Persönlichkeiten des großherzoglichen Hofes wie der Großherzogin Sophie von Sachsen-Weimar-Eisenach, dem Hofkapellmeister Franz Liszt und dem Hofmaler Franz Preller d. Ä.[12] Henry van de Velde selbst veröffentlichte 1890 als Antwerpener Korrespondent der Zeitschrift *L'Art Moderne* einen Nachruf auf seinen verstorbenen Lehrer, in dem er ihn zwar als Direktor der Akademie kritisch beurteilte, jedoch auch positive Worte über dessen Malerei fand.[13]

---

9   Henry van de Velde: Geschichte meines Lebens (Anm. 1), S. 23.
10 Vgl. Jutta Hörning: Belgische Historienmaler als Lehrer an der Weimarer Kunstschule. In: Wissenschaftliche Zeitschrift der Hochschule für Architektur und Bauwesen Weimar 8 (1961), H. 4, S. 339-353.
11 Vgl. Gerda Wendermann (Hrsg.): Hinaus in die Natur! Barbizon, die Weimarer Malerschule und der Aufbruch zum Impressionismus. Ausstellungskatalog, Klassik Stiftung Weimar. Bielefeld 2010.
12 Klassik Stiftung Weimar, Inv. Nr. G 364, G 365 und G 1979.
13 Vgl. Henry van de Velde: Charles Verlat. In: L'Art Moderne 10 (1890), S. 348f. Wieder abgedruckt in: Susan M. Canning, Jean F. Buyck (Hrsg.): Henry van de Velde (Anm. 7), S. 238.

Während seiner Antwerpener Studienjahre entstanden einige Porträts von Familienmitgliedern und Freunden, darunter ein Bildnis seiner Schwester *Jeanne Biart* (1883, Galerie Ronny Van de Velde, Antwerpen-Knokke, Taf. 8, S. 122).[14] Es zeigt in seiner kompositionellen Anlage, dem sichtbaren Pinselduktus und dem erdfarbenen Kolorit bereits eher einen Einfluss der jungen Brüsseler Künstlergruppe um James Ensor und Guillaume Vogels, die der französischen realistischen Porträtmalerei nachstrebte, als das Vorbild Verlats.

Von größerer Bedeutung für van de Veldes weitere Entwicklung war daher die Begegnung mit Edouard Manets Meisterwerk *Le Bar aux Folies-Bergère* (1879, Courtauld Institute of Art, London), das 1882 in der sogenannten Dreijährlichen Ausstellung in Antwerpen zu sehen war.[15] Manet hatte zwar zwei Jahre zuvor ein anderes Bild seiner Serie mit Szenen aus dem modernen Pariser Leben, *Chez le père Lathuile, en plein air* (1879, Musée des Beaux-Arts, Tournai) im nahe gelegenen Gent vorgestellt, doch ist nicht nachzuweisen, ob van de Velde auch dieses Werk Manets sah. In seiner *Geschichte meines Lebens* betonte er ausdrücklich, dass er unter dem tiefen Eindruck von *Le Bar aux Folies-Bergère* noch im selben Jahr nach Paris gegangen sei, um dort seine Studien fortzusetzen.[16] Hier täuschte ihn seine Erinnerung, denn tatsächlich reiste er erst zwei Jahre später am 10. Oktober 1884 nach Paris. Zuvor hatte er ab 1881 regelmäßig die Sommermonate in Kalmthout nordöstlich von Antwerpen verbracht, wo seine Schwester und ihr Mann ein Sommerhaus besaßen, das Haus Vogelenzang. In Kalmthout entstanden seine ersten Studien nach der Natur, die eine Auseinandersetzung mit der realistischen Landschaftsmalerei in der Nachfolge der Schule von Barbizon zeigen.

In Paris plante van de Velde zunächst, in das Atelier von Jules Bastien-Lepage einzutreten, der als Maler ländlicher Szenen erfolgreich das Erbe Millets angetreten hatte und den der Belgier als »junge[s] Haupt der Pleinair-Malerei« betrachtete.[17] Da Bastien-Lepage schwer erkrankt war – er starb noch im selben Jahr –, wandte van de Velde sich an den durch Fischerdarstellungen bekannt gewordenen Maler Auguste Feyen-Perrin, der ihn wiederum an den seinerzeit berühmtesten Pariser Porträtmaler Carolus-Duran verwies. Schon nach wenigen Monaten in dessen Atelier musste van de Velde feststellen, dass ihn der Unterricht trotz der Virtuosität Carolus-Durans nicht wirklich weiterbrachte. Wie er später schrieb, stieß ihn das »von Eitelkeit und Schmeichelei saturierte[-] Milieu« ab.[18] Wichtiger war daher, dass sein Lehrer ihm ausdrück-

---

14 Ebenda, Kat. Nr. 2, 3, 8.
15 Vgl. Anne Pingeot (Hrsg.): Paris-Bruxelles, Bruxelles-Paris. Réalisme, Impressionisme, Symbolisme, Art Nouveau. Les relations artistiques entre la France et la Belgique, 1848-1914. Ausstellungskatalog, Galeries Nationales du Grand Palais, Paris u.a. Paris, Antwerpen 1997, S. 187.
16 Vgl. Henry van de Velde: Geschichte meines Lebens (Anm. 1), S. 24.
17 Ebenda, S. 25.
18 Ebenda, S. 30.

lich nahelegte, die Werke Manets und der Impressionisten in den Pariser Galerien zu studieren. Aus van de Veldes Erinnerungen geht hervor, dass er bei seinen Streifzügen, unter anderem in der Galerie Durand-Ruel, mit Auguste Renoirs *Badenden* (1887, Philadelphia Museum of Art) ein Hauptwerk der impressionistischen Bewegung sah.[19] Fraglich ist hingegen, ob er auch die erste Ausstellung der neu gegründeten Société des Artistes Indépendants im Dezember 1884 besuchte, wo er die aktuellsten Entwicklungen hätte studieren können.[20] Offensichtlich erkannte Carolus-Duran frühzeitig die Neigung van de Veldes zur Landschaftsmalerei, denn er riet ihm außerdem, in die ländliche Umgebung von Paris zu gehen, um dort ›en plein-air‹ zu arbeiten.

Wie viele andere europäische Maler folgte van de Velde nun den Spuren der Schule von Barbizon und verzichtete auf seine ursprüngliche Ambition, ein erfolgreicher Porträtmaler zu werden. Millet sollte künftig sein »Leitstern« sein.[21] Die Kenntnisse über die Freilichtmalerei der Schule von Barbizon waren bereits früh in Belgien präsent, da gerade der Brüsseler Salon eine zentrale Vermittlerrolle für die nordeuropäische Verbreitung der neuen realistischen Landschaftsschule spielte. Schon ab 1845 stellten hier neben den französischen Begründern der ›paysage intime‹ wie Camille Corot, Théodore Rousseau, Charles-François Daubigny, Jules Dupré oder Constant Troyon auch einige belgische Künstler regelmäßig ihre in Barbizon entstandenen Werke aus. In den frühen 1860er Jahren hatte sich außerdem um den belgischen Landschaftsmaler Hippolyte Boulenger ein Künstlerkreis gebildet, der nach dem Vorbild der Barbizonisten hinaus auf das Land nach Tervuren zog, das inmitten von Wäldern nahe der belgischen Hauptstadt lag.[22]

Eine Sonderrolle innerhalb der Rezeptionsgeschichte der Schule von Barbizon in Belgien nimmt Jean-François Millet ein, dessen Werke nicht nur sehr früh im Brüsseler Salon Aufsehen erregten, sondern von hier aus auch direkt in belgische Privatsammlungen wanderten. Unter diesen Werken befand sich sogar sein berühmtestes Gemälde *L'Angélus* (1857 bis 1859, Musée d'Orsay, Paris), das schon 1860 vom belgischen Politiker und engagierten Sammler Jules van Praet erworben worden war.[23] Wie sehr Millet in Belgien verehrt wurde, spricht

---

19 Vgl. ebenda, S. 31. Renoir arbeitete mehrere Jahre an diesem Hauptwerk und vollendete es erst 1887. Van de Velde hat vermutlich ein Zwischenstadium gesehen.
20 In diesem I. Salon der Artistes Indépendants zeigte Seurat eine Reihe von kleinen Ölstudien zu seinem erst 1886 fertiggestellten monumentalen Bild *La Grande Jatte*, in denen die Farbe mit kleinen kommaförmigen, sich kreuzenden Pinselstreichen aufgetragen ist.
21 Henry van de Velde: Geschichte meines Lebens (Anm. 1), S. 31.
22 Vgl. Robert Hoozee: École de Barbizon – École de Tervuren. In: Anne Pingeot (Hrsg.): Paris-Bruxelles, Bruxelles-Paris (Anm. 15), S. 140-144; Monique Tahon-Vanroose (Hrsg.): Het Landschap in de Belgische Kunst 1830-1914. Ausstellungskatalog, Musée des Beaux-Arts, Gent. Gent 1980.
23 Vgl. Robert Hoozee: École de Barbizon – École de Tervuren (Anm. 22), S. 141, Kat. Nr. 79.

auch aus den Worten van de Veldes, der dessen *Sämann* (1850, Museum of Fine Arts, Boston), den *Mann mit der Hacke* (1861/62, Privatsammlung, USA) und die *Ährenleserinnen* (1857, Musée d'Orsay, Paris, Taf. 9, S. 123) als »ergreifende[-] Werke[-]« beschrieb.[24] Van de Veldes lang ersehnter Besuch in Barbizon sollte indessen zu einer Ernüchterung des jungen Künstlers führen. Der ›heilige Ort‹ hatte sich seit seiner Anbindung an die Eisenbahnlinie Paris-Melun im Jahre 1849 zu einem überaus beliebten touristischen Ausflugsziel der Pariser Bevölkerung entwickelt. Darüber hinaus waren die berühmten Sehenswürdigkeiten des Waldes von Fontainebleau so sehr von Künstlern aus allen europäischen Ländern belagert, dass van de Velde seinen Aufenthalt nach kurzer Zeit abbrach und im Frühjahr 1885 überstürzt nach Belgien zurückkehrte.

Auf den Spuren Millets in Wechelderzande

In Belgien führte die Suche nach dem ursprünglichen und ›wahren‹ Landleben van de Velde erneut in das Kempenland, ein karges Heidegebiet im Nordosten Antwerpens. In der Nähe, in Kalmthout, hatte der Künstler, wie schon erwähnt, während seiner Akademiezeit in den Sommermonaten Studien nach der Natur betrieben. Auch hier hatte sich, nach dem Vorbild Barbizons, eine kleine Künstlerkolonie um Adrien-Joseph Heymans gebildet, die als Kalmthoutse landschapsschool bezeichnet wird.[25] Obgleich ein direkter Kontakt zwischen Heymans und van de Velde für diese frühe Phase zwischen 1883 und 1884 nicht belegt ist, weisen seine hier entstandenen kleinformatigen Ölskizzen mit ihren unspektakulären Landschaftsausschnitten bereits eine große Nähe zu den Werken des 24 Jahre älteren Malers auf. Besonders deutlich tritt die Anlehnung an Heymans' Werke, etwa *Schaapsherder te Wechel* (1875/85, Privatsammlung, Taf. 10, S. 123), in van de Veldes Komposition *Windmühle* zutage (um 1883, Privatsammlung, Taf. 11, S. 124), die durch einen vom unteren Bildrand angeschnittenen breiten Weg bestimmt wird, der in einer leichten Biegung auf eine im Hintergrund liegende Windmühle zuläuft. Beide Bilder besitzen eine ausgeprägte Tiefenperspektive und zwei deutlich voneinander getrennte Erd- und Himmelszonen. Diese klare Gliederung in zwei horizontale Bildzonen lässt sich auf das Vorbild der holländischen Landschaftsmalerei des 17. Jahrhunderts zurückführen, vor allem auf die gerade auch in Belgien durch Théophile

---

24 Henry van de Velde: Geschichte meines Lebens (Anm. 1), S. 31. Van de Velde kannte Millets Werke vor allem aus der Monographie von Alfred Sensiers: La Vie et l'Œuvre de J.-F. Millet. Paris 1881.
25 Vgl. Pol de Mont: De Schilderkunst in Belgie van 1830 tot 1921. 's-Gravenhage 1921, S. 165-172; Maria van Aert, Jean Bastiaensen: De Kalmthoutse of ›Grijze‹ School en haar tijdgenoten. Ausstellungskatalog, Art & Gallery De Markgraaf, Kalmthout. Tielt 2007.

Thoré wiederentdeckten Gemälde von Jacob van Ruisdael und Meindert Hobbema.[26] Die dunkle Farbpalette konzentriert sich auf Braun und Ocker; die Farbe ist in einer deutlich sichtbaren Pinselhandschrift mit kurzen, variablen Strichen aufgetragen.

Nach seiner Rückkehr aus Paris traf van de Velde in Antwerpen einen Maler wieder, der sich später als Luminist unter den belgischen Freilichtmalern einen Namen machen sollte: Emile Claus.[27] Gemeinsam fuhren sie im Februar 1885 nach Wechelderzande, ein Dorf in der Kempener Heide, in das Adrien-Joseph Heymans sowie Florent Crabeels, Jaak Rosseels und Isidore Meyers zwischenzeitlich ihre Künstlerkolonie von Kalmthout aus verlagert hatten. Hier sollte van de Velde schließlich sein »Barbizon« finden: »Ein rauher Landstrich, bescheidene, niedere, strohbedeckte Bauernhöfe, die durch tief ausgefahrene Sandwege mit alten Birken verbunden waren. Endlose, von dichtem, ockerfarbigem Heidekraut bedeckte Ebenen«.[28] In einer spontanen Entscheidung richtete er sich in der einzigen Herberge des Dorfes, Hotel »De Keizer«, ein und übernahm das im Dachgeschoss gelegene Atelier seines Vorgängers Heymans, der in eine neu gebaute Villa umgezogen war. Mit Ausnahme kurzer Unterbrechungen sollte van de Velde die nächsten drei Jahre in der Abgeschiedenheit dieses Dorfes mit seinen 550 Einwohnern verbringen.

Zweifellos war Heymans in der Wechelderzande-Periode für van de Velde die prägende Künstlerpersönlichkeit. Er schätzte den jungen Maler, wie sein eingangs erwähntes Empfehlungsschreiben an Octave Maus zeigt. Heymans hatte in seiner Jugendzeit von 1855 bis 1858 ebenfalls in Paris und Barbizon gearbeitet, wo er auch persönlich Rousseau, Corot, Daubigny und Millet begegnet war. Im Anschluss an seine Rückkehr nach Belgien entwickelte er einen realistischen Landschaftsstil, mit dem er 1860 im Brüsseler Salon an die Öffentlichkeit trat.[29] Sein malerisches Werk ist durch eine besondere Aufmerksamkeit für atmosphärische Lichterscheinungen und eine Vorliebe für grausilberne Tonwerte geprägt, die in variablen breiten und schmalen Pinselstrichen pastos aufgetragen sind. Wie die Haager Schule, zu deren Künstlern via Willem Roelofs ein loser Kontakt bestand, wurde die Gruppe um Heymans ebenfalls

---

26 Diese Renaissance der holländischen Landschaftsmalerei des 17. Jahrhunderts war 1860 durch Thorés Buch *Études sur les peintres hollandais et flamands*, das unter seinem Pseudonym W. Bürger in Brüssel erschien, eingeleitet worden.
27 Vgl. zur Bedeutung von Emile Claus als Vertreter einer naturalistisch-impressionistischen Landschafts- und Genremalerei Johan de Smet (Hrsg.): Emile Claus 1849-1924. Ausstellungskatalog, Museum voor Moderne Kunst, Ostende. Antwerpen, Gent 1997; ders.: Emile Claus & het landleven. Ausstellungskatalog, Museum voor Schone Kunsten, Gent. Brüssel 2009.
28 Henry van de Velde: Geschichte meines Lebens (Anm. 1), S. 33.
29 Zu Heymans künstlerischer Entwicklung vgl. Marko vom Felde: Adriaan-Josef Heymans (1839-1921). Leben und Werk. Diss. Bochum 1994; Gilberte Geysen, Marko vom Felde: A. J. Heymans 1839-1921. Lille 2000.

als Graue Schule bezeichnet.³⁰ In den frühesten Werken, die van de Velde während seiner Wechelderzande-Phase schuf, zeigt sich der Einfluss Heymans' insbesondere in der Motivauswahl und in der Anwendung energisch gesetzter, breiter Pinselstriche.³¹ Bei beiden Künstlern finden sich zahlreiche Ansichten des Dorfes Wechelderzande mit seinem charakteristischen, trutzigen Kirchturm (Taf. 12, S. 124) sowie einsam stehende, reetgedeckte Bauernhütten und windschiefe Baumgruppen in der flachen Heidelandschaft. In diesen Gemälden geht es weniger um pittoreske Details als vielmehr um die genaue Beobachtung der Natureindrücke und der atmosphärischen Phänomene im Wechsel der Jahres- und Tageszeiten. Vermutlich sind beide Künstler auch gemeinsam auf Motivsuche unterwegs gewesen. 1889 widmete van de Velde seinem Mentor und Freund in der *Revue Générale Belge* einen längeren Essay, in dem er hervorhob, dass dieser als erster »von der Einheit erschüttert war, die das Wunder des Lichts hervorbringt, das Menschen und Dinge gleichsam aufsaugt, so daß sie sich vermischen und vereinen«.³²

Im Unterschied zum Landschaftsmaler Heymans spricht aus den Werken van de Veldes ein tiefes Interesse für die bäuerlichen Tätigkeiten im jahreszeitlichen Ablauf. In zahlreichen Zeichnungen und Gemälden hielt er die körperlichen Anstrengungen des Säens, Feldarbeitens, Mähens, Erntens und Pflückens fest. Als »Luxusbauer«,³³ wie Heymans ihn ironisch nannte, erlernte der Städter van de Velde, gekleidet in blauer Bluse und Holzpantinen, auch die Handhabung der verschiedenen Geräte des Ackerbaus und nahm als Außenseiter am dörflichen Leben teil. Umso auffälliger ist es, dass er in seinen Werken auf die Darstellung von Details und Individualität der Bauern verzichtete. Stattdessen ging es ihm in der Nachfolge Millets darum, archaische, symbolhafte Bewegungen und Gesten zu destillieren, in denen sich »das Absolute offenbart«.³⁴ In dem Gemälde *Bauer, seine Sense schärfend* (1885, Süddeutscher Rundfunk, Stuttgart) übernahm er sogar direkt ein Motiv aus Millets Pastell *Le vigneron*, das sich schon früh in der Sammlung Mesdag in Den Haag befand und durch zeitgenössische Reproduktionen bekannt war.³⁵ Anders als Millet betonte van de Velde durch die niedergedrückte Haltung des Bauern die Mühsal der Arbeit.

---

30 Vgl. Saskia de Bodt: Halverwege Parijs. Willem Roelofs en de Nederlandse schilderskolonie in Brussel 1840-1890. Gent 1995.
31 Vgl. Marko vom Felde: Adriaan-Josef Heymans (Anm. 29), S. 138-140; Adrien-Joseph Heymans 1839-1921. »De Keizer« und der Pleinairismus in den Kempen. Ausstellungskatalog, Stadtmuseum Herrenmühle, Hammelburg. Hammelburg 2009.
32 Henry van de Velde: Adrien-Joseph Heymans. Etude. In: Revue Générale Belge 25 (1889), S. 388-402. Zitiert nach Henry van de Velde: Geschichte meines Lebens (Anm. 1), S. 35.
33 Ebenda, S. 34.
34 Ebenda, S. 36.
35 Vgl. Susan M. Canning, Jean F. Buyck (Hrsg.): Henry van de Velde (Anm. 7), Kat. Nr. 10.

In *Die Kartoffelernte* (1886/87, Privatsammlung) steht ein Bauernpaar im Mittelpunkt der Komposition. In breiten Pinselstrichen sind die typischen Bewegungen des Grabens und Einsammelns festgehalten. Das von einem erhöhten Standpunkt aus gesehene Paar hebt sich kaum vom hochgezogenen Hintergrund ab und verschmilzt durch das vereinheitlichende Beleuchtungslicht mit seiner Umgebung.

Van de Velde zeigt in seinen frühen Werken zwar den hart arbeitenden Bauernstand, doch blendet er die Spuren der Industrialisierung bewusst aus, obwohl er sich in dieser Phase seines Lebens zum ersten Mal intensiv mit gesellschaftspolitischen Fragen und mit der Notwendigkeit einer sozialen Erneuerung auseinandersetzte.[36] Die Erkenntnis, dass die Haltung der Bauern nichts Heroisches an sich habe, führte zu einer Überprüfung seiner Verehrung für Millet, dessen Retrospektive er noch 1887 in der École des Beaux-Arts in Paris besuchte. Seine Überlegungen mündeten in einer kritischen Studie über den *Bauern in der Malerei*, die zugleich seinen ersten bedeutenden Essay darstellt.[37] Erst durch Millet sei die Ehre der Bauern gerettet worden: als Arbeiter, »die der Scholle mit allem Ernst dienen«.[38] Angesichts seiner Erfahrungen aus Wechelderzande bezeichnete er Millet nun jedoch als »Träumer von Barbizon«,[39] dessen »Geschöpfen [...] eine gewisse Befleckung durch theatralische Gebärden anhafte«.[40]

Les Vingt, Seurat und die Folgen

Obwohl van de Velde drei Jahre auf dem Land gewohnt hatte, waren seine Kontakte zu anderen Künstlern in Belgien keineswegs abgebrochen. So beteiligte er sich in dieser Zeit auch an Ausstellungen, vor allem in Antwerpen, wo er schon 1883 an der Gründung der Künstlervereinigung Als ik kan beteiligt gewesen war. Im Frühjahr 1887 hatte er gemeinsam mit seinem früheren Schulfreund Max Elskamp und fünf weiteren jungen Antwerpener Malern die

---

36 Nach eigenen Angaben las er neben Nietzsches *Zarathustra* vor allem soziologische Bücher und Romane mit sozialer Thematik wie von Émile Zola und den russischen Schriftstellern um Tolstoj und Dostoevskij. Vgl. Henry van de Velde: Geschichte meines Lebens (Anm. 1), S. 37.
37 Van de Velde hielt ihn in einer Kurzfassung auch einige Male erfolgreich als Vortrag, u. a. 1891 während des VII. Salons der Vingt in Brüssel. Abgedruckt in: L'Art Moderne 11 (1891), S. 60-62. In einer überarbeiteten, längeren Version erschien der Essay 1900 in Deutschland in der Übersetzung von Rudolf Alexander Schröder in drei Folgen in der neu gegründeten Zeitschrift Die Insel 2 (1900), S. 19-24, 210-217, 318-328.
38 Ebenda, S. 318.
39 Ebenda, S. 320.
40 Ebenda, S. 325.

Gruppe L'Art Indépendant gegründet. Deren erste Ausstellung fand im März 1887 statt. Van de Velde stellte hier zum ersten Mal Ergebnisse seiner Wechelderzande-Periode vor, insgesamt sieben Gemälde und drei Zeichnungen. Die im Ausstellungskatalog genannten zweiteiligen Bildtitel geben einen erhellenden Einblick in seine konzeptuelle Arbeitsmethode. So verweisen Titel wie *Soleil d'août – Ramasseuse de pommes de terre* (1886, Standort unbekannt)[41] oder *Soleil de Septembre – Dizeaux devant l'église de Wechelderzande* (1887, Privatsammlung, Taf. 12, S. 124) darauf, dass seine Bilder als Teil einer Jahreszeiten-Serie entstanden. Sie thematisieren einerseits die wechselnden Lichtphänomene und stellen andererseits – in der Nachfolge Bruegels – eine für den jeweiligen Monat typische bäuerliche Tätigkeit dar.

Offensichtlich markierte das Jahr 1887 einen Wendepunkt, denn van de Velde sandte nun erstmals zwei Gemälde zu einer internationalen Ausstellung der »Levende Meesters« in Den Haag.[42] 1887 entstand zudem das Porträt van de Veldes von Léon Abry, das einen jungen, selbstbewussten Maler in seinem Atelier zeigt und ebenfalls in der zuvor genannten Antwerpener Schau zu sehen war. Zu den geladenen Gästen gehörte jene Gruppe von jungen Brüsseler Künstlern, die zugleich Mitglieder der 1883 gegründeten Vereinigung Les Vingt waren und die sich mit einer umfangreichen Einsendung an der Antwerpener Ausstellung beteiligten: James Ensor, Félicien Rops, Guillaume Vogels, Willy Finch und Théo van Rysselberghe. Ihre Werke stellten Spielarten einer realistischen Malerei dar, die von den belgischen Zeitgenossen gleichermaßen als Impressionismus, Tachismus oder Luminismus bezeichnet wurde.[43] Eine klare Begriffstrennung ist hier nicht möglich. Als gemeinsame Kennzeichen dieser Gruppe, deren prägende Persönlichkeit zweifellos James Ensor war, können eine besondere Aufmerksamkeit für atmosphärische Lichterscheinungen, eine ausdrucksstarke, dynamische Pinselhandschrift sowie die mit einem Palettmesser ausgeführte Fleckentechnik gelten.[44] Im Unterschied zur hellen Farbpalette

---

41 Vgl. Susan M. Canning, Jean F. Buyck (Hrsg.): Henry van de Velde (Anm. 7), Abb. S. 130.
42 Vgl. Gertrud Wendermann: Studien zur Rezeption des Neo-Impressionismus in den Niederlanden. Münster, Hamburg 1993, S. 90, Anm. 60.
43 Vgl. François Maret: Les peintres luministes. Brüssel 1944; Anne Pingeot (Hrsg.): Paris-Bruxelles, Bruxelles-Paris (Anm. 15); Francis Carrette (Hrsg.): Natures de peintres / Schildersignatuur. Boulenger, Artan, Rops, De Braekeleer, Vogels, Ensor. Ausstellungskatalog, Stadhuis, Brüssel. Brüssel 2005; Götz Czymmek (Hrsg.): Guillaume Vogels und Emile Claus. Zwei belgische Impressionisten. Ausstellungskatalog, Wallraf-Richartz-Museum, Köln. Köln 1988. In der modernen Kunstgeschichtsschreibung bezeichnet der Begriff ›Tachisme‹ eine lyrisch abstrakte oder informelle malerische Bewegung in Frankreich in den 1950er Jahren.
44 Zu Ensors frühen realistischen Werken und seiner Bedeutung als Leitfigur der jungen belgischen Maler vgl. Anna Swinbourne (Hrsg.): James Ensor. Ausstellungskatalog, The Museum of Modern Art, New York u.a. New York 2009.

der französischen Impressionisten bevorzugte diese Gruppe, ähnlich wie Heymans und van de Velde, eher dunkle Erdfarben.

Dass die Antwerpener Künstler die Gruppe Les Vingt als ihr Vorbild ansahen, geht eindeutig aus dem Vorwort ihres Ausstellungskataloges hervor, das der bekannte belgische Kunstkritiker Camille Lemonnier verfasst hatte.[45] Es ist zwar nicht im Einzelnen nachweisbar, welche Salons der Vingt van de Velde zuvor besuchte, doch lässt beispielsweise sein Stillleben *Nature morte au compotier* (1886, Rijksmuseum Kröller-Müller, Otterlo) in der komplexen Lichtführung und dem bewegten, rhythmischen Pinselstrich vermuten, dass er Ensors frühes Meisterwerk *La Mangeuse d'huitres* (1882, Koninklijk Museum voor Schone Kunsten, Antwerpen) gesehen hatte, das im Frühjahr 1886 im III. Salon der Vingt ausgestellt war.[46] Bekannt ist jedoch, welchen Schock im darauffolgenden Frühjahr in Brüssel die aufsehenerregende Präsentation von Georges Seurats ›Manifestwerk‹ des französischen Neoimpressionismus, *Un dimanche après-midi à l'île de la Grande Jatte* (1884 bis 1886, The Art Institute of Chicago, Taf. 13, S. 125), bei ihm auslöste:

> Wenn nicht im vierten Salon der »Vingt« (1887) eine große Komposition von Seurat uns eine neue, auf radikale Anwendung neuer Theorien begründete Technik enthüllt hätte, würde ich wahrscheinlich weiter »gesungen« und meine Laufbahn als Maler erfolgreich und ohne Hindernis weitergeführt haben. Seurats »Dimanche de la grande Jatte« erschütterte mich aufs tiefste. Ich fühlte mich vom unwiderstehlichen Drang ergriffen, mir so rasch und so gründlich wie möglich die Theorien und fundamentalen praktischen Prinzipien der neuen Technik anzueignen.[47]

Nicht nur van de Velde, sondern vor allem diejenigen Mitglieder der Vingt, die zuvor James Ensor gefolgt waren, begannen danach mit der neuen Maltechnik zu experimentieren, so dass im Laufe der folgenden Jahre in der Öffentlichkeit der Begriff ›Vingtisme‹ mit ›Néo-Impressionnisme‹ gleichgesetzt wurde.

Der Einladung an Seurat und Camille Pissarro, am IV. Salon der Vingt teilzunehmen, war eine persönliche Kontaktaufnahme des belgischen Dichters Emile Verhaeren vorausgegangen. Verhaeren hatte im Frühjahr 1886 die letzte Pariser Impressionisten-Ausstellung besucht. Hier war Seurat mit drei Zeichnungen und sechs Gemälden vertreten gewesen, darunter *La Grande*

---

45 Vgl. Herta Hesse-Frielinghaus: Der junge van de Velde und sein Kreis (Anm. 5), Kat. Nr. 20. Zur Entwicklung der Vingt vgl. Françine-Claire Legrand (Hrsg.): Le Groupe des XX et son temps. Ausstellungskatalog, Rijksmuseum Kröller-Müller, Otterlo u. a. Brüssel 1962; Jane Block: Les XX and Belgian Avant-Gardism 1868-1894. Diss. Ann Arbor 1984; Susan M. Canning: A history and critical review of the Salons of ›Les Vingt‹ 1884-1893. Diss. Ann Arbor 1980.
46 Vgl. Susan M. Canning, Jean F. Buyck (Hrsg.): Henry van de Velde (Anm. 7), Kat. Nr. 13.
47 Henry van de Velde: Geschichte meines Lebens (Anm. 1), S. 40.

Jatte, das bei den Pariser Besuchern einen Sturm der Entrüstung ausgelöst hatte.[48] Weitere neoimpressionistische Bilder waren von Paul Signac und Camille Pissarro ausgestellt, so dass erstmals der Eindruck einer neuen künstlerischen Bewegung entstand. Verhaeren, der auch für die belgische Kunstzeitschrift *L'Art Moderne* schrieb, zu deren Hauptredakteuren Octave Maus gehörte, wird als erster das Interesse des Sekretärs der Vingt auf die neue Kunstrichtung gelenkt haben. Noch im Frühherbst desselben Jahres reiste außerdem Théo van Rysselberghe, der sich zu einem Mitorganisator der jährlichen Salons der Vingt entwickelt hatte, ebenfalls nach Paris, um dort die Ausstellung der Société des Artistes Indépendants zu besuchen, wo Seurats Skandalbild *La Grande Jatte* zum zweiten Mal einem großen Publikum vorgestellt wurde.

Bereits vor der ersten Präsentation der neoimpressionistischen Werke von Seurat und Pissarro im Februar 1887 in Brüssel hatte es in *L'Art Moderne* eine systematische Aufklärung über Inhalte und Ziele der neuen Schule gegeben.[49]

Beeindruckt von dem Bericht des französischen Kunstkritikers Félix Fénéon über den II. Salon der Artistes Indépendants, in dem zum ersten Mal der Terminus ›néo-impressionnisme‹ verwendet worden war, ernannte ihn Octave Maus zum Pariser Korrespondenten seiner Zeitschrift. In der Folgezeit veröffentlichte Fénéon, der einen direkten Austausch mit Seurat, Signac und Pissarro pflegte, hier einige seiner grundlegenden Aufsätze zum Neoimpressionismus. In ihnen behandelte er ausführlich das grundlegende Prinzip der Farbzerlegung (touche divisée), wonach auf die traditionelle Mischung der Farbpigmente auf der Palette verzichtet wird zugunsten der optischen Farbmischung (mélange optique), die sich nur noch im Auge des Betrachters vollzieht. Die Suggestion von farbigem Licht sollte durch das systematische Nebeneinandersetzen winziger, regelmäßiger Pinseltupfer (pointillé) in komplementären Kontrastfarben (rot-grün, orange-blau, gelb-violett) erzielt werden. In Ergänzung publizierte *L'Art Moderne* noch eine Reihe theoretischer Schriften zur wissenschaftlichen Grundlage des Neoimpressionismus, so etwa mehrere Artikel des amerikanischen Physikers Ogden N. Rood, Diskussionen über Michel-Eugène Chevreuls Farbtheorie und Rezensionen der neuen Publikation von Charles Henry über eine psychomechanische Ästhetik. Die formalen und inhaltlichen Innovationen des Neoimpressionismus, die eine Anwendung der neuesten physikalischen und physiologischen Farbgesetze darstellten, entsprachen einem Anspruch auf Modernität, den insbesondere die Mitglieder der Vingt als Avantgarde erhoben. In einer wissenschafts- und fortschrittsgläubigen Zeit fühlten sie sich angesprochen von einer Malerei, die sich auf die Werte des rationalen und wissenschaftlichen Denkens berief. Im Gegensatz zur instinktiven, sponta-

---

48 Vgl. zu Seurat und der Entstehung des Neoimpressionismus Michael F. Zimmermann: Seurat. Sein Werk und die kunsttheoretische Debatte seiner Zeit. Weinheim 1991.
49 Ausführlich hierzu Gertrud Wendermann: Studien zur Rezeption des Neo-Impressionismus in den Niederlanden (Anm. 42), S. 70-72.

nen Malweise der Impressionisten, die dem subjektiven Sinneseindruck huldigten, zeichneten sich die neoimpressionistischen Bilder durch ihre methodische Struktur und eine systematische Anwendung der Farbgesetze aus.

Wie intensiv die Vingtisten mit der neoimpressionistischen Malweise experimentierten, zeigte der VI. Salon von 1889, in dem Anna Boch, Willy Finch, Georges Lemmen und Théo van Rysselberghe ihre Ergebnisse vorstellten.[50] Van de Velde, der erst am 12. November 1888 gemeinsam mit Lemmen und Auguste Rodin offiziell in den exklusiven Kreis der Vingt aufgenommen worden war, reichte sechs Werke ein, von denen vier jeweils unterschiedliche Adaptionsstufen neoimpressionistischer Technik aufwiesen. Wie er später begründete, war ihm wegen der Kürze der Vorbereitungszeit nichts anderes übrig geblieben, als eine Auswahl aus früheren »impressionistischen« Werken zu treffen.[51] Während etwa *Soleil (matin), août 1888* (1888, Kunsthalle Bremen) eine Übergangsphase markierte, in der das im Bildvordergrund dargestellte Kornfeld in expressiven, kräftigen Pinselstrichen der Wechelderzande-Periode, die Himmelszone hingegen mit kurzen Pinseltupfern in einem blau-gelben Farbkontrast gemalt waren, stellte *Blankenberghe, août 1888* (1888, Kunsthaus Zürich, Taf. 14, S. 125) das methodisch am weitesten entwickelte Bild dar. Es war während eines mehrmonatigen Aufenthalts van de Veldes in dem Nordseebad Blankenberghe entstanden.[52] Das Gemälde zeichnet sich durch einen ungewöhnlichen Bildausschnitt und durch auffällige abstrahierende Tendenzen in der geometrisch konstruierten Komposition aus, wie sie für spätere pointillistische Werke van de Veldes charakteristisch werden sollten. Dieser auffällige Entwicklungsschub ist sicher darauf zurückzuführen, dass er im Frühjahr 1888 in Brüssel noch einmal die Gelegenheit hatte, mehrere Werke der französischen Neoimpressionisten zu studieren, nämlich zwölf Gemälde von Paul Signac und dreizehn von Albert Dubois-Pillet. Anlässlich eines Banketts der Vingt hatte er außerdem Seurat persönlich in Brüssel getroffen, der sich allerdings, anders als Signac, nur sehr zurückhaltend über seine Maltechnik äußerte.[53] Unter den

---

50 Willy Finch hatte bereits 1888 erste Bilder im neoimpressionistischen Stil präsentiert. Vgl. Susan M. Canning: A history and critical review of the Salons of ›Les Vingt‹ (Anm. 45), S. 191, 217-260.

51 Henry van de Velde: Geschichte meines Lebens (Anm. 1), S. 42.

52 Nach dem Tode seiner Mutter Ende Juli 1888 war van de Velde zu seinem älteren Bruder gezogen, der in Blankenberghe eine Strandvilla besaß. Sein Porträt des Bruders (*Portrait de Laurent Van de Velde à Blankenberghe*, 1888, Musée Groeninge, Brügge) weist ebenfalls die charakteristischen Kennzeichen des Übergangs auf. Die Figur des auf einer Veranda sitzenden, lesenden Bruders ist in teils schraffierenden, teils kreuzweisen Pinselstrichen gemalt, während im Bildhintergrund die Uferpromenade in annähernd gleichmäßig gesetzten, punktförmigen Farbtupfern wiedergegeben ist.

53 Vgl. zu Seurats Umgang mit seinen Nachfolgern Gertrud Wendermann: Studien zur Rezeption des Neo-Impressionismus in den Niederlanden (Anm. 42), S. 20-26.

Vingtisten gehörte van de Velde zweifellos zu denjenigen, die sich am intensivsten mit den theoretischen Grundlagen des neuen Stils beschäftigten. Dies geht nicht nur aus seinen Briefen und Veröffentlichungen hervor, etwa über Seurat und dessen letztes Hauptwerk *Le Chahut*,[54] sondern zeigt sich auch an seiner Vermittlerrolle, die er in der ersten Hälfte der 1890er Jahre gegenüber seinen niederländischen Künstlerfreunden wie Jan Toorop, Johan Thorn Prikker und Hendrik Pieter Bremmer einnahm.[55]

Im Jahr 1889 hatten die französischen Neoimpressionisten erneut einen beeindruckenden Auftritt in Brüssel, da neben Camille Pissarro nun auch Henry Edmond Cross und Maximilien Luce vertreten waren. Seurat präsentierte acht Marinebilder und Flusslandschaften sowie sein zweites großes Figurenbild *Les Poseuses*, das Harry Graf Kessler Ende 1897 von dem Pariser Galeristen Ambroise Vollard erwerben konnte. Während die meisten Belgier wie Finch, Lemmen und Anna Boch den neoimpressionistischen Stil vorrangig auf Landschaftsdarstellungen übertrugen und zeitgenössische städtische Motive in auffälliger Weise vernachlässigten, entwickelte Théo van Rysselberghe sich in der Nachfolge von Seurat und Signac zu einem herausragenden Figurenmaler und Porträtisten der neuen Bewegung.[56] Darüber hinaus malte er auch Ansichten der Nordseeküste und der flachen belgischen Flusslandschaften von großer Qualität. Dagegen blieb Henry van de Velde, mit Ausnahme der wenigen in Blankenberghe entstandenen Strandbilder, seiner ländlichen Motivwelt im jahreszeitlichen Zyklus treu. 1890 präsentierte er im VII. Salon der Vingt drei Gemälde aus einer größeren Serie der *Faits du village*. Das sechste Bild dieser Folge, *La Femme assise à la fenêtre* (1889, Koninklijk Museum voor Schone Kunsten, Antwerpen, Taf. 15, S. 126) stellt ein bevorzugtes Motiv van de Veldes dar, nämlich eine sitzende Frau am Fenster, die ihren Blick auf einen Innenhof gerichtet hat.

Ein Gemälde von 1888, *Paysanne dans un verger* (Sammlung Josefowitz, Lausanne), belegt, dass van de Velde die Serie der *Faits du village* wohl schon vor seiner Adaption des neoimpressionistischen Stils konzipiert hatte. Ur-

---

[54] Vgl. Henry van de Velde: Le Chahut. In: La Wallonie 5 (1890), S. 122-125; ders.: Georges Seurat. In: La Wallonie 6 (1891), S. 167-171.

[55] Ausführlich hierzu Joop M. Joosten: Henry van de Velde en Nederland 1892-1902. De belgische Art Nouveau en de Nederlandse Nieuwe Kunst. In: Cahiers Henry van de Velde 12/13 (1974), S. 6-46; Gertrud Wendermann: Studien zur Rezeption des Neo-Impressionismus in den Niederlanden (Anm. 42).

[56] Vgl. beispielsweise das großformatige Gruppenbild *Familie in de tuin* (1890, Rijksmuseum Kröller-Müller, Otterlo) oder das Porträt der späteren Ehefrau von Henry van de Velde, *Portret van Marie Sèthe* (1891, Koninklijk Museum voor Schone Kunsten, Antwerpen). Vgl. zu van Rysselberghes künstlerischer Entwicklung Ronald Feltkamp: Théo van Rysselberghe 1862-1926. Catalogue raisonné. Brüssel 2003; Olivier Bertrand (Hrsg.): Théo van Rysselberghe. Ausstellungskatalog, Palais des Beaux-Arts, Brüssel u. a. Brüssel 2006.

sprünglich in den energischen, kurzen Pinselstrichen seiner realistischen Werkphase angelegt, überarbeitete er es später mit kleinen Pinseltupfern, die hier noch keine strukturelle Ordnung aufweisen. Die zuvor dominierende ockerbraune Farbigkeit ist jedoch bereits zugunsten der komplementären Kontrastwirkungen von Blau-Orange, Rot-Grün und Gelb-Violett aufgegeben. Erst in späteren Werken bevorzugte er einen unorthodoxen Violett-Grün-Kontrast. Offenbar plante van de Velde eine Serie mit Darstellungen von Bäuerinnen bei der täglichen Arbeit. Auch *Ferme au crépuscule* (1889, Rijksmuseum Kröller-Müller, Otterlo) gehört sicherlich hierzu. Die inhaltliche Verbindung zur Wechelderzande-Zeit wird überdies durch die Feststellung gestützt, dass die drei zuletzt genannten Gemälde sich im Besitz seines Mentors Adrien-Joseph Heymans befanden, darunter das völlig neuartige Blankenberghe-Bild, unter dessen Eindruck der ältere Maler sogar selber damit begann, die neoimpressionistische Maltechnik auszuprobieren.[57]

Auch Camille Pissarro, den van de Velde in seinem Essay über den *Bauer in der Malerei* als vorbildhaft hervorgehoben hatte, arbeitete zwischen 1888 und 1890 an einer Gruppe von Bildern mit Bäuerinnen bei der Feldarbeit, in der er die neue Technik anwandte.[58] Hierzu gehört sein Meisterwerk *Die Apfelernte, Eragny-sur-Epte* (1888, Dallas Museum of Art), das 1889 in Brüssel ausgestellt war. Es fiel durch seinen koloristischen Reichtum und den reizvollen Kontrast der knorrigen Baumstämme und der bewegten Körper der Bäuerinnen auf. In der heiter-gelassenen Ausstrahlung der Frauen in der sommerlichen Landschaft gelang Pissarro eine perfekte Synthese der Stilmittel zugunsten der atmosphärischen Dichte und einer harmonischen Grundstimmung, die für van de Velde vorbildlich war. Vergleicht man die *Faits du village*-Serie mit den älteren Werken des Belgiers, so fällt auf, dass in jenen die Schwere der Landarbeit thematisiert wird, während in den jüngeren Bildern die Bäuerinnen in einer fast kontemplativen Ruhehaltung dargestellt werden, in harmonischer Verbindung mit ihrer Umgebung. Durch die gleichmäßige Oberflächenstruktur der Farbpunkte, die vielfältige Berücksichtigung der Lichtreflexionen und der damit verbundenen Komplementärkontrastwirkungen wird die tiefenräumliche Wirkung völlig aufgehoben. Analog zu den französischen Vorbildern verzichtete

---

57 Vgl. Susan M. Canning, Jean F. Buyck (Hrsg.): Henry van de Velde (Anm. 7), Kat. Nr. 21, 25, 27. Heymans besaß auch ältere realistische Werke aus der ersten Wechelderzande-Periode. Vgl. hierzu Herta Hesse-Frielinghaus: Der junge van de Velde und sein Kreis (Anm. 5), Kommentar zu Kat. Nr. 14, 15. Unbekannt ist, ob diese Werke als Geschenk oder als Erwerb in den Besitz Heymans' kamen. Da sich hierunter bedeutende neoimpressionistische Bilder van de Veldes befanden, spricht einiges für letzteres.

58 Vgl. Christoph Becker: Camille Pissarro, Impressionist. In: Ders. (Hrsg.): Camille Pissarro. Ausstellungskatalog, Staatsgalerie Stuttgart. Ostfildern 1999, S. 37-142, hier S. 103-110.

auch van de Velde auf den mimetischen Umgang mit der Natur und konzentrierte sich stattdessen auf das Wesentliche der Formen und Bewegungen in dem Sinne, wie Félix Fénéon es als »synthétiser le paysage dans un aspect définitif qui en perpétue la sensation«[59] formuliert hatte. So lässt sich in seinen neoimpressionistischen Bildern eine Entwicklung nachvollziehen, in der die Wiedergabe topographischer und vegetativer Details transformiert wird in ein geometrisches Konstruktionsgerüst aus horizontalen und vertikalen Linien und ein damit verbundenes komplexes System von Farbbeziehungen. In dieser strengen Methodik unterscheidet sich beispielsweise sein Bild *Femme assise à la fenêtre* von der seinerzeit hochgelobten Interpretation dieses traditionellen belgischen Motivs durch Henri de Braekeleer.[60] Der anekdotischen und flüchtigen Darstellung eines Momenteindrucks wird hier die Gesetzlichkeit und das Beständige einer höheren, ›abstrakten‹ Wirklichkeit entgegengesetzt. Van de Velde erreichte gerade in diesem Bild einen Höhepunkt in der Reduzierung der Formen und eine Annäherung an Seurats Ideen wie kaum ein anderer seiner belgischen Mitstreiter.

Die Idee der Transformation einer deskriptiven, naturalistischen Darstellung in ein ›destilliertes‹ Bild, das aus der Naturbeobachtung als Essenz gewonnen wird, verband die Neoimpressionisten mit den sich parallel entwickelnden Symbolisten. Beide Bewegungen strebten gleichermaßen in ihrer bildnerischen Sprache – wenn auch mit unterschiedlichen inhaltlichen Absichten – eine Vereinfachung der Erscheinungsformen der dinglichen Welt an, um auf diese Weise die essentiellen Ordnungskräfte der Natur offenzulegen. Wie Albert Aurier 1891 in seinem grundlegenden Artikel *Le Symbolisme en peinture* zum Postulat erhob, hatten formale Deformationen diesem Bestreben zu dienen.[61] Im Sinne der Symbolisten und Neoimpressionisten verfügten sowohl die Farbe als auch die Linie als Grundelemente eines Gemäldes oder einer Zeichnung über die autonome Fähigkeit, Emotionen unabhängig von ihrem Darstellungswert hervorzurufen.

Da van de Velde aufgrund seiner Beschäftigung mit den theoretischen Grundlagen des Neoimpressionismus, insbesondere der Assoziationstheorie von Charles Henry,[62] die Bedeutung der ›emotionalen‹ Linie kannte, verwun-

---

59 Zitiert nach Françoise Cachin (Hrsg.): Félix Fénéon. Au-delà de l'Impressionisme. Paris 1966, S. 92.
60 Henri de Braekeleer, *De Tenierplaats de Antwerpen* (1876, Koninklijk Museum voor Schone Kunsten, Antwerpen).
61 Vgl. Albert Aurier: Le Symbolisme en peinture. Paul Gauguin. In: Mercure de France 2 (1891), S. 159-164.
62 Vgl. Charles Henry: Introduction à une esthétique scientifique. In: La Revue Contemporaine 1885, H. 2, S. 441-469; ders.: Harmonies de formes et de couleurs. Paris 1891. Henry reduzierte alle ästhetischen Eindrücke auf ein wissenschaftlich kontrollier- und künstlerisch erzeugbares System auf- und absteigender Linien, denen Farben und Ausdruckswerte zugeordnet waren.

dert es nicht, dass seine erste Begegnung mit den Werken Vincent van Goghs, die 1890 und 1891 in Brüssel zu sehen waren, unmittelbare Folgen hatte.[63] Van Goghs dynamisch-expressive Pinselführung, mit der er etwa seine visionären provençalischen Landschaften und die *Sonnenblumen*-Stillleben ausführte, löste einen vergleichbaren Schock aus wie der Anblick von Seurats *La Grande Jatte*.[64] Wie van de Velde später in der ersten Fassung seiner Memoiren schrieb, sah er sich fortan zwischen zwei gegensätzlichen malerischen Richtungen hin- und hergerissen: »D'un côté, technique désespérément pasible e lente; d'autre, technique fougueuse, fixant à tout jamais un moment d'émotion outrancière. Je reste tiraillé entre ces deux techniques«.[65] Tief beeindruckt, versuchte der belgische Künstler fortan die natürliche Struktur, die allen Dingen zugrunde liegt, mit der Bewegung der Linie, die den rhythmischen Fluss des Lebens symbolisiert, zu verbinden. In diesem Sinne stellt das im Winter 1891/92 vollendete Gemälde *Landschaft in der Dämmerung* oder *Wintersonne* (1892, Klassik Stiftung Weimar, Taf. 16, S. 127) eine Verschmelzung von Seurats Farbzerlegung mit van Goghs emotional geladener Pinselhandschrift dar. Der Künstler verzichtet hier auf den exakten pointillistischen Farbauftrag und verwendet kurze, bewegliche Pinselstriche. Ausgehend von dem zum linken Bildrand verrückten Zentrum der kreisenden Sonnenscheibe bilden sie einen einzigen Linienfluss, der im Sinne van Goghs die Kräfte und Energien der Natur symbolisch zum Ausdruck bringt. In der Entstehungszeit des Gemäldes bevorzugte van de Velde zudem die Pastelltechnik, da sie ihm erlaubte, die nach dem Prinzip der Farbzerlegung getrennten Einzelfarben in kurzen, schraffierenden Strichen aufzutragen.[66] In einem weiteren Entwicklungsschritt entstand eine Gruppe von Zeichnungen mit zentrifugal kreisenden Linienbündeln, die ein dynamisches Spiel der elementaren Kräfte symbolisieren.[67] In der Tat spricht aus diesen teilweise abstrakt wirkenden Zeichnungen die Bewunderung van de Veldes für die Natur in Gestalt der »linearen Arabesken«, die der Künstler im Sand des Strandes von Blankenberghe als Spuren der zurückflutenden Wellen beobachtete und zum Vorbild nahm.[68] Er transponierte diese Linienbewegungen auch in das Medium der Ölmalerei; vor allem die Bilder, die er 1892 vom Garten seiner

---

63 Die Teilnahme van Goghs am VII. Salon der Vingt 1890 hatte interne Proteste ausgelöst, dennoch setzte sich Maus durch. Vgl. hierzu: Gisèle Ollinger-Zinque (Hrsg.): Les XX & La Libre Ésthétique (Anm. 3), S. 51.
64 Vgl. Susan M. Canning: The Symbolist Landscapes of Henry van de Velde (Anm. 6), S. 134.
65 Henry van de Velde: Memoirs. Maschinenschriftliches Manuskript. BRB, Nachlass van de Velde. Zitiert nach Susan M. Canning: The Symbolist Landscapes of Henry van de Velde (Anm. 6), S. 136, Anm. 13.
66 Vgl. Susan M. Canning, Jean F. Buyck (Hrsg.): Henry van de Velde (Anm. 7), Kat. Nr. 31.
67 Vgl. ebenda, Kat. Nr. 49.
68 Henry van de Velde: Geschichte meines Lebens (Anm. 1), S. 68.

Schwester in Kalmthout malte (zum Beispiel *Tuin de Kalmthout*, 1892, Neue Pinakothek, München, Taf. 17, S. 127), zeichnen sich durch rhythmisch bewegte, fließende Linien aus. Farbe und Linie gehen hier eine neue Einheit ein.

Dass auch diese neue künstlerische Ausdrucksform Henry van de Velde letztlich unbefriedigt ließ und er sich zunehmend mit der Hebung der Qualität des Kunstgewerbes im Dienste einer allgemeinen Verbesserung der gesellschaftlichen Bedingungen beschäftigte, ist bekannt. So stellte er 1892 im IX. Salon der Vingt mit einem *Projet de broderie ornemental* (1892, Petit Palais, Genf; vgl. Taf. 3, S. 50) einen Applikationsentwurf aus, der erstmals auf sein neues Interesse am Kunstgewerbe hinwies. Er zeigt eine Bäuerin beim Heuernten, monumental in der Bildmitte in Szene gesetzt. Die ungewöhnliche Technik, Leimfarbe auf Leinwand, erlaubte ihm hier die Anwendung des im Pastell vielfältig erprobten Linienspiels. Die Binnenflächen sind durch parallel verlaufende Linienbündel ausgefüllt und wirken völlig flach. Das Blau des Kleides der Bäuerin hebt sich vom Grün der Wiese und dem Gelb des Himmels ab. Diese radikal reduzierte Farbgebung stellte einen Bruch mit der neoimpressionistischen Farbtheorie dar. Von diesem ornamentalen Entwurf führt ein direkter Weg zu van de Veldes berühmter *Engelwache* (1892/93, Museum für Gestaltung Zürich, vgl. Taf. 2, S. 50), die im darauffolgenden Jahr 1893 in Brüssel zu sehen war, seinem ersten wirklichen kunstgewerblichen Objekt. In diesem X. und letzten Salon der Vingt präsentierte van de Velde außerdem seine letzten Gemälde. Wie schwer ihm diese Entscheidung gegen die Malerei fiel, geht aus zahlreichen Äußerungen hervor.[69]

Auch im Rahmen seiner späteren Tätigkeit als Architekt und Gestalter in Deutschland schätzte van de Velde weiterhin die lichterfüllte Malerei der Neoimpressionisten so sehr, dass er vorzugsweise Gemälde dieser Kunstrichtung in seine Interieurs integrierte und Privatsammler entsprechend beriet. Dass er überdies immer wieder mit seinem Verzicht auf die Malerei haderte, zeigen seine Zeilen aus dem Jahr 1908, als er eine Einladung von Octave Maus zur Teilnahme am XXV. Jubiläumssalon der Vingt in Brüssel aus zeitlichen Gründen ablehnen musste und mit Bedauern aus Weimar schrieb: »Wie gern würde ich meine Erinnerungen auffrischen! Die Lust zur Zeichnung und zur Malerei ist in mir verborgen. Oft habe ich gedacht, mich ihr wieder ganz zu weihen, den Nebeln und den langen Wintern hier zu entfliehen, in eine südliche Ecke. Nur die Malerei könnte mich zu solch einem Aufbruch anreizen«.[70]

---

69 Vgl. ebenda, S. 65.
70 Zuerst abgedruckt bei Madeleine Maus: Trente années de lutte pour l'art (Anm. 1), S. 387. Hier zitiert in der deutschen Übersetzung nach Herta Hesse-Frielinghaus: Der junge van de Velde und sein Kreis (Anm. 5), S. 1.

Tafelteil II

Tafel 6 (zu S. 202)
Paul Signac, La Seine à Samois, Matin, Öl auf Leinwand, 1900

Tafel 7 (zu S. 203)
Théo van Rysselberghe, Mme Van de Velde et ses enfants,
Öl auf Leinwand, 1903

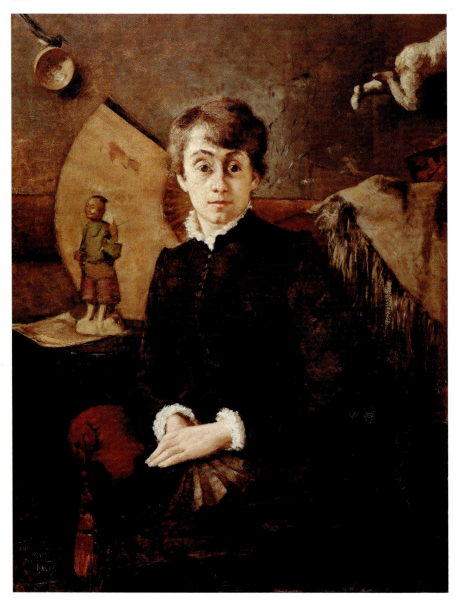

Tafel 8 (zu S. 106)
Henry van de Velde, Porträt Jeanne Biart,
Öl auf Leinwand, 1883

TAFELTEIL II 123

Tafel 9 (zu S. 108)
Jean-François Millet, Ährenleserinnen, Öl auf Leinwand, 1857

Tafel 10 (zu S. 108)
Adrien-Joseph Heymans, Schaapsheerder te Wechel, Öl auf Holz, 1875/85

Tafel 11 (zu S. 108)
Henry van de Velde, Windmühle, Öl auf Leinwand, um 1883

Tafel 12 (zu S. 110 und 112)
Henry van de Velde, Soleil de Septembre
(Dizeaux devant l'église de Wechelderzande), Öl auf Leinwand, 1887

Tafel 13 (zu S. 113 und 201)
Georges Seurat, Un dimanche après-midi à l'île de la Grande Jatte,
Öl auf Leinwand, 1884-1886

Tafel 14 (zu S. 115)
Henry van de Velde, Blankenberghe, août 1888, Öl auf Leinwand, 1888

Tafel 15 (zu S. 116)
Henry van de Velde, La Femme assise à la fenêtre,
Öl auf Leinwand, 1889

Tafel 16 (zu S. 119)
Henry van de Velde, Landschaft in der Dämmerung (Wintersonne),
Öl auf Leinwand, 1892

Tafel 17 (zu S. 120)
Henry van de Velde, Tuin de Kalmthout, Öl auf Leinwand, 1892

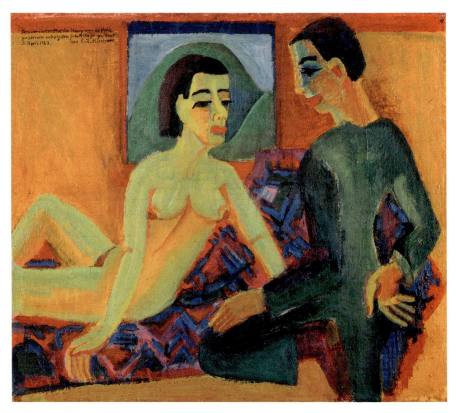

Tafel 18 (zu S. 81 und 204)
Ernst Ludwig Kirchner, Liebespaar,
Öl auf Leinwand, 1921-1923

ULRIKE WOLFF-THOMSEN

Linie und Ornament
Henry van de Velde in seinen frühen kunsttheoretischen Schriften

Voraussetzungen

Die theoretischen Schriften Henry van de Veldes bilden nicht den Endpunkt oder die Summe seiner künstlerischen Arbeit, sondern begleiten und kommentieren diese über mehrere Jahrzehnte hinweg. Offenkundig war van de Velde daran gelegen, in weiten Teilen der Bevölkerung eine Diskussion über die Aufgaben und Ziele der Kunst anzustoßen. Mit seinen Schriften reagiere er – so seine Ausführungen – auf die Widerstände, die »jedes Predigen einer neuen Lehre« hervorrufe.[1] Er sei »gewählt« worden.[2] Schon seinen frühen theoretischen Text *Déblaiement d'art* bewertete er als »ersten Schritt auf dem Weg des Apostolates für einen ›Neuen Stil‹«.[3] Van de Velde sprach von einer »Mission«, die er zu erfüllen habe, und betonte, dass man ihn ansporne, »das Evangelium unter sie [die Jugend] zu tragen«.[4] Er verfasste ein »Credo«.[5] Im Jahre 1909 bündelte er seine Überlegungen in *Amo*,[6] einem »Hymnus« als »Resultat einer unerwarteten Offenbarung, eines naiven und glühenden Glaubens«.[7]

Henry van de Velde bediente sich in seinen kunsttheoretischen Schriften einer Sprache, mit der er auf dem von John Ruskin und William Morris gewiesenen Weg »zur Verwirklichung ihrer Prophezeiung: der Wiederkehr der Schön-

---

1 Henry van de Velde: Eine Predigt an die Jugend. In: Ders.: Kunstgewerbliche Laienpredigten. Leipzig 1902, S. 41-71, hier S. 43.
2 Ebenda, S. 44.
3 Henry van de Velde: Geschichte meines Lebens. Hrsg. und übertragen von Hans Curjel. München 1962, S. 86.
4 Camille Lemonnier an Henry van de Velde. Zitiert nach Henry van de Velde: Eine Predigt an die Jugend (Anm. 1), S. 43.
5 Als »Credo« bezeichnete van de Velde seine 1907 veröffentlichten Lehrsätze. Henry van de Velde: Das Streben nach einem Stil, dessen Grundlagen auf vernünftiger, logischer Konzeption beruhen. Zuerst erschienen in: Ders.: Vom neuen Stil. Der »Laienpredigten« II. Teil. Leipzig 1907, S. 21-50. Erneut veröffentlicht in: Henry van de Velde: Zum neuen Stil. Aus seinen Schriften ausgewählt und eingeleitet von Hans Curjel. München 1955, S. 148-155, hier S. 150. Auch der auf der Werkbundtagung im Juli 1914 gehaltene Vortrag sei gleich der »Deklamation« eines »Credo« gewesen. Vgl. Henry van de Velde: Geschichte meines Lebens (Anm. 3), S. 368.
6 Henry van de Velde: Amo. Leipzig 1909. Erneut erschienen in der Insel-Bücherei, Leipzig 1912 und in der Cranach-Presse, Weimar 1915 in deutscher und in französischer Sprache.
7 Henry van de Velde: Geschichte meines Lebens (Anm. 3), S. 310.

heit auf Erden und des Anbruchs einer Ära sozialer Gerechtigkeit und menschlicher Würde« weiter voranschritt.[8] Noch näher als Ruskin und Morris stand ihm allerdings sein Jugendfreund Max Elskamp, dessen dritten Gedichtband *En symbole vers l'Apostolat* er 1895 mit einem ornamentalen Einband schmückte. Auf Wunsch des Autors griff er das Motiv »Bischofsstäbe unter Wolkenformen« als Anregung auf.[9]

Was beabsichtigte Henry van de Velde mit seinem aus dem religiösen Sprachgebrauch entlehnten Vokabular? Wem wollte er predigen? Welche Ziele verfolgte er? Hatte er die Absicht, künstlerische Praxis zum Religionsersatz werden zu lassen? Ging es ihm um ein religiöses oder weltanschauliches Heilsversprechen? Während van de Velde für die französischsprachige Ausgabe seiner Aufsätze den Titel *Une Prédication d'art* wählte, erschien die ins Deutsche übertragene Aufsatzsammlung 1902 unter dem Titel *Kunstgewerbliche Laienpredigten*. Verstand sich van de Velde selbst als Laienprediger, als Prädikant, oder wurden seine Adressaten als Laien bezeichnet? Die Frage ist insofern aufschlussreich, als Laienprediger nicht einer orthodoxen Lehre verpflichtet sind, sondern in größerer Freiheit persönliche und berufliche Erfahrungen in ihre Predigten einbringen dürfen. So sind der ›Heilsverkünder‹ wie dessen Adressaten Laien – und dies weist bereits in symptomatischer Weise auf van de Veldes Selbstverständnis hin. Es kündet von einem starken kunstpädagogischen Sendungsbewusstsein und dem Willen, eine breite Anhängerschaft zu gewinnen.

Den folgenden Ausführungen muss vorausgeschickt werden, dass der Belgier kein Lehrbuch verfasst hat, das seine theoretischen Überlegungen bündelt, sondern dass er lediglich eine nicht leicht zu überblickende Anzahl kleinerer Essays, Aufsätze und Vortragsmanuskripte in zahlreichen deutschen, belgischen und französischen Kunstzeitschriften (darunter *L'Art Moderne, Die Insel, La Société Nouvelle, La Wallonie, Dekorative Kunst, Pan, L'Art Décoratif* und *Innen-Dekoration*) veröffentlicht hat.[10] Van de Veldes Schriften stehen oftmals in einem unmittelbaren Zusammenhang mit seiner umfangreichen Vortragstätigkeit in Museen, Kunstvereinen, vor Vertretern der Wirtschaft und Industrie, im Kunstgewerblichen Seminar in Weimar sowie andernorts. Die zunächst in französischer Sprache, später in deutscher Übersetzung herausgegebenen Bücher sind folglich auch keine monographischen Abhandlungen, sondern

---

8 Ebenda, S. 80.
9 Vgl. Klaus Weber: »Der Dämon der Linie«. Frühe Arbeiten von Henry van de Velde zwischen Bild und Ornament. In: Klaus-Jürgen Sembach, Birgit Schulte (Hrsg.): Henry van de Velde. Ein europäischer Künstler seiner Zeit. Ausstellungskatalog, Karl-Ernst-Osthaus-Museum, Hagen u. a. Köln 1992, S. 118-131, hier S. 129.
10 Unter anderem Henry van de Velde: Notes d'Art. In: La Wallonie 5 (1890), Nr. 2/3, S. 90-93; ders.: Notes sur l'Art. »La Chahut«. In: Ebenda, Nr. 4, S. 122-125 sowie Henry van de Velde: Charles Verlat. In: L'Art Moderne 10 (1890), S. 348f.; ders.: Georges Seurat. In: La Wallonie 6 (1891), Nr. 3/4, S. 167-171.

kleine Broschüren oder Aufsatzsammlungen: Im Verlag von Bruno und Paul Cassirer wurde 1894 beziehungsweise 1901 *Die Renaissance im modernen Kunstgewerbe*[11] veröffentlicht, 1902 erschienen im Rahmen der *Kunstgewerblichen Laienpredigten* die vier Beiträge *Wie ich mir freie Bahn schuf, Eine Predigt an die Jugend, William Morris* und *Prinzipielle Erklärungen*,[12] die auf vorherige Veröffentlichungen in verschiedenen französischsprachigen Zeitschriften zurückgingen. In Fortführung der *Laienpredigten* veröffentlichte van de Velde 1907 mit der Publikation *Vom neuen Stil* weitere vier Aufsätze mit den Titeln *Die veränderten Grundlagen des Kunstgewerbes seit der Französischen Revolution, Das Streben nach einem Stil, dessen Grundlagen auf vernünftiger, logischer Konzeption beruhen, Neuer Stil* sowie *Gedankenfolge für einen Vortrag*.[13] 1910 schließlich bündelte er in den *Essays* die drei Texte *Die Belebung des Stoffes als Prinzip der Schönheit, Die Linie* und *Vernunftgemäße Schönheit*.[14]

Im Folgenden soll nicht der Frage nachgegangen werden, ob sich van de Veldes theoretische Überlegungen mit seiner künstlerischen Praxis decken. Vielmehr soll analysiert werden, wie der Belgier seine weitreichenden Interessen und Überlegungen zu einem (allerdings nicht widerspruchsfreien) ›System‹ zusammengeführt hat. Die Vielzahl der von van de Velde aufgenommenen Anregungen fasziniert ebenso wie die Einsicht, dass zunächst sehr heterogene Aspekte in seiner Theorie durchaus einen Platz finden konnten. Im Zentrum der folgenden Überlegungen stehen die zwischen 1890 und 1910 veröffentlichten Schriften.

Sprachduktus

Der zeitgenössische Leser wird van de Veldes kunsttheoretische Aussagen mit einem gewissen Befremden aufgenommen haben. Verantwortlich hierfür dürfte insbesondere der literarische Sprachduktus des Belgiers gewesen sein, der seine frühe Hinwendung zur symbolistischen Literatur, insbesondere zur Dichtung Mallarmés und Maeterlincks spiegelt. Die hohe poetische Qualität seiner Texte stellte vor allem van de Veldes Übersetzer vor große Herausforderungen. Verstärkt wurden die Verständnisschwierigkeiten oftmals dadurch, dass van de Velde nicht stringent argumentiert, sondern sein Augenmerk darauf richtet, die Leser und Zuhörer mit großer Emphase anzusprechen und auf diesem Wege emotional zu affizieren. Besonders deutlich zeigt sich diese Wirkungsabsicht an

---

11 Henry van de Velde: Cours d'arts d'industrie et d'ornementation (Renaissance des arts décoratifs/Esthétique des arts d'industrie et d'ornementation). Brüssel 1894; ders.: Die Renaissance im modernen Kunstgewerbe. Berlin 1901.
12 Henry van de Velde: Kunstgewerbliche Laienpredigten (Anm. 1).
13 Henry van de Velde: Vom neuen Stil (Anm. 5).
14 Henry van de Velde: Essays. Leipzig 1910.

van de Veldes Vorliebe für metaphorische Analogiebildung. So parallelisiert er etwa die europäische Kunstentwicklung im 18. und 19. Jahrhundert mit dem Karnevalsfest und der nachfolgenden Fastenzeit: »Ließe sich die Periode der Rokokolinie [mit] dem zweiten Karnevalstag vergleichen, so fände sie in der kommenden Fastenzeit Muße genug, sich zu erholen, um die Sünden, denen sie erlegen, zu erkennen. Die Buße dauerte entsprechend lange: die Empirezeit – die prämoderne Zeit«.[15] Mit seiner suggestiven und bilderreichen Sprache will van de Velde seine Adressaten aufrütteln und über ihre eigenen Lebensverhältnisse aufklären. So beschreibt er an einer Stelle in großer Ausführlichkeit die Fassade eines Hauses, das er von seinem Berliner Arbeitstisch in der Nürnberger Straße 36 aus wahrnahm:

> Die Spitze seines nachgemachten Giebels läuft in zwei enorme, gegeneinander gerichtete Voluten aus, ein gutmütig blickender Löwenkopf fügt sich zwischen den beiden Giebelschnörkeln ein. Dieser Löwe, welcher zwischen diesen beiden Ornamenten steht, die die Form von Widderhörnern haben, trägt eine ungeheure, reichlich beladene Urne auf dem Kopf, der schwerfällige und starre Flammen entsteigen. Das königliche Tier frisst die rechtsgültige Krone einer Eiche ab, die zwischen den Fugen der Wölbung des oberen Bogens aus einem runden Fenster hervorspriesst, aus der die herrlichen Zipfel eines Gewebes herunterhängen, die wohl kein Windstoss je bewegen wird.[16]

Van de Velde sagt noch weitaus mehr als hier wiedergegeben, doch schon jetzt wird offenkundig, dass der Leser oder Zuhörer an Fassadenbilder erinnert wird, die die zeitgenössische Architektur in vielen Varianten bereithielt. Im Wiedererkennen gelingt es van de Velde, seine Überzeugungen nachdrücklich argumentativ zu stützen. Er erweist sich darin als ein sehr guter Pädagoge.

Kunsttheoretische Schriften

Das erste gewichtige theoretische Werk, das 1894 unter dem programmatischen Titel *Déblaiement d'art* (Säuberung der Kunst)[17] veröffentlicht wurde, geht auf Vorträge zurück, die van de Velde 1893/94 in Brüssel im Kreis der

---

15 Henry van de Velde: Die Linie. In: Essays (Anm. 14). Zitiert nach Henry van de Velde: Zum neuen Stil (Anm. 5), S. 181-195, hier S. 190.
16 Henry van de Velde: Prinzipielle Erklärungen. In: Ders.: Kunstgewerbliche Laienpredigten (Anm. 1), S. 137-195, hier S. 157 f.
17 Henry van de Velde: Déblaiement d'art – Texte de la conférence donnée en mars et en avril 1893 et en février 1894. In: La Société Nouvelle 10 (1894), Nr. 17, S. 444-456; in deutscher Sprache erschienen unter dem Titel: Wie ich mir freie Bahn schuf. In: Henry van de Velde: Kunstgewerbliche Laienpredigten (Anm. 1), S. 1-39; vgl. ders.: Déblaiement d'art. Deuxième édition. Brüssel 1895.

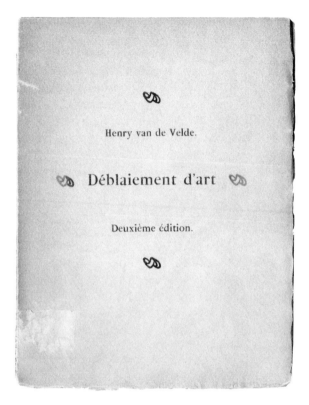

Abb. 1
Henry van de Velde, Déblaiement d'art, Umschlag, vermutlich 1905

Libre Esthétique gehalten hat (Abb. 1). Auf symptomatische Weise bedient sich van de Velde bereits in *Déblaiement d'art* einer Naturmetaphorik, die nicht nur eine Konstante seiner kunsttheoretischen Argumentation darstellt, sondern auch eine Parallele zu seiner Auffassung von Kunst und ihrer Wirksamkeit bildet. Ausgangspunkt für van de Veldes Argumentation ist die Kunst vergangener Jahrhunderte, die zusammengebrochen sei »wie ein gestürzter Baumriese«, den »Würmer [...] langsam zu Boden streckten«.[18] Dieser Gedanke lag bereits seiner Bildfindung in dem 1892 entworfenen Umschlag des Katalogs der ersten Ausstellung der Association pour l'Art (Antwerpen 1892) zugrunde (Abb. 2): Aus einem toten, in der trockenen Erde wurzelnden Baum wachsen

---

18 Henry van de Velde: Allgemeine Bemerkungen zu einer Synthese der Kunst. In: Pan 5 (1899/1900), H. 4, S. 261-270. Zitiert nach Henry van de Velde: Zum neuen Stil (Anm. 5), S. 36-56, hier S. 36. Die französische Ausgabe erschien 1895 unter dem Titel *Aperçus en vue d'une synthèse d'art* in Brüssel.

Abb. 2
*Henry van de Velde, Katalog der ersten Ausstellung der Association pour l'Art,
Umschlag, 1892*

Blüten, die einen starken Duft ausströmen – visualisiert durch Linien, die sich wellenartig ausbreiten. Sogenannte mitteilende Linien, die der Schrift vorbehalten sind, wechseln sich mit abstrakten Konfigurationen ab – die Dynamisierung der Linie spielt eine zentrale Rolle. Dieses Bild könnte gleichsam als Synonym für van de Veldes theoretisches Konzept stehen.

Van de Velde beschränkt sich in seinen kunsttheoretischen Schriften nicht darauf, die Entwicklung der bildenden Künste nachzuzeichnen und sein eigenes Tun vor diesem Horizont zu profilieren. Vielmehr verfolgt er in seinen Schriften einen ganzheitlich ausgerichteten Ansatz, der das Wechselverhältnis zwischen künstlerischen und gesellschaftlichen Entwicklungen exponiert. Van de Veldes sozial-ethisches Denken ist in einer sehr frühen Phase seiner künstlerischen Tätigkeit geprägt worden: Beeinflusst wurde er insbesondere von den Romanen Émile Zolas und Léon Cladels, von russischen Romanen (darunter Dostoevskijs *Die Brüder Karamasoff*), von den Schriften Friedrich Nietzsches (vor allem

Also sprach Zarathustra),[19] von der Bibel ebenso wie von Marx' und Engels *Kommunistischem Manifest*, von Kropotkins *Memoiren eines Revolutionärs* sowie Bakunins *Gott und der Staat*, nicht zuletzt auch von dem im späten 14. Jahrhundert verfassten und im 19. Jahrhundert populär gewordenen Andachtsbuch *Fioretti di San Francesco (Blümlein des Hl. Franz von Assisi)*.[20] Der gemeinsame Nenner dieser sehr heterogenen Schriften war – wie van de Velde bekannte – »die Auflehnung gegen den Egoismus der sozialen Verhältnisse am Ende des 19. Jahrhunderts, gegen die von der herrschenden Klasse heftig verteidigten Vorrechte«.[21] Mit dieser Einschätzung stellte sich van de Velde in die Tradition von William Morris, der ein enges Wechselverhältnis zwischen sozialen und politischen Prozessen auf der einen sowie künstlerischen Entwicklungen auf der anderen Seite konstatierte. Mit Kunst und ihrer Produktion, so die Vorstellung, seien positive gesellschaftliche Veränderungen zu erreichen, in deren Folge sogar die Klassengesellschaft zusammenbrechen könne. Morris wurde mit seiner Hinwendung zum Marxismus ein starker Fürsprecher der Arbeiterklasse.[22] Dieser Radikalisierung folgte van de Velde nicht bis zum Schluss. So trat er auch nicht öffentlich für seine politischen Überzeugungen ein, obwohl er keinen Hehl daraus machte, Sozialist und zugleich Anarchist zu sein. Er sah zwar parallele Entwicklungen zwischen der Ausbreitung des Sozialismus und der Etablierung einer »neuen Kunst«, doch behauptete er anders als Morris keinen strengen Kausalzusammenhang.[23]

Seine Freundschaft zu Constantin Meunier hinderte van de Velde nicht daran, auf kritische Distanz zu den Vertretern der sogenannten sozialen Kunst zu gehen. Den Werken von Jean-François Millet, Jozef Israëls oder Meunier begegnete er mit Skepsis, denn sie verliehen den auf dem Land arbeitenden Menschen zwar Bildwürde, idealisierten sie aber zugleich im Widerspruch zu ihrer faktischen Lebenswelt.[24] Van de Velde hatte andere Ansprüche an die Wirksamkeit seines künstlerischen Schaffens. Die zeitgleiche Auseinandersetzung mit den Schriften John Ruskins und William Morris' sowie sein Kontakt zu August Vermeylen und der Gruppe um die Zeitschrift *Van Nu en Straks* prägten dabei entscheidend sein Denken. Sein Verdikt galt insbesondere dem Ge-

---

19 Vgl. Henry van de Velde: Geschichte meines Lebens (Anm. 3), S. 37. Es geht hier nicht um die Richtigkeit seiner Angaben – Nietzsches *Also sprach Zarathustra* war gerade erst auf Deutsch erschienen, als van de Velde das Buch bereits gelesen haben will. Belegt ist jedoch die wiederholte Lektüre des Textes.
20 Vgl. ebenda, S. 54.
21 Ebenda.
22 So war William Morris führendes Mitglied der Social Democratic Federation bzw. später Gründungsmitglied der Socialist League.
23 Henry van de Velde: Allgemeine Bemerkungen (Anm. 18), S. 54.
24 Vgl. Henry van de Velde: Du paysan en peinture. Brüssel 1892; ders.: Der Bauer in der Malerei. Aus dem Französischen von Rudolf Alexander Schröder. In: Die Insel 2 (1900), S. 19-24, 210-217, 318-328.

mälde und der Statue (nicht gleichzusetzen mit den Gattungen der Malerei und Bildhauerei), die nach seiner Auffassung als Unikate in der Regel nur von einem Einzelnen für einen Einzelnen geschaffen wurden. Aufgrund ihres autonomen Anspruchs würden sich die Werke keinem Raumsystem unterordnen.[25] Die Künstler hätten zudem durch Eitelkeit und den Wunsch nach Erlangung persönlichen Ruhmes der Kunst die Grundlage entzogen.[26]

Daher war van de Veldes Abschied von der Malerei nicht nur konsequent, sondern in zweierlei Hinsicht wegweisend: aus der Erkenntnis heraus, dass ihn die Beschäftigung mit dem Pointillismus und dem Werk van Goghs zum einen lediglich zu einem Nachahmer gemacht hätte,[27] und dass zum anderen die bildkünstlerische Arbeit seinem sozial-ethischen Anspruch, der auf eine neue soziale Gesellschaftsordnung abzielte, widersprochen hätte.[28] Mit der Abwendung von der Malerei war zugleich eine Neubestimmung seines Künstlerbildes intendiert: Van de Velde sah den Künstler nunmehr als sozial verantwortungsvoll agierenden Protagonisten einer neuen gesellschaftlichen Ordnung.

Im Zuge der industriellen Entwicklung seien, so van de Velde, neue Ausdrucksformen entstanden, die eine Auf- und Höherbewertung der angewandten Kunst gegenüber den klassischen Gattungen erforderlich mache.[29] Mit seinem vorurteilsfreien Blick für industrielle Fertigungsverfahren setzte sich van de Velde von seinem ›Wegbereiter‹ William Morris ab: Diesen verehrte er zwar sehr, doch war er im Gegensatz zu ihm davon überzeugt, dass die Maschine ein notwendiges Instrument zur Hervorbringung von Gebrauchs- und Kunstgegenständen sei. Morris selbst hatte in den frühen 1880er Jahren seine Einstellung gewandelt: Seine sozialromantische Utopie, mit der Wiederbelebung mittelalterlicher Handwerksverhältnisse und -techniken und unter Verachtung der Maschine sowie arbeitsteiliger Prozesse Voraussetzungen für eine sozial gerechte Gesellschaft zu schaffen, war nicht nur an den faktisch gegebenen wirtschaftlichen Bedingungen gescheitert. Nicht die Maschine selbst stand länger im Fokus seiner Kritik, sondern deren einseitige Nutzung im kapitalistischen System. Hierin stimmten Morris und van de Velde überein. Letzterer betonte immer wieder, dass die Maschine nicht dem Einzelnen, sondern vielen Menschen zugutekommen werde.

Wie Morris beklagte auch van de Velde den Niedergang des Handwerks im 19. Jahrhundert: Die Schuld an dieser Entwicklung liege jedoch nicht bei der

---

25 Vgl. Henry van de Velde: Allgemeine Bemerkungen (Anm. 18), S. 50.
26 Vgl. Henry van de Velde: Eine Predigt an die Jugend (Anm. 1), S. 60; ähnlich lautend ders.: Allgemeine Bemerkungen (Anm. 18), S. 40-44.
27 Vgl. Marcel Daloze: Gemeinsame Argumente und individuelles Schicksal. Henry van de Velde und die »Association pour l'Art« (1892-1893). In: Klaus-Jürgen Sembach, Birgit Schulte (Hrsg.): Henry van de Velde (Anm. 9), S. 81-91, hier S. 86.
28 Vgl. Henry van de Velde: Geschichte meines Lebens (Anm. 3), S. 55.
29 Vgl. Henry van de Velde: Allgemeine Bemerkungen (Anm. 18), S. 37.

Maschine, sondern im Gewinnstreben der Industriellen, die mit seriell gefertigten »Scheußlichkeiten« die Weltmärkte überschwemmen würden.[30] Lohn- und Qualitätsdumping hätten das Verhältnis von Auftraggebern, Handwerkern und ihren Produkten zerstört – mit der Folge eines immer schnelleren Wechsels und ständig billigerer Produkte. Die »Mode« habe den »Stil« ersetzt.[31] Die »moralische« Beziehung zwischen dem Fabrikanten und seinem Produkt sei obsolet geworden, es fehle der Ansporn, »*es so gut wie möglich zu machen*« auf dem Weg zu »ewige[r] Schönheit«.[32] Während Morris die radikale Ansicht vertrat, eine »Wiederkehr der Schönheit« setze die Herausbildung einer gerechten und würdigen sozialen Ordnung voraus,[33] agierte van de Velde als Repräsentant einer bürgerlichen Reformbewegung mit moderateren Forderungen: Sein Credo lautete, dass sich gleichsam jede Arbeit in Kunst verwandeln solle. Der Belgier forderte folglich ein gewandeltes Arbeitsethos, das dem gemeinsamen Ziel einer – wie Ruskin es formulierte – »künstlerischen Moral« verpflichtet sei.[34] Nicht selten wiederholte van de Velde Morris' Aussage: »Die Kunst ist der Ausdruck der Freude, die der Künstler bei seiner Arbeit empfindet«.[35] Van de Velde sprach in diesem Zusammenhang auch von »moralischer Kunst«.[36]

Lehnte Ruskin den Einsatz der Maschine kategorisch ab, da er in ihr eine Ursache für die Verelendung des Arbeiters sah, so bewertete van de Velde sie pragmatischer: Zum einen werde sie »Schönes erzeugen, sobald die Schönheit sie leitet«,[37] zum anderen werde sie das Leben aller Menschen erleichtern und deren Lebensqualität erhöhen. Voraussetzung hierfür sei jedoch die Einsicht in die Notwendigkeit eines »neuen Stils«, der von Moden befreit sei und den modernen Kunden (also die anonyme Masse) zu gutem Geschmack und Schönheit leite. Das Geld, das in der Vergangenheit durch die Moden für immer neue Modellkosten aufgebracht worden sei, könne fortan der Qualität des Materials und der Produktausführung zugutekommen.[38] Die Entwicklung von Prototypen müsse deshalb in der Hand von Künstlern liegen, denen auch die Wahl

---

30 Henry van de Velde: Geschichte meines Lebens (Anm. 3), S. 85.
31 Henry van de Velde: Die veränderten Grundlagen des Kunstgewerbes seit der Französischen Revolution. In: Ders.: Vom neuen Stil (Anm. 5). Zitiert nach Henry van de Velde: Zum neuen Stil (Anm. 5), S. 141-147, hier S. 142.
32 Ebenda, S. 143.
33 Henry van de Velde: Geschichte meines Lebens (Anm. 3), S. 168.
34 Henry van de Velde: Ruskin und Morris. Aus einem im Januar 1898 in Brüssel gehaltenen Vortrag. In: Ders.: Zum neuen Stil (Anm. 5), S. 68-76, hier S. 68.
35 Ebenda, S. 71; vgl. Henry van de Velde: William Morris. Kunsthandwerker und Sozialist. In: Ders.: Kunstgewerbliche Laienpredigten (Anm. 1), S. 73-136, hier S. 100.
36 Henry van de Velde: Prinzipielle Erklärungen (Anm. 16), S. 144.
37 Henry van de Velde: Wie ich mir freie Bahn schuf (Anm. 17), S. 36.
38 Vgl. Henry van de Velde: Die veränderten Grundlagen (Anm. 31), S. 146.

der Materialien vorbehalten sei.³⁹ Ungeachtet dieser Forderung sah van de Velde die Gefahr der Produktpiraterie, ein Kopieren von Modellen, noch ehe die Kosten des Prototyps und die der Gesamtfertigung gedeckt worden seien.⁴⁰ Es war somit folgerichtig, dass er bereits ab 1897 seine Möbel, kurz darauf auch seine Silberarbeiten und seine Keramiken zunächst mit einem Brandstempel beziehungsweise einer Punze, später auch mit Etiketten versah, die sein Signet trugen und damit auf sein Copyright verwiesen. Sein Signet hatte er sich zudem warenrechtlich als Muster eintragen lassen. Seiner Überzeugung nach sei ein Ende der Produktpiraterie erst dann erreicht, wenn alle von der ›Herrschaft‹, sprich von der Notwendigkeit eines Neuen Stil überzeugt seien. Sein Fokus war dabei keineswegs nur auf Deutschland oder Europa gerichtet. Er hatte den globalen Handel im Blick, der zu seiner Zeit vor allem den Export nach Asien und Afrika umfasste. Dort, so van de Velde, seien die Abnehmer der billigen Produkte.⁴¹

Von der Linie zum abstrakten Ornament

Für van de Veldes gesamte Theorie spielt die Linie eine entscheidende Rolle: Sie bildet über Jahrzehnte hinweg die Konstante seiner theoretischen Überlegungen.⁴² Van de Velde attestiert ihr zahlreiche Eigenschaften: Mal ist sie konstruktiv,⁴³ mal mitteilend, mal Ausdruck unterschiedlichster psychischer Dispositionen, mal ornamental.⁴⁴ Immer aber erweist sie sich als Grundbedingung jeder Flächen- und Raumkunst beziehungsweise jeden Ornaments und jeden dreidimensionalen Objektes. Vor diesem Hintergrund spricht van de Velde der Linie als gleichsam kleinstem gemeinsamen Nenner eine maßgebliche Bedeutung zu, legt doch ihr ›Wesen‹ die Grundlage für die Herausbildung eines Neuen Stil als eines organisch und ›vernunftgemäß‹ entwickelten Systems. Was bestimmt die Form einer Linie?

Unter Betonung ihrer psycho-physischen Wirkung schreibt van de Velde der Linie eine elementare, unmittelbare Kraft zu, die – menschlichen Gebärden vergleichbar – Erregung, Freude, Lust und anderes zum Ausdruck bringe und dieses universell, zu jeder Zeit und in jeder Kultur.⁴⁵ Trotzdem habe jede

---

39 Vgl. Henry van de Velde: Geschichte meines Lebens (Anm. 3), S. 85.
40 Vgl. Henry van de Velde: Die veränderten Grundlagen (Anm. 31), S. 146f.
41 Vgl. ebenda, S. 145-147.
42 Vgl. Henry van de Velde: Die Linie. In: Die Zukunft 10 (1902), Nr. 49, S. 385-388; ders.: Die Linie. In: Die neue Rundschau 19 (1908), S. 1035-1050.
43 Vgl. Henry van de Velde: Die Linie (Anm. 15), S. 193.
44 Vgl. ebenda.
45 Vgl. ebenda, S. 181; vgl. hierzu auch seine Beobachtungen der Feldarbeiter in Wechelderzande, die Eingang fanden in Henry van de Velde: Du paysan en peinture (Anm. 24).

Epoche eigene Liniencharakteristika hervorgebracht.[46] Das Wesen der Linie folge den »Gesetzlichkeiten ihrer abstrakten und struktodynamographischen Kräfte«.[47] Van de Veldes Begriffsfindung erinnert an die Theorie von Charles Henry, der eine auf mathematischen Prinzipien und Gesetzmäßigkeiten beruhende Lehre über die Schönheit zu begründen suchte und mit seiner sogenannten Dynamogenie (Steigerung der allgemeinen Nervenkraft und damit der Leistungsbereitschaft)[48] Einfluss auf die Neoimpressionisten um Georges Seurat und Paul Signac – zumindest in der Zeit vor 1893 – genommen hatte.[49]

Van de Velde nahm die Natur in ihrem kreativen Ausdrucksvermögen zum Vorbild. Am Meeresstrand seien ihm die durch Wind und »zurückflutende[-] Wellen im Sand« gezeichneten Linien aufgefallen, »vergängliche, eigenwillige, raffinierte abstrakte Ornamente«.[50] Allerdings ging es ihm nicht darum, die Natur bloß nachzuahmen. Vielmehr suchte er nach einer Gesetzmäßigkeit beziehungsweise nach den die Form der Linien bestimmenden Regeln – mit dem Ziel einer rein abstrakten Ornamentik, die »ihre Schönheit aus sich selbst und aus der Harmonie der Konstruktionen und der Regelmäßigkeit und dem Gleichgewicht der Formen, die ein Ornament zusammensetzen, schöpft«.[51] Trete eine Linie zu einer anderen in eine logische und konsequente Beziehung, seien beide wie Töne in der Musik.[52]

Liegen aber diese Richtung gebenden Linien einmal fest, so braucht man nur noch abzuleiten, sich über die, welche die Anlage verlangt, über die, welche sich verbieten, und die, welche als Ergänzung notwendig sind, klar zu werden. Denn dies ist eine Empfindung, die mich nicht verläßt: ganz ebenso wie die Farben haben auch Linien ihre ergänzenden Werte. Eine Linie verlangt ebenso die bestimmte Richtung einer anderen, wie das Violett nach Orange,

---

46 Vgl. Henry van de Velde: Die Linie (Anm. 15), S. 192.
47 Henry van de Velde: Geschichte meines Lebens (Anm. 3), S. 295.
48 Vgl. Michael F. Zimmermann: Seurat. Sein Werk und die kunsttheoretische Debatte seiner Zeit. Weinheim 1991, S. 249.
49 Vgl. ebenda, S. 233. Deutlich wird die Beschäftigung van de Veldes mit der Theorie Henrys auch dadurch, dass an seinem Kunstgewerblichen Seminar in Weimar »auf Grund der jüngsten Forschungen auf dem Gebiet der Farbe durch den französischen Physiker Chevreul, die Amerikaner N. O. Rood und Maxwell und den Professor an der Sorbonne, Charles Henry« gelehrt wurde. Henry van de Velde: Geschichte meines Lebens (Anm. 3), S. 294; vgl. Michael F. Zimmermann: Seurat (Anm. 48), S. 234. Dies überrascht auch insofern, als sich die meisten Anhänger bereits vor 1900 nach dem Verdikt von Henrys Pseudowissenschaftlichkeit von ihm distanziert hatten.
50 Henry van de Velde: Geschichte meines Lebens (Anm. 3), S. 68.
51 Henry van de Velde: Das neue Ornament. In: Ders.: Die Renaissance im modernen Kunstgewerbe (Anm. 11). Zitiert nach Henry van de Velde: Zum neuen Stil (Anm. 5), S. 94-104, hier S. 94.
52 Vgl. ebenda.

das Rot nach Grün usw. verlangt. [...] Diese drei Regeln sind: Die Ergänzungen, Abstoßung und Anziehung, der Wille, welcher verlangt, daß den negativen Formen eine ebenso große Bedeutung zufalle wie den positiven.[53]

Welche Funktion hat ein Ornament? Wieder bediente er sich eines naturmetaphorischen Bildes: Das Ornament müsse wie ein »Pfropfreiser« werden: Von der gleichen Natur wie der Stamm, müsse es sich aus diesem entwickeln – »lebenschaffend und Blüten und Früchte spendend«.[54] Nur so erlange es eine Daseinsberechtigung. Das Ornament ist für van de Velde nicht autonom, es hat »kein eigenes Leben für sich«, »sondern [hängt ab] von dem Gegenstande selbst, seinen Formen und Linien [...] und [erhält] von ihnen den organischen richtigen Platz«.[55] Aufgabe des Ornaments sei es, die Konstruktion einer Architektur oder eines Objektes zu unterstützen.[56]

Hülle aller Konstruktionen

In seinen kunsttheoretischen Schriften wendete sich van de Velde entschieden gegen ein ›l'art pour l'art‹. Seine Forderung zielte auf eine »Vernunftgemäßheit in Sein und Schein«.[57] Er setzte – und dies spiegelt seinen humanistischen Ansatz wider – bei der sozialen Funktion von Kunst an: »Um den verloren gegangenen Sinn für lebendige und kecke, klare Farben, für kraftvolle und starke Formen und für vernunftgemäße Konstruktionen zurückzufinden, muß man da suchen gehen, wohin die ›schönen Künste‹ nicht haben vordringen können, und zwar da, wo alle künstlerische Absicht sich den notwendigen, nützlichen Dingen zuwendet, z. B. in unserer Kleidung – oder in unserem Haus«.[58] Das Haus, den Raum und den Menschen begreift van de Velde als Organismen, in denen alle Teile einem großen Ganzen in logischer und vernunftmäßiger Ordnung dienen. Analog zum Verhältnis von Skelett und Körper in der Natur[59] entwickle sich der Organismus ›Raum‹ oder ›Haus‹ als ein System, dem sich alle Teile logisch unterordnen.

---

53 Ebenda, S. 100 f.
54 Henry van de Velde: Das Ornament als Symbol. In: Ders.: Die Renaissance im modernen Kunstgewerbe (Anm. 11). Zitiert nach Henry van de Velde: Zum neuen Stil (Anm. 5), S. 85-93, hier S. 90.
55 Henry van de Velde: Was ich will. In: Die Zeit (Wien), 9. März 1901, S. 154 f. Zitiert nach Henry van de Velde: Zum neuen Stil (Anm. 5), S. 80-84, hier S. 83.
56 Vgl. Henry van de Velde: Prinzipielle Erklärungen (Anm. 16), S. 186.
57 Henry van de Velde: Ein Kapitel über Entwurf und Bau moderner Möbel. In: Pan 3 (1897/98), H. 4, S. 260-264. Zitiert nach Henry van de Velde: Zum neuen Stil (Anm. 5), S. 57-67, hier S. 57.
58 Henry van de Velde: Allgemeine Bemerkungen (Anm. 18), S. 46.
59 Vgl. Henry van de Velde: Geschichte meines Lebens (Anm. 3), S. 205.

Dass für van de Velde der ›Raum‹ keine Bedeutung habe, wie Günther Stamm in seiner monographischen Studie behauptet hat,[60] ist zu bezweifeln. Auch wenn der Raum für den Belgier keine feste und starre Ordnung ausbildet, entsteht er aus der Linie sowie deren freien und zugleich der Vernunft und Logik unterworfenen Entwicklung. Die Linie sieht van de Velde in Analogie zu einer Rippe, die in logischer und funktionaler Beziehung zu einer zweiten stehe, eigenständig und zugleich voneinander abhängig. Wie Rippen seien Linien konstruktive Teile eines Skeletts, um das sich die »Hülle aller Konstruktionen«[61] lege – sei es ein Haus, ein Möbel, ein Zimmer, sei es ein Kleid.[62] Zutreffend schreibt Jutta Thamer: »Weder der Illusionsraum der Malerei und Graphik noch der kompakte, nach außen abgeschlossene, fest umgrenzte Raum der Architektur oder der volumenhaltige Raum der Plastik waren für van de Velde weiterhin allein maßgeblich«.[63] Das Aufgehen eines Einzelnen in einer Gesamtheit – ein neu zu definierendes Verhältnis von Hülle und Inhalt[64] – liegt einerseits dem um die Jahrhundertwende favorisierten Konzept des Gesamtkunstwerks zugrunde, andererseits beleuchtet es darüber hinaus van de Veldes lebensphilosophischen Ansatz. Das Wohnhaus gewinnt dabei eine zentrale Rolle: »Das Haus und Heim jedes Einzelnen aber wird zu einer Verkörperung der Urgedanken der verschiedenen Bauwerke, denen wir früher, naiv genug, die Mission zuwiesen, unsern Glauben, sei es nun an Gott, an Gerechtigkeit oder an Staatsgemeinschaft zu symbolisieren«.[65] Das Haus begreift van de Velde gleichsam als Synonym für eine neue gesellschaftliche Ordnung, als ein System, an dessen Aufbau alle gleichberechtigt beteiligt seien und das auf die physische und psychische Disposition des Menschen »lebenskräftigend« zurückwirke.[66] Wie Linien aufeinander reagierten, so stünde auch jedes Element eines Hauses zu einem anderen in einer Wechselbeziehung:

60 Vgl. Günther Stamm: Studien zur Architektur und Architekturtheorie Henry van de Veldes. Diss. Göttingen 1973, S. 209.
61 Henry van de Velde: Prinzipielle Erklärungen (Anm. 16), S. 174.
62 Vgl. hierzu auch die zentralen Aufsätze: Henry van de Velde: Die künstlerische Hebung der Frauentracht. Krefeld 1900; ders.: Das neue Kunst-Prinzip in der modernen Frauen-Kleidung. In: Deutsche Kunst und Dekoration 10 (1902), S. 363-386.
63 Jutta Thamer: Die Eroberung der dritten Dimension. Raum und Fläche bei Henry van de Velde. In: Klaus-Jürgen Sembach, Birgit Schulte (Hrsg.): Henry van de Velde (Anm. 9), S. 132-147, hier S. 132.
64 Vgl. Henry van de Velde: Prinzipielle Erklärungen (Anm. 16), S. 175.
65 Henry van de Velde: Allgemeine Bemerkungen (Anm. 18), S. 51.
66 Für van de Velde war »lebenskräftigend« eine wichtige Kategorie, die er bei William Morris noch nicht erfüllt sah. Vgl. Henry van de Velde: Die Rolle der Ingenieure in der modernen Architektur. In: Ders.: Die Renaissance im modernen Kunstgewerbe (Anm. 11). Zitiert nach Henry van de Velde: Zum neuen Stil (Anm. 5), S. 110-114, hier S. 110.

[I]ch meine die Erkenntnis, daß ein Möbel, daß jeder Gegenstand, außer der eigenen Silhouette, die er auf die Wand, in die Luft, kurz auf jeden Hintergrund zeichnet, zugleich auch in diesem Hintergrund eine der seinigen sich genau anschmiegende, umgekehrte Form ausschneidet und daß diese negative Form ebenso wichtig ist, wie die des Gegenstandes selbst und ein sicheres Urteil über die Schönheit des Dinges ermöglicht.[67]

Materialien

Dem Material und seiner Verwendung räumte van de Velde einen hohen Stellenwert ein. Der Werkstoff – sei er aus Stein, Holz, Metall oder ähnlichem – sei nicht an sich schön, sondern müsse »vom Tode zum Leben« geführt werden,[68] indem der Künstler ihn mit »Leidenschaft« und mit dem Wissen um dessen Beschaffenheit bearbeite. So werde er auf Licht und Schatten, auf Proportionen und Rhythmen reagieren. Dadurch wiederum würden Empfindungen ausgelöst – sowohl bei dem, der den Werkstoff bearbeite, als auch bei seinen späteren Nutzern.

Von besonderer Bedeutung waren für van de Velde neue Werkstoffe. Mit einer Klassifizierung sämtlicher Materialien wollte er erreichen, dass sie gemäß den funktionellen Anforderungen, die sie zu erfüllen hatten, ausgewählt würden. Die Schlagworte ›Materialechtheit‹ und ›Materialgerechtigkeit‹ fallen dabei zwar nicht, sind aber intendiert. Van de Velde verwahrte sich dagegen, moderne Materialien wie Eisen, Stahl oder Aluminium aus Kostenersparnis als Imitate für ältere Werkstoffe einzusetzen. Er forderte im Gegenteil, aus neuen Materialien neue Formen zu entwickeln.[69]

»Unser Geschick nun ist es, auf einer solchen Grenzscheide zu stehen und in einer Zeit zu leben, in der die Kunst einem gestürzten Baumriesen gleich am Boden liegt, in der wir gleichzeitig jedoch auf Felder mit neu aufgrünenden Saaten sehen«.[70] Gerade Ingenieure hätten zum Beispiel mit einer Glühlampe oder einem eisernen Brückenbogen »Schönheit« hervorgebracht.[71] Der »neue Stil« fuße deshalb nicht nur auf den Prinzipien der Logik und der Vernunft, sondern richte sich auch »nach den genauen, notwendigen und natürlichen

---

67 Henry van de Velde: Ein Kapitel über Entwurf und Bau moderner Möbel (Anm. 57), S. 59.
68 Henry van de Velde: Die Belebung des Stoffes als Prinzip der Schönheit. In: Ders.: Essays (Anm. 14). Zitiert nach Henry van de Velde: Zum neuen Stil (Anm. 5), S. 169-180, hier S. 170. Vgl. ders: Die Belebung des Stoffes als Schönheitsprinzip. In: Kunst und Künstler 1 (1902/03), H. 12, S. 453-463.
69 Vgl. Henry van de Velde: Prinzipielle Erklärungen (Anm. 16), S. 165.
70 Henry van de Velde: Allgemeine Bemerkungen (Anm. 18), S. 36.
71 Henry van de Velde: Prinzipielle Erklärungen (Anm. 16), S. 171.

Gesetzen des dazu verwandten Materials«.[72] Dies waren auch van de Veldes ›Glaubenssätze‹, sein Credo, das er mit den Worten formulierte:

> Du sollst die Form und die Konstruktion aller Gegenstände nur im Sinne ihrer elementaren, strengsten Logik und Daseinsberechtigung erfassen. Du sollst diese Formen und Konstruktionen dem wesentlichen Gebrauch des Materials, das du anwendest, anpassen und unterordnen. [...] Wenn wir entschlossen sind, nie mehr das anzuwenden, was wir als unsinnig eingesehen haben; wenn wir entschlossen sind, uns eine logische Auffassung alles dessen anzueignen, was wir als unlogisch erkannt haben, dann arbeiten wir an der Entstehung eines neuen Stils, seien wir Laien, Künstler oder Handwerker![73]

Resultierend aus seiner Beschäftigung mit der Linie war es nur folgerichtig, dass Eisen in seinen theoretischen Überlegungen eine prominentere Rolle als andere Werkstoffe spielte, da mit ihm konstruktive Zusammenhänge leichter offengelegt werden können. Geradezu schwärmerisch schrieb er: »Die Eisenkonstruktion ließ wirklich die logische Auffassung und den Sinn der Konstruktion zutage treten, die sich seit der dorischen Kunst noch nie so nackt, so mächtig und so schön vor unseren Blicken gezeigt hatten«.[74]

Der Neue Stil

Henry van de Velde war wie viele ›Prediger‹ seiner Zeit davon überzeugt, dass in der Folge der Industrialisierung und der lebensweltlichen Veränderungen während des 19. Jahrhunderts ein neuer Menschentyp entstanden sei,[75] der andere Bedürfnisse habe und der nicht nur vernunftgemäßer und logischer, sondern zugleich auch gesellschaftlich verantwortungsvoller handle. Es war eine Art Heilsgewissheit, die van de Velde der Zukunft als einer ›neuen Zeit‹ zusprach. Auf diese Prämisse habe ein Neuer Stil zu reagieren, ein Stil, der ausgehe von der vitalistischen und universellen Kraft der Linie, die seit archaischer Zeit elementarer Ausdrucksträger jeder Kultur sei. Das sich auf der Grundlage von Gesetzmäßigkeiten entwickelnde abstrakte Ornament, fern von jeglichem naturalistischen Formenkanon, dürfe überzeitliche Gültigkeit auch deshalb beanspruchen, weil es keinem vorausgegangenen Stil mehr verpflichtet

---

72 Ebenda, S. 172.
73 Henry van de Velde: Das Streben nach einem Stil (Anm. 5), S. 150f.
74 Henry van de Velde: Der neue Stil. Zuerst veröffentlicht in: Ders.: Vom neuen Stil (Anm. 5). Zitiert nach Henry van de Velde: Zum neuen Stil (Anm. 5), S. 156-168, hier S. 162f. Vgl. ders.: Die Linie (Anm. 15), S. 192.
75 Vgl. Henry van de Velde: Der neue Stil (Anm. 74), S. 158f.

sei. Das abstrakte Ornament habe eine eigene, wenn auch nicht autonome Daseinsberechtigung gewonnen, denn es bleibe abhängig von den konstruktiven und materiellen Voraussetzungen seines ›Trägers‹.

Es ist nicht ein lebensfernes ideologisches System, das van de Velde geleitet hat. Ihn wird im Gegenteil stets die Frage bewegt haben, wo ›Leben‹ elementar stattfindet. Der Mensch und sein Wohn- und Arbeitsplatz sind für ihn gleichsam die Keimzellen für das Wechselspiel von ästhetisch-moralischer Kulturerneuerung und neuer sozialer Gesellschaftsordnung. Es sind die Zentren, in denen Kunst und Leben symbiotisch aufeinander reagieren. Van de Veldes sozial-ethischer Anspruch ist seinem Credo mit dem Ziel eingeschrieben, die Physis des Menschen »mit einer dogmatischen Ruhe [zu] erfüllen, die in dem Gedanken liegt, dass alle Dinge des materiellen und moralischen Lebens *so* sind, *wie sie sind*, weil sie nicht anders sein können, aber dass sie in der Tat durch unsere gemeinsamen Bestrebungen zum Guten *das* sind, *was sie sein sollen*«.[76]

---

76 Henry van de Velde: Prinzipielle Erklärungen (Anm. 16), S. 195.

DIETER DOLGNER

»Ich war totaler Autodidakt«
Henry van de Veldes Selbstverständnis als Architekt

Henry van de Veldes breit gefächerte Tätigkeit als Kunstgewerbler und Architekt wurde von einer kontinuierlichen theoretischen Selbstvergewisserung, der pädagogisch-missionarische Züge nicht fremd waren, begleitet und fundiert. Dennoch hinterließ van de Velde kein umfassendes, in sich geschlossenes System einer Kunst- und Architekturtheorie. Vielmehr äußerte er sich unter einprägsamer Rekapitulation nur zu solchen Aspekten, die seinen An- und Absichten dienlich schienen, während andere ausgeblendet blieben.[1] Frühzeitig begann er, sein Selbstverständnis und seinen Status als Architekt zu reflektieren.[2]

Architekturkritik

Die Triebkraft für sein eigenständiges künstlerisches Wollen und Wirken bezog Henry van de Velde aus der Opposition gegen den eklektischen Geschmack seiner Umwelt, gegen das Imitieren historischer Stile und das Kopieren tradierter Formen. Nur die griechische und die gotische Architektur akzeptierte er als authentische Stile, während er die römische Antike sowie die Renaissance, das Barock, das Rokoko und den Historismus als von steriler Nachahmung bestimmte Epochen verurteilte. Mit diesem Aufbegehren verband sich für van de Velde immer auch ein Kampf gegen bürgerliche Moralvorstellungen. Seine Abwehrreaktion richtete sich gegen den verstaubten Akademieunterricht und die ihm unerträglich erscheinende architektonische Praxis, die er öffentlich als scheußlich und hässlich brandmarkte. Der äußere Anlass für die Hinwendung des Malers zur Architektur bestand 1895/96 nicht von ungefähr in der Aufgabe, in Uccle bei Brüssel ein Haus für sich und seine Familie zu entwerfen und

---

1 Zu den theoretischen Positionen Henry van de Veldes in ihrer historischen Verankerung und aktuellen Entwicklung vgl. Karl-Heinz Hüter: Henry van de Velde. Sein Werk bis zum Ende seiner Tätigkeit in Deutschland. Berlin 1967, S. 223-246; Günther Stamm: Studien zur Architektur und Architekturtheorie Henry van de Veldes. Göttingen 1973, S. 141-266.
2 Vgl. Henry van de Velde: Welche Rolle spielt der Architekt in der Entwicklung eines zeitgemäßen Stils? In: Wiener Rundschau 3 (1899), S. 612-615.

einzurichten, um sich nicht der herrschenden historistischen Architekturkonzeption ausliefern zu müssen (Abb. 1). Van de Velde erinnerte sich:

> »Es genügt, nachzuahmen und zu kopieren«, sagten unsere Lehrer. – »Man muß nachahmen und kopieren«, sagten nach ihnen ihre Schüler, die zu wenig Unbefangenheit besaßen, um zu erkennen, daß durch diese gemeinschaftlichen, elenden Feigheiten sowohl die Architektur als auch das Kunstgewerbe dem Blödsinn verfallen waren. Meine Generation hat [...] den Alp gekannt, unter Menschen von getrübter Intelligenz geführt zu werden, die mit den organischen Elementen der Architektur spielten wie Kinder mit Bauklötzen, die Säulen und Bögen, Giebel und Gesimse aufeinandersetzten ohne irgend welchen Sinn, ohne irgend welchen Grund, ohne irgend welche Konsequenzen. Wir empfinden noch heute mit Grauen, in einem Irrenhaus geweilt [...] zu haben [...]. Auf unserer Jugend lastete unausgesetzt die Häßlichkeit der Schulsäle und Wohnungen, eine Häßlichkeit, die nagt und zehrt wie das Laster; eine Häßlichkeit, [...] die uns ebenso anwidert wie der Schmutz der Großstädte, der uns am Fleisch, am Herzen und am Gehirn haftet.[3]

Van de Velde sah die Architektur seiner Zeit vor allem dadurch in eine tiefe Krise gestürzt, dass sie »ganz clichémäßig und schablonenhaft vorging, sodaß Alles, was man um uns herum baute, völlig kümmerlich und steril ausfiel«.[4] In seiner Analyse der von ihm angetroffenen architektonischen Situation führte er weiter aus:

> Nichts trägt so deutlich das Zeichen des gegenwärtigen Verfalls als ein modernes Haus; es ist wie eine betrügerische Bilanz und wie ein Geldschrank, die Strasse ist die grenzenlose Kloake, wo diese Geldspinde und diese nicht stimmenden Bilanzen sich aneinander reihen. Die Architektur ist ebenso verdorben wie unsere Moral: betrügerisch ist die schlechte Beschaffenheit der verwendeten Rohstoffe, betrügerisch der lügenhafte Anstrich, der auf eine mehr als zweifelhafte Festigkeit schliessen lassen will, betrügerisch die Nachtäuschung eines teueren Stoffes durch wertloseres Material [...].[5]

Der Wirtschaftsliberalismus des 19. Jahrhunderts eröffnete dem Architekten einerseits die Freiheiten, ein Standesbewusstsein auszubilden und schöpferische

---

3 Henry van de Velde: Der neue Stil. In: Ders.: Vom neuen Stil. Der »Laienpredigten« II. Teil. Leipzig 1907, S. 51-83, hier S. 56-58.
4 Henry van de Velde: Allgemeine Bemerkungen zu einer Synthese der Kunst. In: Pan 5 (1899/1900), H. 4, S. 261-270, hier S. 264; vgl. auch Henry van de Velde: Geschichte der Renaissance im modernen Kunstgewerbe. In: Ders.: Die Renaissance im modernen Kunstgewerbe. Berlin 1901, S. 7-82, hier S. 34.
5 Henry van de Velde: Die Rolle der Ingenieure in der modernen Architektur. In: Ders.: Die Renaissance im modernen Kunstgewerbe (Anm. 4), S. 109-123, hier S. 114f.

Abb. 1
Henry van de Velde, Haus Bloemenwerf, Uccle, 1895/96

Autonomie zu reklamieren, andererseits entzogen ihm Gesetzeslage und Marktmechanismen einen Großteil seines ureigensten Arbeitsfeldes auf dem weiten Gebiet des sogenannten Nutzbaus. Kein Wunder also, dass sich eine reduzierte Auffassung von den Aufgaben und Funktionen des Architekten herausbildete. Er pflegte argwöhnisch den Status eines freien Künstlers, eines Spezialisten für Schönheit, der die gehobenen Bauaufgaben in Übereinstimmung mit der historischen Überlieferung zu lösen und die ideell-ästhetische Seite des Schaffensprozesses zu kultivieren habe. Auf die Einschränkungen ihres Tätigkeitsbereiches und den Verlust komplexer Produktivität reagierten viele Architekten mit kompensatorischer Überheblichkeit und mit einem Rückzug auf das ästhetische, historische und ikonologische Terrain. Das hochgezüchtete Ideal, unbekümmert um materiell-technische Bedingungen und soziale Bedürfnisse in künstlerischer Unabhängigkeit schaffen zu können, hatte die Architekten als eine im Bauwesen elitäre Schicht in eine Sonderstellung manövriert, deren Absurdität erst die Reformbewegung um 1900 entlarvte, in der van de Velde eine gewisse Bedeutung gewann.

Der Neue Stil

Den Ausweg aus diesem Dilemma sah Henry van de Velde gemeinsam mit anderen Reformkünstlern im konsequenten Bruch mit der Tradition, »mit der Imitation der historischen Stile und mit den architektonischen Moden des 19. Jahrhunderts [...], die den niedersten Grad eines verderbten Geschmackes erreicht hatten«.[6] Van de Velde glaubte, »dass alles von neuem angefangen werden muss, weil alles um uns herum hässlich geworden, da alles nur aus Lüge und Torheit besteht«.[7] Angesichts dieser Erkenntnis beanspruchte er für sich das Recht und die Pflicht, mittels vernunftgemäßer Gestaltung einen Neuen Stil zu entwickeln, der einen Ausweg aus der Misere weisen könne. Die »vernunftgemäße Schönheit« sollte in den Prinzipien der Nützlichkeit und Zweckmäßigkeit, der Material- und Konstruktionsgerechtigkeit sowie der Anschaulichkeit ihre Grundbestimmung finden. Schönheit empfand van de Velde nur in der von aller künstlerischen Willkür befreiten, gesetzmäßig und logisch entwickelten Form, in der Wirkung elementarer Mittel sowie in deren Übereinstimmung mit ethischen Werten. Die Linie wurde zum konstitutiven Element: »Eine Linie ist eine Kraft, die ähnlich wie alle elementaren Kräfte tätig ist; mehrere in Verbindung gebrachte, sich aber widerstrebende Linien bewirken dasselbe, wie mehrere gegeneinander wirkende elementare Kräfte«.[8]

Er wollte die aus abstrakten Linienverknüpfungen entfalteten Formen keineswegs als Phänomene einer neumodischen und aus gefühlsbetonter Subjektivität hervorgehenden Dekorationsart missverstanden wissen, sondern zu innerlich begründeter funktioneller Gestaltung erhoben sehen.

Van de Velde negierte durchaus nicht die historische Berechtigung des Ornaments, wie gleichzeitig Hermann Muthesius oder in provokanter Zuspitzung der Wiener Adolf Loos, denn: »Wer sein Leben lebt ohne den Zierat der Kunst, lebt nicht voll, er schöpft nicht aus, was die Stunden des Lebens ihm an Genuss bieten, und häuft Verlust auf Verlust. [...] Ein Leben ohne Schmuck ist ebenso wenig wahres Leben, wie das in den Klöstern, wo Männer oder Frauen in steter Negation ihrer natürlichen Bestimmung dahinleben«.[9] Van de Velde wollte das Ornament jedoch sowohl aus seinem historischen Korsett als auch aus seinen willkürlichen Verwendungszusammenhängen lösen, um es so zum Spiegel und Symbol von Wesenszügen werden zu lassen. In diesem Sinne sprach er sich von Anfang an gegen den floralen Jugendstil und dessen Naturnach-

---

6 Henry van de Velde: Geschichte meines Lebens. Hrsg. und übertragen von Hans Curjel. München 1962, S. 93.
7 Henry van de Velde: Prinzipielle Erklärungen. In: Ders.: Kunstgewerbliche Laienpredigten. Neuausgabe mit einem Nachwort von Sonja Günther. Berlin 1999, S. 137-195, hier S. 168.
8 Ebenda, S. 188; vgl. auch Henry van de Velde: Die Linie. In: Ders.: Essays. Leipzig 1910, S. 39-74.
9 Henry van de Velde: Geschichte der Renaissance (Anm. 4), S. 36 f.

ahmung aus. Stattdessen hielt er die Entdeckung eines Ornaments für notwendig, »dessen Eigentümlichkeiten mit dem logischen und vernünftigen Prinzip des Schaffens verschmelzen würde. Ein naturalistisches, ja selbst stilisiertes Ornament würde nie den Eindruck der Unabänderlichkeit und den endgültigen Begriff der Dinge, die wir schaffen, vervollständigen«.[10] Mit der Organik der Naturform verband ihn nicht ein ornamentaler, sondern ein struktureller Deutungszusammenhang, der seine Begründung nicht zuletzt in naturwissenschaftlichen Erkenntnissen sowie in den statischen und funktionellen Bedingungen von Maschinen, Fahrzeugen und Ingenieurbauten fand. Die unermüdliche Suche nach elementaren Formgesetzen entfernte van de Velde zwangsläufig von der Orientierung an Naturformen beziehungsweise am konkret Gegenständlichen und führte ihn zur Abstraktion. Insofern befand er sich in Übereinstimmung mit wesentlichen architektonischen und künstlerischen Tendenzen seiner Zeit.

Bildung und Status des Architekten

Zur Generation Henry van de Veldes gehörende und – zumindest im beamtenrechtlichen Sinne – als vollwertig geltende Architekten erhielten ihre Ausbildung an den Technischen Hochschulen. Ein langjähriges Studium in den technischen und künstlerischen Fächern, kombiniert mit Phasen praktischer Tätigkeit, schloss schließlich mit der zweiten Staatsprüfung zum ›Regierungs-Baumeister‹ ab. Die meisten Kunstakademien hatten infolge des technischen Fortschritts ihre Architektenausbildung seit den 1880er Jahren aufgegeben. Als Ersatz fanden angehende Architekten zusätzliche Bildungsmöglichkeiten an Bauschulen, Baugewerkschulen, Gewerbeschulen, Kunstgewerbeschulen und ähnlichen Einrichtungen, so dürftig sich das dort Gebotene auch immer darstellen mochte. Die ästhetische Schulung orientierte sich ausschließlich am Formengut der Geschichte. Dagegen hatte van de Velde erwartungsgemäß Prinzipielles einzuwenden. So spricht er in seinem Essay *Die Rolle der Ingenieure in der modernen Architektur* von einer »entnervenden Ausbildungsweise«,

> welche eher auf eine vertiefte Kenntnis der Baukunde der Vergangenheit, als auf eine Kenntnis der neuen Mittel und Stoffe, über welche wir heute verfügen, gerichtet war; einer Ausbildungsweise, die alle die Kräfte, über welche sie verfügen konnte, für ihren eigenen Ruhm aufgerieben und nicht dazu verwendet hat, uns mit einer Architektur zu beschenken, die mit unseren Bedürfnissen, unserem Geschmack und unseren Sitten in Einklang gestanden hätte.[11]

---

10 Henry van de Velde: Prinzipielle Erklärungen (Anm. 7), S. 182; vgl. auch Henry van de Velde: Das neue Ornament. In: Ders.: Die Renaissance im modernen Kunstgewerbe (Anm. 4), S. 97-108.
11 Henry van de Velde: Die Rolle der Ingenieure (Anm. 5), S. 115.

Die Bezeichnung ›Architekt‹ war bis in die 1930er Jahre gesetzlich nicht geschützt. Die zwischen 1860 und 1869 in den deutschen Staaten und Städten schrittweise eingeführte Gewerbefreiheit gab jedem, der sich berufen fühlte oder eine Einnahmequelle entdeckt hatte, das Recht, im Bausektor nach eigenen Entwürfen tätig zu werden. Van de Velde konstatierte grimmig: »Die absolute Freiheit in der Ausübung der verschiedenen Handwerke zog bald Leute herbei, die das ausnutzten und sich keine Gedanken darüber machten, die Handwerke schlecht zu betreiben«.[12] Die günstige, verlockende Gelegenheit nutzten in erster Linie die nur notdürftig als sogenannte Baugewerksmeister qualifizierten Bauunternehmer, um eine den akademisch gebildeten Architekten abträgliche, von wildem Spekulationswesen und gewissenlosem Profitstreben diktierte, in der Regel minderwertige Bautätigkeit zu entfesseln. Auch van de Velde bekam mit solchen Personen, zum Beispiel dem Weimarer Bauunternehmer Bruno Röhr, massive Schwierigkeiten. Noch am 28. September 1912 wurde in einem Urteil des Berliner Kammergerichts die Architektur im Interesse der Baulobby mit gehässiger Ignoranz »vielmehr als ein Gewerbe betrachtet, ohne daß dabei an eine hohe baukünstlerische Vorbildung oder eine besondere künstlerische Befähigung gedacht wird«.[13] Mit bissigem Spott forderte van de Velde die Regierung auf, sie möge das Niveau des Architekturdiploms doch wenigstens soweit anheben, um »zu verhindern, daß die Bauunternehmer ihre Kunden zum Verzicht auf die Mitarbeit eines Architekten veranlassen würden«.[14] Um die Qualität des Studienabschlusses ging es in dieser Konkurrenzsituation allerdings am allerwenigsten, sondern darum, dass die Bauunternehmer zusätzlich zur Ausführung die Projektierung gratis mitzuliefern schienen, während die auf das Entwerfen angewiesenen Architekten für ihre Arbeit ein Honorar fordern mussten.

Die Architektenverbände sahen sich zum Schutz ihres geistigen und künstlerischen Eigentums zu einer schärferen Profilierung und deutlicheren Abgrenzung der Berufsbezeichnung gedrängt. Sie sahen – so formuliert 1908 auf dem internationalen Architektenkongress in Wien – in dem Architekten nur den »freien, selbständig schaffenden Baukünstler, der [...] als Vertrauensmann und gewissermaßen als Bauanwalt seines Bauherrn« handelt.[15] Mit einem solchen Berufsverständnis konnte sich van de Velde allemal identifizieren. Dass er wie auch die anderen Laienarchitekten ohne die Vergünstigung der Gewerbefreiheit unter kammerrechtlichen Bedingungen als Architekt eigentlich gar nicht hätte arbeiten dürfen, ignorierte er geflissentlich. Es war ihm möglicherweise als Problem nicht einmal bewusst.

---

12 Henry van de Velde: Die veränderten Grundlagen des Kunstgewerbes seit der Französischen Revolution. In: Ders.: Vom neuen Stil (Anm. 3), S. 4-20, hier S. 11.
13 Die Bezeichnung ›Architekt‹. In: Deutsche Bauzeitung 50 (1916), Nr. 51, S. 264.
14 Henry van de Velde: Geschichte meines Lebens (Anm. 6), S. 443.
15 Bund Deutscher Architekten. Der Architekt im heutigen deutschen Bauwesen. Eine kurze Denkschrift. In: Deutsche Bauzeitung 45 (1911), Nr. 70, S. 601.

Konversion zur Architektur

Bei der kritischen Abwendung vom Historismus schien die Architektur als ›Mutter aller Künste‹ am ehesten geeignet zu sein, dem geschmähten Stilchaos etwas Neues entgegenzusetzen. Die Protagonisten der Reformbewegung waren indes zumeist gar keine akademisch gebildeten Architekten, sondern zur Architektur konvertierte bildende Künstler.[16] Solche Konversionen hatte es zwar gelegentlich schon früher gegeben, nun aber wandten sich zahlreiche Maler und Bildhauer von ihrem Metier ab, um sich über die Gebrauchsgraphik und das Kunstgewerbe der Architektur zu nähern und zu bemächtigen. Als Vorbilder dienten die sozial-ästhetischen Thesen der Engländer John Ruskin und William Morris sowie die praktischen Ergebnisse der Arts and Crafts-Bewegung. Das Anliegen bestand vorrangig darin, die seit dem Ende des 18. Jahrhunderts beklagte Dissoziation zwischen der künstlerischen und der produktkulturellen Sphäre zu überwinden, eine breitere und nützlichere Verankerung der Kunst im alltäglichen Leben zu finden sowie mit einer komplexen Umweltgestaltung sich der sozialpolitischen und künstlerischen Verantwortung zu stellen.

Henry van de Velde war einer der ersten Deserteure. Seine moralische Entscheidung, das Wirken in den Dienst der Gesellschaft zu stellen, um sich zugleich selbst aus einer isolierten Position zu befreien, kann als mustergültig, sein künstlerischer Lebensweg vom Maler über den Gebrauchsgraphiker und Kunstgewerbler zum Architekten als exemplarisch gelten. Die Architektur wurde für ihn zur Triebfeder seines Handelns, zum Schlüssel des sozialen Bekenntnisses, zum Zentrum des angestrebten Gesamtkunstwerks. Aus seinem Status als Autodidakt gewann er eine ungewöhnliche gestalterische Freiheit und die charmante Art, sich als Künstler-Architekt zu empfehlen. Ihm folgten die Mitglieder der 1897 in München gegründeten Vereinigten Werkstätten für Kunst im Handwerk Peter Behrens, August Endell, Bernhard Pankok, Bruno Paul und Richard Riemerschmid. Auch aus anderen Berufen strömten der Architektur frische Kräfte zu. Als Ausdruck einer antiakademischen Haltung erschien das Bekenntnis zur Architektur und Handwerkskunst den Zeitgenossen keineswegs als Makel, sondern als Gütesiegel, gleichsam als Vorbedingung für den sich einstellenden Erfolg und Nachruhm. Darauf war man stolz: »Die Erneuerung der Architektur und der industriellen Künste wurde, vor allem in Deutschland, von Malern hervorgerufen. Als unbelastete Autodidakten haben sie diese Gebiete der Gestaltung umwälzend neubelebt«.[17]

---

16 Vgl. Ingrid Leonie Severin: Architekt – Amateur – Autodidakt? In: Ralph Johannes (Hrsg.): Entwerfen. Architektenausbildung in Europa von Vitruv bis Mitte des 20. Jahrhunderts. Geschichte, Theorie, Praxis. Hamburg 2009, S. 314-324.
17 Henry van de Velde: Geschichte meines Lebens (Anm. 6), S. 154.

Reformansätze

Henry van de Velde diagnostizierte für seine Zeit eine Fülle von Missständen und schickte sich daher an, diese als Architekt und Designer zu überwinden. Er beklagte den Widerspruch zwischen Kunst und utilitaristisch bestimmter Lebenswelt. Zwischen Mensch, Architektur und Umwelt sah er einen engen Zusammenhang:

> Es giebt übrigens ganz bestimmte allgemeine Beziehungen zwischen dem Menschen und der Umgebung, in der er lebt, sowie ganz bestimmte Beziehungen zwischen dem Menschen und dem Haus oder dem Zimmer, in dem er lebt. Aendert jemand einmal die Menschen – sei es nach guter oder schlechter Seite hin – so wird er damit auch seine Strassen und Häuser ändern [...].[18]

Van de Velde diagnostizierte einen Konflikt zwischen Inhalt und Form in Architektur und Kunst: »Das Motiv des Baues eines Hauses liegt in der Veranlassung, eine Fassade zu errichten, und der gute, bürgerliche Name des Eigentümers, sowie der Ruf seines Architekten hängen davon ab«.[19] Und: »Seit langem hatte die Hülle aller Konstruktionen [...] jede Aufrichtigkeit und jeden organischen Ausdruck verloren, sie führte ein eigenes Leben ohne Zusammenhang mit dem, was sie umgab«.[20] Auch den Grund für alle diese Gegensätze glaubte van de Velde erkannt zu haben, denn: »Heute handelt es sich nicht mehr darum, Gutes und Schönes zu fabrizieren, sondern nur [darum,] Geschäfte zu machen«.[21] Der Neue Stil aber brauche neue Bedingungen und einen neuen Menschen, von dem »neue moralische und physische Eigenschaften verlangt werden«.[22]

Schmerzlich empfand van de Velde die Trennung der angewandten Kunst, des Kunsthandwerks und der Kunstindustrie von der sogenannten schönen oder freien Kunst. Dass man dieser einen höheren Rang einräumte, kritisierte er als willkürlich und ungerecht, ja als unbegründete Zurücksetzung gerade der lebensvollsten Künste. Er lehnte eine Klasseneinteilung der Künste ab. Entscheidend sei nicht die Unterteilung der Künste, sondern die Bestimmung des Künstlerischen. Auch die Baukunst habe gegenüber dem Kunstgewerbe keine andere Qualität, sondern nur eine andere Dimension. Van de Velde beklagte die verlorene Einheit von Baukunst, schönen und angewandten Künsten[23] so-

---

18 Henry van de Velde: Geschichte der Renaissance (Anm. 4), S. 35.
19 Henry van de Velde: Prinzipielle Erklärungen (Anm. 7), S. 157.
20 Ebenda, S. 174.
21 Henry van de Velde: Die veränderten Grundlagen des Kunstgewerbes seit der Französischen Revolution (Anm. 12), S. 12 f.
22 Henry van de Velde: Der neue Stil (Anm. 3), S. 60.
23 Vgl. Henry van de Velde: Allgemeine Bemerkungen (Anm. 4), S. 261, 263. Er kommt an vielen Stellen seiner Schriften immer wieder auf diesen Gegenstand zurück.

wie die Vereinzelung des Gemäldes und der Statue ohne ornamentalen Zusammenhang mit der Architektur, wofür Selbstsucht und Habgier der Auftraggeber verantwortlich seien.[24] Zusammenfassend gelangte er zu der Wertung:

> Der elementarste und richtigste, freilich auch der brutalste Unterschied zwischen Werken der schönen Kunst und solchen der Industrie und der Ornamentation drückt sich landläufig wohl derart aus, dass man sagt: Die einen sind nützlich, die andern sind es nicht. Und von dieser Frage hängt es ab, ob ein Werk zu den aristokratischen schönen Künsten oder zu den demokratischen Künsten zweiten Ranges gehört. Der alte Jammer aber bleibt: der Künstler ist eine Art höheres Wesen, der Handwerker – Tagelöhner. Diese Einschätzung entspricht einem sozialen Zustand, in dem die Unnützesten die am meisten Gelehrten, die Müssigsten die am meisten Angesehenen sind.[25]

Im Hinblick auf die Einordnung der Architektur in den Kreis der Künste herrscht bei van de Velde eine merkwürdige Verworrenheit und Mehrdeutigkeit. Zum einen ordnet er die Bauwerke neben Gemälden und Statuen den schönen Künsten zu, dann wieder behauptet die Baukunst im Dreiklang mit den schönen und angewandten Künsten ihre eigene Stellung als Kunstgattung[26] und schließlich wird sie als Nutzkunst den angewandten Künsten angegliedert: »Die Architektur entspringt von selbst und auf natürliche Weise aus demselben [dem Schöpfungsverfahren] und verschmilzt leicht mit allen Gegenständen, deren die Menschen zur Befriedigung ihrer Lebensbedürfnisse bedurften und bedürfen«.[27] Eine endgültige Klärung beziehungsweise Festlegung des Architekturbegriffs hat es bei van de Velde nie gegeben, weder in der analytischen oder soziologischen noch in der Realdefinition.

In der ab 1892/93 auf dem Kontinent einsetzenden Reformbewegung, die sich bei weitem nicht auf Kunst, Kunstgewerbe und Architektur beschränkte, sondern alle Lebensbereiche mit gleicher Vehemenz durchdrang, richteten sich die Blicke auf England, von wo man belebende Impulse erwartete. Van de Velde orientierte sich wie viele andere Künstler und Architekten an den sozial-ästhetischen Theorien von John Ruskin und William Morris sowie an den kunsthandwerklichen und architektonischen Leistungen der Arts and Crafts-Gilden. Dessen ungeachtet kritisierte er die Maschinenfeindlichkeit von Ruskin und dem frühen Morris. Schon 1890 schrieb er:

---

24 Vgl. Henry van de Velde: Geschichte der Renaissance (Anm. 4), S. 31, 33.
25 Ebenda, S. 40. Die gleiche Formulierung findet sich schon in Henry van de Velde: Allgemeine Bemerkungen (Anm. 4), S. 266; nur dass dort die »Unnützesten« nicht »die am meisten Gelehrten«, sondern »die am meisten Geehrten« sind.
26 Vgl. Henry van de Velde: Geschichte der Renaissance (Anm. 4), S. 29f.
27 Henry van de Velde: Prinzipielle Erklärungen (Anm. 7), S. 149f.

Dies Prinzip [einer neuen Moral] ist so mächtig, dass es sogar über die Abneigung, die wir gegen die Maschinen und die mechanische Arbeit haben, triumphieren wird. Im Grunde ist dies nur ein Vorurteil! Denn die Maschinen – das ist klar – werden später einmal all das Elend wieder gut machen, das sie angerichtet, und die Schandtaten sühnen, die sie verbrochen haben. Zudem sind diese Beschuldigungen völlig unbegründet. Wahllos lassen sie Schönes und Hässliches entstehen. Durch das mächtige Spiel ihrer Eisenarme werden sie Schönes erzeugen, sobald die Schönheit sie leitet. Aber ein Scheusal hockt lastend auf ihnen, der gefrässige Eigennutz des Industriellen. Von rasender Gewinnsucht und betörender Angst gepeinigt, treibt er sie zu atemlosem Lauf, und was daraus entsteht, ist von der Schande gebrandmarkt.[28]

In van de Veldes *Geschichte meines Lebens* findet sich das Resümee: »Ich selbst wie auch die Künstler der Gruppe ›Arts and Crafts‹ wollten nicht die Maschine und die maschinelle Herstellung diskreditieren. Im Gegenteil: wir waren der Meinung, daß die Schöpfung von Modellen und die Wahl der Materialien beim industriellen Herstellungsprozeß Künstlern anvertraut werden müßten. Wir sahen darin weder Abstieg noch Erniedrigung«.[29]

Erklärungsbedarf des Autodidakten

An William Morris, seinem großen Vorbild, schätzte Henry van de Velde vor allem dessen Entscheidung, sich in den Dienst des Oxforder Architekten George Edmund Street gestellt, damit die Baukunst als Basis und Gipfel aller Künste in ihrer Vereinigung anerkannt und schließlich selbst den Weg zur kunstgewerblichen und architektonischen Praxis eingeschlagen zu haben. Anlässlich seiner Verheiratung erbaute sich Morris unter Mitwirkung des Architekten Philip Webb 1859 ein in seiner Eigenart epochales Haus: The Red House (Taf. 19, S. 165). In diesem Zusammenhang schreibt van de Velde in seinem Essay über Morris: »Es handelt sich nur um einen Schritt für den, der sich der Mühe unterzogen hat, sein Haus selbst zu bauen, seine Möbel selbst zu entwerfen, die Ausschmückung selbst zu leiten, um jener zu werden, der es auch für andere tut«.[30] So wurden Persönlichkeit und Werk von William Morris für van de Velde zum unmittelbaren Anstoß seines eigenen Wirkens.

Henry van de Velde verzichtete »auf eine aussichtsreiche Karriere als Maler«, um sich »in den Dienst der Wiedereroberung der Einheit der Künste und

---

28 Henry van de Velde: Wie ich mir freie Bahn schuf. In: Ders.: Kunstgewerbliche Laienpredigten (Anm. 7), S. 1-39, hier S. 36 f.
29 Henry van de Velde: Geschichte meines Lebens (Anm. 6), S. 85.
30 Henry van de Velde: William Morris. Kunsthandwerker und Sozialist. In: Ders.: Kunstgewerbliche Laienpredigten (Anm. 7), S. 73-136, hier S. 110.

der Gleichheit des Ansehens von Maler, Bildhauer und Kunsthandwerker zu stellen – der Kunsthandwerker, die als Mitarbeiter der Architekten [...] zur Größe und Schönheit der öffentlichen Bauten, der Paläste der Fürsten, der Wohnungen des Bürgers oder des Bauern beitrugen«.[31] Gemeinsam mit anderen Malern und Bildhauern, »welche so unglücklich zu Nullen oder zu lästigen Mittelmässigkeiten gestempelt wurden«, konvertierte er zur Architektur, »um damit der Kunst wertvollere Dienste erweisen zu können«.[32] Und: »Da der Horizont der Architekten mit so hohen Gebäuden und so schwer wiegenden Gewohnheiten verstellt ist, so erklärt sich daraus, dass wir, die wir nichts als eine Staffelei und einen Sitzstuhl vor uns hatten, weniger behindert waren, [...] um im Raume bisher nicht verkündete Formen zu entdecken«.[33]

Henry van de Velde sah in seiner Entscheidung für die Architektur nicht nur eine künstlerische Herausforderung, sondern zugleich auch eine moralische und soziale Verpflichtung: »Es wurde jetzt meine aufrichtige Absicht, durch mein Werk auf eine grössere Anzahl von Menschen zu wirken, und hierdurch wurde ich auf industrielle Verfahren hingewiesen. Ich gewann die Ueberzeugung, dass ein Mensch um so mehr gelte, auf je mehr Menschen er wirke. Mein Geist fand es wahrhaft unmoralisch, noch ferner Werke herzustellen, die nur in einem einzigen Exemplare vorhanden sein konnten«.[34] Denn: »Was nur einem einzigen zu gute kommt, ist schon fast unnütz, und in der künftigen Gesellschaft wird nur das geachtet sein, was für alle von Nutzen ist«.[35]

Van de Velde besaß genügend Selbstsicherheit, ja ein geradezu als schicksalhaft empfundenes Sendungsbewusstsein, um den Übergang zum Kunstgewerbe und zur Architektur zu wagen. Allenthalben entdecken wir in seiner Argumentation visionäre, nicht selten auch illusionäre Züge, häufig dominiert eine möglicherweise bewusst einkalkulierte Naivität:

> Dennoch aber schlummert in jedem von uns genug ornamentale Erfindungsgabe und sie wird sofort erwachen, wenn wir erst die Fähigkeit erworben haben, unsere Gedanken zum Ausdruck zu bringen – zuerst vielleicht durch Uebung im gewerblichen Zeichnen, alsdann durch Erlernung einzelner Handwerksarten und Handhabung ihrer Werkzeuge, sowie durch Eindringen in das Verständnis der verschiedenen Gewerbe. Warum sollte man uns auch nicht lehren, alles, was wir im Leben und zum Leben nötig haben, mit eigenen Händen herzustellen??[36]

---

31 Henry van de Velde: Geschichte meines Lebens (Anm. 6), S. 84.
32 Henry van de Velde: Die Rolle der Ingenieure (Anm. 5), S. 116.
33 Ebenda, S. 122.
34 Henry van de Velde: Geschichte der Renaissance (Anm. 4), S. 65.
35 Henry van de Velde: Wie ich mir freie Bahn schuf (Anm. 28), S. 35 f.
36 Henry van de Velde: Geschichte der Renaissance (Anm. 4), S. 48 f.

Diese Überzeugung galt seiner Meinung nach nicht nur für die Gebrauchskunst, sondern auch für die Architektur:

> Wenn ich aber sage, daß jeder sich sein Haus nach seinem Geschmack, nach seinem Willen, nach seinem Herzen bauen wird, so wird darauf geantwortet, daß man das niemals tun können werde. Und zwar lediglich aus dem Vorurteil heraus, daß eine derartige Erfindungsgabe keineswegs jedem gegeben sei. Aber wie ist es eigentlich möglich, daß man, wo es sich um so wesentliche Dinge handelt, nichts mitzureden haben soll. Die Civilisation hätte uns alsdann auf ein tieferes Niveau zurückgebracht, als da für die Urmenschen gilt. Die meisten Menschen freilich bequemen sich dieser freiwilligen Entmannung an, zum Teil aus Verweichlichung, zum Teil aus Furcht, es könne wirklich anders werden. [...] Der Mensch von heute genügt sich mit seinem Haus, wie ein Hund mit seiner Hütte, wie ein Pferd mit seinem Stall, wie eine Kuh mit ihrem Winkel. [...] Das erst wird das wahre Erwachen, wenn es uns vergönnt sein wird, eine Stadt zu sehen, in der jedes Haus der volle Ausdruck eines Charakters, eines Willens oder eines Wunsches sein wird.[37]

Dem Einwand, es würde sich dabei um »ein[en] wüste[n] Karneval«, um »eine verrückte Vision« handeln, stünde die »Hoffnung auf eine glücklichere und menschenwürdigere Zukunft« entgegen.[38]

Van de Velde nutzte das ihm von Auguste Rodin angeheftete Etikett »Barbar«, um zu erklären, »daß man Autodidakt sein muß, um nach der Art eines ›Barbaren‹ Formen hervorzubringen«, dass man »mit der jungfräulichen Unbefangenheit des Troglodyten« schaffen müsse, dass man also keineswegs Kunsthandwerker oder Architekt zu sein brauche, um diese Gebiete zu revolutionieren. »Ich war weder durch vorgefaßte Meinungen noch durch angelernte Vorschriften belastet. [...] [Ich hatte] keine Ahnung von Architektur. Ich war totaler Autodidakt. [...] Allerdings glaube ich heute noch, daß im Grunde ein Bleistift und die innere Triebkraft, die ihn führt, genügen«.[39] »Ich glaube tatsächlich, daß es komplizierter und schwieriger ist, den Detailplan eines Stuhles zu entwerfen als die Pläne für eine Villa, eine Schule, ein Hotel oder einen Bahnhof« (Taf. 25 und 26, S. 168).[40] Allein, van de Velde hat nie eine Handwerksart erlernt, nie etwas mit eigenen Händen hergestellt, er hat auch nie ein Hotel oder einen Bahnhof entworfen.

In solchen Äußerungen liegt das Selbstverständnis van de Veldes offen, eines Architekten, der sich im Wesentlichen darauf beschränkte, Villenviertel mit

---

37 Henry van de Velde: Allgemeine Bemerkungen (Anm. 4), S. 268 f.; in ähnlichen Formulierungen: Henry van de Velde: Geschichte der Renaissance (Anm. 4), S. 47-49; ders.: Geschichte meines Lebens (Anm. 6), S. 99 f.
38 Henry van de Velde: Allgemeine Bemerkungen (Anm. 4), S. 269.
39 Henry van de Velde: Geschichte meines Lebens (Anm. 6), S. 111 f.
40 Ebenda, S. 209.

Abb. 2
Richard Riemerschmid, Haus Riemerschmid, München-Pasing, 1898

individuellen Einzelhäusern zu bestücken, dem es in seiner deutschen Zeit aber kaum einmal gelang, zu den entscheidenden Wettbewerben, wesentlichen Bauaufgaben und städtebaulichen Dimensionen vorzudringen. Dazu bedurfte es der leistungsstarken, arbeitsteilig strukturierten Planungsbüros, in denen für Dilettanten selbstredend ohnehin kein Platz war. Insofern wird die tragende Rolle des Eigenhauses der Laienarchitekten, und nicht nur dieser, verständlich. Van de Velde erläutert diesen Zusammenhang näher: »Zu keiner Zeit noch war der Wunsch des Menschen nach Selbsterkenntnis so stark, und der Ort, an dem er seine Individualität am besten ausleben und verklären kann, ist das Haus, das dann ein jeder von uns nach seinem Willen und nach seinem Herzen sich bauen wird«.[41]

Nicht nur van de Velde errichtete sich als unverfälschten Ausdruck seiner künstlerischen Intentionen 1895/96 das Eigenhaus Bloemenwerf bei Brüssel und 1907/08 das Haus Hohe Pappeln in Weimar-Ehringsdorf (Taf. 20, S. 165) – es folgten später noch zwei weitere –, auch Richard Riemerschmid baute 1898 sein Haus in Pasing bei München nach eigenem Entwurf (Abb. 2) und richtete

---

41 Henry van de Velde: Allgemeine Bemerkungen (Anm. 4), S. 268. Vgl. zu van de Veldes eigenen Häusern auch den Beitrag von Jérémy Vansteenkiste in diesem Band.

es bis hin zum Essbesteck selbst ein. Es folgten Joseph Maria Olbrich und Peter Behrens mit ihren Künstler-Häusern von 1901 auf der Darmstädter Mathildenhöhe (Abb. 3) sowie Hans Poelzig mit seinem 1904 erbauten Eigenheim in Breslau – allesamt Inkunabeln einer reformierten Lebens- und Formkultur.

Kunst und Industrie – Architekt und Ingenieur

Ein unauflösbarer Zwiespalt im Leben und Schaffen Henry van de Veldes bestand zwischen der unentwegten Propagierung der industriellen Massenproduktion und der individuellen künstlerischen Leistung,[42] zwischen der Verehrung, ja Vergötterung der Bauingenieure und dem eigenen, zeitlebens gestörten Verhältnis zu den konstruktiv-statischen, bauphysikalischen und haustechnischen Belangen der Architektur. Im Unterschied zu der romantischen Maschinenstürmerei bekannte sich van de Velde zur Industrie als natürlicher Weiterentwicklung der Technik und zur Maschine als Werkzeug seiner Epoche, der er eine formzeugende Potenz zubilligte. Im Bemühen um die Rückgewinnung der Einheit der Künste hoffte er auf die neue, starke Bindekraft der Industrie:

> Wenn es der Industrie jedoch gelingt, die auseinanderstrebenden Künste wieder zu neuer Einheitlichkeit zusammenzuschliessen, so sollten wir froh sein und ihr dafür Dank wissen. [...] Die Industrie hat die Künste, die bisher nach den verschiedensten Richtungen auseinanderstrebten, einheitlichen Anforderungen und Gesetzen unterworfen und ihnen somit eine gemeinsame Aesthetik gegeben, die alle demselben Ziele zuführt, die zugleich aber jeder einzelnen den Weg offen lässt, den sie nehmen will. [...] Die Industrie hat die Metallkonstruktion, ja sogar den Maschinenbau in den Bereich der Kunst gezogen. Sie hat kurzweg also den Ingenieur zum Künstler erhoben [...]. Warum sollten auch Künstler, die Paläste aus Stein bauen, anders und höher rangieren, als Künstler, die solche in Metall ausführen?,[43]

---

42 Dieser Zwiespalt kulminierte 1914 im Kölner Werkbundstreit mit Hermann Muthesius um die Typisierung. Vgl. zuletzt Thomas Föhl: Henry van de Velde. Architekt und Designer des Jugendstils. Weimar 2010, S. 242-246.

43 Henry van de Velde: Geschichte der Renaissance (Anm. 4), S. 28-30. In der zunächst vorbehaltlosen Anerkennung der Leistungen der Ingenieure als Werke der Kunst stellte sich van de Velde in eine Reihe mit Napoleon, Émile Zola oder Joris-Karl Huysmans: »Lange vor meiner Zeit hatten schon Emile Zola und Joris Karl Huysmans die ›Kunst der Ingenieure‹ verteidigt [...] und Napoleon I. hatte verlangt, daß die großen Werke des Chausséebaus gleichberechtigt mit den Denkmälern, Gemälden und Werken der Bildhauerei an den alljährlichen Wettbewerben des Départements der Künste teilnehmen sollten«. Henry van de Velde: Geschichte meines Lebens (Anm. 6), S. 208.

Abb. 3
Peter Behrens, Haus Behrens auf der Mathildenhöhe, Darmstadt, 1901

fragte van de Velde sich und sein Lesepublikum. Denn: »Die Eisenkonstruktionen, die Forth-Brücke, die große Maschinenhalle der Pariser Ausstellung von 1889 und der Eiffelturm [...] wurden seither für das angesehen, was sie in der Tat sind: Äußerungen einer neuen Architektur«.[44] Zu diesen Ergebnissen gehören nach van de Veldes Auffassung auch »die Lokomotiven und die Fahrräder, die Automobile, die abenteuerlichen Dampfboote und das ungeheuerliche Maschinenwesen unserer gesamten Industrie«.[45] Aus solchen Überlegungen entsprang die Schlussfolgerung:

> Es giebt eine Klasse von Menschen, denen wir den Künstlertitel nicht länger werden vorenthalten können. Ihr Werk stützt sich einerseits auf die Benutzung von Stoffen, deren Verwendung vorher unbekannt war, andererseits auf eine so ausserordentliche Kühnheit, dass die Kühnheit der Erbauer der Kathedralen von ihnen noch übertroffen wird. Diese Künstler, die Schöpfer der neuen Architektur, sind die Ingenieure. Die Seele von dem, was diese

44 Henry van de Velde: Der neue Stil (Anm. 3), S. 69.
45 Henry van de Velde: Die Rolle der Ingenieure (Anm. 5), S. 112.

Menschen schaffen, ist die Vernunft, ihr Mittel die Berechnung; und die Folgen ihrer Anwendung von Vernunft und Berechnung kann die sicherste und reinste Schönheit sein!⁴⁶

Demgegenüber sah van de Velde die Rolle der Architekten und Künstler bei der Schaffung der neuen »vernunftgemäßen Schönheit« außerordentlich kritisch: »Wir wissen, wie sich der ›Künstler‹ aus der Sache zieht, wenn der Ingenieur die Schwachheit begeht, ihn zur Hilfe zuzuziehen. Das, was der Künstler in solchem Fall anbringt, ist nur alter Plunder, Beiwerk aus der Rumpelkammer, wo die prämoderne Sentimentalität ihren verstaubten und wurmstichigen Staat aufbewahrt«.⁴⁷ Eine solche Situation musste nun zwangsläufig den Architekten, wenn man auf seine Mitwirkung schon nicht ganz verzichten mochte, in die Rolle eines Hilfsarbeiters drängen:

> Man darf auch die aus der Entwicklung folgende Notwendigkeit nicht ausser Acht lassen, infolge derer der Architekt an die zweite Stelle gedrängt worden ist. Der Ingenieur ist dazu berufen, ihn zu entthronen und die Leitung der Arbeiten zu übernehmen, welche bisher dem Baumeister oblagen. Schon jetzt hat dieser nichts mehr zu thun bei der Erbauung von Denkmälern wie der Eiffelturm und die Brücke von Forth; und welche Rolle fällt ihm denn bei anderen bedeutenden Bauten zu, die gänzlich Eisenkonstruktionen sind? Seine Wissenschaft muss bei der des Ingenieurs Rat holen, welcher in letzter Linie die endgiltigen Urteile abgibt, zu denen er von Anfang an berufen war. Man sieht sehr deutlich, was die Architekten bei solchen Bauten haben thun können und man bedauert es in den meisten Fällen. Ihre Rolle wird genauer bestimmbar: sie wird die eines [immerhin] unentbehrlichen aber nicht im Vordergrunde stehenden Mitarbeiters sein […].⁴⁸

Möglicherweise hatte van de Velde bei diesen Attacken seinen eigenen Status und seine eigenen Kompetenzdefizite im Auge; mit der Rolle und den Leistungen des Architekten als Berufsstand hatte die Charakterisierung jedenfalls kaum etwas zu tun. Auch hätte er sich in die von ihm dem Architekten zugedachte Funktion eines Kalfaktors des Ingenieurs wohl am allerwenigsten fügen mögen und können. Andere avantgardistische Architekten nahmen übrigens dem Ingenieursstand gegenüber eine ganz andere Haltung ein. So erklärte etwa Otto Wagner, ein Ingenieur könne keine einzige künstlerische Form erfinden und habe daher auch nicht das Recht, die ästhetische Verwendung neuer Materialien und Konstruktionen zu bestimmen.⁴⁹ Die Propagierung

---

46 Ebenda, S. 111.
47 Henry van de Velde: Vernunftgemäße Schönheit. In: Ders.: Essays (Anm. 8), S. 75-122, hier S. 111 f.
48 Henry van de Velde: Die Rolle der Ingenieure (Anm. 5), S. 123.
49 Vgl. Herbert Ricken: Der Architekt. Geschichte eines Berufs. Berlin 1977, S. 108.

derartiger Extrempositionen war kaum geeignet, in der Zusammenarbeit zwischen Architekten und Ingenieuren Vertrauen zu schaffen. Vor der Folie der ›Ingenieurleistungen‹ führte van de Velde eine gnadenlose Pressekampagne gegen die Architekten – ähnlich wie Adolf Loos, der dazu aufforderte, alle Architekten zu vergiften. War es Naivität, kühle Berechnung, Wunschdenken oder schlicht Unkenntnis? Van de Veldes Argumentation und Agitation gingen von falschen Voraussetzungen aus. So hat es die von ihm überstrapazierte Rivalität zwischen Architekten und Ingenieuren nie gegeben. Die im Bauwesen tätigen Fachkräfte beherrschten souverän den Spagat zwischen monumentalem Massivbau und filigraner Eisen-Glas-Konstruktion. Bedeutende deutsche Konstrukteure waren akademisch gebildete Architekten oder polytechnisch geschulte Architekten und Ingenieure: Georg Moller, Heinrich Hübsch, Georg Ludwig Friedrich Laves, Rudolf Wiegmann. August von Voit, der Erbauer des Münchener Glaspalastes von 1853/54, dieses programmatischen Hauptwerks der ›Ingenieurbaukunst‹, oder Johann Wilhelm Schwedler, der Erfinder des eisernen Dreigelenkbogenbinders, des parabelförmigen Gitterträgers und der Dach- und Kuppelkonstruktion aus räumlichem Fachwerk, waren keine Ingenieure, sondern an Kunstakademien ausgebildete Architekten. In anderen Ländern stellte sich die Situation ähnlich dar. Joseph Paxton, der Erbauer des legendären Londoner Kristallpalastes von 1851, und Joseph Monier, der Entdecker der Eisenbetonbauweise, waren ebenfalls keine Ingenieure, sondern Gärtner. Selbst Gustave Eiffel war kein Bauingenieur, sondern ein an der Pariser École centrale des arts et manufactures ausgebildeter Chemiker. Van de Veldes Pauschalurteile halten also einer Überprüfung an der Realität in kaum einem Punkt stand.

Gleiches gilt für die Behauptung, die großen Ingenieurbauwerke würden sich wie selbstverständlich in der automatisch aus der statischen Berechnung abgeleiteten Form präsentieren und gerade darin bestünde ihre »vernunftgemäße Schönheit«. Vor allem für die von van de Velde mehrfach als Belege zitierten Bauwerke, die gewaltige, 521 Meter gespannte eiserne Auslegerbrücke über den Firth of Forth in Schottland (Abb. 4), die große Maschinenhalle und den Eiffelturm auf der Pariser Weltausstellung von 1889, trifft eine solche Zuweisung eben nicht zu. Bei der Konzeption und Errichtung der Maschinengalerie in einer Dreigelenkbogenbinderkonstruktion mit einer Spannweite von 110,6 Metern übernahm ein Architekt, nämlich Charles Dutert, die leitende Position. Der Architekt zog die Ingenieure Contamin, Pierron und Charton hinzu, nicht umgekehrt, wie bei van de Velde vorausgesetzt. Beim Bau des 1.000 Fuß hohen Turmes beschäftigte der Unternehmer und Konstrukteur Eiffel die Ingenieure Émile Nouguier und Maurice Koechlin und hielt es für geraten, bei der Formulierung der Endfassung auch dem Architekten Stephen Sauvestre ein Mitspracherecht einzuräumen. Die statische Berechnung hatte die Form eines etwas groß geratenen, gewöhnlichen Gittermastes einer Hochspannungsleitung ergeben. Erst unter Einbeziehung ästhetischer Ansprüche, bei denen die Linie in der

Abb. 4
Benjamin Baker, Sir John Fowler, Eisenbahnbrücke, Firth of Forth, 1882-1890

Tat eine entscheidende Bedeutung erhielt, entstand schließlich die typische gespreizte, elegant geschwungene, federnd-elastische Gestalt.
Der aus den großen Ingenieurbauten des späten 19. Jahrhunderts abgeleitete Automatismus des Verhältnisses von Funktion, Konstruktion und Gestalt provozierte entschiedenen Widerspruch,[50] so dass sich van de Velde genötigt sah, einzulenken: »Man soll trotzdem nicht die Rolle überschätzen, die die Eisenkonstruktion in der Entwicklung der Architektur gespielt hat, und man soll nicht behaupten, daß sie allein die Architektur der Zukunft begründen wird«.[51] Denn Funktions- und Konstruktionsgerechtigkeit als Eigenschaften sind zwar eine ›conditio sine qua non‹ der modernen Schönheit, wären aber, »um wirklich Schönheit zu sein«, zu ergänzen durch »Sensibilität, die ihre Wirkung beim Betrachten der Linien und ihrer Verhältnisse« entfaltet.

50 Diese Kritik durchzieht die scharfsinnigen Essays Karl Schefflers wie ein roter Faden. Vgl. Karl Scheffler: Henry van de Velde. Vier Essays. Leipzig 1913.
51 Hier und im Folgenden Henry van de Velde: Der neue Stil (Anm. 3), S. 73-75.

Etablierung des Laienarchitekten

Der bedrückenden Erfahrung, auf handwerklicher Grundlage entwickeltes historisches Formenmaterial als industriell produzierte, billige Massenware auf den Markt geworfen zu sehen, sollte mit der Gründung von Kunstgewerbemuseen und Kunstgewerbeschulen begegnet werden.[52] In den Schulen fanden die Laienarchitekten vorübergehend oder auf Dauer ein maßgeschneidertes Betätigungsfeld, wo sie – durchaus mit dem Anspruch auf Vollwertigkeit – wiederum Laienarchitekten ausbildeten oder auszubilden versuchten. Bernhard Pankok übernahm 1903 die Stuttgarter Lehr- und Versuchswerkstätten und wurde dort 1913 Direktor der Kunstgewerbeschule, Richard Riemerschmid leitete 1913 bis 1924 als Direktor die Münchener Kunstgewerbeschule und 1926 bis 1931 die Kölner Werkschule. Peter Behrens übernahm ab 1903 für vier Jahre die Düsseldorfer Kunstgewerbeschule, und August Endell führte von 1917 bis 1925 die Breslauer Akademie. 1907 wurde auf Betreiben Wilhelm von Bodes Bruno Paul zum Direktor der Unterrichtsanstalt des Berliner Kunstgewerbemuseums berufen. Im gleichen Jahr eröffnete Henry van de Velde die bis 1915 existierende Weimarer Kunstgewerbeschule.

Ein Curriculum für Architekten einzurichten, gelang ihm in Weimar nicht. Er erinnerte sich später an die Gründe dafür:

> In den Lehrplan war die Architektur nicht einbezogen, obgleich ich damals die Kraft in mir spürte, mit fähigen Hilfskräften die Institutsaufgaben in dieser Richtung zu erweitern. Ich wollte aber die ursprünglich gesetzten Grenzen nicht überschreiten, die dem Institut als einem Instrument zur Hebung der kunsthandwerklichen und kunstindustriellen Produktion Sachsen-Weimars gesetzt waren. Zudem reichten die mir vom Großherzog zur Verfügung gestellten Mittel nicht zum Aufbau einer Architekturabteilung aus, wie ich sie mir vorstellte. Hier wäre eine direkte Verbindung mit einer Universität oder einer Technischen Hochschule notwendig gewesen, weil meiner Meinung nach die Zusammenarbeit der zukünftigen Architekten mit Ingenieuren unerläßlich ist.[53]

Der einzige Schüler van de Veldes der Weimarer Zeit, der als Architekt zu internationalem Ansehen aufstieg, war Thilo Schoder.[54] In einem Tagebucheintrag vom 31. Juli 1912 setzte dieser seinem Lehrer ein Denkmal:

---

52 Vgl. Wilhelm Waetzoldt: Gedanken zur Kunstschulreform. Leipzig 1921; Hans Maria Wingler (Hrsg.): Kunstschulreform 1900-1933. Berlin 1977; Rainer K. Wick: Kunstschulreform 1900-1933. In: Ralph Johannes (Hrsg.): Entwerfen (Anm. 16), S. 586-613.
53 Henry van de Velde: Geschichte meines Lebens (Anm. 6), S. 294.
54 Vgl. Ulrike Rüdiger: Thilo Schoder. Leben und Werk in Deutschland. Jena [1997]; dies. (Hrsg.): Thilo Schoder. Architektur und Design 1888-1979. Ausstellungskatalog, Kunstsammlung Gera. Jena 1997.

Seine Korrekturen sind Wunder – Wunder, an deren Offenbarung man nicht glauben möchte, wenn man sie nicht oft erlebt hätte und täglich neu erlebte. Er kommt, spricht ein paar Worte, nimmt einen Stift zur Hand und mit wenigen Strichen macht er aus einem mangelhaften Entwurf ein vollendetes Kunstwerk. [...] Es ist mir manchmal fast unbegreiflich, wie sich fabelhafte Materialkenntnis, streng logische Forderungen der Construction mit schöpferischem Empfinden bei ihm vereint finden.[55]

Gleichwohl gelang es van de Velde nicht, eine Schule zu bilden und seine Ideen durch eine Schar von Eleven in die Zukunft tragen zu lassen. In seiner verwirrenden Universalität besaß er als Lehrer nicht die pädagogische Regelhaftigkeit und Stetigkeit, die durchschnittlich begabte Schüler brauchen und erwarten.

Vor allem aber wäre es für Architekturstudenten außerordentlich schwierig, wohl gar unmöglich gewesen, die bei Henry van de Velde anzutreffende Diskrepanz zwischen theoretischer Reflexion und architektonischer Praxis aufzulösen, zu der Karl Scheffler ausführt: »Man weiß, daß van de Velde in seinen Programmen viel von Zweck und Konstruktion, von Logik und Vernunft spricht, daß er sich bemüht, das bewußte persönliche Wollen seines Intellekts als ein objektives Müssen erscheinen zu lassen. Aber man muß scharf unterscheiden zwischen dem, was dieser Künstler sagt und was er tut«.[56] Dieser Meinung haben sich weitere namhafte, im Großen und Ganzen durchaus wohlgesonnene Architekturhistoriker angeschlossen.[57] Die zweifellos interessante Aufgabe, einen solchen kritischen Gedanken nicht nur als Behauptung stehen zu lassen, sondern einer näheren Überprüfung zu unterziehen, wird freilich nur eine Spezialuntersuchung leisten können, die den hier vorgegebenen Rahmen sprengen würde.

---

55 Zitiert nach Thomas Föhl: Henry van de Velde (Anm. 42), S. 178.
56 Karl Scheffler: Henry van de Velde (Anm. 50), S. 63 f.
57 Zum Beispiel Fritz Schumacher: Strömungen in deutscher Baukunst seit 1800. Braunschweig, Wiesbaden ³1982, S. 110, 117, 151; Karl-Heinz Hüter: Henry van de Velde (Anm. 1), S. 229, 244, 249 f.; Günther Stamm: Studien zur Architektur (Anm. 1), S. 169 f., 264.

Tafelteil III

Tafel 19 (zu S. 154 und 172)
William Morris, Philip Webb, The Red House, Bexleyheath, 1859

Tafel 20 (zu S. 157)
Henry van de Velde, Haus Hohe Pappeln, Weimar, 1907/08

Tafel 21 (zu S. 63 und 231)
Henry van de Velde, Nietzsche-Archiv, Bibliotheks- und Vortragsraum,
Blick nach Westen

Tafel 22 (zu S. 62 und 231)
Henry van de Velde, Nietzsche-Archiv, Bibliotheks- und Vortragsraum,
Blick nach Osten

Tafel 23 (zu S. 64)
Nietzsche-Archiv, Straßenansicht

Tafel 24 (zu S. 62)
Henry van de Velde, Nietzsche-Archiv, Arbeitszimmer

Tafel 25 (zu S. 156)
Henry van de Velde, Kunstgewerbeschule,
Weimar, 1905/06

Tafel 26 (zu S. 156)
Henry van de Velde, Kunstschule (ab 1910 Hochschule für bildende Kunst),
Weimar, 1904 und 1911

JÉRÉMY VANSTEENKISTE

Henry van de Velde
als Schöpfer seiner eigenen Wohnhäuser
Bloemenwerf – Hohe Pappeln – De Tent – La Nouvelle Maison

Einleitung

Die grundlegendste und gleichzeitig anspruchsvollste Aufgabe für einen Architekten besteht darin, sein eigenes Wohnhaus zu gestalten. Denn hier kann und muss er seinen architektonischen Idealen, seinen Neigungen und Überzeugungen Ausdruck verleihen. Jenseits seiner pragmatischen Funktion stellt das vom Künstler selbst gestaltete Wohnhaus ein hybrides Kulturphänomen dar, ist es doch gleichzeitig Sender und Empfänger von Ideen, Einflüssen und Stilmischungen. Bei der Konzeption seines eigenen Hauses bemüht sich der Architekt also, verschiedene Informationsquellen miteinander in Beziehung zu setzen und ihnen eine materielle Gestalt zu verleihen, die Ausdruck einer geglückten Synthese von Form und Leben ist.

In der Architekturgeschichte bringt man Henry van de Velde vornehmlich mit drei Themenkomplexen in Verbindung: mit der Strömung des Art Nouveau, mit dem Aufbau einer Kunstgewerbeschule in Weimar, aus der ab 1919 das Staatliche Bauhaus hervorgehen sollte, und mit dem Werkbundkongress im Jahre 1914, in dessen Kontext es zu einer scharfen Auseinandersetzung mit Hermann Muthesius kam. Wenngleich diese Themenbereiche wesentliche Stationen in der künstlerischen Entwicklung van de Veldes darstellen, spiegeln sie seine architektonische Gesamtlaufbahn nur unzureichend wider. Denn seine schöpferische Tätigkeit war nicht auf die Zeit vor dem Ersten Weltkrieg beschränkt, vielmehr wirkte er auch in der Zwischenkriegszeit und nach 1945 an der Moderne-Bewegung entschieden mit.

Im Zuge seiner sich über mehr als fünf Jahrzehnte erstreckenden architektonischen Laufbahn entwarf van de Velde nicht weniger als vier Wohnhäuser für seine Familie, die seine künstlerische Entwicklung exemplifizieren: Bloemenwerf, Hohe Pappeln, De Tent und La Nouvelle Maison.[1] Diese vier Häuser erweisen sich auch als biographische Zeugnisse ihres Schöpfers. Ihre unterschiedlichen Orte vergegenwärtigen die geographische Breite seines Wirkens und seinen damit einhergehenden Einfluss auf die Kunstentwicklung in ganz

---

1 Dieser Aufsatz gründet auf der Studie: Jérémy Vansteenkiste: La Nouvelle Maison. Henry van de Velde, 1927-1929, Tervuren. Masterarbeit. Leuven 2010.

Europa. Sie verkörpern sowohl seine Wohnkonzepte als auch die persönlichen Idealvorstellungen und privaten Ansprüche des Ehepaars van de Velde.

Der künstlerische Weg des jungen van de Velde, der von der Malerei zur angewandten Kunst und zur Architektur führte, ist beispielhaft für eine ganze Generation von Künstlern, Autoren und Intellektuellen, die sich in den letzten Dekaden des 19. Jahrhunderts fortschrittlichen sozialen Ideen verschrieben und in der Folge der akademischen Tradition den Rücken kehrten. Van de Veldes Verbindung zur Avantgarde nahm ihren Anfang bereits während seiner Studienzeit in den frühen 1880er Jahren an der Akademie in Antwerpen. Nachdem er den provinziellen Akademismus seines Studiums durch die Ausbildung einer innovativen Malweise überwunden hatte, geriet er mit progressiven Kreisen in Berührung und avancierte schließlich zu einem Hauptvertreter der Brüsseler Avantgarde. Hier wurde van de Velde auch in seinem Vorhaben bestärkt, das künstlerische Schaffen mit sozialem Engagement zu verbinden: Der Künstler könne, propagierte van de Velde nach der Lektüre sozialrevolutionärer Schriften, zu einem wirksamen Akteur des gesellschaftlichen Wandels werden. Wie viele andere Künstler und Politiker sah er den Schlüssel zu dieser Reform in einer Auflehnung des Einzelnen gegen die Unterdrückung durch die herrschende Schicht. In seinem Bestreben, der eigenen Kunst eine gesellschaftlich relevante Ausrichtung zu verleihen, wandte sich van de Velde dem Kunstgewerbe zu – in der Überzeugung, durch die vermeintlich ›niederen Künste‹ den Einzelnen wieder mit der Gemeinschaft zusammenzuführen und die schönen Künste aus dem Museum in die Öffentlichkeit zurückbringen zu können.[2]

Vermittelt durch Willy Finch stieß van de Velde 1892 auf die Ideen von John Ruskin und William Morris. Die sozialen Aspekte ihrer Arbeiten sowie die Forderung, Kunst in das alltägliche Leben einzubinden, sprachen ihn besonders an. Die Abhandlungen von Ruskin und Morris bestärkten van de Velde auch in seiner Vision, dem Kunstgewerbe fortan eine Schlüsselrolle für künstlerische und soziale Reformen zuzuweisen. Van de Velde beschloss, das gleichsam prophetische Programm der beiden Engländer – Rückkehr der Schönheit und Beginn eines Zeitalters der sozialen Gerechtigkeit sowie der menschlichen Würde[3] – zu seinem künstlerischen Ziel zu erklären. Die Entdeckung der beiden illustren Pioniere weckte außerdem sein Interesse an den Arbeiten und Ideen anderer Designer aus der englischen Arts and Crafts-Bewegung. Zwei Jahre später, im Jahre 1894, veröffentliche van de Velde eine überarbeitete Fassung seiner Vorlesung *Déblaiement d'art* als ersten Beitrag zu seinem Apo-

---

2 Vgl. Susan M. Canning, Jean F. Buyck (Hrsg.): Henry van de Velde (1863-1957). Schilderijen en tekeningen. Paintings and drawings. Ausstellungskatalog, Koninklijk Museum voor Schone Kunsten, Antwerpen u. a. Antwerpen 1987, S. 66.
3 Vgl. Norbert Wolf: Art Nouveau. München 2011, S. 161; vgl. auch den Beitrag von Dieter Dolgner in diesem Band.

stolat des Neuen Stil.⁴ Diese Abhandlung zeugte von einem profunden Wissen über die innovativen kunstgewerblichen Entwicklungen seiner Zeit, machte aber auch deutlich, dass sich van de Velde von Ruskin und Morris zu lösen begann. Da er den konservativen, mitunter reaktionären intellektuellen Luddismus der Engländer ablehnte, entschied er sich, künftig seiner Überzeugung vom unvermeidlichen Fortschritt und vom (r)evoltionären Potenzial der Moderne zu folgen. So orientierte sich sein Apostolat nicht an der Vergangenheit, sondern auf die Zukunft hin und forderte dazu auf, sich die schöpferischen Möglichkeiten der modernen Industrie zunutze zu machen. Darüber hinaus ersetzte van de Velde die emotional begründete Moral bei Ruskin und Morris durch einen nahezu wissenschaftlichen Ansatz: Um die moderne Welt von ihrer Hässlichkeit zu erlösen, war Letztere seiner Meinung nach nicht aus den Herzen, sondern aus den Köpfen der Menschen zu verbannen. Schönheit hatte für ihn somit eine rationale Grundlage, und er berief sich vom Beginn seiner Laufbahn an auf Klugheit und Vernunft, um in seinen Entwürfen die sogenannten reinen und wesentlichen Formen wiederzubeleben. Rationale Konzeption und Funktionalität der Form, die vollkommene Übereinstimmung von Form und Funktion, wurden so zur Grundlage seiner Entwürfe.

Bloemenwerf

Am 30. April 1894 heiratete Henry van de Velde Maria Sèthe, eine kreative junge Frau, die sein Interesse für das Kunstgewerbe teilte, als Pianistin im Ysaye Quintett spielte und Malerei bei Théo van Rysselberghe studierte. Das frisch vermählte Paar zog zunächst zu Maria Sèthes Mutter in deren Haus nach Uccle, damals ein Dorf am Rande von Brüssel. Seine wohlhabende Schwiegermutter bestärkte van de Velde schließlich darin, erste Schritte auf dem Gebiet der Architektur zu wagen. Sie beauftragte ihn 1895, ihre Villa zu renovieren und umzubauen und stellte dem Paar gleichzeitig die finanziellen Mittel zur Verfügung, um daneben ein eigenes Haus zu errichten. Van de Velde eröffnete sich damit die Möglichkeit, seine in den *Aperçus en vue d'une synthèse d'art* (1895) entwickelten Theorien zum Wohnungsbau in die Praxis umzusetzen.⁵

---

4 Vgl. Henry van de Velde: Déblaiement d'art – Texte de la conférence donnée en mars et en avril 1893 et en février 1894. In: La Société Nouvelle 10 (1894), Nr. 17, S. 444-456; in deutscher Sprache erschienen unter dem Titel: Wie ich mir freie Bahn schuf. In: Ders.: Kunstgewerbliche Laienpredigten. Leipzig 1902, S. 1-39.

5 Vgl. hier und im Folgenden: Henry van de Velde: Allgemeine Bemerkungen zu einer Synthese der Kunst. In: Pan 5 (1899/1900), H. 4, S. 261-270; in französischer Sprache 1895 erschienen unter dem Titel: Aperçus en vue d'une synthèse d'art. Brüssel 1895. Der Essay konkretisierte insbesondere van de Veldes Ideen zum Foyer, das er metaphorisch als Herz des Privathauses beschrieb.

In seiner Hinwendung zum Kunstgewerbe machte van de Velde Individualität zum Kern seiner Gestaltungstheorie: Jede(r) habe das Recht, in einem ›décor de qualité‹ zu leben, und die Aufgabe des Künstlers bestehe darin, eine ästhetisch ansprechende Umgebung in Form einer ehrlichen und einfachen Inneneinrichtung zu schaffen, die die individuelle Persönlichkeit sowohl widerspiegele als auch zur Entfaltung bringe. Morris' Schriften hatten van de Velde vermittelt, welche Bedeutung der Architektur überdies als Spiegel der Gesellschaft zukomme. So ließ sich nach Morris der Zustand einer Gesellschaft aus den architektonischen Hauptströmungen ablesen. Insbesondere von den vielfältigen Variablen des Privathauses beziehungsweise deren jeweiliger Realisierung (etwa Bauweise, Material oder Inneneinrichtung) konnte nach Morris auf den Grad der individuellen Freiheit innerhalb einer Gesellschaft geschlossen werden. In seinen *Aperçus* vertrat van de Velde außerdem den Standpunkt, dass jeder, der den Wunsch nach einem seinem Geschmack, seinen Wünschen und Neigungen entsprechenden Wohnhaus hege, auch über die Fähigkeit verfüge, dieses selbst zu gestalten.

Van de Velde bot sich nun die Gelegenheit, sich gemäß seiner Abneigung gegen das triste Erscheinungsbild von Alltagsgegenständen und gegen die als hässlich empfundene städtische Architektur ›freie Bahn‹ zu schaffen – wie er es in *Déblaiement d'art* umschreibt – und die Welt um sich herum neu zu ordnen.[6] Das vom Künstler selbst gestaltete Künstlerhaus war typisch für die Avantgarde des späten 19. Jahrhunderts und hatte in Morris' Red House (1859/60, Bexleyheath, Großbritannien; vgl. Taf. 19, S. 165) einen Vorläufer. Während Morris jedoch mit dem Architekten Philip Webb und dem Gestalter Edward Burne-Jones zusammenarbeitete, ging van de Velde in seinem Bestreben, das Foyer in ein persönliches und einheitliches Kunstwerk zu verwandeln, sehr viel weiter. Er gestaltete sein gesamtes Wohnhaus allein; von der großen Konstruktion bis zum kleinsten Detail bezeugte hier in Form und Funktion alles die Vermählung seines persönlichen Stils mit dem Alltagsleben.

Van de Velde stellte die Baupläne am 11. April 1885 fertig, einen Tag vor der Geburt seiner ersten Tochter Anna Louise.[7] Das Kind starb bereits einen guten Monat später; der Bau des neuen Hauses mag den van de Veldes geholfen haben, dieses tragische Ereignis zu bewältigen. Der Tod Anna Louises hat sie vermutlich in ihrem Beschluss bestärkt, das Haus zu einem Ort zu machen, der ihren zukünftigen Kindern eine Zuflucht vor dem moralischen und ästhetischen Verfall der modernen Gesellschaft bieten sollte.

Henry und Maria van de Velde nannten ihr erstes Haus Bloemenwerf, nach einem alten, eleganten Landhaus, das sie während ihrer Flitterwochen in den

---

6 Vgl. Henry van de Velde: Wie ich mir freie Bahn schuf (Anm. 4).
7 Vgl. Susan M. Canning, Jean F. Buyck (Hrsg.): Henry van de Velde (Anm. 2), S. 94.

Abb. 1
Henry van de Velde, Haus Bloemenwerf, Uccle, 1895

Niederlanden gesehen hatten.[8] Der Name verwies so zum einen auf den bescheidenen und bodenständigen Stil der regionalen Architektur, zum anderen auf das friedliche und zurückgezogene Leben auf dem Land. Uccle erwies sich als idealer Ort für das neue Haus, denn er bot sowohl die Nähe zur Hauptstadt, auf die van de Velde als professioneller Künstler angewiesen war, als auch die Einsamkeit im Grünen, die van de Velde auf dem Land suchte und die durch den Garten noch verstärkt wurde: Maria Sèthe hatte die Außenanlagen nach englischem Vorbild gestaltet, anstelle eines klassischen Gartens dominierte also der Eindruck einer frei wachsenden Natur. Van de Velde nannte Bloemenwerf das »résultat probe et naiv d'une tentative d'autodidacte«.[9] Ohne eine architektonische Ausbildung hatte er ein Bauwerk geschaffen, in dem sich seine Theorien manifestierten: ein Haus, das auf einer rationalen Konzeption beruhte, frei von überflüssigen Verzierungen war und sich als umfassende Einheit von Kunst und Lebenswelt erwies (Abb. 1).

8   Henry van de Velde: Les Mémoires inachevés d'un artiste européen. Hrsg. von Léon Ploegaerts. Brüssel 1999, S. 87.
9   Ebenda, S. 96.

Bloemenwerf zeichnete sich zunächst durch seine bemerkenswerte Einfachheit aus, die gleich in doppelter Hinsicht zum Ausdruck kam: Einerseits ließ die Gestaltung an einigen Stellen unmissverständlich den Dilettanten erkennen. Dem zerbrechlich wirkenden Gebäude fehlte die wohlgeformte Erscheinung von van de Veldes späteren Werken, und es gab einige eher unbeholfen gestaltete Bereiche. Andererseits war die offensichtliche Simplizität jedoch intendiert. Mit der unschuldigen und klugen Gestaltung seines Hauses, in der er auf historische Zitate verzichtete, wollte sich van de Velde von der herrschenden Vorliebe für bourgeoisen Prunk lösen. Die unverzierten, in einem hellen Gelb gehaltenen Wände umschlossen einen polygonalen Grundriss und wurden von einem dunklen und vielflächigen, großen und umhüllenden Dach zusammengehalten. Die Gestaltung der Seiten- und Rückfassaden wurde im Wesentlichen durch die Raumaufteilung bestimmt, die durch die eleganten, mit leichten Bögen gefällig abschließenden Fenster sichtbar wurde. Diese Unkompliziertheit antizipierte einerseits die funktionalen Fassaden der zukünftigen modernen Architektur, anderseits war die Hauptfassade noch konventionell. Die symmetrisch wirkende, dreiteilige Front wurde durch den hervortretenden Eingangsbereich, eine rhythmische Folge von drei zinnenbewehrten Giebeln mit einem verspielten Wechsel von dunkelgrünen und hellgrauen Streifen und das wellenförmige Profil des Simses strukturiert. Das letztgenannte Element bildete das Pendant zur arabeskenhaften Linienführung in van de Veldes Gemälden und Graphiken, etwa den Holzschnitten für Van Nu en Straks. Das Gesims und die vertikalen Komponenten der Giebel, die die Hauptfassade von Bloemenwerf deutlich verlebendigten, waren die einzigen äußeren Verzierungen; sie bildeten das organische Komplement zur Grundform des Gebäudes und der Simse. Ähnlich wie die dynamischen Linien in seinem graphischen Werk suggerierten sie außerdem einen Energiefluss. Dem heutigen Betrachter erscheint Bloemenwerf eher gemütlich als avanciert, jedoch wurde die ungewöhnliche Komposition der Fassade zum Ziel zeitgenössischer Kritik.[10]

War Bloemenwerf dem Art Nouveau verwandt, unterschied es sich doch deutlich von der damaligen École bruxelloise, die insbesondere von Horta, Hankar und deren Schülern geprägt wurde. Van de Velde brachte somit etwas Neues in die belgische Szene ein. Bloemenwerf schloss eher an die für van de Veldes künstlerisches Verständnis maßgebliche englische Arts and Crafts-Bewegung an. Stärker noch als seinem konzeptionellen Vorläufer, dem Red House von Morris, war das architektonische Vokabular dem zeitgenössischen Werk der englischen Architekten Charles Voysey, Mackay Baillie Scott und Robert Briggs verpflichtet, mit denen van de Velde durch ihre Beiträge in *The Studio*, dem Sprachrohr der Arts and Crafts-Bewegung, vertraut war. So war Bloemenwerf in seiner Verbindung von Lebendigkeit und Beschränkung etwa mit Voy-

[10] Vgl. ebenda, S. 97 f.

seys The Cottage (Bishop's Itchington, Großbritannien, 1888)[11] verwandt, augenfälliger noch war die Ähnlichkeit der zinnenbewehrten Silhouette und der vertikalen Giebelelemente mit den von Briggs 1894 publizierten Bungalow-Projekten.[12]

Die äußeren Eigenschaften fanden im Inneren ihre Fortsetzung. Allerdings war der Grundriss origineller als die Fassaden. Die starre Orthogonalität des traditionellen Grundrisses war einer puzzleartigen Komposition polygonaler Räume gewichen. Der achteckige Umriss wies eine dem graphischen Werk van de Veldes ähnliche Dynamik und Ruhelosigkeit auf. Auf eine bemerkenswerte Weise wurde jedoch die Unregelmäßigkeit im Inneren durch die Fassaden aufgehoben. Anders als in den zeitgenössischen Häusern von Victor Horta brachte die räumliche Ausgestaltung des Grundrisses keinen offenen, im Fluss befindlichen Innenraum mit freien Verlaufsmustern hervor. Stattdessen gab es eigentlich zu viele Wände und Türen, so dass die Räume stark zur Vereinzelung tendierten. Dennoch bewahrte Bloemenwerf eine gewisse innere Geschlossenheit, da alle Räume um eine doppelt so hohe, zentrale Halle angeordnet waren, die von oben durch eine Glasdecke beleuchtet wurde (Abb. 2). Dieser Ort war das Foyer des Hauses, für van de Velde die Quintessenz der Innenarchitektur, da es Individuum und Gebäude miteinander in Beziehung setzte: »The foyer will be the elevated monument of our individuality«.[13] Die Halle mit ihren Treppen und der sie umgebenden Galerie erinnerte an die Landhäuser der oben genannten Architekten und bildete eine vertikale Achse, mit der alle anderen Räume verbunden waren. Alle Bestandteile waren so zu einem organischen Ganzen zusammengefügt, das ein Gefühl der Geborgenheit vermittelte. Die kompakte Anlage des Gebäudes mit seinen abgeschrägten Ecken und dem großen, umhüllenden Dach verstärkte diesen Eindruck in der äußeren Erscheinung.

Die Inneneinrichtung strahlte eine strenge Eleganz aus: Die fließenden Linien, die für van de Veldes malerisches und graphisches Werk so prägend geworden waren, wichen hier einer nüchternen Gestaltung, in der sich zarte Verspieltheit (zum Beispiel der eleganten Wölbung von Fenster- und Türrahmen) mit manifester Schwere (etwa im Geländer des Treppenaufgangs) abwechselte. Gemildert wurde die Nüchternheit außerdem durch die harmonischen, klaren und hellen Farben der Anstriche, Tapeten, Vorhänge und Teppiche. Van de Velde und seine Frau hatten sich eine große Verantwortung auferlegt: »Nous avions pris l'engagement de veiller à ce que aucun objet laid ou d'inspiration corrumpue, occupant une place dans notre foyer, ne souillât les yeux des nos enfants«.[14] Aus diesem Grund gestaltete van de Velde die Inneneinrichtung bis ins kleinste Detail, Bloemenwerf war so nicht allein sein archi-

---

11 Vgl. The Studio 4 (1894), S. 34.
12 Robert A. Briggs: Bungalows. In: The Studio 3 (1894), S. 20-26.
13 Abraham Hammacher: De wereld van Henry van de Velde. Antwerpen 1967, S. 101.
14 Henry van de Velde: Les Mémoires inachevés (Anm. 8), S. 78.

Abb. 2
Henry van de Velde, Haus Bloemenwerf, Uccle, Halle, 1895

tektonisches Erstlingswerk, sondern auch seine erste große Leistung im Bereich der Inneneinrichtung. Möbelstücke (wie der Esstisch und die zugehörigen Stühle aus Eschenholz), Ausstattung (etwa die Tapeten, die mit Schablonen angebrachten Friese oder die Türgriffe), Gerätschaften und selbst die Kleider Maria Sèthes strahlten durchweg eine elegante Nüchternheit aus.[15] Die Objekte, die van de Velde nicht selbst gestaltet hatte, wurden sorgfältig ausgewählt und harmonisch aufeinander abgestimmt: Stoffe von Morris für die Vorhänge und Sitzbezüge, Keramiken von Bigot, Besteck im Empire-Stil, Glasarbeiten von Val-Saint Lambert und der Flügel von Blüthner.[16] Das Innere beherbergte

---

15 Vgl. Françoise Aubry: Architectuur in België. Art Nouveau, Art Déco & Modernisme. Tielt 2006, S. 182.
16 Vgl. ebenda.

zudem zahlreiche Kunstwerke, darunter Zeichenvorlagen, japanische Drucke, Arbeiten von van de Velde selbst und von Will Bradley, Seurats *Port-en-Bessin, un dimanche*, ein Porträt Marias von Théo van Rysselberghe sowie Tuschezeichnungen von Vincent van Gogh und Jan Thorn-Prikker.[17] Bildende Kunst, Kunsthandwerk und Architektur beleuchteten sich hier gegenseitig und verschmolzen so zu einem einzigartigen Gesamtkunstwerk, das anders als Hortas zeitgenössische Stadthäuser vor allem ein ländlicher Rückzugsort war: Die Inneneinrichtung war einfach gehalten und wies in gestalterischer Hinsicht keine Unterschiede zwischen Arbeitsräumen, repräsentativen und privaten Bereichen auf, in denen Kunst und Alltagsleben miteinander verschmolzen.

Bloemenwerfs Bedeutsamkeit erwächst weniger aus seinen architektonischen Qualitäten als vielmehr aus seiner synthetisierenden Anlage: Es führte auf eine bislang beispiellose und innovative Art die Avantgarde-Entwicklungen in Architektur und Kunstgewerbe zusammen. Zusätzlich stellte seine einfache und ökonomische Konzeption ein entscheidendes Bindeglied zwischen der Arts and Crafts-Bewegung des späten 19. Jahrhunderts und den Tendenzen der 1920er Jahre dar. Es wurde zu einem beispielhaften kulturellen Forum und zum Treffpunkt für bedeutende Vertreter der westeuropäischen Avantgarde. Bloemenwerf entsprach den Idealvorstellungen der van de Veldes vollkommen.

Haus Hohe Pappeln

Henry van de Velde und seine Frau lebten nur vier Jahre in Bloemenwerf. Da van de Veldes Arbeit in deutschen Avantgarde-Kreisen mit großer Zustimmung aufgenommen wurde, zog die Familie 1900 nach Berlin. Man wollte ein Jahr später nach Uccle zurückkehren, musste diesen Plan jedoch wegen Schwierigkeiten mit den von van de Velde gegründeten Kunstwerkstätten aufgeben. Mit der Hilfe von Harry Graf Kessler und Elisabeth Förster-Nietzsche kam van de Velde mit seiner Familie 1902 schließlich nach Weimar, wo er zum künstlerischen Berater des Großherzogs von Sachsen-Weimar-Eisenach ernannt wurde. Zwar hatte Kessler in Weimar bereits ein Stück Bauland für seinen Freund ausgewählt,[18] jedoch fehlten van de Velde zunächst die finanziellen Mittel, um ein neues Haus zu bauen, so dass die Familie während ihrer ersten Weimarer Jahre zur Miete wohnte, zunächst in der Cranachstraße 11 (1902-1906) und später in der Lassenstraße 29 (1906-08). Mit der Geburt ihrer Zwillinge Thyl und Thylla im Jahr 1904 jedoch wuchs die Zahl der Familienmitglieder auf sieben, so dass die Idee, ein eigenes, ausreichend großes Haus zu bauen, wieder in den Vordergrund rückte und man ab 1906 schließlich an ihre Umsetzung ging.

17 Vgl. ebenda; vgl. auch den Beitrag von Sabine Walter in diesem Band.
18 Vgl. Antje Neumann: »Das Haus unter den Hohen Pappeln«. Henry van de Velde in Weimar. Hrsg. von Thomas Föhl. Weimar ³2003, S. 42.

Jedoch entstand das zweite Haus in einer eher ungünstigen Atmosphäre:[19] Van de Veldes Freund und künstlerischer Verbündeter Harry Graf Kessler hatte Weimar im Jahre 1906 nach dem Rodin-Skandal verlassen, der großherzogliche Hof zeigte kein Interesse an van de Veldes Arbeit und der Belgier fühlte sich zunehmend Neid und Missgunst ausgesetzt. Dennoch entschied sich van de Velde mutig, vorerst zu bleiben. Er wollte sein Apostolat für einen Neuen Stil weiterentwickeln, dem er sich in den vorausgehenden Jahren mit seinem Kunstgewerblichen Seminar bereits verstärkt gewidmet hatte, und er träumte davon, eine Bildungseinrichtung in Weimar zu gründen. Der Bau eines neuen Hauses sendete dafür genau das richtige Signal aus: Er manifestierte van de Veldes Präsenz und Position und bildete den Ausgangspunkt für die Verwirklichung der genannten Projekte.

Ein Grundstück an der Belvederer Allee im ländlichen Ehringsdorf außerhalb des Weimarer Zentrums erwies sich als idealer Ort für das neue Refugium im Grünen (Abb. 3). Die einsame Lage auf einem leicht eingesunkenen, von einer Gruppe hoher Pappeln umgebenen Terrain hatte Symbolcharakter: Sie spiegelte sowohl van de Veldes isolierte Stellung als auch seinen Wunsch nach einem ruhigen Rückzugsort wider. Seinen Namen verdankte das Haus der Beschreibung von van de Veldes Sohn Thyl: »Das Haus unter den hohen Pappeln«,[20] oder kurz Hohe Pappeln. Nachdem die Pläne im Juli 1907 fertiggestellt waren, begann der Bau bereits im folgenden Monat, und die Familie zog im März 1908 ein. Die Baukosten von 70.000 Mark wurden durch eine Kombination aus van de Veldes eigenen begrenzten Mitteln, verschiedenen Anleihen und dem von Karl Ernst Osthaus gezahlten Honorar für Hohenhof (1906 bis 1908, Hagen) beglichen.[21] 1912 erwarb man ein angrenzendes Stück Land und verdoppelte so die Größe des schmalen Grundstücks. Hier wurde ein kleines Atelierhaus errichtet, und man konnte zusätzlich einen angemessen großen Garten anlegen.

Die asymmetrische Komposition, in der verschiedene hervortretende und eingelassene Elemente mit abgeflachten Ecken, gezackten Umrissen und Zinnen kombiniert wurden, lässt das Haus Hohe Pappeln von außen auf den ersten Blick recht disharmonisch wirken. Die Mischung baulicher Elemente verband sich zu einer ungewöhnlichen architektonischen Komposition, die formal komplexer aussah, als sie eigentlich war, und sich daher auch als zu vielfältig erwies, um in einem Gesamtbild aufgehoben zu werden. Das Äußere setzte auf Kontraste, etwa zwischen der verspielten Nordfassade und der symmetrischen Südfassade. Trotz der ausdrucksstarken Architektur gab es keine Zeichen von Ruhelosigkeit oder Übertreibung. Das große umhüllende Mansardendach, ein

---

19 Vgl. Thomas Föhl: Henry van de Velde. Architekt und Designer des Jugendstils. Weimar 2010, S. 141-155.
20 Antje Neumann: »Das Haus unter den Hohen Pappeln« (Anm. 18), S. 50.
21 Vgl. hierzu ausführlicher Thomas Föhl: Henry van de Velde (Anm. 19), S. 158-161.

Abb. 3
Henry van de Velde, Haus Hohe Pappeln, Weimar, 1907/08

typisches Motiv in van de Veldes sogenannter deutscher Periode, beruhigte in gewisser Weise das erwähnte architektonische Amalgam und steuerte die Gesamtkomposition. Visuell verschmolz das doppelt so hohe Dach mit den unteren Ebenen – der Beletage und dem Untergeschoss mit Tageslicht – zu einer organischen Einheit mit einem interessanten skulpturalen Aspekt. Zusätzlich verliehen die zahlreichen abgeflachten Ecken von Dach und Wänden dem Haus ein kompaktes Aussehen. Wie Helene von Nostitz in ihrem Buch *Aus dem alten Europa* bemerkt, schien Hohe Pappeln klein, fest und organisch wie eine Pflanze aus der Erde zu wachsen.[22]

22 Vgl. Antje Neumann: »Das Haus unter den Hohen Pappeln« (Anm. 18), S. 50.

Die Bauweise war von regionalen Bautraditionen angeregt und bezeugte van de Veldes zunehmendes Bestreben, seine Architektur in ihre Umgebung zu integrieren. Die solide Wandverkleidung aus grauem Travertin, der aus einem benachbarten Steinbruch stammte, und das mit rotbraunen Ziegeln gedeckte Dach verliehen dem Haus zusammen mit seiner polygonalen Ausdehnung ein an Bloemenwerf erinnerndes Gepräge der Einfachheit und Geborgenheit. Verstärkt wurde die Ähnlichkeit dadurch, dass die Hauptfassade keinen exponierten Eingangsbereich aufwies. Stattdessen befand sich der leicht zurückgesetzte Eingang zu diesem Rückzugsort an der Nordfassade und war gewissermaßen versteckt zwischen dem eindrucksvoll ausgedehnten Dach, das auf dieser Seite des Hauses dem umgekehrten Bug eines Schiffes glich, und der soliden, die Treppe rahmenden Brüstung.

In seiner Gesamtheit entsprach Hohe Pappeln eher einem Land- oder Sommerhaus als einer Stadtvilla. Seine elegante Nüchternheit und stilistische Bescheidenheit unterschieden sich stark vom Prunk bürgerlicher Villen, aber auch von den outrierten Gestaltungen anderer Künstlerhäuser, wie sie in der Darmstädter Künstlerkolonie Mathildenhöhe zu besichtigen waren.[23] Dennoch blieb das Haus Hohe Pappeln architektonisch unkonventionell und wurde ebenso wie seinerzeit schon Bloemenwerf zur Zielscheibe von Spott und Kritik. War Bloemenwerf der noch etwas naive Versuch eines Autodidakten, so erwies sich Hohe Pappeln als reifes Werk eines erfahrenen Architekten. Die Baumaterialien waren von besserer Qualität, die baulichen Details anspruchsvoller und die Endverarbeitung verfeinerter. Zwar erinnerte der polygonale Grundriss an das Haus in Uccle, jedoch war die Unregelmäßigkeit von Bloemenwerf einer klugen und verständigen Gestaltung gewichen, bei der insbesondere der Lauf der Sonne berücksichtigt worden war. Am auffälligsten war der ungewöhnliche, versteckte Zutritt zum Haus, eine Art ›promenade architecturale‹, entlang der sich der Raum um den Eingang herum zunächst allmählich verengt, um sich dann wieder auszuweiten.

Das Innere von Hohe Pappeln strahlte strukturelle Klarheit und funktionale Transparenz aus. Für van de Velde war das Haus ein Organismus, in dem jeder Raum eine spezifische Funktion erfüllte und daher auch seinen festen Platz hatte. Herz und Mittelpunkt dieses Organismus war einmal mehr das Foyer: eine intime Halle in doppelter Raumhöhe mit einem eleganten Treppenaufgang (Abb. 4). Dieses Foyer unterschied sich deutlich von der abgeschlossenen Zentralhalle in Bloemenwerf; hier gab es durch den polygonalen Erker eine direkte visuelle Verbindung nach draußen und eine räumliche Öffnung zum Salon. Dieser wiederum war durch große Schiebetüren mit dem Esszimmer auf der einen, mit van de Veldes Arbeitszimmer auf der gegenüberliegenden Seite verbunden. Das Erdgeschoss gewann so trotz der konzeptionellen Individualisie-

---

23 Vgl. Léon Ploegaerts, Pierre Puttemans: L'œuvre architecturale de Henry van de Velde. Brüssel 1987, S. 74.

Abb. 4
Henry van de Velde, Haus Hohe Pappeln, Weimar,
Salon und Wohndiele, 1907/08

rung der Räume eine große Offenheit, die der fortlaufende Parkettboden zusätzlich unterstrich. Es war jedoch kein freischwebender Raum wie in den zeitgenössischen Prärie-Häusern von Frank Lloyd Wright, sondern ein organisches Kontinuum, in dem sich jeder Raum durch eine einzigartige Atmosphäre auszeichnete. Das Innere vermittelte somit sowohl Modernität als auch ein Gefühl der Geborgenheit.

Die Wohnräume waren durch große Fenster zum Garten hin geöffnet, dessen unterschiedliche Bereiche auf die wechselnden Fassaden des Hauses Bezug nahmen: Der Ziergarten vor dem Eingang war ein großer, ländlicher Garten mit Obstbäumen entlang der Wohnräume, eine offene Kiesfläche und ein kleines Wasserbassin auf der Südseite verbanden sich mit der Pergola-Terrasse um das Esszimmer. Auf der Westseite befand sich ein großer Küchengarten. Die Außenanlagen, die van de Velde höchstwahrscheinlich zusammen mit seiner Frau gestaltet hatte, spiegelten den Reformgedanken in der Gartengestaltung des frühen 20. Jahrhunderts wider. Es handelte sich um einen Garten mit geometrischer Anlage; die raumartige Anordnung und die baulichen Elemente schienen die Architektur des Hauses in das umgebende Grün fortzusetzen –

allerdings auf informelle Weise, erinnerte die Gestaltung doch auch an die traditionellen Bauerngärten.

Im Inneren herrschte eine intime und einladende Atmosphäre. Die Räume bildeten eine organische Einheit; in ihnen fügte sich alles harmonisch zusammen. Eingerichtet waren sie mit Möbeln, Objekten und Kunstwerken, die van de Velde und seine Frau über die Jahre gesammelt hatten. Ihre begrenzten finanziellen Möglichkeiten gestatteten es nicht, neue Stücke zu gestalten oder zu erwerben. Ein Teil des Mobiliars stammte aus Bloemenwerf, während etwa die weiß lackierten Möbel jüngeren Datums waren. Die von van de Velde entworfenen Einbauten entbehrten überflüssiger Verzierungen und zeichneten sich durch eine funktionale Ästhetik aus. Auffällig waren die unterschiedlichen, mitunter überraschenden Farbgestaltungen:[24] intensives Zinnoberrot für die Holzarbeiten in den Eingangsbereichen, Grautöne und lackiertes Weiß in der Diele, dunkles Blau für die Holzarbeiten im Wohnzimmer, Schattierungen von Hellgrün im Esszimmer und eine Kombination von Grün und bräunlichem Rosé in den Privaträumen. Die künstlerische Qualität der Anstriche in Hohe Pappeln reichte weit über das übliche Maß farblicher Gestaltung in der historischen Architektur hinaus; zusammen mit den oben erwähnten Elementen der Inneneinrichtung machten sie das Haus zu einem außergewöhnlichen Kunsterlebnis.

Durch die Verbindung von Kunst und Architektur schuf van de Velde ein einzigartiges Gesamtkunstwerk und bewies sich als exzellenter Innenarchitekt. Wie in den meisten Wohnobjekten seiner deutschen Periode gelang es ihm jedoch nicht, zwischen der Eleganz der Innenräume und dem disharmonischen und recht massiven Äußeren des Hauses zu vermitteln. Dennoch sah er in Hohe Pappeln eine ›conception emancipée‹. Das Haus war Zeugnis seiner schöpferischen Kraft zu dieser Zeit und ging dem Durchbruch seines Neuen Stil in Deutschland voraus. Seitdem er im Jahre 1900 nach Deutschland gekommen war, hatte sich van de Velde allmählich von dem linear-dynamischen Art Noveau seiner ersten Projekte, etwa der Verkaufsräume der Havana Compagnie (Berlin 1899), gelöst und seine Formensprache in eine strengere Richtung entwickelt. Die von ihm in dieser Zeit entworfenen Gebäude wie die Weimarer Kunstschule (1904 und 1911), der Chemnitzer Tennisklub (1906 bis 1908) oder der Hohenhof in Hagen (1906 bis 1908) belegen die charakteristischen Züge seines Neuen Stil. Hohe Pappeln war vor dem Hintergrund dieser Entwicklung einerseits eine Reaktion auf die erstarrten baulichen Traditionen, zum anderen aber auch auf die Wiederbelebung neoklassizistischer und neo-

---

24 Vgl. Uwe Wagner: Clemens Henry van de Velde. Erste Ergebnisse der Untersuchungen zur Architekturfarbigkeit. In: Henry van de Velde. Architekt und Gestalter. Vom Gesamtkunstwerk zum Denkmal. Beiträge des Kolloquiums der Bauhaus-Universität Weimar. Hrsg. vom Thüringischen Landesamt für Denkmalpflege. Erfurt 2003, S. 103-109.

biedermeierlicher Strömungen in den Arbeiten von Architekten wie Alfred Messel, Bruno Paul und Paul Schultze-Naumburg. Letzterer errichtete beispielsweise von 1906 bis 1907 in Weimar das Haus Ithaka für den Schriftsteller und Diplomaten Ernst von Wildenbruch. Diese prunkvolle Bürgervilla im neoklassizistischen Stil erinnerte an die Architektur der Stadt im 18. Jahrhundert und stellte eine strikte Antithese zu Hohe Pappeln dar.

Acht Jahre nach ihrem Weggang aus Uccle war es van de Velde und seiner Frau gelungen, ein neues persönliches Idyll zu erschaffen. Hohe Pappeln bot ein vollkommenes Versteck vor dem Weimarer Intrigenherd und schuf die ideale Umgebung für eine unkonventionelle, freie und natürliche Erziehung der Kinder. Zudem wurde das Haus, ähnlich wie das nahegelegene Nietzsche-Archiv, zu einer wichtigen kulturellen Begegnungsstätte für zahlreiche prominente Persönlichkeiten der deutschen und europäischen Avantgarde.

De Tent

Bereits nach sechs Jahren verdunkelten aufziehende Wolken das Ehringsdorfer Idyll. Mit dem Kriegsausbruch begann für van de Velde und seine Familie eine Zeit schwerer Prüfungen. Ab 1917 hielt sich der belgische Künstler in der Schweiz auf, wohin ihm seine Familie nach der Kapitulation Deutschlands folgte.[25] Nachdem der Plan einer Rückkehr nach Deutschland aufgegeben werden musste, nahm van de Velde Kontakt mit dem holländischen Paar Anton Kröller und Helene Kröller-Müller auf. Diese Begegnung eröffnete ihm schließlich eine neue berufliche und finanzielle Perspektive: 1920 ernannten ihn die beiden begeisterten Kunstsammler zu ihrem Privatarchitekten. Der wichtigste Auftrag von Kröller und Kröller-Müller war der Entwurf eines Museumsgebäudes für ihre exzellente Sammlung moderner Kunstwerke, darunter zahlreiche Gemälde von van Gogh.[26] Nachdem van de Velde seine Arbeit in Den Haag aufgenommen hatte, rückte das Projekt eines neuen Wohnhauses sehr bald wieder in sein Blickfeld, nicht zuletzt, da Maria und die Kinder zu dieser Zeit noch in der Schweiz lebten. Die Bauarbeiten hatten bereits Ende der 1920er Jahre begonnen, verzögerten sich jedoch, so dass die Familie erst im Sommer 1921 einziehen konnte.[27]

25 Die Familie residierte im sogenannten Haus am See in Uttwil am Bodensee. Vgl. den Beitrag von Thomas Föhl in diesem Band.
26 Sollte ursprünglich eine Museumsvilla in Wassenaar errichtet werden, änderten sich die Pläne schließlich zugunsten eines großen Museums im rund 100 Kilometer entfernten Hoenderloo, im Hoge Veluwe.
27 Zwischenzeitlich zog van de Velde mit Maria und Nele in ein Übergangsquartier in Wassenaar, während die anderen Kinder bei Freunden in Deutschland lebten oder ein Internat besuchten.

Van de Velde nannte sein drittes Haus De Tent, »la tente des nomades qui se plie pour se dresser ... ailleurs«,[28] ein symbolischer Appell, der sich gleichermaßen auf die Fertigbauweise bezog wie auf van de Veldes Unsicherheit darüber, wie sich sein Aufenthalt in den Niederlanden schließlich gestalten würde – der Name klang, als bereite er schon den nächsten unvorhersehbaren Aufbruch vor. Der ländlichen Umgebung in Uccle und Ehringsdorf verwandt, bildeten die Dünen und die Wälder von Wassenaar die ideale Kulisse für diesen neuen Rückzugsort.

Das Äußere von De Tent war angeregt von der ortstypischen holländischen Architektur (Abb. 5). Es fügte sich perfekt in seine Umgebung ein und erschien auf den ersten Blick als traditionelles niederländisches Landhaus: ein Holzbau auf einem gemauerten Fundament und mit einem Strohdach. Jedoch beschränkte sich van de Veldes Regionalismus auf die Verwendung von entsprechenden Materialien (wie dem Ehringsdorfer Travertin beim Bau von Hohe Pappeln). Bei Aspekten des Stils, bei spezifischen Formen oder bestimmten Konstruktionstechniken kam er nicht zum Tragen. Das kompakte Gebäude mit seinen abgerundeten Ecken und dem großen umhüllenden Dach sowie seinem mansardenartigen Profil hatte nichts mit den regionalen Bautraditionen gemein, es trug vielmehr van de Veldes persönliche Handschrift und erinnerte gar an Bloemenwerf. Die ländlichen Anklänge wurden unterlaufen durch die expressive Dynamik der einander kreuzenden horizontalen, vertikalen und diagonalen Linien und den verspielten Wechsel von Holz, Glas und Stroh.

Die Bauweise von De Tent trug ebenfalls zu seiner mehrdeutigen Gestaltung bei. Denn bei dem scheinbar traditionellen Haus handelte es sich um eine vorgefertigte Konstruktion der deutschen Firma Christoph & Unmack. Anton Kröller hatte van de Velde mit dem Unternehmen bekannt gemacht, um den Bau einiger vorgefertigter Häuser für seine landwirtschaftlichen Angestellten in die Wege zu leiten. Die vorgefertigten Bauteile erschienen wohl als ideale Lösung, um van de Velde möglichst schnell zu einem neuen Haus zu verhelfen. Die Holzkonstruktion von De Tent war von der Werkstatt in Niesky (Sachsen) mit dem Zug in die Niederlande transportiert und schließlich auf dem Baugelände in Wassenaar errichtet und fertiggestellt worden. De Tent war so ein Paradebeispiel für die sogenannte Tafel- oder Plattenbauweise, einer von dem Architekten Konrad Wachsmann für Christoph & Unmack entwickelten, innovativen Holzbauweise: Die einzelnen Elemente wurden wie in einer Rahmenkonstruktion zusammengefügt. Verkleidet wurden sie dann mit vorgefertigten, durch einfache Klemmverschlüsse verbundene Wand-, Boden- und Dachplatten, in die Fenster und Türen bereits eingearbeitet waren.[29] Effizienz und

---

28 Henry van de Velde: Les Mémoires inachevés (Anm. 8), S. 371.
29 Vgl. Claudia Klinkenbusch: Timber houses of the Modern Age / Holzbauten der Moderne. Niesky 2006, S. 22-24.

Abb. 5
Henry van de Velde, De Tent, Wassenaar, 1920/21

Logik dieser Baumethode korrespondierten nahezu perfekt mit van de Veldes Vorstellungen von einer rationalen Konzeption. Der schöpferischen Souveränität des individuellen Künstlers zufolge, die van de Velde in seiner Diskussion mit Muthesius anlässlich des Werkbundkongresses 1914 in Köln an oberste Stelle gerückt hatte, blieben jedoch industrielle Vorfertigung und Standardisierung seinem ›Kunstwollen‹ untergeordnet. Elemente wie das gewellte Dach oder die zahlreichen abgerundeten Ecken ließen sich mit der Industrialisierung des Bauprozesses nicht in Einklang bringen.

Der Entwurf von De Tent basierte auf dem Modell Haag von Christoph & Unmack, das van de Velde jedoch deutlich zu einem persönlichen Projekt umgestaltet – oder »heureusement corrigé«[30] – hatte, so dass es klare Bezüge zu seinen früheren Arbeiten aufwies. Insbesondere die Balustraden im Inneren des Hauses erinnerten an die arabesken Linien seines graphischen Werks aus den 1890er Jahren. Der Grundriss zeichnete sich, obschon er, bedingt durch die

---

30 Léon Ploegaerts, Pierre Puttemans: L'œuvre architecturale de Henry van de Velde (Anm. 23), S. 157.

Fertigbauweise des Hauses, deutlich symmetrischer und rechtwinkliger war, durch die gleiche umhüllende Kompaktheit aus wie die Grundrisse der beiden früheren Privathäuser. Das auch in De Tent zentrale Foyer organisierte die organische Einheit der Räume (Abb. 6). Dessen ungeachtet stellten die Innenräume durch ihre an Bloemenwerf angelehnte, jeweils stark individuelle Ausgestaltung im Vergleich zu Hohe Pappeln einen deutlichen Schritt zurück dar. Eingerichtet waren die Zimmer mit Mobiliar und Kunstwerken aus der Vorkriegszeit. Zwar glich De Tent in Farben, Anstrichen und generellem Ambiente vermutlich den vorherigen Häusern van de Veldes. Da es jedoch 1961 abgerissen wurde, sind exakte Rekonstruktionen nicht möglich. Die adäquate Deutung der historischen Fotografien ist umstritten.

In der Forschung zu Henry van de Velde wird häufig eine Parallele zwischen De Tent und dem etwa zeitgleich von Walter Gropius und Alfred Meyer errichteten Haus Sommerfeld in Berlin gezogen, einem montierbaren Blockhaus (1920/21).[31] Beiden Häusern war eine Mischung aus industrieller und handwerklicher Bauweise gemein. Damit ist ihre Ähnlichkeit jedoch auch schon erschöpft. Dass Sommerfeld aus Holz gebaut wurde, rührte nicht aus einem Bestreben nach landschaftlicher Integration her wie bei van de Velde, sondern war vor allem Resultat einer Markenstrategie für das Sägewerk-Unternehmen des Auftraggebers Alfred Sommerfeld. Außerdem war es äußerlich viel eher den Prärie-Häusern von Frank Lloyd Wright verwandt als der traditionellen Architektur der Berliner Gegend; schließlich war das expressionistische Dekor vollkommen verschieden von der formalen Beschränkung in De Tent.

Hatte sich van de Velde während seiner Zeit in Deutschland allmählich vom 19. Jahrhundert ab- und aktuellen Entwicklungen im modernen Industriedesign zugewandt, so repräsentierte sein Aufenthalt in den Niederlanden, die kürzeste Phase seiner Laufbahn, den endgültigen Übergang zum 20. Jahrhundert. Van de Velde lernte nicht nur ein modernes, im Fortschritt begriffenes Land kennen, sondern auch die florierende niederländische Moderne-Bewegung mit ihren verschiedenen Strömungen und Repräsentanten. Als Künstler der Generation 1900 mit einem in der Vorkriegszeit gebildeten Moderne-Verständnis gelangte van de Velde schließlich zu der Überzeugung, dass man sich den allgemeinen Bedingungen der Zeit anpassen und entsprechende Gebäude bauen müsse. In seiner Annäherung an den Zeitgeist der 1920er Jahre erkannte er, dass nicht die Grundprinzipien seines Denkens selbst – seine Vorstellungen von rationaler Konzeption und formaler Funktionalität – in Frage standen, sondern vielmehr ihre architektonische Übersetzung überdacht werden musste. In diesem Sinne, so schrieb van de Velde an Erich Mendelsohn, fühle er sich von den neuen Ideen mehr und mehr angezogen. Stellten De Tent und einige andere

---

31 Vgl. Gilbert Lupfer, Paul Sigel: Walter Gropius. 1883-1969. Propagandist voor de nieuwe vorm. Köln 2005, S. 27-29.

Abb. 6
Henry van de Velde, De Tent, Wassenaar, Halle, 1920/21

Projekte mit ähnlich regionaler Ausrichtung einen isolierten ›demarche‹ dar, so zeugten andere Entwürfe der niederländischen Zeit von der Suche nach einer stärker vereinfachten Formensprache, ohne dass diese jedoch zu einem befriedigenden Abschluss kam.

La Nouvelle Maison

Das vielversprechende Museumsprojekt für das Ehepaar Kröller-Müller erwies sich als Enttäuschung für van de Velde, da es wegen finanzieller Probleme des Unternehmens H. W. Müller im Jahr 1923 eingestellt werden musste. Zu diesem Zeitpunkt hatte jedoch van de Velde die Verbindungen zu seinem Heimatland bereits wieder aufgenommen und dachte über eine mögliche Rückkehr nach Belgien nach. Dieser Schritt war keinesfalls offensichtlich, da van de Velde wegen seines deutschen Hintergrunds recht umstritten war. Im Jahr 1925 jedoch wurde der Sozialist und langjährige Freund van de Veldes, Camille Huysmans, zum Minister für Schöne Künste und Bildung ernannt. Er berief van de Velde als Professor für Architektur und Kunstgewerbe an die Universität von

Gent und bat ihn, einen Studienplan für eine neue Kunsthochschule in Brüssel zusammenzustellen. Wenngleich Huysmans' Initiative auf heftigen Widerstand stieß, wurde van de Velde schließlich am 30. November 1926 als Direktor des neu gegründeten Institut Supérieur des Arts Décoratifs, der belgischen Antwort auf das deutsche Bauhaus, eingesetzt. Hatte er Belgien 26 Jahre zuvor als ein Hauptvertreter der alten Generation verlassen, kehrte er nun als ›conscience‹ der jungen Generation zurück, die seine Ideen wie seine Person feierte.

Erstmals seit Kriegsausbruch konnte van de Velde in Belgien seine Tätigkeit als Architekt wieder aufnehmen – eines seiner ersten Projekte war der Bau eines neuen Hauses für seine Familie. Nach dem Wegzug aus Wassenaar hatten van de Velde, seine Frau und die Kinder Nele, Thyl und Thylla in einer Wohnung in La Barrière gelebt, einem beliebten und lauten Brüsseler Viertel. Van de Velde begann schon bald von einem neuen Rückzugsort zu träumen. Dabei kam Tervuren, ein stilles Dorf im grünen Gürtel um Brüssel, seinem grenzenlosen Verlangen nach einer ländlichen Umgebung mit vielen Bäumen entgegen. Das Baugelände erinnerte an die Lage von Hohe Pappeln an der Belvederer Allee in Weimar: Es befand sich auf einem Grundstück entlang der Tervurenlaan, einer repräsentativen Allee, die Brüssel mit dem Warande-Park in Tervuren verband. Die mit dem Entwurf eines eigenen Hauses verbundene Intimität stellte die ideale Rahmenbedingung für van de Velde dar, um die Revision seines Neuen Stil, die er während seines Aufenthalts in den Niederlanden bereits in Angriff genommen hatte, abzuschließen und seine alten Theorien nunmehr in ein originales und zeitgemäßes modernes Gebäude zu übersetzen. Das Haus erhielt den bezeichnenden Namen La Nouvelle Maison. In ihm manifestierte sich das neue architektonische Idiom van de Veldes.

Der Bau begann im Mai 1928 und wurde im April des Folgejahres abgeschlossen. In seinen Memoiren erläutert van de Velde, dass ein Drittel der Kosten abgedeckt wurde durch den Verkauf einer Zeichnung und eines Gemäldes von Seurat; bei Letzterem handelte es sich wahrscheinlich um *Port-en-Bessin, un dimanche*.[32] La Nouvelle Maison präsentierte sich als nüchternes und elegantes modernes Gebäude (Abb. 7). Von den drei vorangehenden, einander recht ähnlichen Häusern unterschied sich La Nouvelle Maison von außen stark, insofern es sich mit seinen einfachen geometrischen Formen, dem flachen Dach, Elementen aus Sichtbeton, Fenster- und Türrahmen aus Stahl deutlich an den Tendenzen des Internationalen Stil orientierte. Van de Velde entschied sich jedoch nicht für den typisch modernen ›white cube‹, sondern gestaltete eine sehr persönliche und originelle Variante des architektonischen Modernismus.

La Nouvelle Maison zeichnete sich durch seine plastisch-solide Massigkeit aus und bezog seine Stärke aus dem subtilen Zusammenspiel der Grundformen,

---

32 Vgl. Henry van de Velde: Les Mémoires inachevés (Anm. 8), S. 444.

Abb. 7
Henry van de Velde, La Nouvelle Maison, Tervuren, 1928/29

einem großen rechteckigen Quader und zwei kleineren. Die Fensteröffnungen waren durch dunkelgrün gestrichene Stahlrahmen verschlossen und so zu einer dunklen Leere reduziert, was dem hellen Gebäudevolumen einen definierten Rhythmus verlieh. Die relativ regelmäßige Anordnung dieser Öffnungen erzeugte eine gewisse Strenge, doch die Gesamtkonstruktion der Fassaden war immer noch hinreichend flexibel, um sich deutlich gegen eine klassizistische Formensprache abzugrenzen. So wurde die vordere Fassade durch das Wechselspiel von Fenster- und Türöffnungen sowie den Kontrast zwischen den verschiedenen hervortretenden Elementen und dem eingelassenen Garageneingang belebt. Inspiriert von den technologischen Entwicklungen der 1920er Jahre, erweckten die hervorspringenden Simse, Balkone und Brüstungen und die großen abgerundeten Ecken einen fließenden Eindruck. Die abgerundeten Ecken waren typisch für van de Veldes Vokabular und können als spätes Pendant zu seinen dynamischen Art Nouveau-Linien gelesen werden. Sie verwandelten die blockartige Grundform des Hauses in eine plastisch erscheinende Masse. Die Tendenz zur Weichzeichnung der Kanten dominierte das gesamte Design und fand sich daher auch im kleineren Maßstab wieder. Besonders im Inneren waren die meisten Ecken und Kanten subtil geschwungen, so dass sich die statischen Räume in ein dynamisches Kontinuum zu verwandeln schienen. Van de Velde reagierte damit auf den vermeintlich unnatürlichen Charakter rechter Winkel, gegen den sich die Architektur seines neuen Hauses abgrenzen sollte. Er glaubte, mit harmonischen Formen den menschlichen Bedürfnissen besser entsprechen zu können.

Die Architektur von La Nouvelle Maison war eng mit der Landschaft verbunden. Zunächst gab es die manifeste Horizontalität des Äußeren. Die subtile Linearität des Mauerwerks wurde unterstrichen durch mehrere kräftige horizontale Linien, so dass die verschiedenen Teile der Fassade fest mit dem Boden verbunden schienen. Zweitens war da die Materialität des Hauses: Die massige, raue Oberfläche von La Nouvelle Maison schien wie ein ortstypisches Gebäude mit der ländlichen Umgebung zu verschmelzen, mit der es auch physisch verbunden war: Die verschiedenen Ziegelarbeiten um das Haus herum, die Terrasse, die Stützmauern, Tore und Stufen ebenso wie das subtil geschwungene Betonfundament der Fassaden ließen es mit seinem Garten verwachsen. Auf reine Ornamente hatte van de Velde komplett verzichtet. Stattdessen wurde nun das verfeinerte architektonische Detail zum organischen Komplement der Form. Das ausdrucksstark verfugte Ziegelwerk und die strukturierten Betonoberflächen betonten die Klarheit der Wände, die zusätzlich vom schlanken und dunklen Metall der Balkonbrüstungen, der Fenster- und Türrahmen unterstrichen wurde. Auffällig ist dabei, dass van de Velde keines dieser Elemente mehr selbst entwarf, sondern industriell vorgefertigte Baukomponenten verwendete, die er zu ästhetischen Objekten erhöhte.

Der Grundriss zeichnete sich durch eine bemerkenswert einfache Form und funktionale Organisation aus. Van de Velde zeigte sich hier als brillanter Raumgestalter, indem er dem rationalen Grundriss eine einzigartige Raumerfahrung einschrieb. Das Wohnzimmer bildete den Mittelpunkt des Hauses, das Foyer war dabei keine nach außen abgeschlossene Halle wie in den anderen Häusern, sondern ein intimer zeitgemäßer Wohnraum mit einer direkten Verbindung zum Garten (Abb. 8). Der Zugang von draußen war wiederum als eine Art ›promenade architecturale‹ angelegt, die die allmähliche Entdeckung des Inneren durch den Wechsel von räumlicher Komprimierung und Ausdehnung sowie die sich wandelnde Tageslichtbeleuchtung lenkte. Im Gegensatz zu der sich im Grundriss zeigenden Vereinzelung der Räume betonten die großen Öffnungen zwischen ihnen und die subtil abgerundeten Ecken und Kanten die organische Einheit von Bibliothek, Wohn-, Ess- und Arbeitszimmer. Das bemerkenswerteste Raumelement war der fließende Übergang zwischen der engen, galerieartigen Bibliothek und dem größeren Wohnzimmer.

Das Interieur war vollkommen frei von Ornamenten. Es wurde bestimmt durch die Kombination baulicher Elemente wie der skulpturalen Treppe und durch verfeinerte Details wie den gewölbten Boden der Bücherregale. Die spezifische Atmosphäre im Inneren erwuchs aus einer wohlüberlegten Zusammenstellung von Materialien und Anstrichen. So waren die Wände und die Fenster-

Abb. 8
Henry van de Velde, La Nouvelle Maison, Tervuren,
Blick aus dem Wohnzimmer in die Bibliothek, 1928/29

wie Türrahmen der Wohnräume in Weiß- oder Cremetönen gehalten, die mit den Fußbodenbelägen aus natürlichen Materialien harmonierten: dem polierten grauen Kalkstein, den Seegrasteppichen und dem lackierten Eichenparkett. Das eingebaute Mobiliar blieb in seinem Design nüchtern und funktional, wurde aber ästhetisch durch die Anstriche aufgewertet. Die elfenbeinweiße Lackierung der Bücherregale erinnerte an die weißlackierten Weimarer Möbel, das intensive Blau, Grün und Rot im Inneren der Schlafzimmerschränke an die expressive farbliche Gestaltung in Hohe Pappeln. Die einzelnen Räume waren mit Möbeln und Kunstwerken aus den vorherigen Häusern eingerichtet, zusätzlich fanden sich einige neue Gegenstände wie ein Rohrsessel von Erich Dieckmann oder eine Lampe von Poul Henningsen. Interessanterweise übertrug sich der radikale Bruch in der Architektursprache nicht auf die Einrichtung des Hauses, deren älteste Elemente in die 1890er Jahre zurückreichten. Die Einrichtung fügte sich so mit den neutralen Innenräumen zu einem vollkommenen Gesamtkunstwerk, das weniger ein ›state of the art‹-Ensemble darstellte als vielmehr von der Biographie der Bewohner zeugte.

Das Außengelände war als architektonischer Garten mit drei unterschiedlichen Bereichen angelegt: ein gepflasterter Hof vor dem Eingangsbereich, ein

Obst- und Gemüsegarten mit einigen Rabatten und einem Platz zum Wäschetrocknen entlang der Nordost-Fassade und an der südöstlichen Seite des Hauses der sogenannte Familiengarten mit einigen Grünpflanzen zwischen der Terrasse und dem großen offenen Rasen. Die Gestalt des Gartens war bestimmt durch ein Netzwerk von Pfaden und die verschiedenen, bereits erwähnten Ziegelsteinelemente. Durch die Kombination der das Haus umgebenden, leicht erhöhten Terrassen, Grünanlagen und Pfade schuf der Garten außerdem einen allmählichen Übergang vom privaten in den öffentlichen Raum.

Mit La Nouvelle Maison verlieh van de Velde seinem neuen Architekturideal erstmals konkreten Ausdruck. Das Haus am Rande von Brüssel war daher auch ein wichtiges Referenzprojekt für die Bauvorhaben der zweiten belgischen Phase. Zu den wichtigsten Aufträgen dieser Zeit gehörten vor allem das Hotel Wolfers in Brüssel (1929 bis 1939), die Universitätsbibliothek in Gent (1933 bis 1939) und das Kröller-Müller-Museum in Otterlo (1936 bis 1953). Im Großen und Ganzen schloss van de Veldes Werk der zweiten Belgischen Phase an Strömungen an, die einen organischen, mithin natürlichen Ansatz des modernen Bauens und eine dynamische Verbindung der Architektur mit ihrer Umgebung favorisierten. An La Nouvelle Maison ließen sich freilich auch Parallelen zu den Prärie-Häusern Frank Lloyd Wrights ausmachen, mit denen van de Velde seit der Veröffentlichung des sogenannten Wasmuth-Portfolios im Jahre 1910 vertraut war. Die äußere Horizontalität und die baulichen Elemente um das Haus deuteten die parallelen Ebenen und den ausladenden Sockel amerikanischer Vorkriegshäuser an. Schließlich korrespondierten der architektonische Stil von La Nouvelle Maison und seine Beschreibung durch van de Velde, etwa in *L'architecture d'aujourd'hui en regard de celle du passé* (1940), in bemerkenswerter Weise mit einer Äußerung Wrights aus dem Jahre 1980: »As for the future – the work shall grow more truly simple, more expressive with fewer lines, fewer forms, more articulate with less labor, more plastic, more fluent, although more coherent, more organic«.[33]

Van de Velde verließ La Nouvelle Maison im Jahr 1947 und zog in die Schweiz,[34] wo er seine letzten Lebensjahre mit dem Schreiben seiner Memoiren verbrachte.

Aus dem Englischen von Franziska Bomski

---

33 Zitiert nach Bruce Pfeiffer: Frank Lloyd Wright. Master Builder. London 2003, S. 8.
34 Zusammen mit seiner Tochter Nele lebte er in zwei von Alfred Roth entworfenen Häusern: Bungalow (1948 bis 1956) und Haus Vogelenzang (1956/57).

SABINE WALTER

Agent der Moderne
Henry van de Velde als Kunstsammler und -vermittler

Henry van de Velde ist bekannt als Kunsttheoretiker, Maler, Graphiker, Lehrer, Gründer zweier Schulen für angewandte Kunst und nicht zuletzt als Doyen des modernen europäischen Designs. Van de Velde, der ›Alleskünstler‹, war freilich auch ein passionierter Kunstsammler, der über mehrere Jahrzehnte hinweg eine beeindruckende Privatkollektion zusammentrug und als einflussreicher Raumgestalter die Werke zeitgenössischer Künstler an seine Kunden vermittelte. Er fungierte als Agent der Moderne, nicht nur im pädagogischen Sinne, indem er seinen Lesern, Zuhörern, Kunden und Schülern die Werke der eigenen künstlerischen Vorbilder nahebrachte, sondern auch, indem er den Kauf von Gemälden, Plastiken oder Graphiken einleitete. Dass dieses Engagement nicht zufällig oder lediglich aus finanziellem Interesse erfolgte, sondern Teil einer Vision des Gesamtkunstwerks war, wird im Folgenden zu zeigen sein.

Als junger Maler und Mitglied der Künstlergruppe Les Vingt nahm van de Velde lebhaften Anteil an den künstlerischen Diskussionen seiner Zeit. Die 1884 in Brüssel von Fernand Khnopff, Théo van Rysselberghe, James Ensor, den Geschwistern Anna und Eugène Boch sowie anderen experimentierfreudigen belgischen Malern und Graphikern gegründete Vereinigung hatte sich zur Aufgabe gemacht, jene progressiven Positionen, die von führenden Galerien und populären Zeitschriften ignoriert oder belächelt wurden und somit weder Publikum noch Käufer fanden, durch eigene Ausstellungen im renommierten Palais des Beaux-Arts in Brüssel zu unterstützen.[1] Im Umfeld der Vingt hatte Henry van de Velde seine künstlerische und ideelle Heimat gefunden.[2] Seit 1890 nahm er als Mitglied von Les Vingt an Empfängen teil, auf denen die Größen der modernen Kunst meist persönlich verkehrten oder zumindest kenntnisreich diskutiert wurden. Wie van de Velde in seiner *Geschichte meines Lebens* berichtet, sprach hier der bewunderte James Ensor vor den Zeichnungen seiner ›Kollegen‹ Félicien Rops und Odilon Redon, dazwischen standen die Skulpturen von Auguste Rodin und Constantin Meunier. Lesungen von Emile Verhaeren, Aurélien Lugné-Poe sowie Konzerte mit César Franck oder Alexander Borodin begleiteten die Ausstellungen wie auch die Soiréen privater Gönner. Diese inspirierenden Begegnungen im Zusammenklang mit Werken

---

1 Vgl. Gisèle Ollinger-Zinque (Hrsg.): Les XX & La Libre Ésthétique. Honderd Jaar later / Cent ans après. Ausstellungskatalog, Musées Royaux des Beaux-Arts de Belgique, Brüssel. Brüssel 1993.
2 Vgl. hierzu den Beitrag von Gerda Wendermann in diesem Band.

der neuen Kunst haben van de Velde nachhaltig beeindruckt. Zeit seines Lebens zielte sein Schaffen darauf, Räume zu kreieren, an denen sich die Schönheit von Mobiliar, Gemälden, Plastik und Architektur zu einem stimmigen Ort für zwischenmenschliche Begegnungen und individuelle Inspiration verbinden sollten – von den Wohnhäusern über die Schiffsinterieurs bis hin zu den Pavillons der Weltausstellungen.

Idole, Freunde, Wegbegleiter – die eigene Sammlung

Von den künstlerischen Idealen ihres Schwiegersohns überzeugt, finanzierte Louise Sèthe 1895 dem jungen van de Velde den Bau eines Wohnhauses in Uccle bei Brüssel: Mit Bloemenwerf gestaltete der erst 32-jährige Künstler sein erstes eigenes Haus, das auf die Bedürfnisse der jungen Familie abgestimmt war und seinen Ansprüchen als Gast- beziehungsweise ›Raumgeber‹ für inspirierende Begegnungen entsprach (vgl. Abb. 1, S. 173).[3] Selbstverständlich wurde dieser Ort, der Statement, Bollwerk und Provokation in einem war, mit Werken von Freunden und, falls finanzierbar, künstlerischen Vorbildern ausgestattet. Bald verkehrte in Bloemenwerf die Prominenz der belgischen und französischen Moderne und war durch aktuelle Arbeiten räumlich präsent. Insofern lässt sich über die Sammlung nachvollziehen, welche Künstler beziehungsweise Positionen für den ›Alleskünstler‹ von Bedeutung waren, spiegelt doch die Kollektion wichtige Stationen seiner Biographie. Wie und wann die verschiedenen Arbeiten in van de Veldes Besitz gelangten, lässt sich allerdings aufgrund fehlender Dokumente lediglich in wenigen Fällen rekonstruieren.

Henry van de Velde war kein Sammler im herkömmlichen Sinne. Er erwarb keine Großzahl unterschiedlicher Arbeiten, um Stück für Stück eine möglichst vollständige Kollektion aufzubauen – hierzu wäre er aus finanziellen Gründen auch gar nicht in der Lage gewesen. Für den Belgier fungierten Bilder, Plastiken, Bücher und Keramiken vornehmlich als ›Stellvertreter‹ jener künstlerischen Ideale beziehungsweise jener Menschen, die ihm lieb und teuer waren. In diesem Zusammenhang ist die Zeichnung *Champ de coquelicots* »in chinesischer Tusche« von Vincent van Gogh zu nennen, den er als »eines der größten Genies der Geschichte der Malerei« bezeichnete.[4] Während der Hochzeitsreise hatte das junge Paar dessen verwitwete Schwägerin in Bussum (Niederlande) besucht, zu der in den neunziger Jahren viele junge Künstler pilgerten, und den künstlerischen Nachlass van Goghs ausgiebig studiert.

---

3 Vgl. den Beitrag von Jérémy Vansteenkiste in diesem Band.
4 Henry van de Velde: Geschichte meines Lebens. Hrsg. und übertragen von Hans Curjel. München 1962, S. 119, 90. Vgl. Antje Neumann: Das Haus »Hohe Pappeln«. Henry van de Veldes Wohnhaus in Weimar. Geschichte und Analyse eines Künstlerhauses. Magisterarbeit (Typoskript). Jena 2000.

Abb. 1
Haus Bloemenwerf, Speisezimmer. Auf dem Tisch die Bronzestatuette
»Der kleine Verwundete II« von George Minne, um 1895

Mit Hilfe der zahlreichen Fotografien seiner privaten Wohnräume, insbesondere der Aufnahmen von Bloemenwerf und dem Haus Hohe Pappeln in Weimar, lassen sich die Schlüsselwerke der privaten Sammlung identifizieren. Charles Lefébure, Freund des Hauses und als Ingenieur tätig, dokumentierte die Einrichtung in Bloemenwerf; seine Aufnahmen erschienen 1898 in der deutschen und der französischen Ausgabe der Zeitschrift L'Art Décoratif.[5] Die mit Bedacht gewählten Ausschnitte belegen, worauf der Bewohner besonderen Wert legte. So taucht die Bronzestatuette Der kleine Verwundete II von George Minne bei allen Perspektiven des Esszimmers in Bloemenwerf auf – der stolze Besitzer muss sie eigens hin und her getragen haben – und ist selbst auf der Werbung für van de Veldes Entwürfe für Damenbekleidung zwischen zwei Modellen zu erkennen.[6] Zwischen Gebrauchsgegenständen platziert, wird die kleine Knabenfigur dem Betrachter als Teil des Alltags präsentiert, ohne museale Trennung zwischen Leben und Kunst (Abb. 1). In Umkehrung dazu ist der

5 Vgl. ebenda, S. 119.
6 Vgl. ebenda, Abb. 49. Auf den Fotos der zweiten Weimarer Wohnung in der Lassenstraße 29 (heute Trierer Straße 71) ist sie wie zufällig im Bild, ebenso auf den Fotos vom Haus Hohe Pappeln.

Abb. 2
Haus Bloemenwerf, Atelier mit Plakatwerbung für den »Divan Japonais«
von Henri de Toulouse-Lautrec und Keramik von Alfred William Finch, um 1895

Blick in das Atelier von Bloemenwerf nicht etwa auf den Schreibtisch oder die neuesten Entwürfe des Hausherrn gerichtet. Vielmehr zeigt eine Aufnahme des Ateliers eine Plakatwerbung (für den *Divan Japonais* (1892/93) von Toulouse-Lautrec), die ihrerseits von Krügen und Vasen des Freundes Alfred William (Willy) Finch flankiert wird (Abb. 2). Gemälde und Skulpturen sind im Raumgefüge auf gleicher Ebene mit Gebrauchskunst wie Plakaten oder Keramiken arrangiert.

Bezeichnenderweise existieren von den beiden Häusern, die van de Velde während der zwanziger Jahre in Wassenaar und Tervuren für seine Familie erbaut hat, nur wenige historische Innenaufnahmen. Auch ist die Dokumentation dieser Phase vergleichsweise mager, was auf verschiedene Ursachen zurückzuführen ist. So trat der inzwischen über Sechzigjährige nach dem Ersten Weltkrieg nicht mehr als Wortführer eines Neuen Stil auf; außerdem war er in der Zwischenkriegszeit mit den Entwürfen für Kröller-Müller, der Schulgründung La Cambre und verschiedenen Großaufträgen so sehr ausgelastet, dass der Druck zur medialen Selbstvermarktung entfiel.

Die meisten Werke seiner Kunstsammlung hat van de Velde trotz zahlreicher Umzüge und gravierender materieller Notlagen während und nach den beiden

Weltkriegen behalten. Doch kam es aufgrund finanzieller Schwierigkeiten auch zu Teilveräußerungen der Sammlung. So verkaufte van de Velde etwa nach dem Ende des Ersten Weltkriegs größere Teile an den Kunsthändler Paul Cassirer in Berlin, der während der Kriegsjahre nach Bern gezogen war und dort französische wie deutsche pazifistische Autoren verlegt hatte, mit denen auch van de Velde in Verbindung stand. Vermutlich im Kontext dieser Veräußerungen sind um 1915 acht Objekte aus der Sammlung fotografiert worden. Aus Anlass der Retrospektive »Um 1900« (1952) und vor allem nach seinem Tode wurden viele eigene Arbeiten und Teile der Sammlung von van de Veldes Kindern Nele und Thyl an das Züricher Kunstgewerbemuseum (heute Museum für Gestaltung Zürich) verkauft. Weitere Objekte veräußerte Thyl erst in den sechziger Jahren an Museen und Galerien in Belgien und in der Schweiz.

Fernöstliche Kunst und Henri de Toulouse-Lautrec

Wie viele Künstler war auch Henry van de Velde in den achtziger und neunziger Jahren des 19. Jahrhunderts von der schlichten Eleganz und handwerklichen Perfektion fernöstlicher Kunst beeindruckt. Die schnörkellosen, funktionalen Möbel, die lineare und innerhalb der Flächen abstrakt-ornamentale Gestaltung der Graphiken faszinierten den Maler und angehenden Gestalter. »Wir genossen diese Dinge wie eine Art Frühling, der in unser Leben einbrach, in die graue Langeweile unserer Wohnräume mit ihren schweren, abgeschabten Möbeln, die jede Heiterkeit erstickten«, erinnert sich van de Velde in seinen Memoiren.[7] Japanische Drucke waren während der 1880er Jahre in mehreren Galerien in Belgien und Frankreich zugänglich. Wie van de Velde besaßen viele Künstler, darunter auch der bewunderte van Gogh, die häufig als Serien konzipierten Holzschnitte und sogenannte Katagami, ursprünglich zum Bedrucken von Stoffen dienende Färbeschablonen aus Papier. Ob er 1895 anlässlich seiner Auftragsarbeiten für die Galerie L'Art Nouveau bei deren Besitzer Siegfried Bing entsprechende Graphiken erwarb oder schon früher in der Compagnie Japonaise in Brüssel, ist genauso wenig rekonstruierbar wie der Verbleib der 1896 in Bloemenwerf noch omnipräsenten Blätter (vgl. auch die Abbildungen bei Gabriel P. Weisberg in diesem Band). Den historischen Fotos zufolge hat sich van de Velde mit einer großen Anzahl japanischer Holzschnitte und Katagami umgeben. Er ließ sich von ihrer Linearität inspirieren, waren doch die elastisch schwellenden Bogenlinien das ornamentale Hauptmotiv seiner Möbel während der neunziger Jahre.

---

[7] Henry van de Velde: Geschichte meines Lebens (Anm. 4), S. 58. In Siegfried Bings Pariser Wohnung beeindruckten ihn die Probedrucke Utamaros, Hokusais oder Hiroshiges. Vgl. ebenda, S. 105. Vgl. auch den Beitrag von Gabriel P. Weisberg in diesem Band.

Abb. 3
Henry van de Velde im Salon seiner zweiten Weimarer Wohnung,
Lassenstraße 29, 1906

Bezeichnenderweise sind gerade die japanischen Holzschnitte und Katagami auf den Wohnungsfotos der Weimarer Zeit verschwunden. Inzwischen verzichtete van de Velde bei der Möbel- und Innenraumgestaltung auf den nunmehr als übertrieben empfundenen Einsatz der ›emotionalen‹ Linie und versuchte, seinem ›Dämon‹ abzuschwören. Auf den Wohnungsfotos nach 1905 wurden jetzt dreidimensionale Objekte aus Fernost ins Zentrum gerückt. So zeigt beispielsweise eine Fotografie der zweiten Weimarer Wohnung (Lassenstraße, heute Trierer Straße) ein dreifüßiges Weihrauchgefäß mit geschwungenen Henkeln auf einem von van de Velde entworfenen Tisch (Abb. 3). Die schlichte Eleganz der ›chinesischen Schale‹, die van de Velde 1901 von Harry Graf Kessler als Geschenk erhalten hatte, steht der Ästhetik seiner eigenen Keramiken aus derselben Zeit nahe. Auch wurde eine kleine, vermutlich steinerne Guanyin-Figur, ein weiblicher ›Bodhisattva‹ des Mitgefühls, im Haus Hohe Pappeln auf mehreren Fotos arrangiert. Die Guanyin-Figuren galten als ›chinesische Madonnen‹ und waren im 19. Jahrhundert bei westlichen Sammlern populär

Abb. 4
*Guanyin, China, vermutlich 19. Jh.,
aus dem Besitz Henry van de Veldes*

(Abb. 4).[8] Eine weitere, ebenfalls aus China stammende Figur aus heller Keramik und ein gesatteltes Pferd mit strammer Körperhaltung weisen wie die Guanyin eine dynamische Spannung auf. Über die Reduzierung von realistischen Details wird eine formale Geschlossenheit gewonnen, die der von van de Velde während seiner Weimarer Jahre angestrebten Ästhetik entspricht. Insofern waren die vielen japanischen Holzschnitte und chinesischen Plastiken, die stets auch fester Bestandteil in den Einrichtungen seiner Kunden gewesen sind, kongeniale Ergänzungen seiner stilistischen Visionen. Die beiden erwähnten

---

8 Die Identifizierung ist Franziska van der Pitte, Musées Royaux d'Art et d'Histoire, Brüssel, zu verdanken.

Abb. 5
De Tent, Halle mit einer der beiden chinesischen Plastiken, um 1925

Plastiken waren noch Ende der zwanziger Jahre in seinem Haus De Tent zentral platziert (Abb. 5).

Eine zeitgenössische westliche Umsetzung japanischer Kunst hatte Henri de Toulouse-Lautrec in seinen Darstellungen der Halbwelt in den Pariser Theatern und Cafés vorgenommen. Seine Plakate waren 1889 im Salon von Les Vingt auf öffentliche Ablehnung gestoßen. Nicht nur die ›unmoralischen‹ Motive erregten den Widerstand des Publikums, sondern auch das Medium an sich: Die Gebrauchsgraphik, die hier als Kunst präsentiert wurde, provozierte Irritationen. Van de Velde war fasziniert von der Erscheinung des streitbaren Franzosen, der selbst beim Mittagessen in Bloemenwerf Unruhe stiften musste.[9]

---

9 Vgl. Henry van de Velde: Geschichte meines Lebens (Anm. 4), S. 123, ebenso S. 41, 304.

Die Anfeindungen des Publikums bestätigten van de Velde in seiner Sympathie für den Künstlerkollegen. Er schätzte die linearen, leuchtend farbigen Lithographien von Toulouse-Lautrec, die, wie sein *Divan Japonais*, mit den Farbholzschnitten der japanischen Meister perfekt harmonierten. Gerade jenen, um 1890 in Brüssel attackierten Künstlern ist van de Velde zeitlebens treu geblieben. Mit Arbeiten wie dem *Divan Japonais* von Toulouse-Lautrec oder den vielen Gemälden von Signac, von denen noch die Rede sein wird, umgab er sich bis zu seinem Lebensende.

Bewunderung und Freundschaft – neoimpressionistische Gemälde

Das auf dem IV. Salon von Les Vingt ausgestellte Gemälde *Un dimanche après-midi à l'île de la Grande Jatte* von Georges Seurat hatte den bis dahin in gedämpften Tönen arbeitenden jungen Maler tief erschüttert. Schon bald ließ er sich von den ›divisionistischen‹ Prinzipien inspirieren und bekannte sich fortan zum Neoimpressionismus (vgl. Taf. 13, S. 125). Wenngleich van de Velde eine Vielzahl neoimpressionistischer Gemälde von durchgehend hoher Qualität schuf, so war dieser Schaffensphase keine besondere Dauer beschieden. Die Abwendung von der Malerei und die Konversion zum Kunstgewerbe erfolgte nur wenige Jahre später. Dessen ungeachtet sollten neoimpressionistische Gemälde van de Velde zeitlebens begleiten: Mit ihren leuchtenden Farben, ausgewogenen Kompositionen und idyllischen Motiven entsprachen sie den Gestaltungsprinzipien des Raumschöpfers. Die Bilder von Seurat, Signac, Cross oder van Rysselberghe waren in den eigenen Wohnungen ebenso wie in den Einrichtungen der Kunden stets fester Bestandteil eines durchkomponierten Ganzen. Die neoimpressionistischen Gemälde, die jegliche zeitkritische Infragestellung des Subjekts negierten und weder Satire noch Gewalt zum Ausdruck brachten, korrespondierten mit van de Veldes Anspruch, positiv stimulierende und inspirierende Häuser zu schaffen.

Die Bedeutung, die van de Velde neoimpressionistischen Gemälden zumaß, zeigt sich besonders deutlich an jenen exponierten Orten, die er für ihre Präsentation in seinen eigenen Wohnhäusern bestimmte. So wurde das farbenfrohe Seestück von Georges Seurat, *Port-en-Bessin, un dimanche*, mit dem charakteristischen Motiv der wehenden französischen Flaggen an prominenter Stelle in der Eingangshalle von Bloemenwerf präsentiert, flankiert von einem wahrscheinlich ebenfalls neoimpressionistischen Gemälde des Freundes Willy Finch (vgl. Abb. 2, S. 176).[10] Mit Paul Signac, dessen bei Les Vingt ausgestellte Gemälde 1888 in Brüssel einen Skandal ausgelöst hatten, verband van de Velde

---

10 George Seurat, *Port-en-Bessin, un dimanche*, 1888, Kröller-Müller-Museum Otterlo. Das Gemälde von Willy Finch ist nicht identifiziert. Vgl. Henry van de Velde: Geschichte meines Lebens (Anm. 4), S. 115.

eine lebenslange Freundschaft. Die erste Zusammenarbeit fand 1895 im Kontext der Arbeiten für Siegfried Bings Galerie L'Art Nouveau in Paris statt, für die Henry van de Velde mehrere Räume ausstattete. Wie bewusst bereits hier Mobiliar und bildende Kunst korrelierten, belegt die farbliche Anpassung der Rahmen der neoimpressionistischen Gemälde von Cross, van Rysselberghe und Signac an seine Interieurs.[11] Mit jener detaillierten Abstimmung bei der Präsentation in der Galerie wurde der Grundstein für alle weiteren Einrichtungen gelegt – durchaus im Sinne von Signac, der sich mit van de Veldes Karrierebeginn ab 1897/98 über eine rege Nachfrage insbesondere aus Deutschland freuen konnte.[12] Als bewusst dekorativ malender Künstler beurteilte Signac die Reduzierung auf die primär ästhetische Wahrnehmung seiner Bilder durchaus positiv.[13]

Nachweislich besaß van de Velde mindestens fünf Landschaften von Signac, die er alle erst in den Weimarer Jahren erwarb. Zwei Ölstudien aus der *Samois*-Serie kaufte er 1904 auf einer Ausstellung in Krefeld (Taf. 6, S. 121).[14] Das Gemälde *Saint-Tropez. La Ville et les Pins* kam über einen Tausch mit Signac nach Weimar – ob gegen ein kunstgewerbliches Objekt oder ein anderes Gemälde, ist unbekannt. Bezeichnenderweise erwarb van de Velde mit einer Arbeit aus der *Diableret*-Reihe eine Landschaft, die Signac selbst als formal weitergehend im Vergleich zu seinen anderen Bergmotiven einstufte. Auch sind einige der Bilder im Rahmen der von Harry Graf Kessler kuratierten Ausstellungen im Großherzoglichen Museum für Kunst und Kunstgewerbe in Weimar gezeigt worden, so nachweislich die Ansicht *Pont de Grenelle*, die van de Veldes finnischem Mitarbeiter Sigurd Frosterus gehörte und 1903 auf einem Foto des Ateliers in Weimar zu sehen ist.[15]

---

11 Vgl. Françoise Cachin: Signac. Catalogue raisonné de l'œuvre peint. Paris 2000, S. 366.
12 Im Tagebuch freute sich Signac über den Erfolg des Neoimpressionismus in Deutschland: »Voilà donc que deux des principales oeuvres de Seurat sont possédées par Allemands. Ici on ricane; eux, ils étudient sérieusement et comprennent«. Zitiert nach Françoise Cachin: Signac (Anm. 11), S. 76.
13 Der dekorative Aspekt der Bilder kommt im Untertitel des Gemäldes *Fontaine des Lices. Décoration pour un panneau dans la pénombre* zum Tragen. Vgl. Françoise Cachin: Signac (Anm 11), S. 49 f.
14 Paul Signac, *Samois. Étude n° 6*, 1899, Privatbesitz (Françoise Cachin: Signac (Anm. 11), Kat. Nr. 343); *La Seine à Samois. Étude n° 13*, 1899/1900, Staatsgalerie Stuttgart (ebenda, Kat. Nr. 350).
15 Paul Signac, *Saint-Tropez. La Ville et les Pins*, 1902, Privatbesitz (Françoise Cachin: Signac (Anm. 11), Kat. Nr. 383). Der Tausch ist in den handschriftlichen Notizen von Paul Signac belegt. *Le Glacier des Diablerets*, 1903, Verbleib unbekannt (ebenda, Kat. Nr. 397); *Marseille. Le Vieux Port*, 1906, Privatsammlung (ebenda, Kat. Nr. 441); *Pont de Grenelle*, 1899, Amos Andersonin Taideomuseo, Sigurd Frosterus Collection, Helsinki (ebenda, Kat. Nr. 328).

Als frankophoner Flame ohne entschiedene Zugehörigkeit zu den wallonischen oder flämischen Gebieten Belgiens war der Maler Théo van Rysselberghe in einer vergleichbaren Situation wie van de Velde, zu dessen Familie enge Verbindungen bestanden. Ein reger Briefwechsel und gegenseitige Besuche spiegeln diese besondere Beziehung. Wie van de Velde im Umfeld von Les Vingt künstlerisch geprägt, blieb Théo van Rysselberghe lebenslang der neoimpressionistischen Malerei treu, die er tendenziell freier und lebendiger als sein Freund interpretierte. Während van de Velde Ende der neunziger Jahre in Deutschland mit kunstgewerblichen Objekten und Möbeln erste Erfolge erzielte, konnte Théo van Rysselberghe zeitgleich und für denselben Interessentenkreis in der Berliner Galerie Keller & Reiner oder in der Galerie Arnold von Ludwig Gutbier in Dresden ausstellen. Über van Rysselberghe hatte van de Velde 1893 seine spätere Ehefrau Maria Sèthe kennengelernt, eine Schülerin des Malers, der bereits mehrere Porträts von ihr und den Schwestern Alice und Irma ausgeführt hatte. Das Bildnis *Maria Sèthe à l'harmonium* aus jenem Jahr sollte sämtliche Wohnungen der Familie van de Velde schmücken.

Im Sommer 1903 besuchte van Rysselberghe den Freund in Weimar und malte dort das Familienporträt *Mme Van de Velde et ses enfants*, auf dem Maria mit den drei älteren Töchtern Nele, Helen und Anne dargestellt ist (Taf. 7, S. 121). Der stolze Familienvater, der selbst bereits im Jahre 1900 von van Rysselberghe porträtiert worden war, präsentierte das großformatige Ölgemälde an prominenter Stelle nachweislich in den Häusern Hohe Pappeln und De Tent. Van Rysselberghe malte während seines Weimar-Aufenthalts auch van de Veldes Schülerin Erika von Scheel, die später während ihrer Tätigkeit als Textilgestalterin bei der Familie van Rysselberghe in Paris gewohnt hat. Eine weitere Vertraute, Else von Guaita, wurde 1911 ebenfalls von van Rysselberghe porträtiert. Auf dem Bild, das sich nie in van de Veldes Besitz befand, zeugt der Vermerk »Professor Henry van de Velde, Weimar« von der engen Beziehung des Lehrers zu seiner damaligen Schülerin, Mitarbeiterin und zeitweiligen Geliebten.[16] Wie die Gemälde von Paul Signac sind auch van Rysselberghes Bilder in den Weimarer Ausstellungen von Kessler gezeigt worden. Zusammen mit dem engagierten Mäzen vermittelte van de Velde 1905 den Ankauf des großformatigen Gemäldes *L'heure embrassé* aus den Mitteln der Heymel-Stiftung für das Museum für Kunst und Kunstgewerbe in Weimar.

16 Théo van Rysselberghe, *Maria Sèthe à l'harmonium*, 1891, Museum voor Schoene Kunsten, Antwerpen; vgl. Ronald Feltkamp: Théo van Rysselberghe 1862-1926. Catalogue Raisonné. Brüssel 2003, Kat. Nr. 1891-001; *Mme Van de Velde et ses enfants*, 1903, Association des Amis de Petit Palais, Genf (vgl. ebenda, Kat. Nr. 1903-004); *Porträt Henry van de Velde*, 1900 (mit Widmung), Slg. Van Deventer-de Steeg, Niederlande (vgl. ebenda, Kat. Nr. 1900-008); *Erika von Scheel, Else von Lampe-Guaità* (vgl. ebenda, Kat. Nr. 1903-007 und 1911-001).

Expressive Malerei von Munch bis Kirchner

Über das Umfeld der Berliner Secession und vor allem über Harry Graf Kessler bestand vor dem Ersten Weltkrieg ein enger Kontakt zu Edvard Munch, der anlässlich seiner Kuraufenthalte in Thüringen und der Besuche in Weimar, wo er 1904 und 1906 Kessler sowie Elisabeth Förster-Nietzsche porträtierte, auch Lithographien von Henry van de Velde und dessen Zwillingen Thyl und Thylla ausführte. Aufgrund ihrer impressionistischen Gestaltungsweise und ihrer eigenwilligen Liniensymbolik harmonierten Munchs Gemälde mit van de Veldes Raumkonzeptionen. Im Gegensatz zu den Motiven der Impressionisten und Neoimpressionisten kamen die von Munch seit den 1890er Jahren favorisierten Themen wie Einsamkeit, Krankheit und weibliche Dämonie für die noblen Einrichtungen jedoch kaum in Frage. Möglicherweise trennte sich van de Velde im Jahre 1920 auch deshalb von seinem eigenen, nicht identifizierten Munch-Gemälde und ließ es über Paul Cassirer für 3.000 Schweizer Franken verkaufen.[17]

Über Paul Signac stand van de Velde bereits 1904 in Kontakt zu Henri Matisse und den Künstlern der Fauves, deren plakative Farben und expressive Ornamentik er überaus schätzte. Vermutlich gingen die von daumenstarken Linien umrissenen Gestalten den meisten seiner Kunden zu weit, so dass van de Velde die Gemälde nicht für seine Interieurs empfahl, obwohl er selbst ein Bild von Matisse besaß.[18] Während der Kontakt zu Matisse sich nicht intensivierte, verband van de Velde vor allem mit Ernst Ludwig Kirchner, den er 1916 über Eberhard Grisebach und den Kunstverein in Jena näher kennengelernt hatte, eine enge Freundschaft.[19] In den beiden Porträts, die Kirchner 1917 von van de Velde als Holzschnitte ausführte, wird mit sensiblem Blick die kraftvolle und doch äußerst verletzliche Persönlichkeit des Belgiers offengelegt. Die Bildnisse van de Veldes mit der ebenfalls künstlerisch begabten Tochter Nele, der einzigen Schülerin Kirchners, lassen das enge Verhältnis des Vaters zu der psychisch labilen Tochter spüren. Als Zeichen seiner Zuneigung und sicherlich auch als Dank für die Aufmerksamkeit, mit der sich die Familie in den schwierigen Jahren nach dem Ersten Weltkrieg um Kirchners Wohlergehen kümmerte, schenkte er dem älteren Freund zu dessen 60. Geburtstag im Jahre 1923 das durch seine Harmonie und Leuchtkraft herausragende Ölgemälde *Liebespaar* (vgl. Taf. 18, S. 128).[20]

---

17 Vgl. Henry van de Velde an Maria van de Velde, 9. Februar 1920. BRB, Nachlass van de Velde, FSX 786/20.
18 Vgl. Françoise Cachin: Signac (Anm. 11), S. 374.
19 Vgl. den Beitrag von Thomas Föhl in diesem Band.
20 Ludwig Kirchner, *Liebespaar (Le couple)*, 1921 bis 1923, Musée National d'Art Moderne, Paris. Widmung: »Dem verehrten Meister Henry van de Velde / zu seinem sechzigsten Geburtstage gewidmet / 3. April 1923. // von E.L.Kirchner, 3. April 1923«. Dargestellt sind vermutlich Kirchner und seine Lebensgefährtin Erna Schilling.

Keramik

Sah das staunende Publikum in den ersten Ausstellungen der Vingt ausschließlich Malerei, Graphik und Plastik, so wagten die Künstler im Jahre 1893, mit Plakaten, illustrierten Kinderbüchern und vor allem mit Keramiken erstmals auch angewandte beziehungsweise industriell gefertigte Kunst zu zeigen, eine Gattung, die in der akademischen Hierarchie nahezu bedeutungslos war. Da für die Präsentation der kunstgewerblichen Objekte keine Vitrinen zur Verfügung standen, wurden die Keramiken auf Podeste zwischen die Gemälde gestellt. Die direkte Nachbarschaft zu den Bildern habe die Bedeutung der ungewohnten Objekte unterstrichen, resümierte van de Velde im Rückblick seiner Autobiographie.[21] Willy Finch hatte als erster Vingtist mit handwerklichen Arbeiten begonnen. Nun schuf er Keramiken in einfachen, bäuerlichen Formen und archaisch anmutender Ornamentierung, wobei er vor allem mit Laufglasuren experimentierte. Seine Objekte, die auf den eingangs erwähnten Fotografien des Arbeitszimmers in Bloemenwerf zu sehen sind, wurden in denselben Galerien angeboten, die auch van de Veldes Arbeiten ausstellten.[22]

Finchs Eltern stammten aus England. Insofern mag er sich der in den 1870er Jahren von William Morris, John Ruskin und anderen britischen Künstlern initiierten Bewegung Arts and Crafts besonders verbunden gefühlt haben. Als Reaktion auf den sterilen Historismus des viktorianischen Zeitalters und als Impuls gegen die als anonym empfundenen Produkte der industriellen Massenproduktion hatten die englischen Maler und Graphiker begonnen, ihre Möbel selbst zu produzieren und ihre Häuser nach eigenen Kriterien zu bauen. Sie gestalteten funktionale, einfache Gebrauchsgegenstände und achteten auf die Materialauswahl. Jene neue Sensibilität, das aktive und individuelle Gestalten des ganzen Lebensraums faszinierte in den 1890er Jahren über den Kreis von Les Vingt hinaus eine Generation junger, aufgeschlossener Künstler in ganz Europa, die den pathetischen Heroismus der Akademien ablehnten und die Reduzierung ihrer Kunst auf einen lebensfernen und dekorativen Aspekt in elitären Villen und Museen bedauerten.

In diesem Zusammenhang ist die Bedeutung zu verstehen, welche die Keramik für van de Veldes Sammlung wie für seine Einrichtungen besaß. Zeit seines Lebens präsentierte er Vasen, Krüge oder Teller auf Möbeln, Podesten oder in Glasschränken. Die Galerie im ersten Stock von Bloemenwerf wurde im Zusammenklang mit der Balustrade von beidseitig verglasten Vitrinen umfasst, die er mit Keramikobjekten von Alexandre Bigot und Auguste Delaherche bestückte: ein ungewöhnlicher Ort, den der eintretende Besucher vom Entréebereich aus sofort wahrnahm. Alexandre Bigot entwarf und fertigte Ende der 1890er Jahre Kacheln für die von van de Velde gestalteten Öfen. Die Platten

---

21 Vgl. Henry van de Velde: Geschichte meines Lebens (Anm. 4), S. 58.
22 Vgl. ebenda, S. 144.

Abb. 6
André Metthey, Deckeldose, bemalt, glasiert, goldstaffiert, um 1915

inmitten des Esstisches, auf denen heiße Töpfe abgestellt werden konnten, stammten ebenso von Bigot wie die Fliesen an den Wänden des Speisezimmers in Bloemenwerf.[23] Mit Finch und Bigot gehörten Auguste Delaherche, der von japanischen Töpfern unterrichtet worden war, sowie Adrien Dalpayrat zu den Repräsentanten avantgardistischer Keramik um 1890 in Belgien. Ihre Formen und Glasuren sollten van de Velde ab 1902 zu eigenen Entwürfen für die Keramikwerkstätten in Höhr-Grenzhausen inspirieren. Wie wertvoll ihm die fragilen ›Exponate‹ waren, belegt eine kurz vor seinem Tode erstellte Bestandsliste, in der neben eigenen Keramiken auch Objekte von Finch, Delaherche, Morris, Metthey, aus Sèvres sowie Schülerarbeiten der Kunstgewerbeschule Weimar aufgeführt sind (Abb. 6).[24]

---

23 Vgl. Henry van de Velde: Récit de ma vie. 2 Bde. Hrsg. und kommentiert von Anne van Loo in Zusammenarbeit mit Fabrice van de Kerckhove. Brüssel 1992-1995. Bd. 1: Anvers, Bruxelles, Paris, Berlin 1863-1900. Brüssel 1992, S. 291. Vgl. auch Henry van de Velde: Geschichte meines Lebens (Anm. 4), S. 116.

24 Aufgeführt werden Werke von Finch (1895), eine Keramik aus Sèvres, von Delaherche (1894) und von Morris, spätere Arbeiten von André Metthey und eigene Entwürfe für Westerwald-Höhr-Grenzhausen. BRB, Nachlass van de Velde, FSX 1056/9.

Plastik

Mit dem um eine Generation älteren Constantin Meunier war van de Velde freundschaftlich verbunden. Wie van de Velde hatte auch er die Malerei aufgegeben, allerdings wandte er sich in der Folge nicht der angewandten Kunst, sondern der Plastik zu. Im Frühjahr 1897 erzielte er auf der Internationalen Kunstausstellung in Dresden und der wenig späteren Präsentation seiner Werke in der Berliner Galerie Keller & Reiner erstmals große Erfolge in Deutschland. Während der ersten Reise nach Dresden begleiteten ihn van de Velde und dessen Frau Maria, die für Meunier dolmetschte. Zwei Jahre später führte Meunier die Porträtbüste von van de Velde aus, die 1900 im Salon der Libre Esthétique, seit 1893 der Nachfolgeinstitution von Les Vingt, ausgestellt wurde und zu einer Serie von Porträts belgischer Persönlichkeiten gehört.[25] Auch im Falle Meuniers war van de Velde immer wieder vermittelnd tätig. Als der Wettbewerb für ein Denkmal zu Ehren des Unternehmers und Sozialreformers Ernst Abbe in Jena unbefriedigend verlief, wandten sich die Arbeiter und Angestellten der Firma Carl Zeiss an den belgischen Professor in Weimar. Er konnte den Kontakt zur Familie Meunier herstellen, welche die Vorlagen für den Fries *Monument der Arbeit* des zwischenzeitlich verstorbenen Bildhauers verwahrte. Mit einer die vier Platten umhüllenden Architektur entwarf Henry van de Velde 1910/11 einen Andachtsraum, in dessen Mitte Abbes Porträtbüste von Max Klinger aufgestellt wurde.

Für van de Veldes Raumgestaltungen weit wichtiger als Meunier war George Minne, der 1897 unweit von Uccle in St. Job lebte und die Familie van de Velde häufig in Bloemenwerf besuchte. Minnes eingangs beschriebene Bronzestatuette des *Kleinen Verwundeten II* war gleich einem guten Geist in allen Privatwohnungen van de Veldes anwesend. Eine Marmorversion des *Knienden vom Brunnen*, um 1900 Markenzeichen aller modern gesinnten Sammler, war schon 1895 in Bloemenwerf präsent. Unter der Treppe zum Obergeschoss im Haus Hohe Pappeln zierte eine weitere raumgreifende Plastik, *Der Maurer*, den repräsentativen Salon (vgl. Abb. 4, S. 181). Wann und wo van de Velde die Plastiken erworben hat, von denen Fassungen in unterschiedlichem Material bereits vor dem Ersten Weltkrieg in den bekannten Galerien für angewandte Kunst wie La Maison Moderne in Paris oder Arts & Crafts in Den Haag angeboten wurden, ist ebenso wenig bekannt wie ihr Verbleib. Die vierte bekannte Figur von George Minne aus van de Veldes Besitz war ein Gipsabguss des Modells der *Solidarität*, dem Denkmal für den Sozialisten Jan Volders. 1947 überließ van

---

25 Constantin Meunier, *Porträt Henry van de Velde*, 1899. Die Bronze wurde nach Henry van de Veldes Tod von Thyl verkauft und befindet sich heute in Privatbesitz. Zu der Porträtserie gehörten Emile Verhaeren, Camille Lemonnier, Georges Eckhoudt, Emile Vandervelde, Jules Destrée, Théo van Rysselberghe. Vgl. Henry van de Velde: Geschichte meines Lebens (Anm. 4), S. 315.

de Velde vor seinem zweiten Umzug in die Schweiz diese Bronze als ›Abschiedsgeschenk‹ dem Koninklijk Museum voor Schone Kunsten in Antwerpen – ein erstaunlicher Zug vor dem Hintergrund seiner materiellen Sorgen und angesichts der Anfeindungen, denen er sich während der schwierigen Nachkriegszeit in Belgien ausgesetzt sah. Mehrfach hat sich van de Velde auch für die Ausstellung von Minnes Arbeiten eingesetzt. Dank seiner Vermittlung konnten die Plastiken 1907 im Museum für Kunst und Kunstgewerbe in Weimar gezeigt werden. Dreißig Jahre später platzierte er 1937 die *Patrie* im Garten seines Belgischen Pavillons auf der Weltausstellung in Paris.[26]

Die Arbeiten von Aristide Maillol spielten eine mit den Figuren Minnes vergleichbare Rolle in van de Veldes Räumen. Von der Malerei kommend, hatte sich Maillol, den van de Velde über die Ausstellungen der Libre Esthétique in Brüssel kannte, während der neunziger Jahre ebenfalls mit kunstgewerblichen Arbeiten in Textil und Holz beschäftigt. Vermutlich von Kesslers Begeisterung für den französischen Bildhauer angesteckt, erwarb van de Velde in seiner Weimarer Zeit einen *Mädchenkopf* aus Terracotta und die Figur eines *Kauernden Mädchens*, welche den Kamin im Arbeitszimmer des Hauses Hohe Pappeln schmückte.[27] Die Vermittlung der Werke Aristide Maillols an deutsche Käufer blieb insbesondere dessen Mäzen Harry Graf Kessler vorbehalten, der Maillol dem Freundeskreis empfahl. Für die Anerkennung der Arbeiten Maillols spricht auch, dass van de Velde stilistisch ähnliche Werke von Joaquin Claret, einem Mitarbeiter des Bildhauers, und seines Weimarer Kollegen Richard Engelmann besaß.[28]

Es ist bezeichnend, dass sich nur wenige Arbeiten von deutschen Künstlern in van de Veldes Besitz befanden, obwohl er bis 1917 in Berlin und Weimar in regem Austausch mit Größen wie Max Liebermann oder Wilhelm Lehmbruck

---

26 Georg Minne, *Der Kleine Verwundete* II, 1898, Bronze, Privatbesitz; *Der Kniende vom Brunnen*, 1998, Gips, möglicherweise später auch ein Steinexemplar; *Der Maurer*, 1897, Material und Verbleib unbekannt; *Solidarität*, 1897/98, Gips, Koninklijk Museum voor Schone Kunsten, Antwerpen. Vgl. Inga Rossi-Schrimpf: George Minne. Das Frühwerk und seine Rezeption in Deutschland und Österreich bis zum Ersten Weltkrieg. Weimar 2012, S. 372 f., 376. Zur Schenkung vgl. Henry van de Velde: Geschichte meines Lebens (Anm. 4), S. 121.
27 Aristide Maillol, *Mädchenkopf*, um 1900, Privatbesitz. In der Literatur auch als Porträt von Maria van de Velde bezeichnet. Da nicht belegt ist, ob und wann Maria sich von Maillol porträtieren ließ, ist dieser Titel fraglich. Auch nennt Thyl van de Velde 1966 in einem der Münchner Galerie Arnoldi-Livie vorliegenden, die Provenienz zertifizierenden Schreiben die Plastik »figure« und nicht »portrait«. Aristide Maillol, *Kniendes Mädchen*, um 1900, Gips.
28 Joaquin Claret, *Zwei Mädchen*, Ton; Richard Engelmann, *Zwei weibliche Aktfiguren*, Gips (?) und *Mädchen auf einem Felsen*, Bronze. Der Verbleib der drei Arbeiten von Engelmann ist unbekannt. Vgl. Silke Opitz: Ein Gentlemankünstler. Leben und Werk des Bildhauers Richard Engelmann (1868-1966). Weimar 2000, S. 282 f.

stand. Von Ludwig von Hofmann, der sechs Monumentalgemälde für die von van de Velde gestaltete Museumshalle in der Dritten Deutschen Kunstgewerbe-Ausstellung in Dresden ausführte, sind keine Arbeiten in der Sammlung nachweisbar. Auch das von Georg Kolbe geschaffene Porträt des Künstlers, das Karl Ernst Osthaus zu van de Veldes 50. Geburtstag beziehungsweise für die Weltausstellung 1913 in Gent veranlasst hatte, ist nicht auf seine Initiative hin entstanden.[29] Den Weimarer Künstlern, die nicht begriffen hätten, »was ich liebte und wollte«, habe er sich fern gefühlt, resümierte van de Velde in seinen Memoiren. Zu diesen Künstlern gehörte auch der Leipziger Bildhauer Max Klinger, den van de Velde nicht ganz freiwillig als ›Partner‹ bei verschiedenen Projekten wie den Denkmälern für Friedrich Nietzsche oder Ernst Abbe beteiligen musste. Es mag kein Zufall sein, dass der in Deutschland hochgeschätzte Meister nur bei offiziellen Bauten gefragt wurde, da hier die öffentliche Meinung einen deutschen Künstler forderte. Nachträglich ärgerte sich van de Velde vor allem über die »weichliche, etwas unechte Grazie« von Klingers Ausführungen für das Abbe-Denkmal, die nicht zur »mächtigen Männlichkeit« von Meuniers Reliefs passe.[30]

Kunst für die Kunden – van de Velde als Kunstvermittler

In seinen als Gesamtkunstwerk gestalteten Interieurs war van de Velde sorgfältig darauf bedacht, selbst im Detail jeden ästhetischen Bruch zu vermeiden. Wie bedrohlich die Gefahr einer stilistischen Disharmonie war, hatte er am Scheitern der 1895 in Paris gegründeten Galerie L'Art Nouveau erlebt, wo Siegfried Bing anstelle des angestrebten harmonischen Ganzen ein Sammelsurium von Stilen und Künstlern unter dem »barbarischen Ausdruck«[31] Art Nouveau subsumierte und damit zwar die Kunst einer ganzen Epoche geprägt, doch in Ermangelung eines klaren Profils wichtige Kunden verloren hatte. Da die Gemälde, Plastiken und Keramiken zentraler Bestandteil seiner Vision eines in sich stimmigen Wohnraumes waren, musste van de Velde seine Kunden beim Ankauf entsprechender Werke intensiv beraten. Aufgrund der unterschiedlichen Ansprüche und Neigungen seiner Kunden sowie der verschiedenen Beziehungen fiel die ›Beratung‹ naturgemäß sehr unterschiedlich aus.

Bei seinem ersten deutschen Auftraggeber, dem neoimpressionistischen Maler Curt Herrmann, den van de Velde vermutlich über die Vermittlung Meier-Graefes 1897 in Berlin kennengelernt hatte, war sicherlich keine stilistische

---

29 Georg Kolbe, *Porträt Henry van de Velde*, Bronze, 1912, seit 1949 im Koninklijk Museum voor Schone Kunsten, Antwerpen. Dr. Ursel Berger, Georg-Kolbe-Museum, Berlin, ist dieser Hinweis zu verdanken.
30 Henry van de Velde: Geschichte meines Lebens (Anm. 4), S. 297, 318.
31 Ebenda, S. 107.

Überzeugungsarbeit erforderlich. Herrmann verkehrte in den Kreisen der Berliner Secession und stammte aus einer wohlsituierten Familie. Nach seiner Heirat beauftragte er den belgischen Kunstreformer mit der Einrichtung einzelner Räume seiner Wohnung. Aus der Arbeitsbeziehung wurde bald eine enge Freundschaft, von der ein reger Briefwechsel zeugt. Zwischen 1897 und 1911 entwarf van de Velde weitere Interieurs für die Familie Herrmann, welche nicht nur die passenden Gebrauchsgegenstände erwarb, sondern parallel eine beeindruckende Sammlung bildender Kunst aufbaute, die eine große Nähe zu van de Veldes eigener Kollektion beziehungsweise zu den Juryentscheidungen für die Ausstellungen der Libre Esthétique aufwies. Zu seinen Einrichtungen erstand Herrmann Landschaftsbilder von van Gogh, Gauguin, den französischen Neoimpressionisten, wie kurz danach auch Arbeiten von Matisse und den anderen Vertretern der Künstlergruppe Fauves. Alle Werke ergänzten van de Veldes Interieurs ebenbürtig und wurden auch in diesem Kontext publiziert.[32] Zwar besaß Herrmann, der in der modernen Kunst hervorragend bewandert war, die erforderliche ästhetische Sensibilität für geeignete Akquisitionen, dennoch spricht gerade die zeitliche Parallelität der Einrichtungen und der Ankäufe für einen unterstützenden Dialog mit van de Velde, der nicht nur Herrmanns Beteiligung an den Ausstellungen der Libre Esthétique, sondern auch den Aufbau von dessen Sammlung maßgeblich förderte.

Weitere Kunden aus Deutschland wie der Industrielle Eberhard von Bodenhausen und der angehende Diplomat Harry Graf Kessler besaßen ebenfalls eine besondere Sensibilität für stilistische Fragen, da sie, wie Herrmann, bereits in den Kreisen der Berliner Secession verkehrten und sich an deren Organ – der Zeitschrift *Pan* – aktiv beteiligten. Bis zur Entscheidung, ihre jeweiligen Wohnungen in Berlin von van de Velde ausstatten zu lassen, besaßen jedoch weder Bodenhausen noch Kessler nennenswerte Kunstsammlungen. Von Meier-Graefe empfohlen, hatte Bodenhausen im Mai 1897 den aufstrebenden Kunstreformer bereits in Bloemenwerf besucht und ihn mit der Produktgestaltung des eiweißhaltigen Nahrungsmittels »Tropon« beauftragt, das er damals auf den Markt zu bringen beabsichtigte. Die Plakate, Verpackungen und Inserate fielen zur Zufriedenheit Bodenhausens aus, woraufhin er den Wunsch äußerte, auch die Einrichtung seiner Wohnung an van de Velde zu übergeben. Bodenhausen verfolgte die Entwürfe der Möbel und ihre Fertigung mit großem Interesse. 1897 publizierte er über van de Veldes Arbeiten im *Pan* und engagierte sich im Folgejahr als Verwaltungsrat in der von ihm initiierten Société van de Velde. Nachweislich vermittelte ihm van de Velde mindestens *ein* Gemälde: die neoimpressionistische Landschaft *Pin de Bertaud* von Paul Signac, die 1899 bei

---

32 Vgl. Deutsche Kunst und Dekoration 31 (1912/13), S. 144. Vgl. Rolf Bothe: Der Sammler der französischen Kunst. In: Ders. (Hrsg.): Curt Herrmann. 1854-1929. Ein Maler der Moderne in Berlin. Ausstellungskatalog, Berlin-Museum u. a. 2 Bde. Berlin 1989. Bd. 1: Der Maler und Sammler, S. 71-103.

Keller & Reiner in Berlin und 1901 in Dresden ausgestellt und im April 1901 an Bodenhausen verkauft wurde.[33] Keine zehn Jahre später erhielt van Rysselberghe den Auftrag, eine Porträtserie von Bodenhausens Kindern und der Ehefrau Dora auszuführen. Aufgrund der engen Verbindung zu van Rysselberghe ist anzunehmen, dass van de Velde die Kontaktaufnahme vorbereitete. Ähnlich wie Kessler war Bodenhausen der Moderne in hohem Maße aufgeschlossen und versuchte immer wieder, den eigenen Freundeskreis zu entsprechenden Ankäufen zu bewegen.[34]

Auf Empfehlung Bodenhausens suchte auch Kessler im Herbst 1897 den Kontakt zu dem belgischen Neuerer, den er spontan seine Junggesellenwohnung in Berlin und 1902 ein Haus in der Weimarer Cranachstraße einrichten ließ. Über die Arbeit für den *Pan* war er wie Bodenhausen mit der sezessionistischen Kunst in Deutschland vertraut, wobei er bislang vornehmlich gefällige Kunstwerke besaß, wie etwa ein 1895 erworbenes Knabenbildnis von Hans Thoma.[35] Nach der ›Übernahme‹ seiner Wohnung durch van de Velde sind auf den historischen Fotos allerdings keinerlei Werke von Thoma mehr sichtbar. An den Wänden hingen nun Gemälde der französischen Moderne, die in Brüssel bei Les Vingt beziehungsweise Libre Esthétique Furore gemacht hatten. Bilder, Plastik und Mobiliar müssen in Kesslers Wohnungen auf faszinierende Weise zusammengeklungen haben. Wie eine historische Fotografie vor Augen führt, wurden die sich windenden Arabesken der Schatten in Maurice Denis' Gemälde *Nymphes aux Jacinthes* in den Linien der beiden Kerzenleuchter von van de Velde fortgesetzt, wobei die schlichte Rahmung des Bildes wie selbstverständlich Teil der hellen Wandpaneelen war (Abb. 7).[36]

Wie schon bei Kessler und Bodenhausen fand van de Veldes Gesamtkunstwerk auch in den Einrichtungen für den Intendanten des Wiesbadener Hoftheaters Curt Mutzenbecher seinen Abschluss mit der Auswahl von Kunstwerken. Van de Velde war wiederum von Kessler empfohlen worden, der sich zunehmend um die Vermittlung adäquater Bilder und Skulpturen für die Einrichtungen seines Freundes bemühte. Kessler favorisierte insbesondere die Arbeiten der Nabis, darunter Maillol, Denis, Bonnard oder Vuillard. Es ist

---

33 Vgl. Françoise Cachin: Signac (Anm. 11), Kat. Nr. 354; Felix Billeter: Zwischen Kunstgeschichte und Industriemanagement. Eberhard von Bodenhausen als Sammler neoimpressionistischer Malerei. In: Andrea Pophanken, Felix Billeter (Hrsg.): Die Moderne und ihre Sammler. Französische Kunst in deutschem Privatbesitz vom Kaiserreich zur Weimarer Republik. Berlin 2001, S. 125-147.
34 Vgl. Ronald Feltkamp: Théo van Rysselberghe (Anm. 16), S. 389f., 394. Zu Bodenhausens Vermittlungsversuchen vgl. Hugo von Hofmannsthal – Eberhard von Bodenhausen. Briefe der Freundschaft. Berlin 1953.
35 Abgebildet in: Pan 5 (1899/1900), H. 3, S. 176. Vgl. Sabine Walter: Die Sammlung Harry Graf Kessler in Weimar und Berlin. In: Andrea Pophanken, Felix Billeter (Hrsg.): Die Moderne und ihre Sammler (Anm. 33), S. 67-93, hier S. 93.
36 Vgl. Jean-Paul Bouillon: Maurice Denis. Genf 1993, S. 118f.

Abb. 7
Henry van de Velde, Speisezimmer für Harry Graf Kessler, Weimar, 1903

anzunehmen, dass die Arbeiten von Maurice Denis und Aristide Maillol für Mutzenbechers Wohnung mit Kesslers Fürsprache erworben wurden. In den Jahren von 1902 bis etwa 1908 waren die Künstler der Nabis allgegenwärtig in van de Veldes Einrichtungen – allerdings nicht in der eigenen Sammlung. Soweit bekannt, besaß van de Velde zwar die erwähnten Plastiken von Maillol, ein Gemälde von Vuillard und das *Liebespaar* von Emile Bernard, jedoch keine Werke von Denis.[37] Außer den dekorativen, ornamental und plakativ farbigen Werken der Nabis kaufte Mutzenbecher wie der gesamte Kundenkreis van de Veldes weiterhin neoimpressionistische Gemälde, etwa von Henri Edmond Cross, oder, prominent bereits bei den Ausstellungen von Les Vingt, von Paul Gauguin. Als einziger in van de Veldes Kundenkreis bekleidete Mutzenbecher

---

37 Emile Bernard, *Liebespaar*, 1891, Privatbesitz. Henry van de Velde schenkte das Gemälde 1924 seinem Freund Curt Herrmann zu dessen siebzigstem Geburtstag. Abgebildet im Salon des Hauses Hohe Pappeln in: Rolf Bothe (Hrsg.): Curt Herrmann (Anm. 32). Bd. 1, S. 87.

ein öffentliches Amt und wurde daher auch prompt für die Wahl seiner Einrichtung kritisiert: Die Presse wetterte, es sei bedauerlich, dass ein deutscher Theaterintendant sich von einem Belgier, einem »Eindringling«, und von zwei Franzosen (Maillol und Denis) einrichten lasse. Keine andere Nation gestatte solche Einmischungen in nationale Angelegenheiten.[38]

Als Kunstvermittler stellte sich van de Velde auch in den Dienst von Karl Ernst Osthaus, der als engagierter Kunstsammler der Moderne, als Mäzen und Gründer des Folkwang-Museums auf sich aufmerksam machte. Über Pressemeldungen neugierig geworden, hatte der junge Erbe einer Bankiers- und Kaufmannsfamilie im Mai 1900 van de Velde in Bloemenwerf aufgesucht, um ihn für die Innengestaltung seines geplanten naturkundlichen Museums in Hagen zu gewinnen, das als Rohbau bereits realisiert war. Die Eindrücke und Gespräche in Bloemenwerf führten jedoch zu einer grundsätzlichen Revision des Projekts, in deren Folge bald eine moderne Kunstsammlung entstand. Bislang hatte sich der junge Millionär mit den realistischen, tendenziell pittoresken Landschaften der Düsseldorfer Malerschule umgeben, nun führte ihn van de Velde in die Galerien der Moderne in Berlin oder Paris. Osthaus erwarb Ikonen der klassischen Moderne: von Monet, Renoir, Seurat, van Gogh, Gauguin, Matisse bis zu den Bildhauern Rodin, Meunier, Maillol und Minne.[39] Von van de Veldes Enthusiasmus angesteckt, sah sich der Mäzen fortan berufen, von seinem Museum aus einen »Weckruf an die Künstlerschaft« auszusenden, damit es zum »Jungbrunnen deutscher Kultur« werde.[40] In dem 1908 vollendeten Wohnhaus Hohenhof sollte die Sammlung »formal und farbig […] restlos in seine Raumkompositionen eingehen«, notierte Osthaus 1920 in seiner Biographie van de Veldes. »Wand- und Möbelstoffe, Holzwerk, Teppiche und Vorhänge wurden nach ihnen [den Werken] gestimmt, während umgekehrt weitere Kunstwerke nach den ornamentalen Bedürfnissen der Räume ausgewählt und eingestimmt wurden«.[41]

Um 1900 bedeutete die Wahl einer Einrichtung durch van de Velde eine kulturpolitische Aussage, ein Bekenntnis zur Moderne und eine Kritik am konsensfähigen Trend zu pompösen, historisierenden Objekten, die dem Stilempfinden des deutschen Kaisers Wilhelm II. entsprachen. Mit modernen Möbeln und Kunstwerken als Zeichen ihrer ›Distinktion‹ markierte van de Veldes Klientel, die vornehmlich aus dem aufstrebenden, (neu)reichen Großbürgertum

---

38 Zitiert nach Henry van de Velde: Geschichte meines Lebens (Anm. 4), S. 280.
39 Vgl. ebenda, S. 176, 217 f.
40 Karl Ernst Osthaus: Van de Velde. Leben und Schaffen des Künstlers. Hagen 1920, S. 22; vgl. Henry van de Velde: Geschichte meines Lebens (Anm. 4), S. 176.
41 Karl Ernst Osthaus: Van de Velde (Anm. 40), S. 75; vgl. Henry van de Velde: Geschichte meines Lebens (Anm. 4), S. 284. Nach Osthaus' frühem Tod verkaufte die Familie die Bestände 1922 an die Stadt Essen, die ihr städtisches Museum hiermit aufwerten konnte und in Folkwang-Museum umbenannte.

und dem Adel stammte, ihre Zugehörigkeit zu den wenigen Eingeweihten, welche die Botschaft des Kunstreformers nicht nur vernehmen, sondern auch bezahlen konnten. Mit dem Verschwinden dieser Käuferschicht nach dem Ersten Weltkrieg verloren van de Veldes individuelle Kreationen an Bedeutung. Ein Statement gegen den Kaiser erübrigte sich, zudem galt die industrielle Serienproduktion inzwischen als salonfähig. Die Kunden der zwanziger Jahren waren längst nicht mehr so fügsam wie der Chemnitzer Textilfabrikant Herbert Esche, der zwischen 1902 und 1910 seinem Raumgestalter und Architekten freie Hand ließ, nicht nur bei dem Entwurf der Möbel, sondern auch bei der Auswahl entsprechender Kunstwerke von Munch, Signac und van Gogh.[42] Der neue Status als Angestellter, den van de Velde ab 1920 bei der Familie Kröller-Müller in Den Haag innehatte, ist vor diesem Hintergrund bezeichnend.

Der erfolgreiche niederländische Großkaufmann und Stahlunternehmer Anton Kröller beauftragte van de Velde 1919 mit dem Bau einer neuen Landvilla nebst integriertem Museum in dem ausgedehnten Naturreservat De Hoge Veluwe bei Otterlo. Der Museumsbau sollte die exquisite Sammlung der klassischen Moderne beherbergen, die seine deutschstämmige Ehefrau Helene Kröller-Müller mit Hilfe des Kunsthistorikers Peter (Henk) Bremmer seit 1909 aufgebaut hatte. Die Kollektion von Werken van Goghs und van Rysselberghes entsprach exakt den Vorstellungen van de Veldes. Dennoch hat er, obwohl er nur für die Architektur des neuen Museums verantwortlich zeichnete, in den zwanziger Jahren weitere Arbeiten seiner frühen Freunde und Vorbilder vermittelt.[43] Seurats *Le Chahut*, eine Ikone des Neoimpressionismus, ein Hafenbild von Luce oder Zeichnungen von Constantin Guys sind auf sein Betreiben in die Sammlung aufgenommen worden, ebenso wie eine weitere Arbeit van Goghs aus dem Besitz von Gertrud Osthaus.[44] Das Ehepaar Kröller-Müller gab daneben Möbel und Gebrauchsgegenstände wie ein Teeservice oder ein Schreibset bei van de Velde in Auftrag. Wie die historischen Fotos der Wohnbereiche belegen, ließ man sich jedoch nicht mehr auf ein durchgestaltetes Gesamtkunstwerk für den privaten Lebensraum ein.

42 Vgl. Henry van de Velde: Geschichte meines Lebens (Anm. 4), S. 145.
43 Das Ehepaar Kröller-Müller erwarb 1927 mindestens zwei Gemälde von Théo van Rysselberghe über die Pariser Galerie Druet: *Dame lisant* und *Pinède à Cavalière*. Die Landschaft wird bereits 1904 im Briefwechsel zwischen van Rysselberghe und van de Velde erwähnt. Vgl. Ronald Feltkamp: Théo van Rysselberghe (Anm. 16), Kat. Nr. 1904-035. Das Groote Museum auf dem Franse Berg in Groot Haesebroek kam nicht zur Ausführung. Der Bau wurde mehr als zehn Jahre später in weit bescheidenerem Umfang als »Übergangsbau« im Auftrag und mit Mitteln der holländischen Regierung realisiert. Vgl. Henry van de Velde: Geschichte meines Lebens (Anm. 4), S. 430; Eva Rovers: De eeuwigheid verzameld. Helene Kröller-Müller (1869-1939). Amsterdam 2010.
44 Vgl. Salomon van Deventer: Henry van de Velde und seine Bindung an das Ehepaar Kröller-Müller. Eschwege 1963, S. 20-24.

Das herzliche, doch vergleichsweise professionelle Verhältnis der Familie Kröller-Müller zu van de Velde ist für die privaten Auftraggeber in den zwanziger und dreißiger Jahren kennzeichnend gewesen. Auch der Juwelier Raymond Wolfers in Brüssel-Ixelles, der Internist Adriaan Martens in Astene oder die Marquise de Brion, Kesslers Schwester in Paris, deren Einrichtungen van de Velde um 1930 gestaltete, pflegten einen eher sachlichen Umgang mit van de Velde. Nach dem Ersten Weltkrieg vollzog sich somit ein Paradigmenwechsel vom gläubigen Verehrer zum selbstbewussten Auftraggeber und vom bewunderten Meister zum gezielt beauftragten Designer, der nicht mehr bis ins Detail in das persönliche Lebensumfeld eingriff. Auch arbeitete van de Velde, seit 1926 in Brüssel Gründungsdirektor der staatlichen Hochschule für visuelle Kunst La Cambre, in den dreißiger Jahren vorrangig im öffentlichen Auftrag. Mit der Gestaltung der beiden Fährschiffe »Prince Baudouin« und »Prince Albert«, der belgischen Staatsbahn, der Universitätsbibliothek in Gent oder der beiden Belgischen Pavillons für die Weltausstellungen 1937 in Paris und 1939 in New York war der Umbruch zu einem neutralen Arbeitsverhältnis vollzogen.

III.
Wirken in Weimar

HANSDIETER ERBSMEHL

»Nun haben wir ein Haus und ein Wahrzeichen«
Henry van de Velde und das Nietzsche-Archiv

Die Umbauarbeiten an Nietzsches Sterbehaus waren noch nicht abgeschlossen, als Elisabeth Förster-Nietzsche mit unterschiedlichen Erwartungen hinsichtlich der künftigen Ausrichtung ihres Archivs konfrontiert wurde. Der Berliner Schriftsteller Max von Münchhausen, der sich ihr als Redakteur einer geplanten »Nietzsche-Revue« zunehmend aufgedrängt hatte, beschwerte sich über Harry Graf Kessler und Henry van de Velde: Kessler, der »kalte Rationalist«, wolle ihm Nietzsche »vernüchtern«, und van de Velde lasse »das Pathos der Distanz« vermissen. Nietzsche sei aber ein »religiöses Ereignis«.[1] Um den Baron zu besänftigen und ihn weiterhin an den »Vereinigungs- und Mittelpunkt«[2] der Freunde und Verehrer des Nietzsche-Archivs zu binden, teilte sie ihm mit, wie beeindruckt ihr Bruder einst von der Baustelle des Richard-Wagner-Festspielhauses auf dem Grünen Hügel in Bayreuth gewesen sei: »Nun haben wir ein Haus und ein Wahrzeichen«, habe er begeistert an einen Freund geschrieben. Unter diesem Motto werde nun Paul Kühn »über das Archiv schreiben und über van de Velde als Künstler, der Nietzsche sozusagen das Haus bereitet hat«.[3]

Am 15. Oktober 1903 wurde das umgebaute Nietzsche-Archiv feierlich eröffnet. Kühn, Kunstschriftsteller und Bibliotheksrat, berichtete in der Leipziger Tagespresse darüber.[4] Im Jahr darauf ließ Kühn seine Fest- und Weiheschrift folgen (Abb. 1), die allerdings nicht das von Elisabeth Förster-Nietzsche angekündigte Motto enthielt und stattdessen mit einem Zitat aus *Also sprach Zarathustra* begann: »Siehe, hier ist eine neue Tafel: aber wo sind meine

---

1 Max von Münchhausen an Elisabeth Förster-Nietzsche, 28. Oktober 1902. GSA 72/ BW 3742. Ich danke Thomas Föhl, der mir freundlicherweise seine Transkriptionen aus diesem und weiteren Briefwechseln Förster-Nietzsches, insb. mit Henry van de Velde und Harry Graf Kessler, letzteren vollständig, zur Verfügung gestellt hat.
2 Elisabeth Förster-Nietzsche an Ludwig Loeffler, 6. September 1902. GSA 72/722c.
3 Elisabeth Förster-Nietzsche an Max von Münchhausen, 4. November 1902. GSA 72/ BW 3742. Förster-Nietzsche bezog sich auf Nietzsches Brief an Carl von Gersdorff vom 7. November 1873. Vgl. Friedrich Nietzsche: Briefwechsel. Kritische Gesamtausgabe. Begr. von Giorgio Colli und Mazzino Montinari. Weitergeführt von Norbert Miller und Annemarie Pieper. Berlin, New York 1975-2004. Abt. 2, Bd. 3: Briefe von Nietzsche. Mai 1872 bis Dezember 1874. Berlin, New York 1978, S. 176.
4 Paul Kühn: Die Einweihung des Nietzsche-Archivs und die Nietzsche-Gedächtnisfeier in Weimar. In: Leipziger Neueste Nachrichten, 20. Oktober 1903.

Abb. 1
Paul Kühn, Das Nietzsche-Archiv in Weimar, Darmstadt 1904

Brüder, die sie mit mir zu Tale und in fleischerne Herzen tragen?«[5] Diese rhetorische Frage zielte auf eine lebendige physische Kultur und nicht auf ein »religiöses Ereignis«, wie es Max von Münchhausen vorschwebte.

---

5   Paul Kühn: Das Nietzsche-Archiv in Weimar. Darmstadt [1904], S. 1. Das Zitat stammt aus dem Kapitel »Von alten und neuen Tafeln« im dritten Teil von *Also sprach Zarathustra* (Friedrich Nietzsche: Sämtliche Werke. Kritische Studienausgabe in 15 Bänden. Hrsg. von Giorgio Colli und Mazzino Montinari. Neuausgabe. München 1999. Bd. 4: Also sprach Zarathustra I-IV, S. 249). Aus Kühns Briefwechsel mit Förster-Nietzsche geht hervor, dass das verspätete Erscheinen der Festschrift auf van de Veldes und Förster-Nietzsches zögerliche Entscheidung für einen geeigneten Verlag und den Fotografen zurückzuführen war.

Abb. 2
Nietzsche-Archiv, Ansicht von Nordosten vor dem Umbau,
Aufnahme von Louis Held, um 1902

Das Haus

Vor dem Umbau durch van de Velde stand der rote Backsteinbau des späteren Nietzsche-Archivs mit seinen zwei Geschossen zunächst noch ganz allein an der alten Ausfallstraße in Richtung Gelmeroda (Abb. 2). Sein hohes Mansardendach verlieh ihm einen französisch-klassizistischen Einschlag und den Anschein von gediegener Bürgerlichkeit. Die Pergola vor der Eingangstür, deren Dach auch als Balkon genutzt werden konnte, vermittelte luftige Sommerfrische. 1890 war das Gebäude auf dem ansteigenden Gelände, kurz vor der höchsten Stelle, als eine Art Musterhaus errichtet worden. Alleebäume wurden gepflanzt, in Erwartung der weiteren Ausdehnung der Klassikerstadt, die kultivierte Ruheständler von überall anzog. Meta von Salis, eine Schweizerin, die Nietzsche nach ihrer Promotion zweimal zusammen mit ihrer Freundin Hedwig Kym in Sils-Maria besucht hatte, erwarb das Haus sieben Jahre später. Für sich selbst wollte sie im Erdgeschoss die südlich gelegenen Wohnräume inklusive eines Arbeitszimmers einrichten, wo sie von Zeit zu Zeit einzukehren gedachte. Der unheilbar kranke Philosoph, dem sie im selben Jahr ein pathetisch verklärtes literarisch-philosophisches Porträt widmete,[6] sollte im Obergeschoss in einem

---

[6] Meta von Salis: Philosoph und Edelmensch. Ein Beitrag zur Charakteristik Friedrich Nietzsche's. Leipzig 1897.

Abb. 3
Friedrich Nietzsche auf der oberen Veranda des Archivs,
Aufnahme von Hans Olde, Sommer 1899

angenehmen Ambiente von seiner Schwester und ihren Hausangestellten gepflegt werden.

Als Förster-Nietzsche im Sommer 1897 ohne Absprache mit Meta von Salis Umbauten an den ihr zugedachten Räumen ausführen und dafür auch eine Wand niederlegen ließ, trübte sich das freundschaftliche Verhältnis der beiden Frauen ein. Meta von Salis verkaufte das Haus 1898 an Adalbert Oehler und brach den Kontakt zu Förster-Nietzsche ab. Diese wiederum kaufte einige Jahre später das Haus von Oehler. Stadtseitig ließ sie einen Anbau errichten, der die beiden Stockwerke mit einer Veranda beziehungsweise einem Balkon versah. Die viel zu pompös geratenen Balustraden, die überhaupt nicht mit der filigranen Dachkonstruktion harmonierten, zeugten von einem unsicheren Stilempfinden. Neben seiner repräsentativen Absicht hatte der Anbau vor allem den Zweck, den kranken Nietzsche in einem speziellen Tragebett möglichst oft an die frische Luft zu bringen. »Es waren meines Bruders glücklichste Stunden, die er auf seiner hochgelegenen Veranda verlebte«, beteuerte Förster-Nietzsche.[7] Hier fotografierte ihn Hans Olde im Sommer 1899 studienhalber für einen Bildnisauftrag der Kunstzeitschrift *Pan* (Abb. 3).

---

7 Elisabeth Förster-Nietzsche: Der einsame Nietzsche. Leipzig 1914, S. 544.

Besuch in Berlin

Henry van de Velde und Elisabeth Förster-Nietzsche lernten sich im März 1901 in Berlin kennen. Ein halbes Jahr nach dem Tod ihres Bruders war Förster-Nietzsche zu Besuch in die Reichshauptstadt gereist. Kessler hatte für sie ein dichtes Programm zusammengestellt, und so kam sie in vierzehn Tagen mit zahlreichen Persönlichkeiten zusammen, die der imperialen Kultur des Kaiserreichs distanziert gegenüberstanden. Der belgische Designer van de Velde war einer der Herolde dieser eher ästhetisch als politisch motivierten Opposition. Förster-Nietzsche war bereits abgereist, als van de Velde den letzten seiner als »Laienpredigten« bekannt gewordenen Vorträge im tonangebenden Salon der Cornelie Richter hielt. Hildegard von Spitzemberg, selbst Salonnière der gegensätzlich eingestellten nationalpatriotischen Hofgesellschaft, beobachtete an diesem Tag sehr genau das Publikum bei ihrer Rivalin um die Gunst der Berliner Habitués: »Er [van de Velde] widerstreitet aufs lebhafteste der Anklage, als ob seine Anschauungen zur Verweichlichung, zur décadence führen; dennoch sprechen seine Adepten für diesen Vorwurf, und meiner Ansicht nach muß eine solche Überschätzung der Kunst als Erziehungsmittel, eine solche Abhängigkeit von Form und Umgebung zur Entnervung führen«.[8]

Was zwischen Förster-Nietzsche, Kessler und van de Velde bei ihren wiederholten Zusammenkünften in Berlin besprochen wurde, ist nicht bekannt. Aber kaum nach Weimar zurückgekehrt, bedankte sich Förster-Nietzsche bei Kessler und teilte ihm mit, sie habe »zu seinem [van de Veldes] künstlerischen Empfinden ein großes Zutrauen gewonnen«. Sie wolle daher Kessler und van de Velde »das Verzeichniß jener Stellen aus den Werken meines Bruders senden, in welchen von Kunst die Rede ist. Ich kann Ihnen auch aus den neuerscheinenden Bänden 11 und 12 die Kunstkapitel in Aushängebogen mitschicken«.[9] Damit meinte sie bislang unveröffentlichte aphoristische Nachlasstexte, die bereits gedruckt, aber noch nicht gebunden waren. Insbesondere van de Velde knüpfte große Erwartungen an die »Kunstkapitel«, versprachen sie doch vielleicht sogar eine Überwindung der Krise. Er hoffe, bald die Ruhe zur Lektüre zu finden, um sich »ein Bild davon zu machen, wie Friedrich Nietzsche sich die Kunst der Zukunft vorstellte«, teilte er in seinem Dankesschreiben nach Weimar mit.[10] Ob er als Künstler aus der Lektüre konkrete Anregungen ziehen konnte, lässt sich nicht klären. Jedenfalls kritisierte Nietzsche hier eine Kunst, die nur noch Gefühle repräsentiert, aber nicht mehr erregt.[11] Nietzsches Verdikt bezog sich

---

8   Das Tagebuch der Baronin Spitzemberg, geb. Freiin von Varnbüler. Aufzeichnungen aus der Hofgesellschaft des Hohenzollernreiches. Ausgewählt und hrsg. von Rudolf Vierhaus. Göttingen 1960, S. 395 (Eintrag vom 17. März 1900).
9   Elisabeth Förster-Nietzsche an Harry Graf Kessler, 15. März 1901. DLA, A: Kessler.
10 Henry van de Velde an Elisabeth Förster-Nietzsche, 6. Mai 1901. GSA 72/BW 5599.
11 Vgl. Friedrich Nietzsche: Nachgelassene Werke. Unveröffentlichtes aus der Zeit der Fröhlichen Wissenschaft und des Zarathustra. Leipzig 1901, S. 180, Nr. 383.

zwar auf die aktuelle Musik seiner Zeit, doch ließ sich die Aussage auch auf andere Kunstgattungen übertragen. Passagen zur Rolle einer Elite für eine »sichere Culturperspektive« oder zum Nutzen berauschender Wollust für die Wirkungen von Kunst[12] konnten dafür umso deutlicher seine und Kesslers Überlegungen hinsichtlich Weimars bestätigen oder anspornen.

Die »Arena«

Im August 1901 kam van de Velde erstmals nach Weimar, wo er zusammen mit Kessler an einer Feier im Angedenken an Nietzsches Tod teilnahm. Zuvor hatte er sich intensiv mit dem *Zarathustra* befasst und begeistert an Förster-Nietzsche geschrieben: »Tag und Nacht lese ich immer wieder ›Zarathustra‹. Alles an Liebe, alles an Schmerzen und das ganze Wissen um die Menschlichkeit stecken in diesem großartig freien und wilden Gedicht«.[13]

In Weimar war schon seit Wochen über die Berufung des Belgiers auf die frei gewordene Stelle des Kunstschuldirektors beziehungsweise die Position eines künstlerischen Beraters für das lokale Kunsthandwerk beratschlagt worden. Als er nun zum ersten Mal persönlich vor Ort war, berichtete er nach Berlin an seine Frau: »Das künstlerische Leben in Weimar ist tot, und die Aristokratie beklagt sich bitter darüber«. Doch Förster-Nietzsche, auf deren Initiative das Gedankenspiel seiner Berufung zurückging, erwarte »eine Auferstehung Weimars von dieser Realisierung«.[14] Als Gestalter und Innenarchitekt war van de Velde umstritten. Das zeigten die Reaktionen auf seinen letzten Berliner Vortrag. Aber einflussreiche Kunstkritiker hatten ihn protegiert; maßgebliche Kunstzeitschriften stellten ihm ihre Seiten für seine eigenen Aufsätze, Essays und Besprechungen zur Verfügung. Wegweisende Kunstgewerbeausstellungen hatten seine Werke als avancierten Ausdruck der internationalen Arts and Crafts-Bewegung, des Art Nouveau und des Jugendstil vorgestellt; Geschäftsleute, Galeristen, Diplomaten, Freiberufler vertrauten ihm die Ausstattung ihrer Geschäfts- und Wohnräume an. Dennoch hatte seine Karriere einen empfindlichen Bruch erfahren, und er steckte mitten in einer ökonomischen und

---

12 Vgl. Friedrich Nietzsche: Nachgelassene Werke. Unveröffentlichtes aus der Zeit des Menschlichen, Allzumenschlichen und der Morgenröthe. Leipzig 1901, S. 79, Nr. 202; ders.: Unveröffentlichtes aus der Zeit der Fröhlichen Wissenschaft und des Zarathustra (Anm. 11), S. 176, Nr. 364.

13 »Le jour, la nuit je relis ›Zarathustra‹. Tout l'amour, toutes les douleurs et tout le savoir de l'Humanité sont dans ce poème, magnifiquement libre et sauvage«. Henry van de Velde an Elisabeth Förster-Nietzsche, 10. August 1901. GSA 72/BW 5599.

14 Henry van de Velde an Maria van de Velde, 27. August 1901. Zitiert nach Birgit Schulte: »Ich bin diese Frau, die um jeden Preis Ihr Glück will«. Maria Sèthe und Henry van de Velde – eine biographische Studie. In: Klaus-Jürgen Sembach, Birgit Schulte (Hrsg.): Henry van de Velde. Ein europäischer Künstler seiner Zeit. Ausstellungskatalog, Karl-Ernst-Osthaus-Museum, Hagen u. a. Köln 1992, S. 95-117, hier S. 104.

mentalen Krise. Die Aufträge stockten, er hatte sich mit seinen Geschäftspartnern überworfen, Überanstrengung und Überempfindlichkeit stürzten ihn in Depressionen. Ein Vertrag mit Weimar, so hoffte er, würde seine wirtschaftlichen Verhältnisse konsolidieren und somit »Glück und Ruhe für die Meinen« bedeuten.[15] Er glaubte aber auch, dass Weimar »nicht das Hospiz für mich sein kann, sondern ganz im Gegenteil die Arena«.[16] Förster-Nietzsche gestand ihm ihrerseits: »Es würde für mich eine so ungeheure Bereicherung meines hiesigen Lebens sein, wenn Sie und Ihre Frau Gemahlin hier heimisch würden«.[17] An Heiligabend 1901 war die Ernennung perfekt, am 1. Februar 1902 unterzeichnete er den Vertrag, was in der Weimarer und Jenaer Tagespresse zu missgünstigen Kommentaren führte.[18]

Umbauten

Noch vor seinem Dienstantritt wurde van de Velde von Förster-Nietzsche gebeten, einen Blick auf Umbaupläne zu werfen, die der Architekt Rudolf Zapfe für das Erdgeschoss des Nietzsche-Archivs angefertigt hatte: »Nun sind wir beide sehr neugierig, was Sie dazu sagen werden, auf welche Weise wir die nothwendigsten Wünsche (den Raum zum Ablegen der Sachen etc.) festgestellt und diese Fragen zu lösen versucht haben«.[19] Im Grunde interessierten Förster-Nietzsche nur die praktischen Belange der Bewirtung ihrer zukünftigen Gesellschaften. Das »Esszimmer« wünsche sie sich »nicht in einem neueren Geschmack [...], sondern nur groß, luftig und vor allen Dingen hell«. Van de Velde erweckte später hingegen den Eindruck, die Hausherrin habe ihm mit besonderer Emphase ihr Anliegen vorgetragen: »Elisabeth Förster hatte den Wunsch geäußert, der Villa ein monumentaleres Aussehen zu geben und den drei Räumen im Erdgeschoss ein weniger banales und bürgerliches Erscheinungsbild«.[20] Darüber habe er sich mit »einigen jungen Nietzscheanern« be-

---

15 »le bonheur et le calme pour les Miennes«. Henry van de Velde an Elisabeth Förster-Nietzsche, 20. Oktober 1901. GSA 72/BW 5599.
16 »Weimar ne peut être pour moi l'hospice mais bien au contraire l'arène«. Ebenda.
17 Elisabeth Förster-Nietzsche an Henry van de Velde, 15. November 1901. BRB, Nachlass van de Velde, FSX 403/3.
18 Vgl. Volker Wahl (Hrsg.): Henry van de Velde in Weimar. Dokumente und Berichte zur Förderung von Kunsthandwerk und Industrie (1902 bis 1915). Köln, Weimar, Wien 2007, S. 62-88.
19 Elisabeth Förster-Nietzsche an Henry van de Velde, 17. März 1902. BRB, Nachlass van de Velde, FSX 403/5.
20 »Elisabeth Förster avait exprimé le souhait de donner à la villa une allure plus monumentale et aux trois chambres du rez-de-chaussée, un aspect moins banal et moins bourgeois«. Henry van de Velde: Récit de ma vie. 2 Bde. Hrsg. und kommentiert von Anne van Loo in Zusammenarbeit mit Fabrice van de Kerckhove. Brüssel 1992-1995. Bd. 2: Berlin, Weimar, Paris, Bruxelles 1900-1917. Brüssel 1995, S. 154 f.

Abb. 4
Nietzsche-Archiv, Ansichtskarte, um 1905

raten, namentlich mit Harry Graf Kessler, Eberhard von Bodenhausen und Raoul Richter. Ihnen »ist es zu danken, daß Elisabeth Förster-Nietzsches Energie durchhielt«.[21] Wollte er damit etwa andeuten, dass es nur dem jugendlichen Enthusiasmus dieser Personen gelang, die Frau überhaupt zu größeren baulichen und gestalterischen Maßnahmen zu bewegen? Mehrere Vorstöße Kesslers in jenen Tagen deuten darauf hin. Wortgewaltig machte er ihr den Umbau schmackhaft als ein »Symbol [...] für das Abstreifen des Alltäglichen, Zufälligen von der Gestalt und der Umgebung Ihres Bruders und für das Ausprägen des in ihm lebenden Notwendigen, Ewigen«.[22] Die »Umwandlung seines letzten Heimes in einen ersten Tempel«, die er in Aussicht stellte, schmeichelte ihrem Selbstwertgefühl. Damit erwies sich Kessler nicht nur als der treibende Motor, sondern auch als der eigentliche Initiator zur Neugestaltung des Nietzsche-Archivs.

Nachdem Kessler im Juni 1902 seine eigenen Verhandlungen in Weimar über die Leitung des Großherzoglichen Museums für Kunst und Kunstgewerbe er-

---

21 Henry van de Velde: Geschichte meines Lebens. Hrsg. und übertragen von Hans Curjel. München 1962, S. 244.
22 Harry Graf Kessler an Elisabeth Förster-Nietzsche, 6. Mai 1902. GSA 72/BW 2710.

Abb. 5
Nietzsche-Archiv, Ansichtskarte, um 1905

folgreich abgeschlossen hatte, kam er sogleich noch einmal auf die Rolle zu sprechen, die er dem Archiv in seinem Plan für Weimar zudachte:

> Also, meine gnädigste Frau, im Winter soll der Kampf toben, und Sie müssen es sich schon gefallen lassen, daß wir das Nietzsche Archiv hoch oben auf dem Berg als unsere Zitadelle ansehen. Die Aufgabe ist nicht, ganz Weimar zu überzeugen, sondern *in* Weimar produktives Leben zu schaffen, die günstigen Bedingungen, die dort geboten sind, auszunutzen, um ein Stück produktives modernes Leben großzuziehen und damit eine *allgemeine*, keine blos lokale, Kulturaufgabe zu lösen.[23]

Zu diesem Zeitpunkt hatte der Architekt und Bauleiter Zapfe schon den Antrag mit den Erweiterungen nach Maßgabe van de Veldes eingereicht. Im Juli begannen die umfangreichen Umbaumaßnahmen. Inzwischen war links vom Gebäude ein weiteres Mehrfamilienhaus errichtet worden, in dem Förster-Nietzsche bis zum Abschluss der Arbeiten Quartier bezog. Die Rohbauarbeiten waren im September 1902 abgeschlossen, die Schlussabnahme erfolgte im April des Folgejahres. Die feierliche Einweihung fand allerdings erst am

---

23 Harry Graf Kessler an Elisabeth Förster-Nietzsche, 26. Juni 1902. Ebenda.

Abb. 6
Nietzsche-Archiv, Ansicht von Nordosten nach dem Umbau,
Aufnahme von Nicola Perscheid, 1904

15. Oktober 1903, Nietzsches 59. Geburtstag, statt. Der Umbau und die Einrichtung wurden mit einer Hypothek finanziert, die Alfred Walter Heymel zur Verfügung stellte. Heymel, der Inhaber des Insel-Verlags, kam aus Kesslers Umfeld und hatte schon als Mitherausgeber der gleichnamigen Zeitschrift großes Interesse an Nietzsche bekundet. Durch sein Mäzenatentum war der Verlag nun direkt an der Neuausrichtung des Archivs beteiligt.

Das umgebaute und erweiterte Archivgebäude wurde in den Jahren nach 1900 nicht allzu häufig fotografiert. Die leitenden Mitarbeiter hatten offenkundig kein sonderliches Interesse daran, mit Fotografien des Hauses für ihre Publikationen zu werben. Zwar gab es eine Reihe traditionell gestalteter Ansichtskarten, die das Gebäude in der Totale zeigen (Abb. 4 und 5), doch die Auflagen können nicht sehr hoch gewesen sein, denn im Spezialhandel oder in Sammlungen kommen sie heute nur selten vor. So blieb die bereits eingangs erwähnte Festschrift von 1904 die einzige Veröffentlichung mit Abbildungen, die auch die von van de Velde neu gestalteten Innenräume zeigen. Während die Außenaufnahmen (Abb. 6 und 7) in harten Graustufen sachlich wirken, sind die Innenaufnahmen in einem gelblich-bräunlichen Sepiaton gedruckt, was die har-

Abb. 7
Henry van de Velde, Nietzsche-Archiv, Portal,
Aufnahme von Nicola Perscheid, 1904

ten Übergänge mildert (Abb. 8 und 9). Nicola Perscheid, ein in Künstlerkreisen hoch angesehener Fotograf aus Leipzig, hatte die Aufnahmen auf Vorschlag von Paul Kühn gemacht.[24] Er fotografierte auch Henry van de Velde und Max Klinger für die Porträts am Ende des Buches sowie zweimal Förster-Nietzsche. In der ersten Aufnahme sitzt sie auf der unteren Veranda, leicht erhöht auf einem nicht sichtbaren Podest, damit ihr Blick über die Balustraden hinweg über die Dächer Weimars schweifen kann (Abb. 10); in der zweiten steht sie im Eingangsportal (Abb. 11) und wirkt dort in ihrer opulenten Garderobe aus Stoffen nach Entwürfen van de Veldes etwas verloren. Förster-Nietzsche sah sich in der ersten Aufnahme unvorteilhaft getroffen und provozierte deswegen noch viele Jahre später fast eine Verleumdungsklage von Perscheid.[25] Van de Velde lehnte vor allem die Abbildung des zweiten Porträts in der Festschrift ab,

---

24 Vgl. Paul Kühn an Elisabeth Förster-Nietzsche, 3. Februar 1904. GSA 72/BW 3004.
25 Vgl. Nicola Perscheid an Elisabeth Förster-Nietzsche, 13. Dezember 1929. GSA 72/BW 4087.

Abb. 8
Henry van de Velde, Nietzsche-Archiv, Bibliotheks- und Vortragsraum,
Aufnahme von Nicola Perscheid, 1904

ohne dies jedoch näher zu begründen.[26] Ungeachtet dieser Einwände und Bedenken wurden beide Bilder in der Festschrift abgedruckt – sie gehören heute zu den bekanntesten Aufnahmen von Elisabeth Förster-Nietzsche.

Der zweistöckige Portalvorbau mit der überdimensioniert wirkenden Doppeltür ist van de Veldes augenscheinlichste architektonische Ergänzung.[27] Er wertet das Gebäude auf und verleiht ihm einen großzügigen und vornehmen Charakter. Sechs kannelierte Wandstücke und ein ›Namensschild‹ aus rotem Sandstein zwischen hellem Mauerwerk spielen frei und ausgewogen mit klas-

---

26 Vgl. Paul Kühn an Elisabeth Förster-Nietzsche, 6. Juli 1904. GSA 72/BW 3004.
27 Die nachfolgenden Beschreibungen stützen sich, wenn nicht anders ausgewiesen, auf die Beiträge von Angelika Emmrich in: Das Nietzsche-Archiv in Weimar. München, Wien 2000, insb. S. 39-87 und Ole W. Fischer: Nietzsches Schatten. Theorie und Werk Henry van de Veldes im Spiegel der Philosophie Friedrich Nietzsches. Eine vergleichende Studie zur Rezeptionsgeschichte in der frühen Moderne. Diss. Zürich 2008.

Abb. 9
Henry van de Velde, Nietzsche-Archiv, Bibliotheks- und Vortragsraum,
Aufnahme von Nicola Perscheid, 1904

sischen Versatzstücken. Dagegen erscheint die Aufteilung der Holzfüllungen in den unteren beiden Fenstern extravagant und ohne Vorbild. Optisch setzt sich hier der Segmentbogen fort, der das Oberlicht von den beiden zentralen Türblättern trennt. Die schwere Flügeltür lässt sich nur von innen öffnen. Die extrem hoch angebrachten, kunstvollen Beschläge aus Bronze mit den beiden Handgriffen dienen mehr der Form als der Funktion.[28] Das Obergeschoss mit Förster-Nietzsches Privaträumen erhielt durch den Portalvorbau ein zusätzliches, von zwei großen Fenstern beleuchtetes Zimmer, dessen Ausstattung und Nutzung nie erwähnt wird. Van de Velde gestaltete ausschließlich den halböffentlichen Bereich im Erdgeschoss (vgl. auch Taf. 21 und 22, S. 166). Dazu musste er die unterschiedlichsten Funktionen des Archivs als Aufbewahrungs- und Arbeitsort sowie als Ort der verehrenden Erinnerung und des lebendigen Zusammenseins aufeinander abstimmen.

28 Vgl. Dieter Dolgner: Henry van de Velde in Weimar 1902-1917. Weimar 1996, S. 38.

Abb. 10
Elisabeth Förster-Nietzsche auf der unteren Veranda des Archivs,
Aufnahme von Nicola Perscheid, 1904

Da das Archivgebäude nicht nur als Aufbewahrungsort für Nietzsches Handschriften und Originalmanuskripte diente, sondern auch als Treffpunkt der Archivmitarbeiter und als Rahmen für Geselligkeiten fungierte, gestaltete van de Velde im Erdgeschoss neben dem geräumigen Speisezimmer für größere Gesellschaften einen Bibliotheksraum mit Einbauregalen für Bücher und Archivkästen sowie, als Annex, einen weiteren kleinen Raum, der als »Arbeitszimmer« des Archivars bezeichnet wurde und zusätzliche Ablage- und Hängeflächen für Kunstwerke bot. Ein wirklicher Raumbedarf für die Mitarbeiter ist allerdings nie konkret ermittelt worden. Die Arbeitsplätze für die Herausgeber der neu aufzulegenden früheren Schriften und der postumen Werke haben sicherlich mehr Raum beansprucht als die Sicherung und Verwahrung der Archivalien sowie die Betreuung der Bibliotheks- und Dokumentationsbestände.

Abb. 11
Elisabeth Förster-Nietzsche im Portal des Archivs,
Aufnahme von Nicola Perscheid, 1904

Kultort

Von einem Nietzsche-Kult in Weimar ist bislang vor allem in religionshistorischen Vergleichen gesprochen worden: die Überhöhung der Person Nietzsches als Prophet, des Zarathustrabuches als einer neuen heiligen Schrift, der Anhänger als Jünger beziehungsweise Kultgemeinde.[29] Ansatzweise wurde der Kult auch als ein soziales und psychologisches Problem gesehen oder als ein »geschäftsmäßig betriebene[r]«[30] Kult mit einer spezifisch »hauseigene[n]«

---

29 Vgl. Hubert Cancik, Hildegard Cancik-Lindemaier: Philolog und Kultfigur. Friedrich Nietzsche und seine Antike in Deutschland. Stuttgart, Weimar 1999.
30 Katrin Meyer: Geschichte der Nietzsche-Editionen. In: Henning Ottmann (Hrsg.): Nietzsche-Handbuch. Leben – Werk – Wirkung. Stuttgart 2000, S. 437-440, hier S. 438. Vgl. auch David Marc Hoffmann: Nietzsche-Kult. In: Ebenda, S. 485 f.

Ausprägung »mit Geburtstagsfeiern, Vortragsabenden und Kaffeekränzchen«.[31] Ungebrochen sprach Henry van de Velde auch später von »meinem Kult für ihn«[32] und vom Archiv als einem »geweihten Tempel« mit einer »weihevollen und monumentalen ›Schatzkammer‹«.[33] Seine Bereitschaft zur Spiritualisierung des Ortes ging so weit, dass er die erst kurz zuvor gelösten »physischen Bande zwischen Elisabeth Förster-Nietzsche und ihrem Bruder« als ihren numinosen Kern anzusehen bereit war: »Seine Blicke waren ihr noch aufgeprägt«.[34]

Bereits zu Nietzsches Lebzeiten hatte seine Verehrung an diesem Ort kultische Züge angenommen. Das spiegelt sich in zeitgenössischen Beschreibungen und späteren Erinnerungen von privilegierten Besuchern, denen der Anblick des Kranken gewährt wurde.[35] Nach seinem Tod beschränkten sich rituelle Handlungen vor allem auf die Hinzufügung von Kranzschleifen über dem Sterbebett im Obergeschoss oder dem Schmücken des Hermenporträts im Bibliothekszimmer mit Kranzgebinden. Diesen privaten Kult hat Förster-Nietzsche jedoch nie nach außen kommuniziert. Für alle anderen Veranstaltungen legte van de Velde in Absprache mit Kessler die zeremoniellen Rahmenbedingungen fest. Zentrum hierfür war der Bibliotheksraum, der gleichzeitig als Salon dienen sollte und vier Ausrichtungs- und Orientierungspunkte hatte. Max Klingers Porträtherme auf der einstufigen Estrade der Westwand symbolisierte Nietzsches physische Anwesenheit. Die marmorne Skulptur wurde bei den jährlich stattfindenden Geburtstags- und Totenfeiern besonders hervorgehoben.[36] Das ›N‹ im Kreis aus goldglänzendem Messing an der inneren Längswand über dem kunstvoll gestalteten Ofen und gegenüber der Sitzgruppe stand dagegen für den geschriebenen Buchstaben und besiegelte das Wort des Philosophen. Kühn nannte es »das Napoleonische-Nietzsche-N« und unterstrich damit den imperialen Anspruch des heraldischen Zeichens.[37] An der Schmalseite gegenüber der Herme befindet sich ein für Besucher unsichtbarer stählerner Tresor. Hier wurde der gesamte schriftliche Nachlass verwahrt: Manuskripte, Briefe,

---

31 David Marc Hoffmann: Geschichte des Nietzsche-Archivs. In: Nietzsche-Handbuch (Anm. 30) S. 440-443, hier S. 441.

32 »mon culte pour lui«. Henry van de Velde an Elisabeth Förster-Nietzsche, 27. April 1923. Zitiert nach Ole W. Fischer: Nietzsches Schatten (Anm. 27), S. 499.

33 »solennel et monumental d'une ›Schatzkammer‹«. Henry van de Velde: Récit de ma vie (Anm. 20). Bd. 2, S. 155.

34 Henry van de Velde: Geschichte meines Lebens (Anm. 21), S. 190.

35 Vgl. Sander L. Gilman (Hrsg.): Begegnungen mit Nietzsche. Bonn 1981.

36 Vgl. Hansdieter Erbsmehl: Inszenierungen eines Bildnisses. Max Klingers Nietzsche-Portraits. In: Conny Dietrich, Hansdieter Erbsmehl: Klingers Nietzsche. Wandlungen eines Portraits 1902-1914. Hrsg. von Justus H. Ulbricht im Auftrag der Stiftung Weimarer Klassik und Kunstsammlungen. Jena 2003, S. 48-76, hier S. 66-71.

37 Paul Kühn: Das Nietzsche-Archiv (Anm. 5), S. 14. Vorbild für den N-Versal im Kreis ist das Herrschaftszeichen von Kaiser Napoleon I., erstmals angebracht an seinem Krönungsthron im Tuilerienpalast und später im Louvre ausgestellt.

Notizbücher und Aufzeichnungshefte, Niederschriften aus der Schul- und Studienzeit, Hefte mit Exzerpten aus der Zeit der Professur, Kompositionen sowie private Dokumente, darunter jene aus einer über zehnjährigen Krankengeschichte.[38] Für Förster-Nietzsche war dies naturgemäß der ›heiligste‹ Ort. Hier lagerten die Manuskripte, die nur von ihr veröffentlicht und gedeutet werden durften.[39] An der Nordseite – zwischen zwei Fenstern und um die geschwungene Sitzbank herum – wurden in Einbau- und Wandvitrinen die wichtigsten Memorabilia präsentiert: die Totenmaske, Porträtfotografien und sonstige Nietzscheana.

Im Bibliotheksraum, der auch als literarisch-künstlerischer Salon genutzt wurde, haben sich laut van de Velde zuweilen »fünf oder sechs Dutzend Personen bei Zusammenkünften, Vorträgen, Musikdarbietungen oder anderen Veranstaltungen« zusammengefunden.[40] Das erscheint ebenso übertrieben wie alle späteren Bemerkungen über »die große Anziehungskraft [des Archivs] für Europas geistige Elite«[41] oder den »nicht abreißenden Strom von nationalen und internationalen Repräsentanten nicht nur des kulturellen, sondern auch des wirtschaftlichen und politischen Lebens«.[42] In den vier Jahrzehnten des aktiven Archivlebens gab es erstaunlich wenige Vorträge und Konzerte. Selbst in den frühen Jahren bis 1907 kamen nicht mehr als fünf Veranstaltungen zusammen, die den Ansprüchen Kesslers als künstlerischem Berater des Archivs entsprechen konnten: ein Konzert des Komponisten Conrad Ansorge, Lesungen der Dichter und Schriftsteller Gerhart Hauptmann, Hugo von Hofmanns-

---

38 Vgl. Karl-Heinz Hahn: Das Nietzsche-Archiv. In: Nietzsche-Studien 18 (1989), S. 1-19.
39 Förster-Nietzsche dachte durchaus in symbolischen und antiken kultischen Zusammenhängen, wenn zum Beispiel ihre Deutungshoheit von anderen durchkreuzt wurde: »was […] das Buch von Frau Andreas [Lou Andreas-Salomé] besonders widerwärtig macht, ist, daß sie sich darin als Pythia gebärdet, die anvertraute göttliche Geheimnisse zu verkünden hat«. Elisabeth Förster-Nietzsche: Das Leben Friedrich Nietzsche's. 2 in 3 Bänden. Leipzig 1895-1904. Bd. 2.1: Im Banne der Freundschaft. Leipzig 1897, S. VII.
40 »cinq à six douzaines de personnes pour assister à des réunions, des conférences, des auditions musicales ou autres manifestations«. Henry van de Velde: Récit de ma vie (Anm. 20). Bd. 2, S. 155.
41 Angelika Pöthe: Fin de siècle in Weimar. Moderne und Antimoderne 1885-1918. Köln, Weimar, Wien 2011, S. 99.
42 Frank Simon-Ritz, Justus H. Ulbricht: »Heimstätte des Zarathustrawerkes«. Personen, Gremien und Aktivitäten des Nietzsche-Archivs in Weimar 1896-1945. In: Hans Widerotter, Michael Dorrmann (Hrsg.): Wege nach Weimar. Auf der Suche nach der Einheit von Kunst und Politik. Berlin 1999, S. 155-176, hier S. 158. Die einzige größere Versammlung an diesem Ort dokumentiere die von Simon-Ritz und Ulbricht auf S. 171 abgebildete Fotografie von der Totenfeier für die Archivleiterin am 11. November 1935 in Anwesenheit Adolf Hitlers, wo etwa vierzig Personen dicht gedrängt vor dem Sarg sitzend und stehend der Archivleiterin die letzte Ehre erweisen.

thal und Rudolf Alexander Schröder sowie ein Vortrag des Philosophen Raoul Richter.[43] Man müsste schon Förster-Nietzsches bereits 1906 von Alfred Kerr als »Übermenschenkaffeekränzchen«[44] verspotteten und oftmals belächelten informellen ›jour fixe‹ hinzuzählen, um weiterhin von der überragenden Bedeutung eines künstlerisch-intellektuellen Salons im Zentrum des genuin modernen Weimarer Kulturlebens sprechen zu können.

Förster-Nietzsche zeigte keine eigene Initiative, moderne Künstler um sich zu versammeln. Stattdessen umgab sie sich seit 1908 nur noch mit Weimarer ›Neuklassikern‹, zu denen neben Wilhelm von Scholz und Samuel Lublinski auch Paul Ernst zählte, der häufiger als jeder andere Dichter im Archiv las.[45] Mit Albrecht Wirth und Ernst Wachler umwarb Förster-Nietzsche die ideologischen Führer einer Heimatkunstbewegung, die in ihrem Kampf um die kulturelle Hegemonie auf die Erneuerung durch die Kraft der Provinz setzten.[46] Sie alle haben aus eigenen Werken gelesen und dürften kaum Nennenswertes zur Verbreitung einer spezifisch an Nietzsche ausgerichteten Kultur beigetragen haben. Dezidierte Vorträge über Nietzsche vor 1918 gab es dagegen nur selten.[47]

Nicht jeder hier empfangene Gast verstand sich als Nietzscheaner. So meinte Richard Dehmel in einem Gespräch mit Kessler, »Nietzsche sei vielleicht der feinste und genialste Seelenkenner aller Zeiten. Aber die ›Neuen Tafeln‹ suche er bei ihm vergebens«.[48] Umgekehrt kamen Nietzscheaner zu Besuch, die von Förster-Nietzsches gesellschaftlichem Umfeld regelrecht abgestoßen waren. Davon berichtete van de Velde: »Um den Tisch versammelten sich deutsche und ausländische Nietzscheaner, von denen die radikalsten mit Bedauern feststellten, dass die Zusammenkünfte von Extravaganz besudelt wurden«.[49] Namen

---

43 Vgl. Angelika Pöthe: Fin de siècle (Anm. 41), S. 100-104.
44 Alfred Kerr: Die Übermenschin. In: Der Tag, 27. Juli 1906.
45 Vgl. Angelika Pöthe: Fin de siècle (Anm. 41), S. 102f.
46 Vgl. Frank Simon-Ritz, Justus H. Ulbricht: »Heimstätte des Zarathustrawerkes« (Anm. 42), S. 159f. Im Jahre 1903 hatte Wachler den Nietzsche-Mitherausgeber Heinrich Köselitz als Komponisten für sein völkisches Harzer Bergtheater in Thale engagiert, womit sich für Köselitz endlich die Hoffnungen erfüllten, die Nietzsche dereinst in ihn als Musiker gesetzt hatte.
47 Umstritten ist, ob Ellen Key im April 1904 einen angekündigten Vortrag über »Goethe und Nietzsche« am Archiv wirklich hielt. Richter sprach im Dezember 1907 über »Nietzsche und die Franzosen«. Vgl. GSA 72/2475.
48 Harry Graf Kessler. Das Tagebuch 1880-1937. Hrsg. von Roland S. Kamzelak und Ulrich Ott. Stuttgart 2004ff. Bd. 3: 1897-1905. Hrsg. von Carina Schäfer und Gabriele Biedermann. Stuttgart 2004, S. 544 (Eintrag vom 6. Februar 1903).
49 »Autour de la table vinrent s'asseoir des nietzschéens allemands et étrangers dont les plus radicaux regrettaient de voir ces séances entachées de mondanité«. Henry van de Velde: Récit de ma vie (Anm. 20). Bd. 2, S. 158.

nannte er keine, aber es ist nicht auszuschließen, dass er auf sich selbst und den innersten Freundeszirkel mit Kessler, Ludwig von Hofmann und einigen weiteren Personen zielte, deren Anwesenheit den ›fundamentalistischen‹ Nietzscheanern derart heftig widerstrebte. Ob er zu diesen auch Max von Münchhausen zählte, bleibt ebenso eine Vermutung.[50]

Besucher des Nietzsche-Archivs haben wiederholt von den »hoheitsvollen Räumen« geschwärmt.[51] Der völkisch gesonnene Philosoph Bruno Bauch lobte sie 1921 in seiner Laudatio zur Verleihung der Ehrendoktorwürde an die Archivleiterin und stellte sie als »das beste Zeichen für Ihre Verdienste« heraus.[52] Von keinem der späteren Unterstützer und Parteigänger der NSDAP wurde öffentlich Kritik geübt an der modernen Gestaltung des Nietzsche-Archivs, Nietzsches Neffen, die seit 1919 zunehmend die Führung des Archivs übernahmen, eingeschlossen. Anders als Kaiser Wilhelm II., der bei einem Besuch der Düsseldorfer Industrieausstellung 1902 van de Velde lächerlich zu machen suchte und ihn brüskierte,[53] nahm Adolf Hitler keinen Anstoß an seiner Raumgestaltung. Mehrere Fotografien zeigen ihn vor Ort, zum Beispiel 1934 vor dem Portal bei der freundschaftlichen Begrüßung Förster-Nietzsches oder, im Jahr darauf, andächtig unter dem imperialen ›N‹ zusammen mit Gauleiter Fritz Sauckel und weiteren uniformierten Parteimitgliedern bei ihrer Totenfeier im bis zum Bersten gefüllten Salon vor dem aufgebahrten Sarg.[54] Nur der Kunsthistoriker Paul Fechter, der 1906 noch mit Verve die »Persönlichkeitskultur« in van de Veldes eigenwilligen Werken verteidigt hatte,[55] äußerte 1935 – inzwischen als überzeugter Nationalsozialist – in einer Bildunterschrift sein Missfallen an der Gestaltung der Eingangsfront: »Der feierliche Eingang zu dem Hause und die Kuppelung seiner Linien mit den seitlichen Fenstern zeigen deutlich den betonten Willen zur Bedeutsamkeit, zur Unsachlichkeit«.[56]

50 Zur widersprüchlichen Beziehung zwischen Max von Münchhausen und Henry van de Velde vgl. Thomas Föhl: Das Mobiliar für Max von Münchhausen. In: Ders., Klaus-Jürgen Sembach: Henry van de Velde und das Weimarer Mobiliar für Baron von Münchhausen. München 1999, S. 23-59, insb. S. 28-32.
51 Estella Meyer an Elisabeth Förster-Nietzsche, 31. Mai 1907. Zitiert nach Nils Fiebig (Hrsg.): In Nietzsches Bann. Briefe und Dokumente von Richard M. Meyer, Estella Meyer und Elisabeth Förster-Nietzsche. Göttingen 2012, S. 143.
52 Zitiert nach Frank Simon-Ritz, Justus H. Ulbricht: »Heimstätte des Zarathustrawerkes« (Anm. 42), S. 161.
53 Vgl. Henry van de Velde: Geschichte meines Lebens (Anm. 21), S. 238.
54 Abbildungen bei Frank Simon-Ritz, Justus H. Ulbricht: »Heimstätte des Zarathustrawerkes« (Anm. 42), S. 170 f.
55 Paul Fechter: Philister über uns! In: Dresdener Neueste Nachrichten, 16. September 1906.
56 Paul Fechter: Nietzsches Bildwelt und der Jugendstil. In: Deutsche Rundschau 61 (1935), S. 30-36, hier o. S. [nach S. 32].

Förster-Nietzsche und die künstlerische Moderne

Die freundschaftliche Nähe der Archivleiterin zu Henry van de Velde und Harry Graf Kessler, die zu unterschiedlichen Bewertungen geführt hat, harrt einer historisch plausiblen Darstellung. Meist wurden die beiden ästhetisch progressiv eingestellten und kosmopolitischen Männer gegenüber dem ästhetischen Spießertum und der politisch reaktionären Haltung Förster-Nietzsches in Schutz genommen. Für ihr »Scheitern« in Weimar wurde das Intrigantentum der Konservativen und der Obrigkeit verantwortlich gemacht.[57] Kessler und van de Velde seien »unbeabsichtigt entscheidende Träger der Förster-Nietzscheschen Propaganda« geworden, meinte David Marc Hofmann.[58] Wegen ihrer notorischen Fälschungen und philologisch unverantwortlichen Tätigkeit als Herausgeberin war Nietzsches Schwester diskreditiert, ihre modern gesonnenen Freunde wurden dagegen von politisch-moralischen Verstrickungen ausgenommen, ja ihnen wurde jede Eigenverantwortlichkeit und Selbständigkeit abgesprochen. So sei Kessler von Förster-Nietzsche »als ›Zentralsonne‹ [...] in die Pflicht genommen« und van de Velde »zum künstlerischen Aushängeschild« gemacht worden, der »das Postulat der Nietzsche-Gemeinde in sprechende Formen umzusetzen [hatte]«.[59] Weniger relativierend äußerte sich dagegen zuletzt Angelika Pöthe: »Es ist nicht gerechtfertigt, Harry Graf Kessler als Begründer eines Zentrums der ›übernationalen, europäischen Künstleravantgarde‹ zu feiern, Förster-Nietzsche dagegen zu unterstellen, sie habe die Weimarer Projekte ›zur Verklärung des glanzlosen Reiches im Bunde mit Potsdam‹ initiiert«.[60] Stattdessen sieht Pöthe als Ursache des Scheiterns die »Hybris, die glaubt, sich höfischer Figuren und Intrigen gleichsam spielerisch bedienen zu können, um der Sache des ›Neuen Weimar‹ zu nützen«.[61]

Tatsächlich hatte Förster-Nietzsches selbstherrliches Gebaren bei vielen Menschen ihrer Umgebung Befremden ausgelöst. Ihr Überlegenheitsgetue färbe auf ihre Umgebung ab, teilte die Schriftstellerin Natalie von Milde ihrer Freundin Marie von Bülow um 1905 mit, wobei sie Henry van de Velde nicht ausnahm.[62] Vor 1918 kamen solche Urteile eher sporadisch und in privaten Mitteilungen vor. Die Umwandlung von Nietzsches Sterbehaus in einen großbürgerlichen Salon eröffnete der Archivleiterin einen ersten Platz in der Repräsentationskultur des Kaiserreichs, und die Pastorentochter und Kolonialisten-

---

57 Vgl. Antje Neumann: »Das Haus unter den Hohen Pappeln«. Henry van de Velde in Weimar. Hrsg. von Thomas Föhl. Weimar ²2000, S. 22.
58 David Marc Hofmann: Zur Geistes- und Kulturgeschichte des Nietzsche-Archivs. In: Das Nietzsche-Archiv (Anm. 27), S. 20.
59 Thomas Föhl: Das Mobiliar für Max von Münchhausen (Anm. 50), S. 25.
60 Angelika Pöthe: Fin de siècle (Anm. 41), S. 105.
61 Ebenda.
62 Zitiert nach ebenda, S. 95.

witwe, die bald zur angesehenen Honorarprofessorin aufsteigen sollte, empfing die führenden Vertreter der deutsch-nationalen Wissenschaftskultur und zuletzt sogar die Führungselite eines totalitären Staats. Deren Respekt war ungeteilt: Den »unhemmbaren Willen in dieser Frau von zierlicher Gestalt müssen wir gewissermaßen als *Urtrieb* beachten: geradenwegs, instinktiv und unbeirrbar«,[63] behauptete ihre erste Biographin Luise Marelle im Jahr vor ihrem Tode. Mit zeitgemäß markigen Worten forderte die Schriftleiterin des Berliner Lyceum-Clubs für Unternehmerinnen und selbständige Frauen die uneingeschränkte Bewunderung für Förster-Nietzsches Lebensleistung.[64] Auch Henry van de Velde hat sich zeit seines Lebens über ihre Verdienste, insbesondere um Nietzsches Nachlass, positiv geäußert. Ihrem energischen Durchsetzungsvermögen begegne er mit Respekt und Zuneigung, bekundete er in seiner Lebensbeschreibung. Seine Verehrung für Förster-Nietzsche bezeichnete er sogar als »einen Kult, den niemand von uns je in Frage stellte, ungeachtet ihres Provinzialismus, den die Gleichgültigen und Boshaften lächerlich machten, und ihrer engen bürgerlichen Moral, die sie trotz unserer Bemühungen niemals aufgegeben hat«.[65] Entschieden verwahrte er sich dagegen, Förster-Nietzsche wegen ihrer anachronistischen Gesellschaftskleider oder der Perücke mit Jungmädchenlocken, die sie bis ins hohe Alter trug, zu verspotten.

Trotz van de Veldes Plädoyer wird Förster-Nietzsche heute meist nur als »abstoßende, aber eben auch grellfarbige Gestalt in ihrem deutschnational-nationalsozialistischen Milieu« angesehen.[66] Diese Sichtweise schließt nahtlos an die höhnischen Verrisse in der linken und demokratisch gesonnenen Kulturszene der Weimarer Republik an, in der die »stadtbekannte Schwester des weltberühmten Bruders« stets kritisch beäugt wurde. Als Walter Benjamin über den »Geist der Betriebsamkeit und des Philistertums« am Nietzsche-Archiv berichtete und dabei Salomo Friedlaenders ironische Einschätzung von dessen

---

63 Luise Marelle: Die Schwester. Elisabeth Förster-Nietzsche. Berlin 1933, S. 8.
64 Seit 1905 nahm Förster-Nietzsche an Veranstaltungen in diesem »Harem der Emanzipierten« teil. Richard M. Meyer an Elisabeth Förster-Nietzsche, 22. Mai 1908. Zitiert nach Nils Fiebig (Hrsg.): In Nietzsches Bann (Anm. 51), S. 146. Die Webseite des bis heute bestehenden Vereins nennt als prominente Mitglieder bzw. Teilnehmerinnen Gertrud Bäumer, Helene Lange, Marie-Elisabeth Lüders, Marie Raschke, Alice Salomon, Helene Stöcker, Agnes von Zahn-Harnack, Käthe Kollwitz, Bertha von Suttner und Clara Viebig (http://www.lyceumclub-berlin.de/, letzter Zugriff: 13. Dezember 2012).
65 »[...] un culte qu'aucun de nous n'a jamais remis en cause, quel que soit le ridicule que les indifférents et les malveillants reprochaient au provincialisme et à l'étroite morale bourgeoise dont, malgré tous ses efforts, elle ne s'est jamais départie«. Henry van de Velde: Récit de ma vie (Anm. 20). Bd. 2, S. 365 f.
66 Stephan Speicher: Die Bürger stoßen alles ab, was von außen kommt [Rezension zu Annette Seemann: Weimar. Eine Kulturgeschichte. München 2012]. In: Süddeutsche Zeitung, 13. März 2012.

Leiterin kolportierte, übte er auch Kritik an der »schlechten sakralen Stilisierung des Nietzsche-Bildes«,[67] ohne jedoch dabei zu erwähnen, dass gerade diese Sakralisierung nicht ohne die Initiative Harry Graf Kesslers und die ausführenden Hände Henry van de Veldes und Max Klingers erfolgt wäre.[68] Jahre später noch merkte Karl Scheffler an, Förster-Nietzsche habe in ihrem Archiv »in tränenseliger Würde« residiert, und machte sich über den »esoterischen Ästhetizismus« des engeren Kreises lustig, dessen Angehörige nur im Frack zusammengekommen seien.[69]

Menschen im Archiv

Henry van de Veldes frühe Weimarer Raumgestaltungen – insbesondere das Nietzsche-Archiv und Kesslers Wohnung in der Cranachstraße – waren die zentralen Versammlungsorte des inneren Weimarer Zirkels. Wehmütig erinnerte sich Helene von Nostitz 1933:

> Für all die geheimnisvollen Strömungen, die hier zusammenfluteten, bildeten seine [van de Veldes] Einrichtungen einen Rahmen, der auch entscheidend für die Atmosphäre dieser Vereinigungen war, die nichts von der Gemütlichkeit im eng deutschen Sinne an sich hatten, sondern den Geist der Unrast, des Wechsels, der Vielheit, des Umspannenden in sich trugen, die zu Deutschlands weiter und großer Seele gehören.[70]

In der »müden Grazie«, mit der Helene von Nostitz, die in den Anfängen zum engeren Kreis gehörte, »die Fahne der ästhetischen Schmockerei hochhielt«,[71] scheinen die psychosexuellen Verknotungen des Kreises deutlich auf, etwa wenn sie sich an einen Ausspruch Hugo von Hofmannsthals 1905 anlässlich eines Besuchs in Weimar erinnerte: »In der Kunst und in der Liebe sind wir drinnen, sonst stehen wir immer außen«.[72] In solcher Selbstwahrnehmung in-

---

67 Walter Benjamin: Nietzsche und das Archiv seiner Schwester (1932). In: Ders.: Gesammelte Schriften. Unter Mitwirkung von Theodor W. Adorno und Gershom Scholem hrsg. von Rolf Tiedemann und Hermann Schweppenhäuser. Sieben Bände in 14 Teilbänden. Frankfurt a. M. 1972-1999. Bd. 3: Kritiken und Rezensionen. Hrsg. von Hella Tiedemann-Bartels. Frankfurt a. M. 1972, S. 325 f. Friedlaender zitiert nach ebenda, S. 323.
68 Bezogen auf Kessler vgl. Karl-Heinz Hahn: Das Nietzsche-Archiv (Anm. 38), S. 17.
69 Karl Scheffler: Die fetten und die mageren Jahre. München, Leipzig ²1948, S. 32.
70 Helene [von] Nostitz: Aus dem alten Europa. Menschen und Städte. Berlin ⁴1933, S. 91.
71 Karl Kraus: Aus der Barockzeit. In: Ders.: Vor der Walpurgisnacht. Auswahl 1925-1933. Hrsg. von Dietrich Simon. Berlin 1971, S. 21-31, hier S. 21.
72 Helene [von] Nostitz: Aus dem alten Europa (Anm. 70), S. 92.

begriffen waren alle »Möglichkeiten, die im Verhältnis complicierter und höher organisierter Menschen überhaupt liegen«.[73] Der engere Kreis des Nietzsche-Archivs nahm sich selbst als eine verschworene Gesellschaft von Außenseitern in einer autoritären Gesellschaft wahr, in der das Privatleben bevormundet und die Kunstausübung zensiert oder unterbunden wurde, sobald sie nach ungehindertem Ausdruck verlangte. Es etablierte sich eine maskierte erotische Vitalkultur, in der sich nicht selten libidinöse Energien zu erkennen gaben. Ihrer sexuellen Emanzipation waren die künstlerischen Aktivitäten dieser Außenseiter allerdings nicht förderlich, eher im Gegenteil. Sie repräsentierten eine bürgerliche Schicht, die sich in der Nachfolge Nietzsches »gegen die *Nüchternheit* der Zeit [empörte]«, ohne sich deshalb »auf den Cultus des Excesses, der Leidenschaft, der Ekstase, der schwärzesten herbsten Auffassung der Welt« zu werfen.[74]

Das ›Neue‹ im Sinne Kesslers und des Weimarer Zirkels ist nicht die beschwörende Wiederbelebung einer glanzvollen Tradition oder der Anschluss an ein glanzvolles mäzenatisches Zeitalter, sondern die enorme Intensität, mit der diese Gruppe ihre individuelle Existenz zum Thema machte. Arbeit, Liebe, Leidenschaften – alles wurde dem eigenen Lebensgefühl untergeordnet. Die Kunst, die der Zirkel favorisierte, sollte die ›leibgeistige‹ – die psychophysische und psychosoziale – Verfassung und die Selbstwahrnehmung der beteiligten Personen spiegeln. Komplizierte zwischenmenschliche Beziehungen zwischen Frauen und Männern, Frauen und Frauen, Männern und Männern führten zur permanenten Inszenierung des eigenen Lebens in Masken und Metaphern, als Behauptung und Postur, im Angriff und in der Verteidigung. Nach seiner Entlassung als Museumsdirektor gab Kessler nicht auf. An Elisabeth Förster-Nietzsche schrieb er: »Vom nächsten Herbst an scharen wir uns um Sie und das Archiv wie um eine Zwingburg, der nur noch wohl legitimierte Mitkämpfer sich nähern dürfen«.[75] Mit der Metapher eines militärischen Festungsbaus auf dem Territorium einer feindlich gesonnenen Macht verwies Kessler auf seine Vorstellung, die moderne Kultur müsse in einem feindlichen Umfeld agieren. Angreifen und sich dabei in legitimer Sicherheit wiegen, das entsprach genau seiner eigenen Positionierung in einer modernen Kultur, die ungebunden bleiben wollte.

---

73 Hugo von Hofmannsthal an Helene von Nostitz, 20. Mai 1907. In: Hugo von Hofmannsthal. Briefwechsel. Hrsg. von Oswalt von Nostitz. Frankfurt a. M. 1965, S. 39.
74 Friedrich Nietzsche: Nachgelassene Fragmente, Frühling bis Sommer 1878, 27[51]. In: Ders.: Sämtliche Werke (Anm. 5). Bd. 8: Nachgelassene Fragmente 1875 bis 1879, S. 496.
75 Harry Graf Kessler an Elisabeth Förster-Nietzsche, 6. Oktober 1906. GSA 72/BW 2710.

Was bleibt

Was können van de Veldes Funktions- und Kulträume heute noch von jenen Menschen vermitteln, für die sie ursprünglich gedacht waren, die sich in ihnen aufhielten, die hier lebten, arbeiteten und repräsentierten? Aus einem enger gefassten kunsthistorischen Blickwinkel lässt sich diese Frage kaum befriedigend beantworten. Die Architektur bleibt eine stumme Hülle. Erst in ihrem ›Gebrauch‹ wurde sie lebendig, weil ihre Nutzer darin eine weiterreichende Bedeutung erkannten. Ob diese Bedeutung überdeterminiert war oder zumindest einer relativen subjektiven Wahrheit entsprach, ist eine Frage der Interpretation, die sich notwendigerweise von der damaligen Vereinnahmung Nietzsches distanziert, ihre psychosoziale und psychophysische Ausprägung jedoch interessiert beobachtet.

Der Zirkel um Kessler und van de Velde kam hier zusammen im Angedenken und in der Verehrung Nietzsches und mit dem Bedürfnis, sich ›nietzscheanisch‹ auszudrücken. Das ganze Denken, die äußeren Umgangsformen und die inneren Überzeugungen waren darauf gerichtet, hier als eine Elite die Zukunft vorzuleben. Für Förster-Nietzsche war es geradezu ein beseligender Gedanke, in ihrem Berater Kessler und ihrem Gestalter van de Velde jene Männer sehen zu können, nach denen ihr Bruder sich angeblich gesehnt hatte. Noch 1928 gestand sie Kessler: »Ich darf es Ihnen jetzt sagen, daß ich immer geglaubt habe, Sie würden den Ordensbund jener höheren Menschen begründen, den mein Bruder sich geträumt hat«.[76] Die Differenz zwischen dem bescheidenen »Leben im Hôtel«[77] des philosophischen Schriftstellers Friedrich Nietzsche, der nach seiner Abkehr von Wagner streng auf seine intellektuelle Unabhängigkeit bedacht war, und dem großbürgerlichen Ambiente seines späteren Archivs als »Heimstatt des Zarathustrawerkes« könnte größer nicht sein. Kulturhistorisch bedeutsam wurde das Archivgebäude erst nach seinem Tod. Den wechselvollen Umgang mit seinem Namensgeber – die politisch motivierte Vereinnahmung im Nationalsozialismus und die gleichfalls politisch gesteuerte Ablehnung danach – hat es unbeschadet überstanden. In den immobilen und mobilen Bestand wurde weder nach 1933 noch nach 1945 substantiell eingegriffen. Alle Anzeichen für die museale Sicherung seit der Rekonstruktion von 1990/91 verwiesen bislang auf die Ehrung des Architekten van de Velde und nicht auf eine ideologische Rehabilitierung der Schwester des Philosophen.

---

76 Elisabeth Förster-Nietzsche an Harry Graf Kessler, 12. April 1928. DLA, A: Kessler.
77 Friedrich Nietzsche an Franziska Nietzsche, 20. März 1888. Friedrich Nietzsche: Briefwechsel (Anm. 3). Abt. 3, Bd. 5: Briefe von Nietzsche. Januar 1887 bis Januar 1889. Berlin, New York 1984, S. 271.

Norbert Korrek

Enttäuschte Hoffnungen
Drei Architektur-Entwürfe von Henry van de Velde in den frühen Weimarer Jahren

Neben der »Pflege und Förderung der Kunst auf gewerblichem und kunstgewerblichem Gebiete« wurde Henry van de Velde 1902 im Rahmen seines neuen Dienstverhältnisses damit beauftragt, auf Verlangen »des Großherzogs und des Großherzoglichen Staatsministeriums Gutachten über Angelegenheiten […] der Architektonik« vorzulegen.[1] Die öffentlichen Aufträge, die ihm mit seiner Berufung nach Weimar in Aussicht gestellt worden waren, blieben jedoch weitgehend aus. Mitglieder des Hofes und hohe Verwaltungsbeamte durchkreuzten aus oftmals kleinlichen und reaktionären Ressentiments die Pläne van de Veldes. Die Bauten für ein Restaurant im Webicht, ein Sommertheater an der Belvederer Allee und das Kunstgewerbemuseum am Karlsplatz, dem heutigen Goetheplatz, deren Verwirklichung ihm nicht vergönnt war, fehlen der Stadt Weimar bis heute.

Seinen Weg zur Architektur fand der Belgier nicht über eine reguläre Ausbildung, sondern über den Bau des eigenen Wohnhauses Bloemenwerf in Uccle bei Brüssel (Abb. 1). Es war sein erstes Bauwerk überhaupt, und es »entstand gleichsam als erweitertes Kleid seiner selbst«.[2] Van de Velde hatte um 1893/94 seine Karriere als Maler beendet, um sich der angewandten Kunst und der Architektur zuzuwenden. Inspiriert wurde er dazu von der »Einfachheit, Glaubwürdigkeit und Dauerhaftigkeit der bäuerlichen Kultur« um Antwerpen,[3] seinem Geburtsort. Unter dem Einfluss der Ideen von John Ruskin und William Morris entwickelte er eine idealistische Sicht auf die Vergangenheit. Wie viele Anhänger der Reformbewegung Arts and Crafts sehnte er sich nach einer umfassenden Vereinfachung und Erneuerung der häuslichen Einrichtungen und

---

1 Dienstvertrag zwischen der Großherzoglich Sächsischen Schatullverwaltung in Weimar und Henry van de Velde in Berlin vom 29. Januar/1. Februar 1902. Zitiert nach Volker Wahl (Hrsg.): Henry van de Velde in Weimar. Dokumente und Berichte zur Förderung von Kunsthandwerk und Industrie (1902 bis 1915). Köln, Weimar, Wien 2007, S. 81 f., hier S. 81.
2 Karl-Heinz Hüter: Henry van de Velde als Künstler und Erzieher bis zum Ende seiner Tätigkeit in Weimar. Diss. Berlin 1962, S. 102.
3 Geert Bekaert: Right in the middle. The Belgian Pavilion at the 1939 New York World's Fair. In: Mil De Kooning (Hrsg.): Belgium at the Fair. Exile on Main Street. Gent 2010, S. 9-31, hier S. 15: »simplicity, authenticity and permanence of a primitive folk culture«.

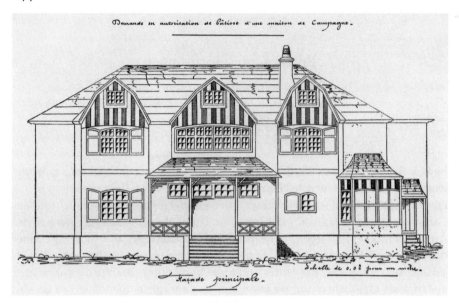

Abb. 1
Henry van de Velde, Bloemenwerf, Uccle, Entwurf

Gebrauchsgegenstände sowie einer Architektur, die dieses Sehnen stilistisch zum Ausdruck bringen konnte. Es war diese Intention, die den »Amateur« umtrieb, sein eigenes Wohnhaus als Landhaus und als Gesamtkunstwerk zu errichten.[4]

Van de Velde, der sich selbst als »Autodidakt«[5] ansah, betrieb seit seiner Übersiedelung nach Weimar ein privates Atelier für Architektur und Inneneinrichtungen,[6] in dem er sich stets der Hilfe ausgebildeter Architekten bediente. Von Oktober 1903 bis Ende 1904 und noch einmal 1906 unterstützte ihn der finnische Architekt Sigurd Frosterus, der zunächst Kunstgeschichte an der Universität Helsinki und danach bis 1902 Architektur an der Technischen Hochschule Helsinki studiert hatte. Seine Entwicklung war besonders durch den Neoimpressionisten Alfred William Finch geprägt worden, der 1897 einer Berufung nach Helsinki gefolgt war.[7] Finch gehörte wie van de Velde zur belgischen Künstlervereinigung Les Vingt, deren Ziel es war, neue und unkonventionelle Kunst durch jährliche Ausstellungen zu fördern. Beide hatten für

---

4 Vgl. ebenda, S. 15 f.
5 Henry van de Velde: Geschichte meines Lebens. Hrsg. und übertragen von Hans Curjel. München 1962, S. 112.
6 Vgl. Volker Wahl (Hrsg.): Henry van de Velde in Weimar (Anm. 1), S. 19.
7 Vgl. Kokoelma Samling: Sigurd Frosterus. Helsinki 1992, S. 70.

die letzte Les Vingt-Ausstellung im Jahre 1893 mehrere Werke eingereicht. Es war Finch, der Frosterus auf den Belgier aufmerksam machte und ihn im September 1903 bei van de Velde in Weimar anmeldete.[8] Frosterus bewunderte van de Velde als führendes europäisches Talent auf dem Gebiet der Innenraumgestaltung.[9] Das tiefe Verständnis, das er dessen künstlerischen Ideen entgegenbrachte, spiegelte sich in den Briefen an seine Mutter wider.[10] Nie zuvor, schrieb er, habe er ein derartiges Maß an Harmonie verspürt, wie es zwischen ihm und van de Velde bestehe. Die Zusammenarbeit mit dem jungen Frosterus, der heute mit den führenden mitteleuropäischen Autoren Adolf Loos und Walter Benjamin verglichen wird,[11] bedeutete für van de Velde eine glückliche Zeit. Die Diskussionen mit dem engagierten Gegner des nationalromantischen Stils in Finnland gaben ihm Halt und Anregung.

Die im Folgenden vorgestellten Architekturentwürfe sind allesamt in enger Zusammenarbeit mit Frosterus entstanden. Aus verschiedenen Gründen konnten sie nicht realisiert werden. Die Gründe für die Ablehnung hatte van de Velde letztendlich nur insoweit zu verantworten, als er den Weimarer Verhältnissen und dem traditionellen Geschmack des Großherzogs voraus war. In den von Wilhelm Ernst eingesetzten Gremien fanden seine Denkansätze und Architekturmodelle keine Mehrheit.

Ein Restaurant im Webicht

Nach der Verlegung der großherzoglichen Fasanerie nach Ettersburg bei Weimar wurden die bis dahin für eine Silberfasanenzucht gesperrten Gehölze im Webicht, einem östlich von der Innenstadt gelegenem Waldgebiet, zur öffentlichen Nutzung freigegeben. Das Webicht wurde daraufhin von den Bewohnern Weimars und der benachbarten Ortschaften in so ausgiebiger Weise als Ausflugsort genutzt, dass der große Vorplatz der ehemaligen Fasanerie oft dicht besetzt war und die dem Fasanenjäger eingeräumte Befugnis, einfache Erfrischungen zu verkaufen, dem Ansturm nicht mehr gerecht werden konnte.[12]

---

8 Vgl. Henry van de Velde: Geschichte meines Lebens (Anm. 5), S. 258.
9 Vgl. Kimmo Sarje: Façades and Functions. Sigurd Frosterus as a Critic of Architecture. In: The Nordic Journal of Aesthetics 40/41 (2011), S. 129-147.
10 Vgl. Kimmo Sarje: Ein neuer Stil für ein neues Weimar. In: Jahrbuch für finnischdeutsche Literaturbeziehungen 30 (1998), S. 133-142.
11 An der Bauhaus-Universität Weimar wird auf Initiative von Lia Lindner (Augsburg) und Kimmo Sarje (Universität Helsinki) die Übersetzung früher Schriften von Frosterus über Architektur, Malerei, Literatur und Musik vorbereitet. Sie werden durch Gabriele Schrey-Vasara (Helsinki) erstmals ins Deutsche übersetzt.
12 Vgl. Ministerialdekret des Großherzoglichen Staatsministeriums an den Landtag, 2. März 1904. ThHStAW, Departement der Finanzen 777, Bl. 22 A-D.

Zu der Zeit, als van de Velde nach Weimar kam, wurde am Plan für »eine im Webicht zu errichtende Restauration« bereits gearbeitet, denn der Forstinspektor hatte im Sommer 1902 »den der Fasanerie gegenüberliegenden Grasgarten« als Bauplatz vorgeschlagen.[13] Da das Vorhaben nicht vorankam, mahnte der Geheime Staatsrat Johannes Hunnius zu Beginn des Jahres 1903 die Vorlage der »Akten zur Erbauung des Restaurants im Webicht« an.[14] Daraufhin wurde der für das Hofbauwesen zuständige Baurat Carl Reichenbecher beauftragt, »ein Skizzenprojekt« anzufertigen, für das konkrete Vorstellungen formuliert wurden: So sollten ein großer Gesellschaftssaal, einige Einzel- und Logierzimmer gastronomisch versorgt werden können sowie Veranden möglichst viele Sitzplätze bieten. Auch für die Gestaltung des Baus bestanden konkrete Vorstellungen, sollte doch »die Architektur des Gebäudes der schönen waldigen Umgebung angepasst werden«.[15] Im Juli 1903 legte Baurat Reichenbecher seinen Entwurf vor, der vom Auftraggeber zwar abgelehnt wurde, aber für die weitere Entwicklung des Projekts den Kostenrahmen festlegte.[16]

Gegen Ende des Jahres 1903 beschloss der Großherzog, dem Landtag ein Ministerialdekret »wegen der Erbauung und des Betriebes einer größeren Restauration im Webicht« vorlegen zu lassen. Zur Finanzierung des Baus dachte das Staatsministerium an den Verkauf von Waldparzellen.[17] Noch vor dem Jahreswechsel informierte Staatsminister Carl Rothe über das Angebot des großherzoglichen Hauses, das Webicht zur Errichtung eines Stadtparkes an die Stadt Weimar zu verkaufen.[18]

Nach dem Tod Reichenbechers[19] wurde Baurat Wilhelm Wittchen beauftragt, auf Grundlage der vorliegenden Skizzen den erforderlichen Entwurf mit »möglichster Beschleunigung« anzufertigen. Dazu hatte er sich mit Oberbaudirektor Ernst Kriesche, der den 1901 eingeweihten Bismarck-Turm auf dem Ettersberg entworfen hatte, in Verbindung zu setzen.[20] Nach vier Wochen

13 Brief der Großherzoglichen Forstinspektion an das Großherzogliche Staatsministerium, 3. März 1903. Ebenda, Bl. 3.
14 Aktennotiz Staatsrat Hunnius, 7. Januar 1903. Ebenda, Bl. 1.
15 Auftrag an Baurat Reichenbecher, Briefentwurf, 12. März 1903. Ebenda, Bl. 5.
16 Vgl. Kostenüberschlag, 16. Juni 1903. Ebenda, Bl. 8.
17 Protokollauszug, Staatsrat Hunnius, 30. Dezember 1903. Ebenda, Bl. 15 A-B.
18 Staatsrat Rothe, 27. Dezember 1903: »Seine Königliche Hoheit der Großherzog wünschen, daß in Betreff der Umwandlung des Webichts in einen Park bezüglich über den Verkauf des Webichts an die Stadt Weimar behufs Anlegung eines Stadtparkes Höchstihm bald Vortrag erstattet werde«. Ebenda, Bl. 14.
19 Anlässlich des ostthüringischen Ingenieur- und Architektentages am 23. Januar 1904 in Jena widmete der Vorsitzende Oberbaurat Kriesche »dem verstorbenen Mitglied Herrn Baurat Reichenbecher einen Nachruf«. In: Weimarische Landeszeitung Deutschland, 31. Januar 1904.
20 Brief des Finanzdepartments an Baurat Wittchen, 5. Januar 1904. ThHStAW, Departement der Finanzen 777, Bl. 18.

reichte Wittchen neue Pläne ein, deren Prüfung nicht zufriedenstellend ausfiel. Wilhelm Ernst ordnete deshalb an, dass »der Entwurf für das Wirtshausgebäude im Webicht durch den Professor van de Velde« zu überarbeiten sei. Zudem wurde Wittchen mitgeteilt, dass der Bauassistent Knaut, der bisher ihm zugeordnet gewesen sei, an van de Velde »abgeordnet« werde.[21]

Van de Velde stürzte sich Mitte Februar 1904 mit Elan in seine erste öffentliche Bauaufgabe für Weimar. Da das Ministerialdekret vorläufig ohne Zeichnungen eingereicht worden war, legte Staatsrat Hunnius die Fertigstellung des Entwurfs bis zum Ende des laufenden Monats fest.[22] Obwohl van de Velde und Frosterus[23] nur zehn Tage Zeit erhielten und es ihnen zudem von Beginn an »ganz unmöglich« erschien, »den Grundriss beizubehalten«,[24] wurde der Entwurf termingerecht eingereicht.[25] Van de Velde hatte sich nicht, wie gefordert, nur mit der Überarbeitung der Fassaden von Wittchen beschäftigt, sondern war »vollkommen von der Vorlage abgewichen«. Es sei ihm »unmöglich, Fassaden zu schaffen, die nicht durch die innere Einteilung der Räume, durch die Notwendigkeit ihrer Erleuchtung [sic!]« bestimmt seien. Ein richtiges Gebäude würde »von innen nach aussen und nicht von aussen nach innen concipiert«, beschrieb er seinen Entwurfsansatz, denn »die Fassaden und das Innere« seien »ein einziger Organismus«, und es sei nicht möglich, ihn nur zur Hälfte zu schaffen.[26]

Als problematisch sollte sich jedoch die zusätzliche Forderung van de Veldes erweisen, den Auftrag nur anzunehmen, wenn die Inneneinrichtung in demselben Stil wie das Gebäude ausgeführt würde. Das Restaurant sollte als »künstlerische Offenbarung« und als Gesamtkunstwerk gestaltet werden. Dazu wollte er den Neubau ausschließlich mit den besten Möbeln und Gebrauchsgegenständen ausstatten, die im Großherzogtum Sachsen-Weimar-Eisenach hergestellt wurden. Er sah sich zu dieser Forderung durch seinen Anstellungsvertrag nicht nur berechtigt, sondern sogar verpflichtet, würde doch erst durch eine derartige Ausstellung »ein Anziehungspunkt für Fremde«

---

21 Brief des Finanzdepartements an Baurat Wittchen, 23. Februar 1904. Ebenda, Bl. 24 C.
22 Staatsrat Hunnius an Henry van de Velde, 23. Februar 1904. Ebenda, Bl. 24 C-D.
23 Der Jenaer Philosoph und Literaturnobelpreisträger Rudolf Eucken (1846-1926) bestätigt die Anwesenheit von Frosterus in einem Brief vom 28. Februar 1904 an den finnischen Schriftsteller Johannes Wilhelm Öhquist (1861-1949), in dem er schrieb, dass im Atelier von van de Velde »ein finnländischer Architekt, Herr Frosterus, tätig« sei, mit dem er über herzustellende Artikel und Zeichnungen verhandelt habe. Information von Dr. Teppo Jokinen, 27. Mai 2007.
24 Henry van de Velde an Staatsrat Hunnius, 22. Februar 1904. ThHStAW, Departement der Finanzen 777, Bl. 24 B.
25 Die Perspektive des Restaurants wurde von van de Velde datiert: 18. bis 28. Februar 1904. ENSAV La Cambre, Brüssel, Fonds Henry van de Velde, Inv.-Nr. 1545.
26 Henry van de Velde an Staatsrat Hunnius, 1. März 1904. ThHStAW, Departement der Finanzen 777, Bl. 29-32.

Abb. 2
Henry van de Velde, Restaurant im Webicht, Weimar, Entwurf

geschaffen und »dem Publikum eine wirkliche und nützliche Belehrung zu teil«. So könne man in Weimar immerhin etwas von dem verwirklichen, was die Darmstädter Künstlerkolonie bereits versucht habe.[27]

In van de Veldes Entwurf wurde das Restaurantgebäude als axiale Anlage konzipiert. Ein großes Oberlicht über dem Treppenhaus und einer Halle im Obergeschoß gliederte den Hauptbau in zwei kurvig geschnittene Teilkörper, die lediglich durch ein Gesimsband in Kopfhöhe optisch zusammen gehalten wurden (Abb. 2). Im Grundriss konnte sich die Axialität indessen nicht durchsetzen, da der Küchenbereich – wie die Entwurfspläne vor Augen führen – unregelmäßig aus dem Baukörper herauswuchs. Die noch unsichere Suche nach der architektonischen Form war typisch für die frühe Weimarer Zeit van de Veldes. Das Resultat wirkt wie eine Collage, ohne dass sich ein innerer Zusammenhang offenbart (Abb. 3).[28]

Van de Veldes Entwurf wurde von Oberbaurat Kriesche geprüft. Dessen 22 »Bemerkungen« zu funktionalen und bautechnischen Problemen kamen einer

27 Ebenda, Bl. 31.
28 Vgl. Karl-Heinz Hüter: Henry van de Velde. Sein Werk bis zum Ende seiner Tätigkeit in Deutschland. Berlin 1967, S. 218-220.

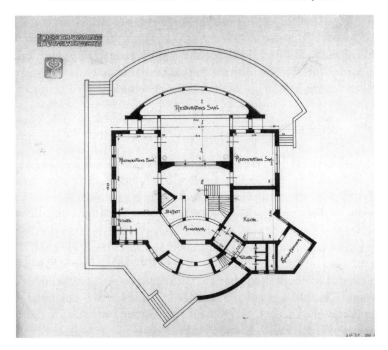

Abb. 3
Henry van de Velde, Restaurant im Webicht, Weimar, Grundriss Erdgeschoss

baurechtlichen Ablehnung des Entwurfs gleich.[29] Dennoch legte Hunnius die Pläne und ein Gipsmodell dem Großherzog vor. Dieser zeigte zwar großes Interesse, gleichwohl wurde van de Velde gebeten, die »gestellten Bedingungen fallen zu lassen«, weil eine Finanzierung der Einrichtung des Gebäudes durch den Landtag nicht genehmigungsfähig sei.[30] Da der Großherzog während einer Audienz seinen Wunsch wiederholte, dass van de Velde das Projekt ausführen solle, musste dieser seine Forderung »auf das kleinste Minimum« beschränken.[31] Hunnius blieb indessen bei seinen Bedenken, dass der Landtag keine Förderung für »Mobiliar« bewilligen werde. »Bei ihrer völligen Neuheit und Unvereinbarkeit mit den bisher geübten Grundsätzen« sei die Forderung van de Veldes nur geeignet, die Vorlage insgesamt zu gefährden.[32] Auch der Großherzog musste sich der Meinung seines Geheimen Rates anschließen. Letztlich wurden van de Veldes Pläne ohne Entwürfe für die Inneneinrichtung, aber zusammen mit den

29 Bemerkungen zu dem Entwurf für ein Restaurant im Webicht von Prof. van de Velde. Oberbaurat Kriesche. ThHStAW, Departement der Finanzen 777, Bl. 33-35.
30 Staatsrat Hunnius an Henry van de Velde, 2. März 1904. Ebenda, Bl. 36f.
31 Henry van de Velde an Staatsrat Hunnius, 6. März 1904. Ebenda, Bl. 39.
32 Staatsrat Hunnius an Henry van de Velde, 7. März 1904. Ebenda, Bl. 40.

Bemerkungen Kriesches, dem Landtag vorgelegt, der den Antrag erst an den Finanzausschuss überwies und Ende März 1904 ablehnte.[33] Van de Velde, der fest damit gerechnet hatte, dass sich der Großherzog herausgefordert fühlen und die Mittel für die Ausführung seines Entwurfes aus der Privatschatulle bereitstellen würde, erlebte in Weimar seine erste tiefe Enttäuschung.[34]

Das Dumont-Theater

Die Schauspielerin Louise Dumont, die um 1900 am Deutschen Theater Berlin unter Otto Brahm große Erfolge gefeiert hatte, beabsichtigte zu Beginn des Jahres 1904, gemeinsam mit ihrem späteren Ehemann, dem Regisseur Gustav Lindemann, in Weimar ein »Mustertheater für dramatische Vorstellungen« zu gründen. Dazu sollte nach einem Entwurf von van de Velde an der Belvederer Allee unmittelbar neben der Falkenburg ein Sommertheater errichtet werden.

Dumont und Lindemann, die sich in einem Kreis junger Schauspieler um Max Reinhardt kennengelernt hatten, verfolgten reformerische Ideen für das Theater und beschlossen, diese künstlerisch selbständig auf einer eigenen Bühne in Berlin umzusetzen. Harry Graf Kessler, der sich selbst in die Theaterreformbewegung der Zeit um 1900 einbringen wollte,[35] war seit Anfang Februar 1903 mit dem Plan der beiden für ein Schauspielhaus am Schiffbauerdamm in Berlin, kurz Dumont-Theater genannt, vertraut. Über private Kontakte[36] versuchte er, van de Velde den Bauauftrag zu vermitteln. Dieser folgte jedoch dem Werben Kesslers nur zögerlich, hoffte er doch seit seinem Dienstantritt in Weimar darauf, den Auftrag zum Neubau des Großherzoglichen Hoftheaters zu erhalten.[37] Nachdem das Berliner Projekt im April 1903 an Vorbehalten der Baupolizei gescheitert war, beschlossen Dumont und Lindemann, Berlin zu verlassen und »ein kleines, intimes Theater abseits der Reichshauptstadt«[38] zu gründen. Konkrete Absprachen für das Weimarer Theater-

---

33 Untertänigste Erklärungsschrift des getreuen Landtages die Errichtung eines Wirtschaftsgebäudes auf dem Grundstück der alten Fasanerie im Webicht bei Weimar betreffend. Gez. Freiherr von Rotenhan. Ebenda, Bl. 44.
34 Vgl. Henry van de Velde: Geschichte meines Lebens (Anm. 5), S. 260 f.
35 Vgl. Tamara Barzantny: Harry Graf Kessler und das Theater. Autor, Mäzen, Initiator. Köln, Weimar, Wien 2002, S. 94-109.
36 Am 24. Februar 1903 besuchte Kessler Hugo von Tschudi, den Direktor der Berliner Nationalgalerie, um ihn zu veranlassen, den Berliner Unternehmer und Kunstmäzen Eduard Arnhold als Fürsprecher für van de Velde als Architekten des Dumont-Theaters zu gewinnen. Vgl. Harry Graf Kessler. Das Tagebuch 1880-1937. Hrsg. von Roland S. Kamzelak und Ulrich Ott. Stuttgart 2004 ff. Bd. 3: 1897-1905. Hrsg. von Carina Schäfer und Gabriele Biedermann. Stuttgart 2004, S. 549.
37 Vgl. Christian Hecht: Streit um die richtige Moderne. Henry van de Velde, Max Littmann und der Neubau des Weimarer Hoftheaters. Weimar 2005.
38 Tamara Barzantny: Harry Graf Kessler und das Theater (Anm. 35), S. 100.

projekt fanden Ende November 1903 statt, als Dumont und die »Internationale Tournée Gustav Lindemann« im Weimarer Tivoli, einem Varieté-Theater am Brühl, gastierten. Van de Velde, der von seinem Assistenten Frosterus begleitet wurde, erklärte sich bereit, bis zum 1. Februar 1904 Pläne für einen Theaterbau vorzulegen.[39] Da es sich um einen Privatauftrag außerhalb seines Anstellungsvertrages mit dem Großherzog handelte, informierte er Oberhofmarschall Aimé von Palézieux-Falconnet, der das Projekt, »im Mittelpunkt des Reiches [...] ein Bayreuth für dramatische Literatur zu schaffen«,[40] anfangs unterstützte.

Der Plan eines Mustertheaters für klassische und moderne Stücke provozierte in Weimar rasch einen heftigen Widerstreit der Meinungen. Der Kreis um das Hoftheater und dessen Generalintendant Hippolyt von Vignau befürchteten, dass »Weimar in ein Dorado der modernen Kunst« verwandelt werde und seiner Tradition damit einen »unwürdigen Dienst« erweise.[41] Außerdem könne Weimar als Stadt kein zweites Theater tragen. Unterstützt wurden die Gegner des Projektes vom Verkehrs- und Verschönerungsverein unter dem Vorsitz des Hoffotografen Karl Schwier,[42] der in einer Resolution die Meinung vertrat, dass von »der Unternehmung Dumont-Lindemann-van de Velde [keine] ausreichende Gewähr für einen wahrhaft nationalen Spielplan und eine künstlerisch erstklassige Ausführung geboten« werde.[43] Wie auch später gegenüber dem Staatlichen Bauhaus wurde somit neben nationalistischen Gründen die Frage der Tradition Weimars gegen ein avantgardistisches Projekt ins Feld geführt.[44] Von der öffentlichen Kontroverse alarmiert, äußerte der Weimarer Oberbürgermeister Karl Papst in einem offenen Brief an van de Velde sein Unverständnis gegenüber der »feindlichen« Haltung des Verkehrs- und Verschönerungsvereins, der eigentlich angetreten sei, den »Fremdenverkehr nach Weimar« zu fördern. Er bat ihn »ergebenst«, sich durch dem »Vorhaben abholde Strömungen« nicht stören zu lassen.[45]

In einem Interview mit dem Chefredakteur der *Weimarischen Landeszeitung* verteidigte van de Velde das Theater-Projekt. Er hob den wirtschaftlichen Nut-

---

39 Vgl. Thomas Föhl: Henry van de Velde. Architekt und Designer des Jugendstils. Weimar 2010, S. 85-91.
40 Henry van de Velde an Aimé von Palézieux-Falconnet, 22. Dezember 1903. Zitiert nach Weimarische Zeitung, 20. Januar 1904.
41 Weimarische Zeitung, 7. Januar 1904.
42 Karl Wilhelm Gangolf Schwier war auch Mitglied des Ostthüringer Ingenieur- und Architektenvereins.
43 In der Versammlung am 30. Januar 1904 wurde nach der Ablehnung des Dumont-Theaters ein Entwurf des Architekten Rudolf Zapfe (1860-1934) befürwortet, der als Erweiterung des Hotels Russischer Hof einen Saalbau für mehr als 1.000 Zuschauer und eine Bühne für 500 Akteure vorgestellt hatte. Vgl. Weimarische Landeszeitung Deutschland, 31. Januar 1904.
44 Vgl. Karl-Heinz Hüter: Henry van de Velde (Anm. 28), S. 192-194.
45 Offener Brief des Oberbürgermeisters Pabst an van de Velde. In: Weimarische Landeszeitung Deutschland, 3. Februar 1904.

zen hervor, den der Tourismus und das Gewerbe der Klassikerstadt aus den zusätzlichen Besucherströmen ziehen würden, und schloss jede Konkurrenz zum Hoftheater aus, da die Aufführungen ausschließlich während dessen Sommerpause stattfinden sollten. Auch sah er »das Mustertheater« eher »in der Sinnesweise und dem Geist der Gründer« der künstlerischen Tradition Weimars verankert als gegen diese gerichtet.[46] Seiner Argumentation schloss sich der Gemeinderat an, der den »Plan zur Errichtung eines Festschauspielhauses«[47] einstimmig begrüßte und dies dem Hofmarschallamt mitteilte.

Im März 1904 verschärfte sich die Polemik gegen das Projekt um völkischkonservative und nationalistische Angriffe. Das Bemühen, »ein deutsches Nationaltheater zu errichten«, könne wohl kaum von einem ausländischen Maler, »und Herr van de Velde [sei] ganz ein Ausländer«,[48] verwirklicht werden. Auf Wunsch van de Veldes wurde ein Artikel veröffentlicht, der in der *Münchener Zeitung* erschienen war und sich gegen seine Person richtete. In dem aus Weimar lancierten Beitrag, als Autor vermutete er den Redakteur der konservativen *Weimarischen Zeitung* Max Geißler, wurde behauptet, dass »die jüdische Abstammung van de Veldes mittlerweile erwiesen sei« und deshalb davor gewarnt werden müsse, dass »in eine der Hochburgen des Deutschtums«, als solche gelte Weimar, durch ein »Unternehmen ausgesprochen fremden Geistes« eine Bresche geschlagen werde.[49] Auch Ernst von Wildenbruch zeigte sich von den sich durch van de Velde »bekundenden Anzeichen des neuen Geistes […] auf tiefste verstört und beunruhigt« und erklärte, dass man ihn »in absehbarer Zeit« in Weimar nicht mehr sehen werde.[50]

Die Angriffe richteten sich gegen die Person van de Velde, nicht jedoch gegen seinen Theaterentwurf. Dieser wurde erst am 1. April 1904, nachdem das Projekt zu Fall gebracht worden war, im Prellerhaus öffentlich vorgestellt. Da van de Velde seine Schwierigkeit kannte, Raum zu erfinden, nahm er das Prinzregententheater in München von Max Littmann und das Bayreuther Festspielhaus von Paul Otto Brückwald, das nach Vorgaben von Richard Wagner errichtet worden war, als Vorbilder für sein Projekt[51] und veränderte beide in

---

46 Paul Lorenz: Unterredung mit Herrn Professor van de Velde über die Frage eines zweiten Theaters in Weimar (30. Januar). In: Weimarische Landeszeitung Deutschland, 2. Februar 1904.
47 Akten des Gemeindevorstandes der Großherzoglichen Residenzstadt Weimar, betreffend die geplante Errichtung eines Festschauspielhauses in Weimar. Stadtarchiv Weimar, NA I-31a–140.
48 Neu-Weimar. In: Wartburgstimmen 2 (1904), S. 489-492. Vgl. auch Thomas Föhl: Henry van de Velde (Anm. 39), S. 89f.
49 Neues vom Weimarer Theaterbau. Münchener Zeitung, 3. März 1904. Zitiert nach Weimarische Landeszeitung Deutschland, 4. März 1904.
50 Berthold Litzmann: Ernst von Wildenbruch. 2 Bde. Berlin 1913-1916. Bd. 2: 1885-1909. Mit 10 Bildnissen und einer Handschriftenprobe. Berlin 1916, S. 304f.
51 Vgl. Paul Lorenz: Unterredung mit Herrn Professor van de Velde über die Frage eines zweiten Theaters in Weimar (Anm. 46).

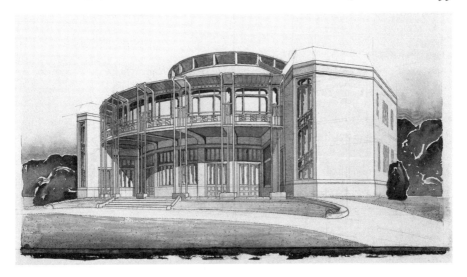

Abb. 4
Henry van de Velde, Dumont-Theater, Weimar, Entwurf

dem Maße, in dem sein eigenes Programm Form annahm. Auch sind Bezüge zu dem Belgier Victor Horta erkennbar, obwohl beide Landsmänner eine tiefe Abneigung für die Architektur des jeweils anderen empfanden.[52] Nicht zuletzt gingen auch Anregungen von Kessler in den Theaterentwurf van de Veldes ein. Kessler wollte in Weimar das weiterentwickelt sehen, was er in englischen Theatern angedeutet vorfand, und brachte daher van de Velde mit dem Theaterreformer Edward Gordon Craig zusammen. In zwei Briefen aus London beschrieb er zudem einen Zuschauerraum »englischen Stils« mit tiefliegendem Parkett und Rängen ohne Sichtbehinderung. Kessler erinnerte überdies daran, dass die Engländer den Weg gewiesen hätten, auch im modernen »Theaterbau die Schönheit der Stahlkonstruktion zu feiern«.[53]

Van de Velde konzipierte das Dumont-Theater als Sommertheater in leichter Bauweise. Zwei Treppenhäuser flankierten den Eingang in Form von Pylonen, zwischen denen sich im oberen Stockwerk das Foyer als graziöse Eisenkonstruktion spannt (Abb. 4).[54] Der Entwurf sah einen Zuschauerraum für etwa 500 Personen in der idealen Form eines antiken Theaters vor, dessen halbkreis-

---

52 So wird das Haus Bloemenwerf heute auch als Gegenentwurf zur Architektur von Horta gewertet. Vgl. Geert Bekaert: Right in the middle (Anm. 3).
53 Harry Graf Kessler an Henry van de Velde, London, 11. Februar 1903. Zitiert nach Tamara Barzantny: Harry Graf Kessler und das Theater (Anm. 35), S. 96. Vgl. auch den Beitrag von Ursula Muscheler in diesem Band.
54 Vgl. Karl Ernst Osthaus: Van de Velde. Leben und Schaffen des Künstlers. Hagen 1920, S. 42.

Abb. 5
Henry van de Velde im Theater von Syrakus, 1903

förmig aufsteigende Sitzreihen durch einen Logenkranz mit zwei Fürstenlogen belebt werden sollten (Abb. 5). In mehreren Varianten verlor van de Velde niemals seine Leitidee, »die Grenzen zwischen Schauspielern und Zuschauern abzubauen«,[55] aus den Augen. Erstmals seit den Entwürfen von Charles Nicolas Cochin[56] setzte er deshalb die Idee der dreigeteilten Bühne um. Diese Lösung ermöglicht schnelle Szenenwechsel und schafft im Proszeniumsbereich eine große Vorbühne für ein Spielen vor dem geschlossenen Vorhang (Abb. 6).[57]

Nachdem die Forderung, für das Theatergebäude in Weimar ein kostenloses Grundstück zu erhalten, nicht erfüllt worden war, bot die Stadt Düsseldorf

---

55 Maurice Culot: Die Entwicklung einer Idee. In: Henry van de Velde. Theaterentwürfe 1904-1914. Ausstellungskatalog, Belgisches Haus, Köln u. a. Köln 1977, [o. S.].
56 Cochin besichtigte zwischen 1748 und 1751 auf einer ausgedehnten Italienreise das Teatro Olympico in Vicenza. Danach entwarf er ein Theater mit drei Bühnenöffnungen, das 1768 veröffentlicht wurde, vgl. Werner Gabler: Der Zuschauerraum des Theaters. Leipzig 1935, S. 80.
57 Vgl. Karl-Heinz Hüter: Henry van de Velde als Künstler und Erzieher (Anm. 2), S. 211.

Abb. 6
Henry van de Velde, Werkbundtheater, Köln,
Bühnendekoration zu Faust I, 1914

Dumont und Lindemann Baugrund für ein Theater an. Neben dem bereits bestehenden Stadttheater konnten beide noch 1904 in der Rheinmetropole den Grundstein für ein Schauspielhaus legen, das nach weniger als einem Jahr den Spielbetrieb aufnahm. In Weimar wirkte noch Ende 1906 das Scheitern des Dumont-Projektes nach. Hugo von Hofmannsthal riet dringend davon ab, sich »irgendwie für das *künstlerische* Gelingen« des Plans von Max Reinhardt zu engagieren, der nun seinerseits in Weimar ein Festspielhaus errichten wollte. Das Projekt könne nur als weiterer Versuch betrachtet werden, »Vandevelde einmal einen monumentalen Auftrag zu verschaffen«.[58] Nach weiteren Enttäuschungen erhielt van de Velde seinen ersten Auftrag für einen Theaterbau schließlich 1914 in Köln anlässlich der ersten Werkbundausstellung. Das dort errichtete, allerdings schon unmittelbar nach dem Ersten Weltkrieg wieder abgerissene Werkbundtheater stellt einen Höhepunkt in van de Veldes architektonischem Schaffen dar.[59] Als vollkommenes Beispiel der plastischen Organisation eines Baukörpers zählt es heute zu den Schlüsselwerken der Moderne.[60]

58 Harry Graf Kessler. Das Tagebuch (Anm. 36). Bd. 4: 1906-1914. Hrsg. von Jörg Schuster. Stuttgart 2005, S. 194 (Eintrag vom 31. Oktober 1906).
59 Vgl. Ulrich Schulze: Formen für Reformen. Henry van de Veldes Theaterarchitektur. In: Klaus-Jürgen Sembach, Birgit Schulte (Hrsg.): Henry van de Velde. Ein europäischer Künstler seiner Zeit. Ausstellungskatalog, Karl-Ernst-Osthaus-Museum, Hagen u.a. Köln 1992, S. 341-357.
60 Vgl. Kenneth Frampton: Modern Architecture 1851-1945. New York 1983, S. 191.

Das Kunstgewerbemuseum

Ende März 1903 wurde die seit 1880 bestehende Ständige Ausstellung für Kunst und Kunstgewerbe in das Eigentum des Großherzoglichen Staatsfiskus überführt und als Museum für Kunst und Kunstgewerbe der Verwaltung eines vom Großherzog ernannten Kuratoriums unterstellt. Den Ansprüchen von Harry Graf Kessler, der zum Vorsitzenden bestellt worden war, konnte die überwiegend zufällig zusammengetragene Sammlung in den beengten Räumlichkeiten am Karlsplatz nicht genügen. Parallel zu einem neuen inhaltlichen Konzept entwickelte er früh den Gedanken, das Museum um das angrenzende Gebäude in der Bürgerschulstraße 2 (heute Karl-Liebknecht-Straße) zu erweitern.[61] Den Auftrag für den Umbau erteilte das Kuratorium an van de Velde.

Im Ausstellungs- und Museumsbau besaß van de Velde einschlägige Erfahrungen. Nach der Kolonialausstellung in Tervuren 1897 und der Münchener Secessions-Ausstellung 1899 hatte ihm das Folkwang-Museum in Hagen eine weitere Möglichkeit geboten, die Prinzipien seines Neuen Stil an der Gestaltung eines bedeutenden öffentlichen Gebäudes zu entfalten. Der Bauherr und Museumsgründer Karl Ernst Osthaus hatte ihn im Jahre 1900, als der Rohbau bereits fertiggestellt war, mit dem Innenausbau beauftragt. Van de Velde nahm den Vorschlag nur zögerlich an, da ihm der Rohbau kaum Möglichkeiten bot, sich seinem Ideal eines Museums zu nähern.[62] Auch Osthaus räumte später ein, dass »der Folkwang [...] keine Schöpfung nach van de Veldes Ideal«[63] gewesen sei. Dennoch wurde es nach der »langen Epoche schrecklicher Stillosigkeit« als erstes Werk gewürdigt, »das sich nicht mit abgebrauchten Kunstmitteln begnügte«.[64] Van de Velde selbst glaubte mit der Einrichtung des Museums, an der er 16 Monate gearbeitet hatte, seinen »Doktor gemacht« zu haben.[65]

Im Mai 1904 schickte Kessler auf Verlangen des Großherzogs die Grundrisse für einen Neubau des Weimarer Kunstgewerbemuseums nach Schloss Heinrichau. Ein Gipsmodell, aus dem »das Äußere des geplanten Baus« ersichtlich wurde, blieb wegen seines Gewichts in Weimar. Kessler begründete den Neubau mit der erweiterten Aufgabenstellung des Museums. Neben der Sammlung und Ausstellung »vom Besten und Lehrreich[st]en« der Vergangenheit sollte den »Weimarischen Künstlern und Kunstgewerbetreibenden« eine dauerhafte »Verkaufsgelegenheit« geboten werden. Über die lokale Bedeutung des Muse-

---

61 Vgl. Anfrage von Kessler am 25. April 1903. ThHStAW, Departement des Kultus 312, Blatt 19.
62 Vgl. Henry van de Velde: Das Museum »Folkwang« in Hagen. In: Innendekoration 13 (1902), S. 249-268, 273-277.
63 Hagener Zeitung, 17. März 1903. Zitiert nach Birgit Schulte (Hrsg.): Henry van de Velde in Hagen. Hagen [1992], S. 85.
64 Kurt Freyer: Das Folkwang-Museum zu Hagen. In: Museumskunde 8 (1912), H. 3, S. 134.
65 Henry van de Velde: Das Museum »Folkwang« (Anm. 62), S. 254.

ums hinaus beabsichtige er, »Weimar zum Kunstmarkt für ganz Mitteldeutschland zu erheben«.[66] Als Initialzündung sollte bereits die für das folgende Jahr angekündigte Jahresausstellung des Deutschen Künstlerbundes im neuen Museumsbau veranstaltet werden.

Vom ersten Entwurf van de Veldes sind keine Pläne überliefert. Beschreibungen zufolge organisierte er das Gebäude in zwei Teilen. Das eigentliche Museum bestand aus drei separat nutzbaren Oberlichtsälen und einem großen Skulpturensaal, der auch als Konzertsaal dienen konnte. Der andere Gebäudeteil, der durch »Vermietung die Baukosten verzinsen« sollte, umfasste mehrere Wohnungen und Geschäfte sowie ein großes Café an der Ecke der Bürgerschulstraße und des Karlsplatzes. Für die »glänzende Zukunft des Museums« konnte Kessler zudem ein Angebot von Alfred Walter Heymel, dem Besitzer des Insel-Verlags in Leipzig, unterbreiten. Heymel bat den Großherzog um die Genehmigung, eine preiswerte Buchreihe deutscher Klassiker auf Dünndruckpapier und in vornehmer Ausstattung »Großherzog Wilhelm Ernst Ausgabe« nennen zu dürfen.[67] Als Gegenleistung wollte Heymel dem Großherzog den gesamten Netto-Gewinn zur Förderung der modernen Kunst in Weimar zur Verfügung stellen, wobei er besonderen Wert auf die Einrichtung eines Ankaufsfonds für das Museum für Kunst und Kunstgewerbe legte.[68] Dennoch wurde Kessler früh mitgeteilt, dass das »sonst gefällige Projekt [...] in der vorliegenden Gestalt nicht durchführbar« sei.[69]

Gegenüber dem Kuratorium des Museums begründete Staatsminister Rothe die Ablehnung mit »Bedenken gegen die projektierten Privatwohnungen, Läden und das Café«, da die von dort »ausgehende Diebes- und Feuergefahr das Staatseigentum gefährden« würde. Rothe, der den Gewinn an Ausstellungsflächen gegenüber dem Vorgängerbau als zu gering einschätzte, sprach sich »für ein reines Museumsgebäude mit vielleicht einem Künstlerladen« aus. Zudem bemängelte er die Ausarbeitung der Grundrisse als unzureichend. Tatsächlich lagen Baurat Hans Krielke nur zwei Pläne zur Prüfung vor. Rothe forderte deshalb einen detailgetreuen Nachweis des bisherigen Raumprogramms, das er zudem um den Wunsch des Großherzogs erweiterte, im Neubau einen »Ehrensaal« und ein zu gründendes »Hausmuseum« für Kunstgegenstände, Skulpturen, Bilder, Porzellan und Möbel von historischer Bedeutung

---

66 Harry Graf Kessler an Großherzog Wilhelm Ernst, 10. Mai 1904. ThHStAW, Departement des Kultus 312, Bl. 1-4.
67 Vgl. Jörg Meier: Das moderne Buch. Harry Graf Kesslers Ästhetik der Lebenskunst im Spiegel der Großherzog Wilhelm Ernst Ausgabe deutscher Klassiker. Diss. Mainz 2008.
68 Vgl. Harry Graf Kessler an Großherzog Wilhelm Ernst, 10. Mai 1904. ThHStAW, Departement des Kultus 312, Bl. 5.
69 Brief des Departements des Kultus an das Großherzogliche Museum für Kunst, 10. Juni 1904. Ebenda, Bl. 17.

aus den Beständen der großherzoglichen Schlösser und Bibliotheken unterzubringen. Van de Velde, befragt, ob er bis Weihnachten geänderte Pläne »auszuarbeiten im Stande sein werde«, nahm den erweiterten Auftrag an.[70] Erst im Mai 1905 lieferte Kessler die von Hermann Freiherr von Egloffstein, dem Sekretär des Großherzogs, mehrfach angemahnte »überarbeitete Aufstellung der Flächenberechnungen« für den Museumsneubau, in der die Wünsche des Großherzogs Berücksichtigung gefunden hatten. Die Verzögerung wird verständlich, wenn man bedenkt, dass van de Velde gleichzeitig mit dem Kunstgewerbemuseum die Neubauten der Kunstschule und der Kunstgewerbeschule plante.[71] Kessler nutze die überarbeitete Vorlage für das Kunstgewerbemuseum, um die Prioritäten seines nochmals erweiterten Museumskonzepts zu verdeutlichen. Während er die neue, durch das Angebot Heymels finanzierbare »Abteilung moderner Bilder und kunstgewerblicher Gegenstände, die [...] das 19. und 20. Jahrhundert zur Anschauung« bringen solle, mit reichlich bemessenen Ausstellungsflächen versah, ordnete er das geplante Hausmuseum des großherzoglichen Hauses der »älteren Sammlung« zu, da es mit deren Charakter »naturgemäß verwandt sein« müsse. Zudem bat er für das gesamte Museumsprojekt, nun »auch der Frage der Beschaffung der Mittel näherzutreten«, denn es sei ja beabsichtigt, die nächstjährige Ausstellung des Deutschen Künstlerbundes schon im neuen Gebäude zu eröffnen. Bei einem Baubeginn noch vor August, das habe sich beim Bau des Ausstellungshauses für den Künstlerbund in Berlin gezeigt, könne ein solches Gebäude sehr wohl in der noch zur Verfügung stehenden Zeit errichtet werden.[72]

Nachdem van de Velde das geänderte Projekt im Juli 1905 mit Staatsminister Rothe besprochen hatte, reichte das Kuratorium den Entwurf zur Genehmigung ein. Van de Velde hatte den dreigeschossigen Neubau nahezu symmetrisch um den Oberlichtsaal gelegt, in dem sich Mitte Dezember 1903 auf Initiative von Kessler der Deutsche Künstlerbund konstituiert hatte. Vor dessen venezianischer Palastfassade ordnete er als repräsentative Erweiterung der Eingangshalle einen Innenhof an. Im Erdgeschoss sollten sich die Räume für permanente und wechselnde Ausstellungen, in den Obergeschossen die Museen befinden. Die monumental und geschlossen wirkende Hauptfassade war repräsentativ zum Karlsplatz gerichtet (Abb. 7). Sie wurde durch einen flach gespannten Bogen zwischen zwei fensterlosen Eckrisaliten markant zentriert. Ähnlich wie an der Kunstschule gliederten starke Wandpfeiler, die

---

70 Protokoll der 6. Sitzung des Kuratoriums am 22. Juni 1904. Ebenda, Bl. 24f.
71 Vgl. Norbert Korrek: Die Großherzoglich-Sächsische Kunstschule zu Weimar. Zur Planungs- und Baugeschichte. In: Heidemarie Schirmer (Hrsg.): Die Belebung des Stoffes durch die Form. Van de Veldes Kunstschulbau in Weimar. Weimar 2002, S. 67-96.
72 Harry Graf Kessler an das Staatsministerium, 14. Mai 1905. ThHStAW, Departement des Kultus 312, Bl. 33-36.

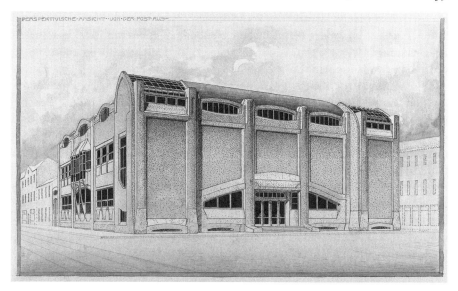

Abb. 7
Henry van de Velde, Museum für Kunst und Kunstgewerbe am Karlsplatz,
Weimar, Entwurf

»vegetabil«[73] aus dem Boden wuchsen und über der Trauflinie in reduziert ornamentalen Formen endeten, die Fassade. Demgegenüber wirkten die Fassaden zur Bürgerschulstraße und zum Rollplatz, hinter denen sich die Ausstellungsräume befinden sollten, offen und einladend. Interessant sind auch hier die formalen Analogien zum zeitgleichen Kunstschulbau. So finden die seitlichen Treppenhausfenster, ihrer funktionellen Bestimmung folgend, die gleiche asymmetrische Ausformung wie die auf der Hofseite des Kunstschulgebäudes. Auch wiederholte van de Velde im Eingangsbereich die gleiche »einsaugende Trichterform«.[74]

Einen Monat nach Antragstellung teilte Palézieux-Falconnet mit, dass sich das Hofmarschallamt aus finanziellen Gründen nicht in der Lage sehe, das Projekt zu befürworten. Wilhelm Ernst wolle dem »Museumsneubau nicht nähertreten, bevor der Bau und die Einrichtung der Schule für Handwerkskunst zum Abschluss gelangt« sei. Inzwischen ordnete er »eine weitere Erörterung des Bauprogramms« an, um »die Aufstellung von Kunstwerken aus Großherzoglichem Besitz«[75] zu verbessern. Aus finanziellen Gründen zu-

---

73 Karl-Heinz Hüter: Henry van de Velde als Künstler und Erzieher (Anm. 2), S. 190.
74 Ebenda.
75 Brief des Staatsministeriums an das Hofmarschallamt, 28. August 1905. ThHStAW, Departement des Kultus 312, Bl. 43.

nächst zurückgestellt, wurde das Projekt nach dem Weggang Kesslers gänzlich fallen gelassen. Nicht nur dem Museumsneubau, allen international beachteten Bestrebungen, Weimar als Veranstaltungsort bedeutender Ausstellungen zu profilieren, war nunmehr die treibende Kraft genommen.

Das Museum für Kunst und Kunstgewerbe gab auch in den Folgejahren »wegen seiner Baufälligkeit und Feuergefährlichkeit zu den größten Besorgnissen Anlaß«.[76] So plädierte bereits Karl Koetschau für einen Neubau und schlug »den Platz vor, den die Erholung einnahm [...] unter Einbeziehung des Kasseturms«.[77] Aber erst Edwin Redslob, gebürtiger Weimarer und seit 1912 Direktor des Städtischen Museums Erfurt, interessierte sich wieder für die Museumspläne.[78] Durch ihn erhielt van de Velde im Herbst 1913 den Auftrag für ein städtisches Kunstmuseum im Erfurter Stadtgarten. Im Juli 1914 wollte der Erfurter Stadtrat den Bau beschließen. Die Sitzung wurde auf August verschoben. Da brach der Erste Weltkrieg aus, und van de Veldes bis dahin größtes Museumsprojekt blieb für immer liegen.

Verschenkte Chance?

Seit der Weimarer Zeit nahm die Architektur im Schaffen van de Veldes einen festen und zunehmend international beachteten Platz ein. Trotz der »Pedanterie und [...] Gehässigkeit«,[79] die ständig sein Werk bedrohten, stehen schon für die Jahre 1902 bis 1917 mehr als zwanzig ausgeführte Bauten zu Buche, wobei es sich nur in Ausnahmefällen um öffentliche Gebäude handelte. In Weimar hatte er »über die suchende Unruhe hinaus einen klaren edlen Stil gefunden«.[80] Die bereits von Zeitgenossen diskutierte Frage nach dem wirklich »Großen«,[81] das mit den drei Projekten hätte verwirklicht werden können, muss unbeantwortet bleiben. So waren es andere Signale, die von Weimar ausgingen und van de Veldes Bedeutung für die Architektur des 20. Jahrhunderts begründeten.[82]

---

76 Denkschrift über Zustand, Ordnung u.s.w. des Museums am Karlsplatz. ThHStAW, Departement des Kultus 313, Bl. 33-43. Der Autor war vermutlich der Kunsthistoriker Hans von der Gabelentz, der 1911 zum Direktor der Weimarer Museen ernannt worden war.
77 Karl Koetschau an das Departement des Kultus, 16. Februar 1909. Ebenda, Bl. 5.
78 Vgl. Anfrage der Stadt Erfurt an das Kultusministerium. ThHStAW, Departement des Kultus 312, Bl. 48.
79 Henry van de Velde an Karl Koetschau, 20. März 1907. Zitiert nach Karl-Heinz Hüter: Henry van de Velde als Künstler und Erzieher (Anm. 2), S. 196.
80 Kurt Freyer: Das Folkwang-Museum zu Hagen (Anm. 64). S. 136.
81 Ebenda.
82 Vgl. Karl Schawelka: Aufstieg in den Architektenolymp. Der Weg Henry van de Veldes zur Architektur. In: Heidemarie Schirmer (Hrsg.): Van de Veldes Kunstgewerbeschule in Weimar. Geschichte und Instandsetzung. Weimar 2011, S. 10-31. Vgl. auch den Beitrag von Carsten Ruhl in diesem Band.

Im Jahre 1904 rebellierte Frosterus gegen den Traditionalismus in seinem eigenen Land: »Wir wollten Dilettantismus, mit seinen starken Impulsen und seinem lodernden Enthusiasmus, wir wollten Dilettantismus als Kontrast zur Routine«.[83] Es mag sein, dass van de Velde zu solch avantgardistischem Pathos nicht fähig war. Erst Gropius wird im Mai 1919 im Oberlichtsaal am Karlsplatz mit der Ausstellung »Entwürfe und Träume unbekannter Architekten« daran anknüpfen.[84] Aber Barrieren aus ästhetischen Normen und konventionellen Zwängen wollte schon van de Velde niederreißen. Den Gegnern des belgischen Künstlers, die ihn als »revolutionär, radikal und exzentrisch« brandmarkten, hielt Frosterus entgegen, dass van de Velde nichts anderes tue, als die Erfahrungen, die aus den unterschiedlichsten Bereichen des menschlichen Wissens gewonnen worden seien, »auf die Architektur, die rückständigste unter den bildenden Künsten, zu übertragen«.[85]

Scheffler rügte 1911 den Umgang mit van de Velde in der Residenzstadt. Zwar räumte auch er ein, dass »in der Profanbaukunst« viele Architekten van de Velde fachlich übertreffen würden. Dennoch sei es falsch gewesen, den Neubau des Hoftheaters 1907 einem »tüchtigen[,] aber schließlich akademisch schematisch arbeitenden Spezialisten« aus München zu übertragen. Es sei überhaupt falsch gewesen, jeden großen Auftrag von van de Velde fernzuhalten und ihn so zu einer »beschäftigten Arbeitslosigkeit« zu zwingen. Auch mit dem Großherzog rechnete Scheffler hart ab. Dieser sei mit der Berufung van de Veldes »in eine Stadt wie Weimar« auch Verpflichtungen eingegangen, die nicht im Vertrag stünden. »Nicht einen Großherzog Wilhelm Ernst« hätte dieser Künstler gebraucht, »sondern einen Mäcen [sic!] vom Wuchse der Medici«.[86]

---

83 Sigurd Frosterus, Gustaf Strengell: Architecture. A Challenge (1904). Zitiert nach Kimmo Sarje: Sigurd Frosterus. From Progressive to Critic of Technology. In: Thesis. Wissenschaftliche Zeitschrift der Bauhaus-Universität Weimar 43 (1997), H. 1, S. 185-189.
84 Vgl. Klaus-Jürgen Winkler: Das Staatliche Bauhaus und die Negation der klassischen Tradition in der Baukunst. Die Architekturausstellungen in Weimar – 1919, 1922, 1923. In: Hellmut Th. Seemann, Thorsten Valk (Hrsg.): Klassik und Avantgarde. Das Bauhaus in Weimar 1919-1925. Göttingen 2009, S. 261-284.
85 Sigurd Frosterus: Henry van de Velde. Tänkaren och teoretikern. In: Euterpe 4 (1905), H. 7/8, S. 61-71.
86 Karl Scheffler: Henry van de Velde und der neue Stil. In: Kunst und Künstler 9 (1911), S. 119-133.

Ursula Muscheler

Expressive Heiterkeit und pathetische Schönheit
Henry van de Velde, Harry Graf Kessler und die Welt des Theaters

I.

Als Henry van de Velde und Harry Graf Kessler 1902 ihre Tätigkeit in Weimar aufnahmen, waren sie fest entschlossen, aus der Stadt Goethes und Liszts erneut einen Ort fortschrittlicher Kultur zu machen.[1] Ihre Ziele waren weit gesteckt. Sie wollten etwas Neues schaffen, eine neue Kultur, vor allem aber eine neue Kunst, die das Leben, auch das alltägliche, durchdringen und ihm Heiterkeit und Schönheit verleihen sollte. Grundlage dieses Neuen Weimar sollten Nietzsches Schriften, die neoimpressionistische Malerei und die kunstgewerblichen Gestaltungen van de Veldes sein. Doch bald rückte auch das Theater in den Fokus der Freunde.

Auf Anregung der Großherzoginmutter Sophie trug sich Kessler mit dem Plan, das einst von Goethe ins Leben gerufene Naturtheater im Park von Belvedere wiederzubeleben.[2] Das Vorhaben gewann Kontur, als Kessler im Sommer 1903 die Freilichtinszenierungen im Botanischen Garten von London sah. Die Vorstellung, in Weimar nach Londoner Vorbild die Naturszenerie durch Beleuchtung ferner Baumgruppen und Wasserflächen feenhaft zu gestalten, faszinierte ihn. Auf der Bühne des Weimarer Naturtheaters wollte er vor grüner Kulisse durch Dilettanten der Hofgesellschaft kleine Stücke aufführen lassen. Deren Schöpfer sollte Hugo von Hofmannsthal sein, den Kessler im Mai 1898 in Berlin kennengelernt hatte. Hofmannsthal war geschmeichelt und keineswegs abgeneigt, hoffte er doch, Intendant des Großherzoglichen Hoftheaters zu werden, was Kessler ihm auch tatsächlich in Aussicht stellte, obwohl der Posten mit Hippolyte von Vignau fest besetzt war.[3] Als Hofmannsthal im August 1903 nach Weimar kam und das Naturtheater im Park von Belvedere besichtigte, war er enttäuscht: Dem Ort fehle jeder natürliche Charme. Zwar wolle er, so teilte er Kessler mit, durchaus eine Pastorale schreiben, eine Art

---

[1] Vgl. Harry Graf Kessler an Hugo von Hofmannsthal, 9. April 1903. In: Hugo von Hofmannsthal – Harry Graf Kessler. Briefwechsel 1898-1929. Hrsg. von Hilde Burger. Frankfurt a.M. 1968, S. 44 f., hier S. 44.

[2] Vgl. Harry Graf Kessler an Hugo von Hofmannsthal, 28. Februar 1903. In: Ebenda, S. 43.

[3] Vgl. Harry Graf Kessler. Das Tagebuch 1880-1937. Hrsg. von Roland S. Kamzelak und Ulrich Ott. Stuttgart 2004 ff. Bd. 3: 1897-1905. Hrsg. von Carina Schäfer und Gabriele Biedermann. Stuttgart 2004, S. 592 (Eintrag vom 26. August 1903).

Schäferspiel für den Sommer, mit Sonnenuntergang, Mondlicht, Fackeln und Musik, um damit eine ganz entzückende Stunde zu verbringen, doch müsse dringend eine andere Stelle gefunden werden. Außerdem könne er sich ein Stück wie den *Tod des Tizian* auf einer Laienbühne, wie Kessler sie vorschlage, nicht so recht vorstellen. Die Aufführung eines solchen Stückes sei nur denkbar, wenn »ein Regisseur von dämonischer Überlegenheit gerade aus der schauspielerischen Nullität, aus der Abwesenheit jeder Verwandlungsfähigkeit einen Vortheil zöge«.[4]

Ein neuer reizvoller Ort wurde bald entdeckt: »ein enges, langes Wiesenthal mit üppiger Vegetation und den«, wie Kessler fand, »fabelhaftesten Pinien außerhalb Italiens. [...] Auch ist ein kleines Wassergerinsel mit einer Brücke darin. Und die ansteigenden Thalwände, die dichte Vegetation ringsherum, geben ein Gefühl von Intimität, daß die Welt tausend Meilen entrückt scheint«.[5] Ein Regisseur von dämonischer Überlegenheit schien ebenfalls gefunden, als Kessler in London Henrik Ibsens Wikinger-Drama *Die Helden auf Helgeland* sah. Die atmosphärische Dichte der Aufführung, von Edward Gordon Craig kunstvoll ins Werk gesetzt, beeindruckte ihn sehr. Craig habe, notierte Kessler in sein Tagebuch, das Rampenlicht ganz und die Bühnendekoration nahezu vollständig abgeschafft. Er benutze nur etwas Oberlicht und wenige Requisiten. Die Bühne sei ringsum mit Tüchern drapiert, die hinter wechselnden Beleuchtungseffekten und farbigen Lichtschleiern fast unsichtbar blieben. »Diese Grundideen scheinen mir sehr wertvoll und der Eindruck ist jedenfalls viel stärker als bei den üblichen Papiermaché Dekorationen; weil die Phantasie freies Feld hat und die Aufmerksamkeit konzentriert wird«.[6]

Kessler lernte Craig im September 1903 im Londoner Café Royal persönlich kennen und war von seiner Ausstrahlung fasziniert. Er sei »ganz und gar Bohémien, ausser in seinen Manieren, die die eines gentleman sind«.[7] Unverzüglich schlug er Craig vor, ein von Hofmannsthal eigens verfasstes Stück im Naturtheater des Weimarer Schlossparks Belvedere zu inszenieren. Doch Craig zeigte sich von der Idee wenig angetan: Das Spiel in freier Natur schätze er nicht, es erinnere ihn an jenen Hund auf der Bühne, der Goethe seinerzeit dazu bewogen habe, von der Leitung des Weimarer Theaters zurückzutreten. Für eine perfekte Inszenierung, die das Theater als Kunstform nun einmal verlange, eigne sich das Spiel im Freien nicht. Nie könne man sich der Wirkungen ganz sicher sein.[8]

---

4 Hugo von Hofmannsthal an Harry Graf Kessler, 5. Juni 1903. In: Hugo von Hofmannsthal – Harry Graf Kessler. Briefwechsel (Anm. 1), S. 46 f., hier S. 46.
5 Harry Graf Kessler an Hugo von Hofmannsthal, 8. September 1903. In: Ebenda, S. 53 f., hier S. 54.
6 Harry Graf Kessler. Das Tagebuch (Anm. 3). Bd. 3, S. 557 (Eintrag vom 17. April 1903).
7 Ebenda, S. 607 (Eintrag vom 29. September 1903).
8 Vgl. ebenda, S. 608.

Abb. 1
Edward Gordon Craig, Nr. 15 aus der Graphikfolge »Scene«, 1907

Im Mai 1904 geriet Kesslers Plan einer Wiederbelebung des Weimarer Naturtheaters ins Stocken. Craigs hohe Honorarforderungen, seine künstlerische Kompromisslosigkeit sowie der Tod der Großherzoginmutter, die das Projekt befördert hatte, verhinderten eine baldige Umsetzung. Um Craig weiter im Gespräch zu halten, stellte Kessler noch im gleichen Monat dessen Bühnenentwürfe im Rahmen einer Ausstellung junger englischer Kunst aus und führte den britischen Theatermann, als er einmal vor Ort weilte, in den Kreis der Getreuen des Neuen Weimar ein. Er zeigte ihm das Naturtheater in Belvedere und schlug vor, als Craig eine neue Art Bühnenhimmel probieren wollte, das Experiment in Weimar gemeinsam mit van de Velde durchzuführen. Noch im selben Jahr wurden auf Vermittlung Kesslers Craigs szenische Entwürfe, Skizzen und Holzschnitte in einer Berliner Galerie gezeigt, wo sie so großes Aufsehen erregten, dass weitere Ausstellungen in anderen deutschen Städten folgten.

Craigs Entwürfe waren radikal neu. Er reduzierte die Bühnenrequisiten auf wenige Gegenstände, überhöhte die Dimensionen des Raums etwa durch eine hoch aufragende Toröffnung und stellte nur Ausschnitte größerer Räume wie Arkaden oder Säulenhallen dar (Abb. 1). Seine Bühnenbilder bestanden mitunter nur aus Vorhängen im Hintergrund, einem einsamen Requisit und vielleicht noch einem Sonnenstrahl, der aus einem unsichtbaren Fenster auf die Bühne fiel (Abb. 2).[9] Craig war sich seines künstlerischen Wertes durchaus bewusst und pflegte seine Mitarbeit an Aufführungen an die Bedingung zu knüpfen, auf der Bühne die alleinige Herrschaft zu haben. Isadora Duncan, die eine Zeitlang mit Craig liiert war, erzählt in ihren Memoiren sehr anschaulich von Craigs Anspruch: Im Frühjahr 1905 sei Craig der berühmten Eleonora Duse vorgestellt worden. Sie habe ihn gebeten, nach Florenz zu kommen und einige Szenen aus Ibsens *Rosmersholm* zu inszenieren. Die erste Szene sollte nach Ibsens Regieanweisung in einem geräumigen, in altväterlichem Stil eingerichteten Wohnzimmer spielen. Craig jedoch schwebte ein großer ägyptischer Tempel vor mit sehr hoher Decke und einem riesigen Fenster, durch das man eine Allee alter, auf das Wohnhaus hinführender Bäume erblicken sollte. »Nach dem Entwurf Craigs hatte man durch diese ungeheure Öffnung die Aussicht auf eine farbenprächtige Landschaft mit grellen, gelben, roten und grünen Tönen, die vielleicht in den Tropen angetroffen werden, niemals aber bei einem altertümlichen norwegischen Gehöft«.[10] Die Duse, berichtet Duncan weiter, habe Änderungen gefordert, doch Craig sich jegliche Einmischung in seine Arbeit verboten. Die fertige Szene, von ihm selbst gemalt, sei dann zwar von der Duse gelobt worden und die Vorstellung des Stücks in Florenz ein Erfolg geworden, aber für eine weitere Aufführung in Nizza habe die kapriziöse Künstlerin eigenmächtig Änderungen ausführen lassen. Craig sei außer sich gewesen und habe behauptet, sie hätte sein Werk vernichtet, worauf ihn die Duse hoheitsvoll der Szene verwies und nie mehr zu sehen wünschte.

Um Craig auf anderem Weg wenn schon nicht nach Weimar, dann zumindest nach Deutschland zu holen, empfahl Kessler ihn als Bühnenbildner an das Berliner Lessing-Theater. Doch schon bei der ersten Inszenierung kam es zum Zerwürfnis mit Otto Brahm, da Craig sich nicht auf die ihm zugedachte Rolle beschränken wollte. Er versuchte vielmehr auch hier, die Oberleitung über das gesamte Geschehen an sich zu reißen, weil nach seiner Auffassung »der Durchschnitts-Regisseur« nicht nur kein Verständnis für eine wirklich künstlerische Ausstattung der Szenerie hätte, sondern auch »meist keine Idee von der Berechtigung der Forderung nach Einheit in Bewegung, Kostüm, Farben und Linien«.[11] Im Oktober 1905 hoffte Kessler, Craig an einer anderen Berliner Bühne unterzubringen. Er verhandelte mit Max Reinhardt über eine Inszenie-

---

9 »Die Form der Zimmer und Möbel darf niemals zuvor gesehen worden sein ausser in der Phantasie«. Edward Gordon Craig: Über Bühnenausstattung. In: Kunst und Künstler 3 (1904), S. 80-85, hier S. 85.
10 Isadora Duncan: Memoiren. Nach dem engl. Manuskript bearb. von C. Zell. Zürich, Leipzig, Wien 1928, S. 198.
11 Edward Gordon Craig: Etwas über den Regisseur und die Bühnen-Ausstattung. In: Deutsche Kunst und Dekoration 16 (1905), S. 596-605, hier S. 600.

Abb. 2
*Ernst Stern, Skizze der Max Reinhardt-Inszenierung »Das Mirakel«
in der Olympia-Hall, London, 1911*

rung von George Bernard Shaws Stück *Caesar und Cleopatra* durch Craig,[12] obwohl dieser das Stück nicht gut fand und seine Deutschkenntnisse gering waren. Reinhardt schien nicht abgeneigt, wies aber Craigs hohe Honorarforderung entschieden zurück. Als Craig wieder einmal die alleinige Leitung der Regie einforderte und erklärte, die Sache nur unter dieser Bedingung annehmen zu wollen, war das Projekt gescheitert.[13] Reinhardt wollte die Oberhoheit über die Inszenierung auf keinen Fall abgeben und lehnte eine völlige Unterordnung der Akteure unter den Regisseur ab. Bei aller Wertschätzung der Regie wollte Reinhardt nicht auf jene Glücksfälle verzichten, die das Temperament des spontan agierenden Schauspielers bietet.

---

12 Vgl. Harry Graf Kessler. Das Tagebuch (Anm. 3). Bd. 3, S. 809 (Eintrag vom 18. Oktober 1905).
13 Vgl. ebenda, S. 821 (Eintrag vom 13. Dezember 1905).

Im September 1905 begleitete Kessler Craig zu Verhandlungen nach Dresden, wo Fritz Schumacher, der Organisator der Dritten Kunstgewerbe-Ausstellung, dem britischen Regisseur die Gelegenheit geben wollte, seine neuen Theaterideen zu verwirklichen. Doch Craig kam mit immer neuen Vorschlägen, und Schumacher erkannte bald, dass das Projekt wohl nicht so schnell die erforderliche Reife für eine Aufführung erreichen würde. Er schlug Craig deshalb vor, das Ganze nicht auf einer großen Bühne mit Schauspielern, sondern auf einer Marionettenbühne aufzuführen. »Craig war begeistert«.[14] Als Schumacher allerdings erfuhr, dass Craig – es war inzwischen Dezember – eine Aufführung mit ›Übermarionetten‹ plante, fiel er über den in keiner Weise finanzierbaren Plan aus allen Wolken. Die Marionetten sollten nicht klein wie Puppen, sondern überlebensgroß sein und durch Schauspieler, die in ihnen steckten, bewegt werden; die Hauptrolle sollte Isadora Duncan spielen. Er habe Craig zwar, so Schumacher, noch zu einem dritten Plan überreden können, doch wieder sei es nicht gelungen, von ihm irgendetwas Greifbares zu erhalten. Craig sei letztlich der Typ des Reformators, dem es nur darauf ankomme, Pläne zu machen und andere von seinen Plänen zu überzeugen.[15]

II.

Auf van de Velde jedenfalls wirkte Craig, als sie in Weimar zusammentrafen, überaus anregend:

> Seine neuen Inszenierungsideen, seine Prinzipien für den Bau von Dekorationen und seine Beleuchtungsmethoden führten zu einer Vertiefung meiner eigenen Studien der technischen Erfordernisse der Bühne. Seit der Erfindung der Drehbühne und anderer technischer Neuerungen war die Theatertechnik höchst kompliziert geworden. Gordon Craig suchte, sie zu radikaler Einfachheit zurückzuführen. Der geniale Bühnenreformator gelangte bei den wenigen praktischen Möglichkeiten, die ihm bei Inszenierungen in London und Berlin gegeben wurden, zu einem Maximum an Wirkung bei einem Minimum an technischem Aufwand.[16]

Van de Velde zeigte Craig die Theaterentwürfe, die Anfang 1904 für die Tragödin Louise Dumont, die kurz zuvor mit einem Ibsen-Zyklus im Weimarer Tivolisaal gastiert hatte, entstanden waren (Abb. 3). Da es der Dumont nicht gelungen war, in Berlin am Schiffbauerdamm ein eigenes Haus zu eröffnen,

---

14 Fritz Schumacher: Stufen des Lebens. Erinnerungen eines Baumeisters. Stuttgart, Berlin 1935, S. 267.
15 Vgl. ebenda, S. 267 f.
16 Henry van de Velde: Geschichte meines Lebens. Hrsg. und übertragen von Hans Curjel. München 1962, S. 270.

Abb. 3
Henry van de Velde, neben ihm Edward Gordon Craig,
stehend Ludwig von Hofmann und links außen Harry Graf Kessler
mit dem Modell des Dumont-Theaters, um 1904

hatte sie ihren Blick auf Weimar gerichtet. Im Gespräch mit Elisabeth Förster-Nietzsche, Harry Graf Kessler und Henry van de Velde entwickelte sie den Plan, in Weimar ein Festspieltheater zu errichten, auf dem alljährlich während der Sommermonate bedeutende Werke von den besten Schauspielern Deutschlands gespielt werden sollten. Die Auswahl der Stücke wollte Louise Dumont allein treffen, die großen Rollen selbst spielen und auch die Regie zusammen mit ihrem Mann, dem Regisseur Gustav Lindemann, selbst führen. Die Inszenierungen sollten auf Tourneen in ganz Europa gezeigt werden. Das Geld für den Bau wollte die Dumont mit Hilfe von Freunden aufbringen. Vom Großherzog erwartete sie lediglich, ein Grundstück kostenfrei zur Verfügung gestellt zu bekommen.

Die Protagonisten des Neuen Weimar waren begeistert: Elisabeth Förster-Nietzsche erhoffte sich von einem solchen Theater ein Fest höchster Kultur und sah Weimar schon als künftiges ›Bayreuth des Schauspiels‹. Harry Graf Kessler erkannte die Chance, den Kreis des Neuen Weimar bedeutend zu vergrößern, Henry van de Velde schließlich versprach sich einen lang ersehnten Bauauftrag, denn die Welt des Theaters hatte es ihm schon lange angetan.[17] Er empfahl der Dumont, ein neues Haus zu bauen, machte erste Entwürfe für ein Grundstück an der Belvederer Allee nahe der Falkenburg und versprach, bis zum 1. Februar 1904 Pläne und einen Kostenanschlag vorzulegen. Bei den insgesamt vier alternativen Entwürfen half ihm der junge finnische Architekt Sigurd Frosterus, der im Oktober 1903 nach Weimar gekommen war, um van de Veldes Neuen Stil kennenzulernen. Frosterus – er blieb bis März 1904 und kam noch mehrmals im Sommer und Winter 1905 – wurde schon bald zum unentbehrlichen Arbeitsgefährten. Keiner seiner bisherigen Mitarbeiter und Schüler, so van de Velde, sei ihm »mit solchem Freimut, solchem Enthusiasmus und solcher offenkundigen Hochachtung entgegengetreten«.[18] Frosterus sprach fließend Deutsch und Französisch und konnte van de Velde mit den praktischen Kenntnissen eines ausgebildeten Architekten zur Seite stehen. Er hatte sich in dessen Schriften bereits gründlich vertieft und begegnete dem Meister mit großer Verehrung. »Selten, oder niemals zuvor«, schrieb Frosterus im November 1903 an seine Mutter,

> habe ich einen solchen Eindruck von Harmonie zwischen Persönlichkeit und Kunst erhalten als bei van de Velde; sie sind eins, unfähig getrennt zu bleiben, der Mann ein Spiegelbild seiner Ideen und Werke, die Werke eine getreue Wiederholung dessen, was der Mann entdeckt. Seine Art zu sprechen, sich zu bewegen, alles ist vom gleichen Rhythmus durchdrungen wie die kleinste Zeichnung aus seiner Hand.[19]

Der von van de Velde und Frosterus gemeinsam erarbeitete Theaterentwurf sieht in seiner letzter Fassung einen einheitlichen, dynamisch geschwungenen Zuschauerraum für 500 Besucher vor (Abb. 4). Die aufsteigende Ebene in Form eines griechischen Theaters wird am oberen Rand mit einem halbkreisförmigen Logenkranz und seitlichen Fürstenlogen abgeschlossen. Die Decke ist zur Bühne hin aufgewölbt, die breite Bühne dreigeteilt, was einen schnellen Szenenwechsel ohne Pause und damit ohne atmosphärische Störung ermöglichen soll.

---

17 »Mehr als andere künstlerische Veranstaltungen interessierten mich in Berlin und Paris die Schauspielhäuser, die ich fleißig besuchte«, betont van de Velde zurückblickend in seiner Autobiographie. Ebenda, S. 257.
18 Ebenda, S. 259.
19 Zitiert nach Kimmo Sarje: Sigurd Frosterus. From Progressive to Critic of Technology. In: Thesis. Wissenschaftliche Zeitschrift der Bauhaus-Universität Weimar 43 (1997), H. 1, S. 185-189, hier S. 186.

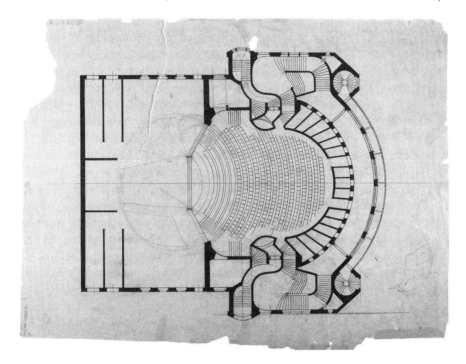

Abb. 4
Henry van de Velde, Dumont-Theater, Entwurf

Die dreigeteilte Bühne ist zwar keine Erfindung van de Veldes – sie entstammt dem barocken Theaterbau, wurde erstmals 1862 von Gottfried Semper für das Theater im Münchener Kristallpalast wieder aufgegriffen und in Bayreuth 1876 schließlich gebaut –, doch zog er sie bei allen seinen Theaterentwürfen der Drehbühne vor.

Ihr Bau ist nicht kostspielig, sie erfordert keinerlei Maschinerie, der Szenenwechsel vollzieht sich geräuschlos. Hinzu kommt ein im Theater ganz neues Gefühl: das einer Ortsveränderung. Wenn die Schauspieler auf der Mittelbühne auftreten, nachdem sie vorher auf einer Seitenbühne gespielt haben oder wenn sie gar auf der genau entgegengesetzten Seite erscheinen, so entsteht der Eindruck, es habe tatsächlich ein Ortswechsel stattgefunden.[20]

Der Baukörper selbst wirkte im ersten Entwurf durch die geschlossene Steinfassade noch schwer, nur die Ecken waren verglast. Der endgültige Entwurf

20 Zitiert nach Henry van de Velde. Theaterentwürfe 1904-1914. Ausstellungskatalog, Belgisches Haus, Köln u.a. 1977, [o. S.].

hingegen, eine sparsamere Variante, gab einen kreisförmig gebogenen zweigeschossigen Mittelbau mit offenem Umgang und gewölbtem Dach vor, konstruiert aus schlanken Eisenstützen, filigranen Geländern und großen Glasflächen, eingefasst von zwei massiv wirkenden Steinflügeln (vgl. Abb. 4, S. 253).

Doch keine der Entwurfsvarianten wurde ausgeführt, denn das Projekt eines Weimarer Festspielhauses scheiterte rasch. Während der Gemeinderat das Vorhaben unterstützte, malte die *Weimarische Zeitung* das Schreckgespenst moderner Kunst an die Wand: »Manche wollen wissen, daß bereits ein Bauplatz ausersehen und der Architekt bestimmt sei; kurz: Man hat sich in einem ganz kleinen Kreise von Männern mit dem Gedanken vertraut gemacht, Weimar in ein Dorado der modernen Kunst – hier im Sinne jener Kunst gebraucht, die auf der ganzen Linie ihre Lebensfähigkeit noch zu erweisen hat – zu verwandeln«.[21] Es war wohl Hippolyt von Vignau, der die Kampagne aus dem Hintergrund steuerte, weil er unliebsame Konkurrenz fürchtete und sich zudem selbst mit der Absicht trug, ein neues Haus an Stelle des alten Theaters aus der Goethezeit zu errichten. Es müsse festgestellt werden, schrieb die *Weimarische Zeitung*, »daß Luise Dumont hinsichtlich ihrer künstlerischen Fähigkeiten und der von ihr gepflegten Kunstrichtung die denkbar ungeeignetste Persönlichkeit wäre als geistige Leiterin eines Unternehmens, das den Verpflichtungen Rechnung zu tragen hätte, die die Tradition Weimar auferlegt«. Es sei schlechthin ausgeschlossen, »ein Theaterprojekt wie das Dumont-van de Veldesche und Genossen zu realisieren, ohne die künstlerischen Interessen Weimars zu schädigen«.[22] Während das Großherzogliche Zivilkabinett im Februar die kostenlose Überlassung eines Grundstücks in Aussicht stellte, zeigte die Diffamierungskampagne Wirkung: Am 5. April 1904 zog Louise Dumont ihren Antrag auf Errichtung eines Festspielhauses in Weimar zurück. Sie gründete ihr neues Haus noch im Sommer desselben Jahres in Düsseldorf und ließ es nach Plänen des Architekten Bernhard Sehring errichten. Van de Velde war enttäuscht und konstatierte in seinem späten Lebensbericht: »[I]ch wurde der Möglichkeit eines Beitrages beraubt, den ich für die Architektur des ›neuen Stils‹ zu Beginn des 20. Jahrhunderts hätte leisten können«.[23]

Als Anfang 1905 der Plan eines Neubaus für das Weimarer Hoftheater Gestalt annahm, schöpfte van de Velde neue Hoffnung. Er berichtete Frosterus vom Stand der Dinge: »Der Museumsbau ist zurückgestellt, die Theaterfrage in den Vordergrund gerückt worden. Die Idee meiner Schule ist akzeptiert und scheint sich einer definitiven Lösung zu nähern. Die Theater-Neubaufrage ist brennend – wer mag sich wohl die Finger verbrennen? Ich arbeite an einem Gutachten über das Theater für den Großherzog«.[24] In diesem Gutachten

---

21 Weimarische Zeitung, 7. Januar 1904, S. 2.
22 Beilage zur Weimarischen Zeitung, 30. Januar 1904, S. 1.
23 Henry van de Velde: Geschichte meines Lebens (Anm. 16), S. 256.
24 Ebenda, S. 491.

wandte sich van de Velde gegen die Pläne Vignaus, den Bau aus der Goethezeit abzureißen. Er verwies auf die historische Bedeutung, die einen Abriss zum Sakrileg mache, und empfahl dem Großherzog, ein zweites Haus an anderer Stelle errichten zu lassen. Vignau gelang es jedoch, den Großherzog auf seine Seite zu ziehen, und so wurde 1907 ein Auftrag für den Neubau an Stelle des Altbaus erteilt. Den Auftrag erhielten die Architekten Heilmann und Littmann, die in München ein Großbüro betrieben und europaweit auf Theaterbauten spezialisiert waren. Der altehrwürdige Bau wurde abgerissen, und wieder war eine Chance nicht nur für van de Velde, sondern auch für Weimar vertan. Als der Neubau ein Jahr später eingeweiht wurde, erregte er weder architektonisch noch künstlerisch besonderes Aufsehen.

III.

Um van de Velde doch noch, wenn auch fern von Weimar, den Auftrag für einen Theaterbau zu verschaffen, schmiedete Kessler einen neuen Plan. Im Dezember 1905 lud er Max Reinhardt nach Weimar ein, um ihm van de Veldes Theatermodelle vorzustellen. Reinhardt, der nach der Übernahme des Deutschen Theaters mehr und mehr zur überragenden Figur der Berliner Theaterszene avancierte, beabsichtigte, den neu erworbenen Emberg-Saal, ein ehemaliges Berliner Tanzlokal, zu einem kleinen Theater umzubauen. Die Begegnung in Weimar verlief erfolgversprechend: »Reinhardt sehr stark angesprochen vom Theater«, notierte Kessler in sein Tagebuch, »[d]ie Wirkung von Bayreuth, oder sogar noch eine Steigerung, und dabei keine Platzverschwendung. Die drei Amphitheater übereinander wirkten geradezu pathetisch. Nachmittags mit Reinhardt im Nietzsche Archiv, das er auch sehr bewunderte. Er sei jetzt vollkommen von Vandevelde überzeugt«.[25] Zwei Tage später bei einem gemeinsamen Besuch des Goethehauses warb Kessler noch einmal eindringlich für van de Velde. Reinhardt zeigte sich interessiert; er habe zwar bisher nie an van de Velde gedacht, weil er nicht glaubte, dass diese kleine Aufgabe ihn reizen könne, er wolle aber gern mit ihm nach dessen Rückkehr darüber sprechen.[26] Noch am gleichen Tag berichtete Kessler van de Velde brieflich von den erfreulichen Aussichten: Während er, van de Velde, in Paris in eleganten Lokalen bummle, ereigneten sich in Weimar große Dinge. Er habe Max Reinhardt seine Theatermodelle gezeigt. »Er hält Ihre Lösung für das Ei des Kolumbus und empfand die ›pathetische‹ Schönheit der architektonischen Form«.[27]

25 Harry Graf Kessler. Das Tagebuch (Anm. 3). Bd. 3, S. 817 (Eintrag vom 5. Dezember 1905).
26 Vgl. ebenda, S. 818 (Eintrag vom 6. Dezember 1905).
27 Harry Graf Kessler an Henry van de Velde, 6. Dezember 1905. Zitiert nach Henry van de Velde: Geschichte meines Lebens (Anm. 16), S. 269.

Kessler ließ nun nicht mehr locker: Anfang Februar 1906 suchte er zusammen mit van de Velde Reinhardt in Berlin auf, einen Tag später gab er für die beiden ein Frühstück bei Borchardt. Anfang März besuchten sie Reinhardt erneut. Eine Woche später kamen zwei Mitarbeiter Reinhardts nach Weimar, um sich von Kessler und van de Velde die Modelle vorführen zu lassen. Ende März trafen sich Kessler und van de Velde wieder mit Reinhardt, diesmal im Berliner Hotel Carlton, zum Frühstück.

Kessler und die Freunde hofften, dass van de Velde den Auftrag erhalten werde. »Daß Henry das Reinhardt-Theater bekommt, erscheint mir für den armen zerquälten Mann, vor dem die großen Aufträge zurückweichen, wo sie auftauchen, eine Existenzfrage. Geht auch dieses Projekt in Stücke, so fürchte ich für seine Widerstandskraft«.[28] Die Freunde planten eine konzertierte Aktion, um Reinhardt davon zu überzeugen, dass er sich unsterblich mache, wenn er van de Velde diese Aufgabe zuweise. Hofmannsthal depeschierte seine Zustimmung zu einer solchen Aktion, die er für eine auf Reinhardt sehr richtig berechnete Idee halte. Er habe an Reinhardt schon einen zwanzig Seiten langen Brief geschrieben mit allen Argumenten, die sein Kopf und seine Überzeugung hergegeben hätten, und an viele andere habe er noch vor zu schreiben, an wen immer man wolle, und zwar auf das dringlichste.[29] Kessler setzte im Mai 1906 eine Petition auf, in der er die Hoffnung aussprach, »ein so wichtiger öffentlicher Bau möchte nicht nur das Falsche und Geschmacklose vermeiden, sondern auch so geraten, dass längst gefühlte Notwendigkeiten vorbildliche, organische Gestaltung erfahren«. Man setze auf Reinhardts Mut und Klugheit, sich dem Künstler anzuvertrauen, von dem eine würdige Manifestation neuzeitigen Geistes erwartet werden könne, da van de Veldes ganze Art auf die Lösung von Problemen moderner Nützlichkeitszwecke ziele. »Für die Form des Ganzen aber bürgt die Reife des Künstlers nach einer nicht mühelosen Entwicklung, die ihn die Extreme seiner Persönlichkeit überwinden liess und nun nur eines ernsten Auftrags bedarf, um das Beste zu geben«.[30]

Die Petition trug die Unterschriften führender Persönlichkeiten des Neuen Weimar wie des Berliner Geistes- und Gesellschaftslebens, gleichsam der gesamten ästhetischen Opposition gegen den wilhelminischen Kunststil – doch sie bewirkte nichts. »Das ›Theater‹«, so van de Velde in seiner Autobiographie, »bedeutet in meinem Leben eine Folge schwerer Enttäuschungen«.[31] Und die

---

28 Eberhard von Bodenhausen an Hugo von Hofmannsthal, 14. April 1906. In: Hugo von Hofmannsthal – Eberhard von Bodenhausen. Briefe der Freundschaft 1897-1919. Berlin 1953, S. 74.
29 Vgl. Hugo von Hofmannsthal an Dora Bodenhausen, 27. April 1906. Ebenda, S. 75.
30 Harry Graf Kessler: Aufruf »An Herrn Max Reinhardt!«. Zitiert nach Harry Graf Kessler. Tagebuch eines Weltmannes. Ausstellungskatalog, Deutsches Literaturarchiv Marbach. Marbach a. N. 1988, S. 177.
31 Henry van de Velde: Geschichte meines Lebens (Anm. 16), S. 255.

Abb. 5
Emil Orlik, Skizze der Max Reinhardt-Inszenierung »König Ödipus«
im Zirkus Schumann, Berlin, 1910

Klage war nur zu berechtigt, denn die Serie von Misserfolgen setzte sich fort. Ein 1906 für Reinhardt projektiertes Festspielhaus in Salzburg blieb auf dem Papier, es wurde erst nach dem Weltkrieg und nach den Plänen eines anderen Architekten realisiert. Beim Bau des Théâtre des Champs-Élysées in Paris wurde van de Velde 1911 von Auguste Perret aus dem Auftrag gedrängt, und 1914 wurde das einzige nach seinen Plänen gebaute Theater für die Werkbundausstellung in Köln wegen des Kriegsausbruchs frühzeitig geschlossen, wenig später dann abgebrochen.

Den Umbau des Emberg-Saals in Berlin übertrug Reinhardt dem jungen Architekten William Müller, der auf seine Wünsche widerspruchslos einging und es Reinhardt ermöglichte, seine eigenen gestalterischen Vorstellungen umzusetzen. Denn neben dem Theater war der Umbau von Häusern seine große Leidenschaft. Viele Wohnungen und Villen habe er, so Reinhardt in einem Brief an seine Frau, wie sie wisse, mit großer Liebe umgebaut und eingerichtet, und auch fast alle seine Theater nach eigenen Vorstellungen neu gestaltet (Abb. 5). »Die vielen Theater, die ich hatte, habe ich umgebaut, selbst wenn es ein so gründlicher Umbau war wie das Große Schauspielhaus aus dem alten Circus

Schumann oder die Kammerspiele aus dem berüchtigten Emberg'schen Ballhaus.«[32]

Letztlich strebte Reinhardt wie Craig nach gesamtkünstlerischer Gestaltung. Wort, Geste, Bühnenbild, Farbe, Licht, Musik, Saal und Einrichtung – alles sollte zu einer von ihm selbst geschaffenen Einheit verschmelzen, um eine heiter-phantastische Atmosphäre zu schaffen. Die hässliche Wirklichkeit sollte durch die schöne Illusion ersetzt werden, das Theater den Menschen wieder ein Ort der Freude sein, der »sie aus der grauen Alltagsmisere über sich selbst hinausführt in eine heitere und reine Luft der Schönheit. Ich fühle es, wie es die Menschen satt haben, im Theater immer wieder das eigene Elend wiederzufinden und wie sie sich nach helleren Farben und einem erhöhten Leben sehnen«.[33] Mit Shakespeares *Sommernachtstraum* im Neuen Theater am Schiffbauerdamm in Berlin gelang Reinhardt 1905 ein exemplarisches Meisterwerk schönster Illusion. Er präsentierte Hügel, bewachsen mit Birken, Eichen und Tannen, einen beleuchteten See, Sterne am Nachthimmel. Elfen trippelten zum See und kugelten eine schräge Bahn hinunter, haschten nach Glühwürmchen in der Gestalt elektrischer Glühbirnen. Sie tanzten einen Reigen und ließen ihre Schleier im Winde flattern. Quellen rieselten, Wolkenschleier und Nebelstreifen tauchten die Bühne in dunstiges Licht.[34]

IV.

Flatternde Schleier im Wind, funkelnde Glühwürmchen – die Mittel Reinhardt'scher Illusionskunst korrespondierten auf überraschende Weise mit den avantgardistischen Tanzdarbietungen der Loïe Fuller, die nach ersten Auftritten Anfang der 1890er Jahre im Madison Square Theatre in New York bald auch in Europa ein Star geworden war.[35] Als erste Bühnenkünstlerin arbeitete sie mit kühnen Kostümen, elektrischem Licht und farbigen Projektionen, die sie sich

---

32 Max Reinhardt: Die Träume des Magiers. Hrsg. von Edda Fuhrich und Gisela Prossnitz. Ausstellungskatalog, Schloss Arenberg, Salzburg. Salzburg 1993, S. 201.
33 Max Reinhardt: Über ein Theater, wie es mir vorschwebt. In: Ders.: Schriften. Briefe, Reden, Aufsätze, Interviews, Gespräche, Auszüge aus Regiebüchern. Hrsg. von Hugo Fetting. Berlin 1974, S. 67.
34 Vgl. Ursula Muscheler: Möbel, Kunst und feine Nerven. Henry van de Velde und der Kultus der Schönheit 1895-1914. Berlin 2012, S. 144 f.
35 Die von Loïe Fuller ausgehende Wirkung auf die Zuschauer hat Isadora Duncan bildhaft beschrieben: »Vor unseren Augen verwandelte sie sich in eine farbenprächtige schimmernde Orchidee, in eine wogende schwankende Wasserblume, in eine spiralig gewundene Lilie. Dieses herrliche Geschöpf zerfloß zu Licht, es wurde zu Farbe und Feuer und löste sich schließlich in wundersame flammende Mäander auf, die aus der Unendlichkeit zu leuchten schienen«. Isadora Duncan: Memoiren (Anm. 10), S. 95.

Abb. 6
Raoul François Larche, Loïe Fuller, Bronze, 1900

patentieren ließ. Licht, Farbe und wallende Gewänder aus hauchdünner Seide machten den »Serpentinentanz« der Fuller zum Ereignis. Zahlreiche Darstellungen von Auguste Rodin bis Henri de Toulouse-Lautrec zeigen das starke Interesse vieler Künstler an ihrem kreiselnden Tanzstil und dem Bewegungsschwung der sie umhüllenden und in farbiges Licht getauchten Tücher (Abb. 6, 7 und 8). Auch als Lampenfuß in vergoldeter Bronze und als Kühlerfigur des Rolls Royce ist sie zu finden.

Als die Fuller 1901 in Berlin in der Kroll-Oper auftrat, gehörte Henry van de Velde wie so viele Künstler zu ihren Bewunderern. Die Fuller sei, so erklärte er Kessler, die Verwirklichung all dessen, was er und andere mit dem Neoimpressionismus versucht hätten.[36] Kessler selbst verglich in seinem Tagebuch die Kunst Fullers mit der van de Veldes und pries beide als besonders moderne

---

36 Vgl. Harry Graf Kessler. Das Tagebuch (Anm. 3). Bd. 3, S. 448 (Eintrag vom 7. Dezember 1901).

Abb. 7
Henri de Toulouse-Lautrec, Loïe Fuller, Litographie (Detail), 1893

Könner der Form.[37] Auch Craigs Kunst sei der Kunst Fullers nah verwandt.[38] Das Moderne all dieser Kunstäußerungen lag für Kessler in der Form und im phantasievoll-beschwingten Duktus der Bewegung.

Nur wenige Jahre später allerdings fand Kessler die Fuller in der *Tragédie de Salomé* enttäuschend und bedauerte, dass sie dick und ungeschmeidig geworden sei: »eine fast schmerzliche Dekadenz«.[39] Als modern empfand Kessler nun die Darbietungen der Ruth Saint Denis, die im Sommer 1906 mit ihrem indischen Tempeltanz *Radha. Dance of the five senses* in Paris und London sowie im Herbst in Berlin gastierte. Kessler besuchte ihre Vorstellungen mehrfach, auch gemeinsam mit Hofmannsthal, der seine Bewunderung teilte, und ent-

---

37 Vgl. ebenda, S. 487 (Eintrag vom 17. April 1902).
38 Vgl. ebenda, S. 557 (Eintrag vom 17. April 1903).
39 Ebenda, Bd. 4: 1906-1914. Hrsg. von Jörg Schuster. Stuttgart 2005, S. 372 (Eintrag vom 26. November 1907).

Abb. 8
Thomas Theodor Heine, Loïe Fuller, um 1900

wickelte bald den Plan eines Salomé-Herodias-Balletts, das Hofmannsthal für die Saint Denis schreiben sollte. Trotz des regen Austauschs gelangte das Projekt nie zur Ausführung, was Hofmannsthal durchaus bedauerte, denn er schätzte Ruth Saint Denis als Künstlerin und außerordentliche Erscheinung. »Ich glaube, sie wird uns Manches geben, was uns Craig und Reinhardt schuldig geblieben sind«.[40]

Als Kessler wenig später eine weitere Vorstellung der Saint Denis besuchte, war er noch immer vom graziösen Mysterium ihrer Kunst ergriffen. »Der Moment, wo sie aus der Lotosblüte aufwacht und aufsteht, ist wie ein Frühling; ich habe nie eine Kunst gesehen, die so vollkommen wie ihre Bewegungen in diesem Augenblick Dasselbe ausstrahlt wie junge Blüten, zartes Grün und der frische, reine Himmel im April.«[41] Ruth Saint Denis sei ein Genie der Be-

40 Ebenda, S. 374 (Eintrag vom 2. Dezember 1907).
41 Ebenda, S. 205 (Eintrag vom 18. November 1906).

wegung und tanze fast nackt, ohne keusch oder unkeusch zu sein, sie sei beides zugleich wie das Griechische.[42]

Kessler suchte im Tanz das Natürliche, die Schönheit des nackten Körpers nach dem Vorbild der alten Griechen, deren Erziehung des Körpers durch Spiel und Bewegung Ausdruck ihres Wohlbefindens und Selbstgenusses gewesen sei und eine Welt heiterer Freude und reiner Schönheit habe entstehen lassen, eine Welt, wie sie in der eigenen degenerierten Zeit nur noch im Tanz und gelegentlich im Theater erfahrbar sei. Als Kessler im März 1911 die Premiere des von Max Reinhardt inszenierten *Faust II* sah, bemerkte er, dass es wieder wie im Altertum schöne Körper zu sehen gebe, wenigstens in der halben Wirklichkeit der Bühne. Dies errege nicht mehr das geringste Aufsehen und zeige den Fortschritt, der sich in den wenigen Jahren seit dem ersten Auftreten der Loïe Fuller und Ruth Saint Denis vollzogen habe.

V.

Die Bühnenausstattungen Craigs, van de Veldes Theaterentwürfe, die Inszenierungen Reinhardts sowie die Tanzdarbietungen der Loïe Fuller und Ruth Saint Denis hängen auf das Engste zusammen. Sie alle sind der Idee des Gesamtkunstwerks verpflichtet und bedienten sich impressionistischer Mittel, um diese Idee Wirklichkeit werden zu lassen. Mit präziser Komposition, dekorativer Vereinfachung, dynamischer Linienführung, starken Farb- und Lichtkontrasten erzielten sie eine Intensität des Ausdrucks, eine Atmosphäre erhöhten Lebens, dem expressive Heiterkeit und pathetische Schönheit der Form eigen waren. Unter Ausschluss der als hässlich empfundenen Wirklichkeit des Lebens schufen sie eine künstlerisch schöne Gegenwelt, die sich aus der Phantasie, dem Traum und dem Spiel nährte, und zelebrierten weihevoll den ›Kultus der Schönheit‹. Vor allem das Theater schien den Protagonisten des Neuen Weimar und denen, die ihm nahe standen, als Raum der Phantasie, des Traums und des Spiels besonders geeignet. Folgerichtig suchten sie nicht mehr die naturalistische Darstellung, die den Menschen und seine Verhältnisse mit lebensnahen Requisiten und Kostümen ›ungeschönt‹ wiedergibt und die Zuschauer moralisch belehrt. Vielmehr betrachteten sie das Theater als Experimentierraum einer »Moderne der Freudigkeit«,[43] die den an Körper und Seele versehrten Zeitgenossen wieder, so hofften sie, einen Begriff von Sinnlichkeit und Freude vermitteln werde.

---

42 Vgl. hier und im Folgenden ebenda, S. 368 (Eintrag vom 22. November 1907).
43 Ebenda, Bd. 3, S. 586 (Eintrag vom 10. Juli 1903).

Angelika Emmrich

Von Friedrich Justin Bertuch zu Henry van de Velde
»Künstlerische Hebung von Handwerk und Industrie« in Weimar

Nach enttäuschenden Rundgängen in den historischen Wohnhäusern Goethes und Schillers beklagte der weltgewandte Harry Graf Kessler im August 1891 die »Ärmlichkeit der deutschen Verhältnisse vor 80 Jahren« und fragte: »Liegt vielleicht in der freudlosen Hässlichkeit der realen Umgebung ein Grund für den stärkeren Idealismus jener Zeiten?«[1] Etwas diplomatischer äußerte sich gut elf Jahre später Henry van de Velde, der künstlerische Berater für Industrie und Kunsthandwerk des Großherzogs Wilhelm Ernst von Sachsen-Weimar-Eisenach: Die Epoche Carl Augusts sei gekennzeichnet durch etwas Herbes, durch einen »Dekor, der sehr Natur, sehr einfach und sehr ländlich ist«.[2] Im Auftrag des Großherzogs hatte sich der belgische Künstler zuvor einen Überblick über die Kleinindustrie im Land verschafft und konstatierte nun in seinem Bericht hinsichtlich der Produktgestaltung eine große Orientierungslosigkeit unter den Handwerkern und Industriellen: Einer habe gotische Formen und Ornamente vorgeschlagen, ein anderer Rokoko, ein dritter sich »den Abgeschmacktheiten des Zweiten Empire« verschrieben.[3]

Die historischen und historisierenden Stile des 19. Jahrhunderts lehnte van de Velde rigoros ab, um im Gegenzug das völlig Neuartige seiner kunstgewerblichen Schöpfungen zu betonen. Ungeachtet seines entschiedenen Reformwillens knüpfte der Belgier jedoch an eine Tradition an, die in Weimar bereits im ausgehenden 18. Jahrhundert durch den Verleger, Publizisten und Industriellen Friedrich Justin Bertuch und sein Umfeld begründet worden war. Die von Bertuch zu van de Velde führenden Entwicklungslinien lassen – immerhin über eine Zeitspanne von rund 140 Jahren hinweg – erstaunliche konzeptionelle Kontinuitäten beobachten, und zwar vielfach unabhängig von jenen tiefgreifen-

---

1 Harry Graf Kessler. Das Tagebuch. CD-ROM: 1880-1911. Rohtranskription. Marbach 2004 (Eintrag vom 14. August 1891). Mit freundlicher Genehmigung des DLA.
2 Henry van de Velde: Einleitung zu den Inspektionsberichten über die künstlerische Hebung von Handwerk und Industrie in Sachsen-Weimar [Dezember 1902]. Abgedruckt in: Volker Wahl (Hrsg.): Henry van de Velde in Weimar. Dokumente und Berichte zur Förderung von Kunsthandwerk und Industrie (1902 bis 1915). Köln, Weimar, Wien 2007, S. 99-108, hier S. 103.
3 Ebenda, S. 101.

den gesellschaftlichen Veränderungen, die das Großherzogtum während des 19. Jahrhunderts durchlief.[4]

Friedrich Justin Bertuchs Idee einer »Fürstlichen Freyen Zeichenschule« und sein »Journal des Luxus und der Moden«

Eine erste staatlich finanzierte und damit vom Zunftwesen abgelöste Ausbildungsstätte für Handwerker im Herzogtum Sachsen-Weimar-Eisenach war die »Fürstliche Freye Zeichenschule«. Während in den großen deutschen Residenzen zunehmend Kunstakademien gegründet wurden,[5] erstrebte der 27-jährige Schriftsteller und leitende Mitarbeiter von Wielands Literaturzeitschrift *Teutscher Merkur* Friedrich Justin Bertuch 1774 in Weimar keine solche Malerakademie, »die große Künstler zieht und bildet und brillante Werke der Kunst liefert«, sondern »eine gemeinnützige fürstl. Anstalt, guten Geschmack und Kunstfertigkeit unter allen Klaßen und Ständen im Lande zu verbreiten und den Nahrungsstand der Handwerker dadurch zu verbessern«.[6] Am Ende des 18. Jahrhunderts waren viele Handwerker in Existenznöte geraten. Bertuchs Überlegung war: Der Zeichenunterricht würde zur solideren Ausbildung der Handwerker beitragen und zugleich das Interesse ästhetisch geschulter Kunden an qualitätvollen Waren erhöhen. Eine Zeichenschule mit kostenlosem Unterricht für alle Gesellschaftsschichten eröffnete somit Chancen der Wirtschaftsförderung im ökonomisch schwachen Herzogtum und versprach darüber hinaus enorme kultur- und bildungspolitische Effekte. Von diesen Argumenten ließ sich der junge Herzog Carl August überzeugen: Er förderte und finanzierte fortan die neue Ausbildungsstätte.[7]

Der erste Direktor der Zeichenschule war der Maler, Zeichner und Kupferstecher Georg Melchior Kraus. In Frankfurt hatte er zuvor selbst eine private Zeichenschule geführt. Er war mit Bertuch befreundet, seit er dessen Übersetzung des *Don Quichotte* illustriert hatte. Bertuch verfolgte neben seiner literarischen und verlegerischen Tätigkeit äußerst vielseitige Projekte. Als Schatullverwalter und Geheimsekretär Carl Augusts lange Zeit mitverantwortlich

---

4 Vgl. Angelika Emmrich: Von Friedrich Justin Bertuch zu Henry van de Velde: Die Idee, Kunst und Handwerk zu verbinden. In: Kerrin Klinger (Hrsg.): Kunst und Handwerk in Weimar. Von der Fürstlichen Freyen Zeichenschule zum Bauhaus. Köln, Weimar, Wien 2009, S. 121-149.

5 Zum Zusammenhang mit der sogenannten zweiten Phase der Kunstakademiebewegung vgl. Kerrin Klinger: Der Entwurf der Fürstlichen Freyen Zeichenschule des Friedrich Justin Bertuch: Vorbilder, Motive, Zielsetzungen. In: Ebenda, S. 7-21.

6 Friedrich Justin Bertuch: Entwurf einer mit wenigen Kosten hier zu errichtenden freyen Zeichenschule (1774). ThHStAW, A 11717, Bl. 1-4.

7 Vgl. dazu Kerrin Klinger: Zwischen Gesellgkeit und Industrieförderung. In: Dies. (Hrsg.): Kunst und Handwerk in Weimar (Anm. 4), S. 107-120.

für die Wirtschaft des Landes, verband er seine Sorge für das Allgemeinwohl mit eigenen merkantilen Interessen. So ließ er etwa Schüler der Zeichenschule Atlanten und Bestimmungsbücher sowie die Modekupfer für seine Zeitschrift *Journal der Moden* kolorieren.[8] Diese illustrierte Monatsschrift behandelte ein enormes Spektrum an kulturellen Themen. In der Rubrik Mode wurden nicht nur die neuesten Trends aus Paris, London und Berlin vorgestellt, sondern zugleich auch Reformbestrebungen vermittelt.[9] Die Directoire- und Empirekleider etwa mit der A-förmigen Silhouette und der hohen Taille verstanden sich als Gegenentwürfe zur Rokokorobe mit Korsett und Reifrock (Abb. 1). Als Mann des Buches legte Bertuch auf die sorgfältige Ausstattung und Typographie des *Journals* und aller anderen Publikationen größten Wert. In einem längeren Aufsatz forderte er die Abschaffung der Fraktur, der »häßliche[n] Mönchsschrift« und bekannte sich zu den lateinischen, weit schöneren Typen der »andern abendländischen Nationen von Europa«.[10]

Im »Ammeublement«-Teil des *Journals* mit seinen Bild- und Textbeiträgen über modische und innovative Gebrauchsgegenstände, Möbel, Inneneinrichtungen und Architektur leisteten die Herausgeber Bertuch und Kraus Überzeugungsarbeit für eine Reformierung der Alltagskultur und schufen damit eine »Sammlung von gewöhnlicher und alltäglicher Eleganz«.[11] Um das Publikum – und zum Beispiel auch die Möbeltischler – auf das Problem des ›richtigen‹ Geschmacks aufmerksam zu machen, griff Bertuch gelegentlich auf deutliche, ja drastische Formulierungen zurück. Er kritisierte schlecht entworfene Möbelstücke, wobei er die Grundfunktionen der Gegenstände definierte und die mangelnde Funktionalität ins Lächerliche zog:

---

8 Ab 1787 *Journal des Luxus und der Moden*, ab 1815 *Journal für Luxus, Mode und Gegenstände der Kunst*, ab 1825 *Journal für Literatur, Kunst, Luxus und Mode*. Unter dem Nachfolger Bertuchs trat in den letzten Jahren die Beschäftigung mit dem Interieur zugunsten von Aufsätzen über Literatur, Kunst und Kultur zurück. Vgl. Doris Kuhles: Das »Journal des Luxus und der Moden« (1786-1827). Zur Entstehung seines inhaltlichen Profils und seiner journalistischen Struktur. In: Gerhard R. Kaiser, Siegfried Seifert (Hrsg.): Friedrich Justin Bertuch. Verleger, Schriftsteller und Unternehmer im klassischen Weimar. Tübingen 2000, S. 489-498.

9 Diskussionen zum Beispiel über das Für und Wider der Schnürbrust in: Die Schnürbrust vor einem weiblichen Tribunale. In: Journal des Luxus und der Moden 6 (1791), S. 47-62 und: Ueber die Kleider in medicinischer Rücksicht. In: Journal des Luxus und der Moden 8 (1793), S. 361-378.

10 Friedrich Justus Bertuch: Mein Votum über lateinische und teutsche Lettern, als Typographische Mode betrachtet. In: Journal des Luxus und der Moden 8 (1793), S. 622-634, hier S. 623.

11 Vgl. Daniel Purdy: Die Modernität von Bertuchs Klassizismus. In: Angela Borchert, Ralf Dressel (Hrsg.): Das »Journal des Luxus und der Moden«. Kultur um 1800. Heidelberg 2004, S. 281-293, hier S. 293.

Abb. 1
»Eine Dame im Ball-Anzug, von Berlin erhalten«,
aus: Journal des Luxus und der Moden 26 (1811), Tafel 1

Ein Tisch der fest stehen und Lasten tragen sollte, ruhete auf wackelnden dünnen Rehfüßgen [...]; ein Stuhl der leicht beweglich und doch dabey fest seyn soll, war entweder eine Maschine wozu zwey Heyducken gehörten sie zu transportiren, oder die so gebrechlich gebaut war, daß kein Sterblicher, der zum Unglück mehr als einen Centner wog, ohne Lebensgefahr darauf ruhen konnte.[12]

Bertuch stellte im *Journal* einen selbst entworfenen Schreibtisch vor, der genau auf seine Bedürfnisse als Geschäftsmann und Schriftsteller zugeschnitten war

---

12 [Friedrich Justin Bertuch und Georg Melchior Kraus]: Ammeublement. In: Journal der Moden 1 (1786), S. 28-38, hier S. 29.

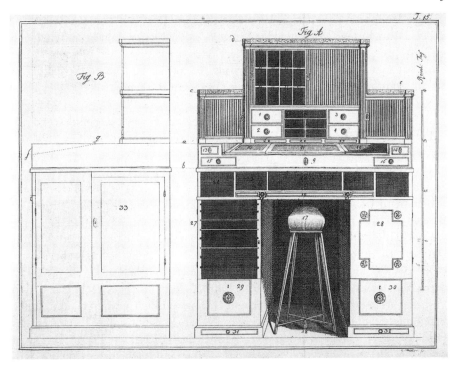

Abb. 2
»Ein großes Bureau für einen Geschäftsmann«,
aus: Journal des Luxus und der Moden 8 (1793), Tafel 15

(Abb. 2).[13] Hier setzte er praktisch um, was er bereits in der ersten Ausgabe gefordert hatte: »Ein Meuble muß *einfach* und *schön* von Form, *bequem* und *zweckmäßig* zum Gebrauch, *dauerhaft* und *sauber gearbeitet*, und *gut von Materie* seyn, wenn man es für vollkommen erkennen soll«.[14] Auch Goethe verlangte von einer zeitgemäßen Innenarchitektur, wie es sein ehemaliger Zeichenlehrer Adam Friedrich Oeser lehrte, »die Einfalt in allem, was Kunst und Handwerk vereint hervorzubringen berufen sind«.[15] Gemeint waren damit nicht nur die Beachtung einfacher Maßverhältnisse und die Umsetzung übersichtlicher Gliederungen, sondern auch der Einsatz sparsamer Schmuckmotive in Anlehnung an die Kunstwerke der Antike. Der Altertumsforscher und ehe-

13 B.[ertuch]: Ein großes Bureau für einen Geschäftsmann. In: Journal des Luxus und der Moden 8 (1793), S. 285-289 und Tafel 15.
14 [Friedrich Justin Bertuch und Georg Melchior Kraus]: Ammeublement (Anm. 12), S. 28-38, hier S. 29.
15 Johann Wolfgang Goethe: Dichtung und Wahrheit. In: WA I, 27, S. 154.

malige Weimarer Gymnasiallehrer Karl August Böttiger, der als Redakteur neben Bertuch den Charakter des *Journals* in den ersten Jahren entscheidend mitbestimmte, vermittelte insbesondere altertumskundliches Wissen.[16] Der Hofbildhauer Klauer bot Vorlagekartons für antike Festons und Medaillons an, unter anderem im Zusammenhang mit einem Ratgeberartikel *Ueber Zimmer-Tapezirung*. In diesem Beitrag erhielten die Leser Hinweise zu Material und Technik sowie eine ausführliche Anleitung zur Farbgebung und Wandaufteilung, die immer »den Charakter eines gewissen edeln und großen Styls haben« müsse (Abb. 3).[17]

Um seinem eigenen Anspruch gerecht zu werden, präsentierte das *Journal* gezielt internationale, vor allem englische und französische Produktbeispiele. Zunehmend richtete sich der Blick nach England, der führenden Nation im Bereich des sich mehr und mehr industrialisierenden Kunstgewerbes. Die »geschmackvolle Simplicität und Solidität« der englischen Fabrikwaren war für Deutsche offenkundig so anregend, »daß das Wort Englisch, Englische Waare, [...] beynahe ein Synonym der Vollkommenheit und Schönheit bey Werken des Kunstfleißes worden ist«.[18] Das *Journal* verband die Geschmacks- und Verbraucherberatung mit der Werbung für vorbildlich gestaltete und solide Erzeugnisse einheimischer Handwerker. Neben künstlerischen Tonwaren des Hofbildhauers Klauer wurden etwa Möbel des berühmten Ebenisten David Roentgen aus Neuwied und Stücke des Weimarer Hofebenisten Johann Wilhelm Holtzhauer[19] vorgestellt.

Im Anzeigenteil, den »Intelligenzblättern« des *Journals*, konnten Künstler, Fabriken und Handlungen ihre Angebote und Neuigkeiten inklusive konkreter Preisangaben annoncieren. Über das Industrie-Comptoir übernahm Bertuch als

---

16 Ausführlicher dazu vgl. Susanne Holmes: »Aphroditens holden Kindern«. Formen und Funktionen von Antikerezeption im »Journal des Luxus und der Moden« und in vergleichbaren europäischen Zeitschriften. In: Angela Borchert, Ralf Dressel (Hrsg.): Das »Journal des Luxus und der Moden« (Anm. 11), S. 155-177. Als Vorlagenwerk für Verzierungen empfahl das Journal u. a. das im Industrie-Comptoir erschienene Buch *Auserlesene Muster Antiker Bau-Ornamente* des englischen Architekten Charles Heathcote Tatham, vgl. Ueber Tathams antike Bau-Ornamente, als klassisches Werk der Verzierungskunst. In: Journal des Luxus und der Moden 20 (1805), S. 213-221.

17 Journal des Luxus und der Moden 2 (1787), S. 393-397, hier S. 393, Tafel 32.

18 Friedrich Justin Bertuch: Ueber die Wichtigkeit der Landes-Industrie-Institute für Teutschland. In: Journal des Luxus und der Moden 8 (1793), S. 409-417, 449-462, hier S. 410.

19 Besonderes Aufsehen erregte dessen Einrichtung für den Grünen Salon im Wittumspalais der Herzoginmutter Anna Amalia. Vgl. Journal der Moden 1 (1786), S. 32, 135 f., 445. Die Einrichtungen und Exponate sind teilweise noch heute in den Sammlungen der Klassik Stiftung Weimar erhalten. Vgl. Angelika Emmrich, Susanne Schroeder: Weimarer historische Interieurs. Zum Ameublement im »Journal des Luxus und der Moden«. In: Gerhard R. Kaiser, Siegfried Seifert (Hrsg.): Friedrich Justin Bertuch (Anm. 8), S. 501-518.

Abb. 3
»Eine Zimmer-Wand mit lackirten Oelfarben-Tapeten meublirt«,
aus: Journal des Luxus und der Moden 2 (1787), Tafel 32

Händler und Verleger die Aufgaben von Materialbeschaffung, Bestellung, Werbung und Warenvertrieb. Er handelte als Kommissionär mit Waren in- und ausländischer Anbieter und präsentierte eigene Produkte, darunter auch Fachliteratur wie jene Lehrbücher, die an der Zeichenschule verwendet wurden: Kraus' *A.B.C. des Zeichners* und seine *Uebungen für Zeichen-Schüler*, aber auch Bücher für Handwerker wie die *Musterblätter für Schreiner-, Tapezier-, Sattler-, Wagner, Bildhauer-, Silber-, Bronze-, Flaschner- und Töpferarbeiten.*[20] Darüber hinaus stellte er Künstlern, Handwerkern und Fabrikanten für ihre Erzeugnisse Ausstellungsflächen zur Verfügung.[21]

Klassen für Handwerker in der Zeichenschule unter Johann Heinrich Meyer ab 1806

Der seit 1792 mit Unterbrechungen an der Schule lehrende Johann Heinrich Meyer plädierte bereits 1798 dafür, die Schüler gezielter zu fördern, je nachdem, ob es sich um malerisch und graphisch besonders Begabte, also angehende Künstler, um dilettierende Laien oder aber um künftige Handwerker handle.

---

20 Vgl. das Bertuch-Verlagsverzeichnis in der HAAB (http://ora-web.swkk.de/swk-db/bertuch/db_ber.html).
21 Vgl. Friedrich Justin Bertuch: Konzessionsgesuch, 26. März 1791. ThHStAW, B 7656.

Der Lehrling, so Meyer, der ein mechanisches Handwerk erlernen solle, dürfe »weder Figuren noch Landschaften zeichnen«, sondern müsse »seinen Fleiß auf Dinge wenden, die ihm unmittelbar nützen können«:

> Maurer, Zimmerleute und dergleichen sollen vornehmlich mit Winkeln, Lineal und Zirkel umgehen lernen. Steinhauer, Schlosser, Tischler und Wagner bedürfen schon etwas mehr, man muß ihnen [...] Zierrathen und Laubwerk vorlegen, weil sie bey ihrer Arbeit oft dergleichen bedürfen. Schnitzer, Stuckaturarbeiter und Goldschmiede nähern sich bereits den Künstlern und müssen es, im Fach der Ornamente, bis zu einem gewissen Grad der Meisterschaft gebracht haben.[22]

Goethe, seit 1797 alleiniger Oberaufseher über die Zeichenschule, unterstützte Meyers Forderung nach einer sorgfältigen Schulung der Handwerker. Als Meyer nach dem Tod von Georg Melchior Kraus 1806 die Leitung des Instituts übernahm, betrieb er zusammen mit Goethe die Spezialisierung der Ausbildung. Die Handwerkersöhne und Lehrlinge erhielten eine Grundlagenausbildung im ornamentalen und technischen Zeichnen, nach Architekturbüchern, Holzkonstruktions-Lehrbüchern für Zimmerleute oder auch nach Musterblättern für Möbel und Ornamente.[23] Unter den Schülern fanden sich neben den Söhnen der einheimischen Handwerker auch der Sohn des Tischlermeisters Johann August Conrad Scheidemantel, dessen Nachfahre hundert Jahre später Inneneinrichtungen nach Entwürfen von Henry van de Velde bauen sollte,[24] sowie der Sohn des Hofebenisten Johann Wilhelm Kronrath.[25] Kronrath, ein ehemaliger Mitarbeiter Roentgens, schuf die Wandverkleidungen und Fußböden für das Residenzschloss. Auch die Architekturklasse der Zeichenschule, die an Sonntagen vom Baukontrolleur Johann Friedrich Rudolph Steiner unterrichtet wurde, konnte bei Arbeiten an der Innengestaltung des Schlosses die erlernten Fertigkeiten anwenden und auf diese Weise an der Entstehung des klassizistischen Ensembles teilhaben.[26]

---

22 Johann Heinrich Meyer: Ueber Lehranstalten zu Gunsten der bildenden Künste [Zur Feier des hundertjährigen Geburtstages des Verfassers abgedruckt aus den Propyläen von Goethe und mit Vorwort und Anmerkungen begleitet von Christian Schuchardt]. Weimar 1860, S. 32.
23 Vgl. ebenda, S. 33 f.
24 Der Weimarer Hoftischler Hermann Scheidemantel führte zahlreiche Entwürfe van de Veldes aus, unter anderem die Einrichtung des Nietzsche-Archivs. Eine ähnliche Verbindungslinie ergibt sich über die Nindel'sche Hoftöpferei, in der Klauer seine Arbeiten brennen ließ. Aus dieser Werkstatt ging die Ofenfabrik Schmidt hervor, die für van de Velde arbeitete. Vgl. Anita Bach: Formgestaltung in Weimar. Weimar 1988, S. 15.
25 Vgl. ThHStAW, A 11743, Bl. 65, 126.
26 Goethe würdigte die Leistungen 1806: »Der Baumeister Steinert gibt Unterricht in der Geometrie und Architectur. Wie manches hier in dieser letzten Kunst geleistet

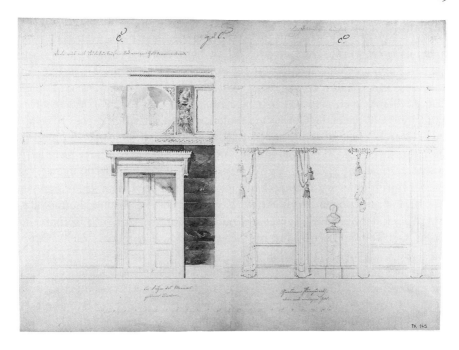

Abb. 4
Clemens Wenzeslaus Coudray, nicht ausgeführter Entwurf zum Herderzimmer, 1844

Die Gründung der Großherzoglichen Freien Gewerkenschule durch Clemens Wenzeslaus Coudray 1829

Die Erhebung von Sachsen-Weimar-Eisenach zum Großherzogtum löste nach den entbehrungsreichen Kriegsjahren und dem Friedensschluss nach 1815 einen Aufschwung aus. 1816 konnte Clemens Wenzeslaus Coudray als Großherzoglicher Oberbaudirektor verpflichtet werden. Der unter anderem in Paris ausgebildete, hochbegabte Architekt beeinflusste maßgeblich den Fortgang der Schlossbauarbeiten (Abb. 4). Um die künstlerische und handwerkliche Qualität im Baugewerbe besorgt, betrieb Coudray mit der Unterstützung Goethes die Ausgliederung der Architekturklasse aus der Freien Zeichenschule und richtete

---

worden, bedarf keiner Erwähnung, da das Innre des Schlosses genugsam Zeugnis davon ablegt« (WA I, 53, S. 510). Wahrscheinlich hatten auch die Zimmerer-, Tischler- und Stuckateurlehrlinge, die vom Hofbildhauer Klauer unterrichtet wurden, architektonische Details für die Schlossinterieurs gefertigt. Vgl. Oliver Hellmuth: Vom Zeichnen und Modellieren: Die Verbindung des Hofbildhauers Martin Gottlieb Klauer zur Weimarer Zeichenschule. In: Kerrin Klinger (Hrsg.): Kunst und Handwerk in Weimar (Anm. 4), S. 57-66, hier S. 61.

1829 die Großherzogliche Freie Gewerkenschule[27] ein, die anfangs von Großherzogin Maria Pawlowna von Sachsen-Weimar-Eisenach aus ihrer Privatschatulle finanziert wurde. Die Gewerkenschule hatte den Status einer Berufsschule für das Zimmerer- und Maurerhandwerk und unterstand der fachlichen Aufsicht der Oberbaudirektion, deren Mitarbeiter den Unterricht gestalteten. Coudray lehrte trotz seiner Arbeitsbelastung, zunächst sogar ohne Vergütung, und leitete außerdem die Gewerkenschulen in Eisenach und Kaltennordheim.[28] Der Hofarchitekt und Baurat Carl Friedrich Christian Steiner,[29] der zugleich als Bauinspektor in der Oberbaudirektion arbeitete, gab seinen Geometrieunterricht nun, wie zuvor in der Zeichenschule, im Rahmen der Baugewerkenschule. Unterrichtet wurden die Fächer Reißkunst oder Linearzeichnen (geometrische Projektionen, Perspektive, Konstruieren von Schlagschatten, Bau- und Maschinenzeichnung), Freihandzeichnen (architektonische Ornamente, Vasen, Gefäße als Umrisse und mit Schatten), Modellieren in Wachs, Pappe, Holz und Gips sowie Fachrechnen.[30]

Ein Großteil der Weimarer Architekten, Baumeister und Handwerker des 19. und frühen 20. Jahrhunderts wurden an der Baugewerkenschule unterrichtet. Auch van de Veldes Kunstgewerbeschule kooperierte mit der Baugewerkenschule.[31] Durch diese kontinuierliche Ausbildung konnten die ästhetische und die konstruktive Qualität des Baugewerbes im 19. Jahrhundert erheblich verbessert werden. Hatte Bertuch noch die »kleinen schlecht gebauten Häuser und ängstlichen Gassen« seiner »hässlichen Heimatstadt« beklagt,[32] engagierte sich Coudray mit einer neuen Bauordnung für die Feuer- und Konstruktionssicherheit der Gebäude. Die Oberbaudirektion beurteilte und korrigierte die einge-

27 1859 erfolgte eine Unterteilung in die Großherzoglich-Sächsische Baugewerkenschule und die Freie Gewerkenschule, beide unter der Leitung des Oberbaudirektors Carl Heinrich Ferdinand Streichhan. 1890 wurde die Freie Gewerkenschule in die Großherzogliche Gewerbeschule umgewandelt. Vgl. Kerstin Vogel: »Die Verbindung von Kunst und Industrie«. Bemühungen um das Kunstgewerbe in Weimar im 19. Jahrhundert. In: Thesis. Wissenschaftliche Zeitschrift der Hochschule für Architektur und Bauwesen 38 (1992), H. 3/4, S. 149-154, hier S. 149.
28 Vgl. Walther Schneemann: C. W. Coudray. Goethes Baumeister. Ein Bild deutschen Bauschaffens in der Zeit des Klassizismus. Weimar 1943, S. 34.
29 Zu Steiners Lehrmethoden vgl. Anna-Sophie Heinemann: Angewandte Mathematik oder Géométrie descriptive unter Carl Friedrich Christian Steiner. In: Kerrin Klinger (Hrsg.): Kunst und Handwerk in Weimar (Anm. 4), S. 67-81.
30 Vgl. Coudrays Programm für die Großherzogliche Freie Gewerkschule zu Weimar. Abgedruckt in: Walter Schneemann: C. W. Coudray (Anm. 28), S. 36 f.
31 Vgl. Henry van de Velde: Jahresbericht der Kunstgewerbeschule 1910/11. Abgedruckt in: Volker Wahl (Hrsg.): Henry van de Velde in Weimar (Anm. 2), S. 240-247, hier S. 245 sowie Erläuterungen S. 454.
32 Zitiert nach Paul Kaiser: Das Haus am Baumgarten. 2 Teile. Weimar 1980. Teil 1: Friedrich Justin Bertuch, sein Haus »am Baumgarten« und die Wirksamkeit seines Landes-Industrie-Comptoirs, S. 6.

reichten Pläne der Architekten und Bauunternehmer. Mit diesen Maßnahmen und mit einer Fülle eigener Entwürfe, unter diesen auch Typenbauten für den Wohnungsbau, gelang es Coudray, die Stadt über die mittelalterlichen Grenzen hinaus behutsam zu erweitern und ein geschlossenes Stadtbild zu schaffen.[33]

Coudray bevorzugte die Schmuckformen der Antike; in seinen späteren Lebensjahren verwendete er auch, dem Geschmack der Zeit entsprechend, mittelalterliche Bauformen. Die Eckpfeiler seiner Ästhetik aber waren die Funktionstüchtigkeit, die Einfachheit und die Wirtschaftlichkeit: Alle Bauten sollten »vollkommen zweckmäßig, das heißt fest, bequem und schön und dabei doch ohne Verschwendung« ausgeführt werden.[34]

Bemühungen zur künstlerischen Förderung von Handwerk und Industrie ab 1860

Die fortschreitende Industrialisierung in der zweiten Hälfte des 19. Jahrhunderts verschärfte die gestalterischen Probleme im Handwerk und in der Industrie. Vor allem die zunehmend serielle Fertigung kunstgewerblicher Gegenstände ließ die Defizite im Bereich der Gestaltung immer deutlicher zutage treten. Offenkundig wurden sie vor allem während der Zweiten Allgemeinen Thüringer Gewerbeausstellung 1860 im Weimarer Schützenhaus, wo ein diffuses Sammelsurium an Maschinen, Geräten, Textilien, Waffen, Möbeln, Haushaltswaren und Kuriositäten zu besichtigen war.[35]

In der Folge wurden vielfältige Ideen entwickelt, um das ortsansässige Gewerbe durch neue kunstpädagogische Maßnahmen zu fördern.[36] Die von Carl Alexander von Sachsen-Weimar-Eisenach 1860 gegründete Großherzoglich Sächsische Kunstschule schlug vor, die Schule um ein Zentralinstitut für Kunst und Kunstgewerbe zu erweitern.[37] Dafür sollten die Freie Zeichenschule, einzelne Abteilungen der Baugewerkenschule und das Stegmann-Jäde'sche Institut zusammengefasst werden.[38] Während die Idee eines Kunstschulinstituts eine

---

33 Vgl. Anita Bach: Wohnhausbau von 1775 bis 1845 in Weimar. Diss. Weimar 1960, S. 82.
34 Clemens Wenzeslaus Coudray: Entwurf zur Organisation einer Oberbaubehörde für das Großherzogtum Sachsen-Weimar, 11. Mai 1816. ThHStAW, B 8775 a, Bl. 52.
35 Vgl. Anita Bach: Formgestaltung in Weimar (Anm. 24), S. 15.
36 Vgl. Kerstin Vogel: »Die Verbindung von Kunst und Industrie« (Anm. 27), S. 50 f.
37 Vorschläge der Kunstschule für ein Zentralinstitut für Kunst und Kunstgewerbe in Weimar 1867. Abgedruckt in: Volker Wahl (Hrsg.): Henry van de Velde in Weimar (Anm. 2), S. 41-44.
38 Der Architekt Carl Stegmann und der ehemalige Lehrer an der Zeichenschule Franz Leonhardt Jäde unterrichteten an der Baugewerkenschule und betrieben daneben eine private Ausbildungseinrichtung. Vgl. Achim Preiß: Das Kunstgewerbliche Seminar. In: Achim Preiß, Kaus-Jürgen Winkler: Weimarer Konzepte. Die Kunst- und Bauhochschule 1860-1995. Weimar 1996, S. 24.

unverwirklichte Idee blieb, billigte der Landtag im zweiten Anlauf die Forderung der 1877 gegründeten Gewerbekammer nach einem kunstgewerblichen Zentralbüro mit einem »vom Staat anzustellenden gewerblich gebildeten Künstler ersten Ranges an der Spitze«.[39] 1881 entstand die Großherzoglich-Sächsische Zentralstelle für Kunstgewerbe. In der kurzen Zeit ihres Bestehens wurde sie von dem Architekten Bruno Heinrich Eelbo geleitet, der zuvor in Gotha eine Werkstatt für Inneneinrichtungen unterhalten und neben Möbeln auch Öfen und Lampen entworfen hatte.[40] In seinem rückblickenden Bericht über die ersten drei Jahre seiner Tätigkeit würdigte Eelbo den »hochentwickelten Gewerbestand«,[41] den er in Weimar vorgefunden habe. Früher als in anderen deutschen Kulturzentren habe die vorausblickende Regierung das darniederliegende Handwerk unterstützt. Er erinnerte in diesem Zusammenhang »an die Gründung der Zeicheninstitute in Weimar und Eisenach, an die Freie Gewerkenschule in Weimar und die Einführung des gewerblichen Fortbildungs- und Zeichenunterrichts an den Volksschulen, worin Weimar anderen Regierungen unseres Vaterlandes voranschritt«.[42] Eelbos Aufgaben bestanden darin, für die Staatsbehörden Gutachten über kunstgewerbliche Fragen zu erstatten, den Unternehmen unentgeltlich Rat und Auskunft zu erteilen sowie zur Veranschaulichung seines Rats Zeichnungen anzufertigen. Einige der von ihm betreuten Betriebe wie die Hoftischlerei Scheidemantel, die Bürgeler Töpfereien und die Pianofabrik Louis Römhildt sollten zwei Jahrzehnte später auch mit van de Velde zusammenarbeiten, unter anderem bei der Einrichtung des Nietzsche-Archivs.

Das ausgeprägte Wachstum der Weimarer Handwerksbetriebe nach der Einführung der Gewerbefreiheit im Jahr 1867,[43] verbunden mit dem wirtschaftlichen Aufschwung des Bauhandwerks nach der Reichsgründung von 1871, fand seinen Ausdruck in pompösen eklektizistischen Dekorationen. Eelbo hingegen favorisierte als Architekt vereinfachte Stilelemente der Renaissance, später der Romanik,[44] und sah im Hinblick auf die Gestaltung von Gegenstän-

---

39 ThHStAW, Hausarchiv Carl Alexander XXVI, Nr. 1571, fol. 25. Vgl. Kerstin Vogel: »Die Verbindung von Kunst und Industrie« (Anm. 27), S. 152.
40 Vgl. Gottlieb Schneider: Gothaer Gedenkbuch. Des Gothaer Wegweisers dritte umgearbeitete und vermehrte Auflage. Gotha 1906, S. 74.
41 Bruno Eelbo: Bericht über die Tätigkeit der staatlichen Beratungsstelle für Kunstgewerbe in Weimar 1881 bis 1884. In: Volker Wahl (Hrsg.): Henry van de Velde in Weimar (Anm. 2), S. 44-51, hier S. 45.
42 Ebenda.
43 Vgl. Anita Bach: Formgestaltung in Weimar (Anm. 24), S. 14.
44 Bauten nach Entwürfen Eelbos sind unter anderem die Villa Alvary (1885) und die Landeskreditanstalt (1892/93) in Weimar. Vgl. Kulturdenkmale in Thüringen. Hrsg. vom Thüringischen Landesamt für Denkmalpflege. Altenburg 2005 ff. Bd. 4.2: Stadt Weimar. Stadterweiterung und Ortsteile. Bearb. von Rainer Müller. Altenburg 2009, S. 705 f., 779.

den, auch im Hinblick auf die Typisierung, die Zusammenarbeit zwischen Künstler und Fabrikant als unerlässlich an, bis es möglich sei, »billig und gut zu arbeiten« und sich die »typische Form« herausgebildet habe.[45] »Bei dem Exportgegenstand muß die höchste Solidität des Materials und der Arbeit Hand in Hand gehen mit äußerst vorsichtig verwendetem künstlerischen Schmuck [...] jeder überflüssige Schnörkel, jedes Ornament untergeordneter Wirkung verteuert den Gegenstand und macht ihn konkurrenzunfähig. Hier muß der Fabrikant mit dem Künstler lange zusammen arbeiten«.[46]

Eine weitere Möglichkeit, die Produktgestaltung in Handwerk und Industrie positiv zu beeinflussen, war die Mustersammlung für Kunsthandwerk und Architektur, die Stegmann und Jäde bereits 1863 nach dem Vorbild der Kunstgewerbemuseen anderer europäischer Städte ins Leben gerufen hatten. Indirekt entwickelte sich aus dieser Sammlung 1880 die Permanente Ausstellung für Kunst und Kunstgewerbe am Karlsplatz. Dort wurden die Werke einheimischer Künstler gezeigt; daneben gab es ein Museum für kunsthandwerkliche Gegenstände aus verschiedenen Ländern und Epochen, antike Kopien, Porzellan und Möbel.[47] Der Träger der Permanenten Ausstellung war ein Verein, dem der Oberhofmarschall und Generaladjutant des Großherzogs Aimé von Palézieux-Falconnet vorstand.[48] Vermutlich war es Eelbo, der in seiner Eigenschaft als Architekt das Ausstellungsgebäude der Permanenten Ausstellung am Karlsplatz im venezianischen Stil umgestaltete, und zwar unter Verwendung von Spolien gotischer Tür- und Fenstergewände, die Carl Alexander aus Venedig mitgebracht hatte.[49] Eelbos Angebot, die Permanente Ausstellung an den Sonntagnachmittagen unentgeltlich für Handwerker zu öffnen, um auf diese Weise noch offensiver »zur Geschmacksbildung des Handwerks beizutragen«,[50] wurde indessen kaum wahrgenommen.

45 Bruno Eelbo: Bericht über die Tätigkeit der staatlichen Beratungsstelle für Kunstgewerbe in Weimar (Anm. 41), S. 47.
46 Ebenda.
47 Die Stegmann'sche Vorbildersammlung und großherzogliche Leihgaben bildeten den Grundstock für die »Vorbildersammlung für Architektur und Kunstgewerbe zur Förderung der Geschmacksbildung der Kunstgewerb-Treibenden« ab 1869. Vgl. Kerstin Vogel: »Die Verbindung von Kunst und Industrie« (Anm. 27), S. 151.
48 Vgl. Volker Wahl: Erläuterungen. In: Ders. (Hrsg.): Henry van de Velde in Weimar (Anm. 2), S. 401-414, hier S. 402. Unabhängig von der Permanenten Ausstellung unterhielt auch der 1833 gegründete Gewerbeverein eine Vorbildersammlung. Vgl. Kerstin Vogel: »Die Verbindung von Kunst und Industrie« (Anm. 27), S. 152.
49 Vgl. Kulturdenkmale in Thüringen (Anm. 44). Bd. 4.1: Stadt Weimar. Altstadt. Bearb. von Rainer Müller. Altenburg 2009, S. 378 f.
50 Bruno Eelbo: Bericht über die Tätigkeit der staatlichen Beratungsstelle für Kunstgewerbe in Weimar (Anm. 41), S. 46.

Henry van de Veldes Engagement für die Erneuerung des Handwerks

Der Berufung Henry van de Veldes nach Weimar waren Verhandlungen und Überlegungen vorausgegangen, an denen Harry Graf Kessler und Elisabeth Förster-Nietzsche maßgeblichen Anteil hatten. Kessler erschien der Provinzort Weimar mit seiner großen kulturellen Vergangenheit und dem jungen Großherzog Wilhelm Ernst von Sachsen-Weimar-Eisenach als geeigneter Standort für die moralisch-ästhetische Erneuerung, die in den kulturinteressierten Kreisen der Jugendstilzeit vielerorts diskutiert wurde. Er hatte sich seine Berliner Wohnung von van de Velde einrichten lassen und ihm zugleich den Auftrag zur buchkünstlerischen Ausstattung einer Luxusausgabe von Nietzsches *Zarathustra* erteilt. Kessler bewunderte den belgischen Künstler, seit er wie andere kunstinteressierte Pilger dessen Wohnhaus Bloemenwerf im Brüsseler Vorort Uccle kennengelernt hatte. Als die Direktorenstelle der Großherzoglich Sächsischen Kunstschule frei wurde, erkannte Kessler die Chance, dem zu dieser Zeit schon bekannten, aber in Berlin unglücklich agierenden van de Velde ein neues Betätigungsfeld zu verschaffen.[51] Da die Regierung zuvor ausschließlich Maler beziehungsweise Bildhauer auf den Direktorenposten berufen hatte, unterstützte Kessler nunmehr mit Nachdruck diejenigen politischen Entscheidungsträger, die einen Vertreter der angewandten Kunst auswählen wollten. Nach einem Gespräch mit dem sachsen-weimarischen Staatsminister Karl Rothe notierte Kessler, das Kunsthandwerk zu fördern, sei »für [den] Mittelstaat lohnender als große Kunst, weil ein hervorragender Maler oder Bildhauer, den die Kunstschule hier hervorbrächte, wahrscheinlich nicht im Lande bleibe sondern nach Berlin oder München gehe, wo er mehr Aussicht auf Aufträge hat, während tüchtige Kunsthandwerker im Lande bleiben«.[52] Wie Bertuch gab Kessler der Handwerkerschulung den Vorrang vor der Künstlerausbildung und reagierte damit wie dieser auf eine Krise des Handwerks. Dennoch konnte er sich mit seinem Plan nicht durchsetzen, denn mit Hans Olde wurde schließlich erneut ein Maler und Graphiker auf die Direktorenstelle der Kunstschule berufen.

Für die Ausbildung von Kunsthandwerkern schien van de Velde ideal geeignet, denn er verfügte über praktische Erfahrungen im Leiten kunstgewerblicher Werkstätten. Als Theoretiker und leidenschaftlicher Pionier der Kultur-

---

51 Zu den Schwierigkeiten der Henry van de Velde-GmbH in Berlin vgl. Thomas Föhl: Henry van de Velde und Eberhard von Bodenhausen. Wirtschaftliche Grundlagen der gemeinsamen Arbeit. In: Klaus-Jürgen Sembach, Birgit Schulte (Hrsg.): Henry van de Velde. Ein europäischer Künstler seiner Zeit. Ausstellungskatalog, Karl-Ernst-Osthaus-Museum, Hagen u.a. Köln 1992, S. 169-205.

52 Harry Graf Kessler. Das Tagebuch 1880-1937. Hrsg. von Roland S. Kamzelak und Ulrich Ott. Stuttgart 2004 ff. Bd. 3: 1897-1905. Hrsg. von Carina Schäfer und Gabriele Biedermann. Stuttgart 2004, S. 440 (Eintrag vom 26. Oktober 1901).

erneuerung ›predigte‹ er in zahlreichen Vorträgen und Aufsätzen über die »Renaissance« des Kunstgewerbes.[53] Von sozialrevolutionärem Gedankengut wie auch von Schriften der englischen Kulturreformer John Ruskin und William Morris beeinflusst, hatte van de Velde die Malerei aufgegeben, um sich autodidaktisch der angewandten Kunst zuzuwenden. Schon 1893 appellierte er an junge Künstler an der Königlichen Akademie in Antwerpen, es ihm gleich zu tun und im Sinne des Gesamtkunstwerks an einer neuen einheitlichen Kultur mitzuwirken:

> Sobald Ihnen klar sein wird, daß Sie als Kunsthandwerker wirklich Künstler sein können: sei es als Keramiker, Goldschmied, Schmied, Glasmacher, Sticker, Mosaizist oder Möbelbauer, Erfinder von Tapeten und Geweben; [...] werden Sie mir zum Ziele folgen [...] und Sie selbst werden diese Zweige, die einst in einer imposanten und prunkvollen Einheit zusammentrafen, wieder zur Auferstehung gebracht haben.[54]

In ihrem Anspruch, nahezu alle Bereiche des Alltagslebens ästhetisch zu reformieren, gibt es Parallelen zwischen van de Velde und Bertuch. So beschäftigte sich zum Beispiel auch der belgische Designer in Aufsätzen wiederholt mit Frauenkleidung.[55] Er entwarf Reformkleider, die dem Körper Bewegungsfreiheit lassen, und opponierte damit gegen die vorherrschende Mode, die Kleider mit Wespentaille und Tournüre favorisierte (Abb. 5). Auch Typographie und Buchgestaltung waren für den Verleger der Goethezeit wie für den belgischen Künstler gleichermaßen von größter Bedeutung.

Zwar wurde van de Velde nicht als Direktor der Kunstschule berufen, doch ernannte man ihn zum 1. April 1902, zwei Tage vor seinem 39. Geburtstag, zum künstlerischen Berater für Industrie und Handwerk des Großherzogtums Sachsen-Weimar-Eisenach. Van de Veldes Aufgabe bestand darin, Gutachten über den technischen, wirtschafts- und handelspolitischen Entwicklungsstand des Kunstgewerbes, der Architektur und der dekorativen Kunst zu erarbeiten und auf die Gestaltung der Produkte Einfluss zu nehmen. Sein Betätigungsfeld

---

53 Zu Beginn seiner Weimarer Tätigkeit lagen zum Beispiel vor: Henry van de Velde: Die Renaissance im modernen Kunstgewerbe. Berlin 1901; ders.: Kunstgewerbliche Laienpredigten. Leipzig 1902. Vgl. hierzu auch den Beitrag von Ulrike Wolff-Thomsen in diesem Band.
54 Henry van de Velde: Eine Predigt an die Jugend (1893). In: Ders.: Kunstgewerbliche Laienpredigten. Neuausgabe mit einem Nachwort von Sonja Günther. Berlin 1999, S. 67.
55 Vgl. Henry van de Velde: Das neue Kunst-Prinzip in der modernen Frauen-Kleidung. In: Deutsche Kunst und Dekoration 10 (1902), S. 363-386; vgl. auch Gerda Breuer: »Der Künstler ist in seiner innersten Essenz nach glühender Individualist«. Henry van de Veldes Beiträge zur Reformierung der Krefelder Industrie – Grenzen einer Gewerbeförderung durch Kunst. In: Klaus-Jürgen Sembach, Birgit Schulte (Hrsg.): Henry van de Velde (Anm. 51), S. 206-229, hier S. 217-222.

Abb. 5
Henry van de Velde, Blaues Tea-Gown mit breiten Bordüren, Replik, um 1895

war vergleichbar mit dem von Bruno Eelbo zwanzig Jahre zuvor. Umso überraschender ist es, dass sich in seinen Berichten keine Hinweise auf die Arbeit des Vorgängers finden, obwohl er gewiss über diese informiert war.[56] Als Aus-

---

[56] Hüter weist darauf hin, dass die Einrichtung in Regierungskreisen gewiss noch in Erinnerung war und das Einsatzgebiet van de Veldes deshalb klar definiert werden konnte. Er vermutet, dass van de Velde die Vorarbeit Eelbos verschwieg, weil seine Mission dadurch banalisiert worden wäre. Vgl. Karl-Heinz Hüter: Hoffnung, Illusion und Enttäuschung. Henry van de Veldes Kunstgewerbeschule und das frühe Bauhaus. In: Klaus-Jürgen Sembach, Birgit Schulte (Hrsg.): Henry van de Velde (Anm. 51), S. 285-337, hier S. 286.

kunfts- und Beratungsbüro für Handwerker und Fabrikanten richtete van de Velde am 15. Oktober 1902 in räumlicher Nähe zur Kunstschule ein Kunstgewerbliches Seminar ein. Dort gab es neben seinen Privatateliers und den Ateliers seiner Angestellten auch Werkstätten, in denen Zeichner und Modelleure unter der Anleitung van de Veldes und seiner Mitarbeiter an ihren Entwürfen arbeiten und diese dann in die serielle Produktion geben konnten. Neben der bereits erwähnten Kritik an den veralteten gestalterischen Vorstellungen der Handwerker ist ein pragmatisches Verantwortungsgefühl van de Veldes für die um ihr wirtschaftliches Überleben kämpfenden Betriebe bemerkenswert. So empfahl er den Schnitzern in der Rhön, ihre Produktion umzustellen auf Holzspielzeug und Kleinmöbel. Den Frauen und Mädchen in der Region schlug er die Fabrikation von Knüpfteppichen vor, dem Beispiel eines Dorfes in seiner Heimat folgend.[57] Auch den Porzellanfabriken in Ilmenau und Blankenhain, die mit den berühmten Manufakturen Meißen, Berlin und Kopenhagen nicht mithalten konnten, machte van de Velde praktische Vorschläge, um ihre Konkurrenzfähigkeit zu erhöhen. Sie sollten einfache und geschmackvolle Tafelservice zu mittleren Preisen herstellen. In der Korbmacherstadt Tannroda förderte van de Velde die Bildung einer Genossenschaft und die Erweiterung der Produktpalette um Möbel. Unter den zahlreichen Betrieben, die van de Velde betreute, seien noch die Bürgeler Töpfereien erwähnt. Van de Velde half den Töpfern, die bis dahin historisierend gearbeitet hatten und in eine Absatzkrise geraten waren, indem er mehrere Modellserien für Gebrauchsgeschirr entwarf und durch Ausstellungen neue Käuferkreise erschloss.[58]

1904 legte van de Velde erstmals Pläne für eine Kunstgewerbeschule vor. Im Zusammenhang mit einem Neubau für die Kunstschule entwarf er sogleich auch ein Gebäude für die Kunstgewerbeschule, das im Herbst 1906 bezogen werden konnte. Zunächst brachte van de Velde hier das Seminar und sein Atelier unter und begann trotz großer finanzieller Probleme mit der Einrichtung von Werkstätten – unter anderem einer Buchbinderei, einer Keramikwerkstatt sowie verschiedener Metall- und Textilwerkstätten. Offiziell wurde die Großherzoglich Sächsische Kunstgewerbeschule zu Weimar im April 1908 eröffnet. Alle Werkstätten waren zugleich Lehr- und Produktivwerkstätten. Ihre Erzeugnisse wurden auf nationalen und internationalen Ausstellungen präsentiert und im Weimarer Schulgebäude verkauft. Im theoretischen Unterricht verzichtete die Kunstgewerbeschule auf die an Kunstschulen üblichen Lektionen in Kunstgeschichte und auf das bis dahin ebenfalls übliche Abzeichnen nach Vorlagen; stattdessen übten die Schüler Gestaltungsmittel und Formgesetze in einer Ele-

---

57 Vgl. Henry van de Velde: Spezialbericht über Kaltennordheim und Empfertshausen [Dezember 1902]. Abgedruckt in: Volker Wahl (Hrsg.): Henry van de Velde in Weimar (Anm. 2), S. 112-118, hier S. 117f.
58 Vgl. Karl-Heinz Hüter: Henry van de Velde. Sein Werk bis zum Ende seiner Tätigkeit in Deutschland. Berlin 1967.

mentarlehre.[59] Weitere Fächer waren die Ornamentik, von van de Velde selbst unterrichtet, sowie technisches und kunstgewerbliches Zeichnen, Konstruktionslehre, Skizzieren und Projektionszeichnen, Farbenlehre und kunstgewerbliches Modellieren.

Die Formensprache van de Veldes wurde zum äußeren Rahmen des Neuen Weimar, dem Kreis von Künstlern, Schriftstellern und anderen kulturinteressierten Persönlichkeiten, für die die Gedankenwelt Friedrich Nietzsches das verbindende Element war. Harry Graf Kessler, Organisator und Mittelpunkt des Neuen Weimar, engagierte sich als ehrenamtlicher Kuratoriumsvorsitzender des Großherzoglichen Museums für Kunst und Kunstgewerbe am Karlsplatz, das aus der Permanenten Ausstellung hervorgegangen war, für die Avantgarde-Kunst. Er zeigte in einem ambitionierten Programm Werke moderner französischer und deutscher Künstler und stellte in den Wintermonaten das Haus unter anderem van de Velde und dessen Schülern für Verkaufspräsentationen zur Verfügung.[60] Aber für die hochfliegenden Pläne Kesslers war dieses Museum zu klein. Van de Velde entwarf daher in den Jahren 1903 und 1904 Pläne für ein Kunst- und Kunstgewerbemuseum am Karlsplatz, die allerdings nicht zur Ausführung gelangten.[61] Auch seine Entwürfe für den Umbau des Großherzoglichen Museums blieben unrealisiert (Abb. 6). Kessler freute sich indessen darüber, dass van de Velde eine Musterkollektion und Vorbildersammlung für seine Schüler zusammengestellt hatte, die er als ein »Museum der reinen Formen« bezeichnete.[62]

Der »Kollektivraum Weimar« auf der Dritten Deutschen Kunstgewerbeausstellung 1906 in Dresden bot eine Übersicht des erreichten Entwicklungsstandes.[63] Neben vier von van de Velde entworfenen und von Weimarer Betrieben hergestellten Interieurs wurden in einem Laden Einzelerzeugnisse von insgesamt 23 Thüringer Firmen zum Kauf angeboten.[64] Van de Velde betrachtete das »Ensemble der Werkstätten und Fabriken, der Handwerker und Fabrikanten des Großherzogtums Sachsen-Weimar« als »ein großes Laboratorium, wie

---

59 Vgl. Norbert Korrek: Henry van de Velde und die Großherzoglich-Sächsische Kunstgewerbeschule zu Weimar. In: Thesis. Wissenschaftliche Zeitschrift der Hochschule für Architektur und Bauwesen 41 (1995), H. 4/5, S. 53-58.
60 Vgl. Thomas Föhl: Kunstpolitik und Lebensentwurf. Das Neue Weimar im Spiegel der Beziehungen zwischen Henry van de Velde und Harry Graf Kessler. In: Rolf Bothe, Thomas Föhl (Hrsg.): Aufstieg und Fall der Moderne. Ausstellungskatalog, Kunstsammlungen zu Weimar. Ostfildern 1999, S. 60-78, hier S. 75.
61 Vgl. hierzu den Beitrag von Norbert Korrek in diesem Band.
62 Zitiert nach Thomas Föhl: Henry van de Velde. Architekt und Designer des Jugendstils. Weimar 2010, S. 52.
63 Vgl. den Prospekt über den »Kollektivraum Weimar« auf der Dritten Deutschen Kunstgewerbeausstellung 1906 in Dresden. Abgedruckt in: Volker Wahl (Hrsg.): Henry van de Velde in Weimar (Anm. 2), S. 149-152.
64 Vgl. ebenda.

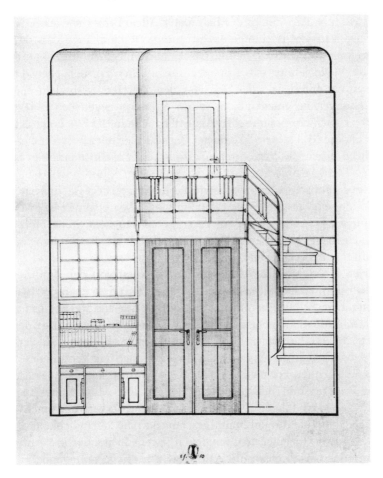

Abb. 6
Henry van de Velde, Entwurf für den Umbau des Großherzoglichen Museums,
Schnittdarstellung zur Graphischen Sammlung, 1907

ein weit ausgedehntes Seminar, in welchem sich unter dem Großherzoglichen Schutz der Stil vorbereitet«.[65] Hier findet sich die Idee Bertuchs zur arbeitsteiligen Produktion in seinen Vorschlägen für die Landes-Industrie-Comptoire[66] wieder. Gemeinsam mit Kessler hatte van de Velde die utopische Vorstellung, die ganze Stadt umzugestalten, aber realisieren konnte er neben Villen für private Auftraggeber und den beiden Kunstschulgebäuden nur noch sein eigenes

65 Henry van de Velde: Einleitung zu den Inspektionsberichten (Anm. 2), S. 103.
66 Vgl. Kerrin Klinger: Der Entwurf zur Fürstlichen Freyen Zeichenschule (Anm. 5).

Wohnhaus Hohe Pappeln an der Belvederer Allee. Dieses wie auch die Inneneinrichtungen für das Nietzsche-Archiv und die Wohnung Kesslers standen im Sinne des angestrebten Gesamtkunstwerks für den Neuen Stil.

Van de Velde lehnte das Kopieren historischer Formen ebenso wie die Verzierung von Interieurs oder Hausfassaden mit Tier-, Menschen- und Pflanzendarstellungen vehement ab. In seiner Agitation gegen den Eklektizismus schreckte er auch vor polemischen Angriffen nicht zurück[67] – und folgte damit ein ums andere Mal seinem Vorgänger Bertuch, der mit ebenso entschiedenen Äußerungen gegen die Verfechter eines aus seiner Sicht überholten Stils vorging.

Ebenso didaktisch-pädagogisch wie Bertuch um 1800 im *Journal* erklärte van de Velde seine gestalterische Grundhaltung: »Wir ersinnen [...] Möbel, die kein unnützes Element leiden; bei ihnen lassen wir kein Stück Holz zu, das nicht seinen Grund hat und welches nicht einfach seiner Bestimmung entgegengeht und seinen Zweck erfüllt«.[68]

Obgleich Henry van de Velde sich ganz bewusst von den Traditionen der klassischen und nachklassischen Zeit distanzierte, setzte er in gewisser Weise die Bemühungen seiner Vorgänger fort, denn sie alle verfolgten gleichermaßen das Ziel, mit kunstpädagogischen Mitteln die wirtschaftliche Lage der Handwerksbetriebe im Großherzogtum Sachsen-Weimar-Eisenach zu verbessern. Auch die Methoden der Vermittlung änderten sich im Verlauf des 19. und frühen 20. Jahrhunderts nicht wesentlich: die institutionelle Ausbildung, die Beratung in Wort und Bild, die Ausstellungen und Mustersammlungen, die Werbung für vorbildliche Produkte und Handwerker und nicht zuletzt die mediale Schulung des Publikumsgeschmacks. Die Persönlichkeiten, die sich für das Handwerk engagierten, handelten jeweils in politischem Auftrag und waren zugleich eingebunden in einen Kreis von geistig miteinander verwandten, hoch motivierten Menschen aus verschiedenen Bereichen der bildenden Kunst und Literatur. Die zentralen Begriffe blieben im Jahrhundert zwischen Bertuch und van de Velde nahezu konstant: Zweckmäßigkeit, Materialgerechtigkeit, Sparsamkeit und Langlebigkeit, Einfachheit und Klarheit, Vernunft und Sorgfalt. Diese Leitgedanken führten schließlich über van de Velde hinaus bis zur Typisierungsdebatte des Deutschen Werkbundes und letztendlich zur ornamentlosen Gestaltung des Bauhauses.

---

67 Vgl. u.a. seine ironischen Ausführungen über eine mit mythologischem Bombast überladene Suppenterrine. In: Henry van de Velde: Prinzipielle Erklärungen (1902). In: Ders.: Kunstgewerbliche Laienpredigten (Anm. 54), S. 137-195, hier S. 161.
68 Ebenda, S. 155.

UTE ACKERMANN

Eine Allianz für Weimar?
Henry van de Velde und Walter Gropius

»Ihr müßt beide haben«.[1] Mit dieser salomonischen Antwort reagierte Hans Poelzig 1919 auf die Frage, ob Henry van de Velde oder Walter Gropius die Geschicke der Weimarer Kunstschulen lenken solle. Henry van de Velde wurde bekanntlich nach dem Ersten Weltkrieg nicht nach Weimar zurückberufen. Aber stellte die erneute Verpflichtung van de Veldes tatsächlich eine »große Chance« dar, »die Gropius eigentlich nicht hätte verschenken dürfen«?[2] Wäre ein Mit- oder Nebeneinander der beiden Künstler am Bauhaus überhaupt denkbar gewesen? Um diese Fragen zu klären, soll das Verhältnis zwischen van de Velde und Gropius in den Jahren vor dem Ersten Weltkrieg untersucht werden.[3] Es wird darzulegen sein, warum Gropius 1919 nicht mit van de Velde gemeinsam arbeiten konnte oder wollte. Dazu ist es notwendig, den Blick über die Grenzen des Großherzogtums Sachsen-Weimar-Eisenach hinaus zu richten und van de Veldes Tätigkeit im Zusammenhang mit zeitgenössischen Diskussionen und Bewegungen zu betrachten.

Umstrittene Verbindung von Kunst und Gewerbe

Mit der Regierungsübernahme durch Wilhelm Ernst im Jahre 1901 waren zugleich wesentliche Positionen im Kulturleben des Großherzogtums Sachsen-Weimar-Eisenach neu zu besetzen. Hatte die Weimarer Kunstschule bislang dem privaten Engagement des Großherzogs unterstanden, wurde sie 1901

---

1 »Van de Velde ist natürlich viel mehr als Hans Poelzig und Ihr müßt beide haben«. Hans Poelzig an Richard Engelmann, 8. Februar 1919. Zitiert nach Volker Wahl (Hrsg.): Das Staatliche Bauhaus in Weimar. Dokumente zur Geschichte des Instituts 1919-1926. Köln, Weimar, Wien 2009, S. 59.
2 Wolf D. Pecher: Eine ungenutzte Chance. Henry van de Velde und das Bauhaus. In: Weltkunst 1999, S. 1410-1412, hier S. 1412. Der Autor sieht das Nichtzustandekommen der Rückberufung van de Veldes ausschließlich in Gropius' Weigerung begründet.
3 Klaus Weber hat in seiner Dokumentation das historische Material zu van de Velde und Gropius ausgewertet. Vgl. Klaus Weber: »Wir haben viel an Ihnen gut zu machen«. Einige Dokumente zum Verhältnis von Henry van de Velde und Walter Gropius. In: Klaus-Jürgen Sembach, Birgit Schulte (Hrsg.): Henry van de Velde. Ein europäischer Künstler seiner Zeit. Ausstellungskatalog, Karl-Ernst-Osthaus-Museum, Hagen u. a. Köln 1992, S. 360-378.

durch die Übernahme in die Verantwortung eines Ministeriums zur Staatsangelegenheit und nannte sich nun Großherzoglich Sächsische Hochschule für bildende Kunst. Die Zeichen standen auf Neubeginn: Neben dem Direktorat der Kunstschule waren die Leitung des Goethe-Nationalmuseums, des Großherzoglichen Museums und die Intendanz des Theaters neu zu besetzen. Das Nietzsche-Archiv machte die Stadt zu einem Pilgerort der Verehrer des Philosophen, und in Berlin schmiedete die Avantgarde Pläne für ein Neues Weimar. Nicht zuletzt den ausgezeichneten Beziehungen von Elisabeth Förster-Nietzsche zum Weimarer Hof ist es zu danken, dass Wilhelm Ernst sich für einen personellen und inhaltlichen Wandel in Sachen Kunst interessierte. Mit publizistischem Geschick baute man ihn für die Öffentlichkeit als kunstfördernden Monarchen auf.[4] Das Idealbild eines neuen Typs ›jugendlicher Regent‹ lieferte Ernst Ludwig von Hessen. Die Künstlerkolonie Mathildenhöhe in Darmstadt hatte er zum weithin sichtbaren mäzenatischen Prestigeprojekt gemacht. Wilhelm Ernst war von diesem Unterfangen begeistert. Wie auch Ernst Ludwig zeigte er sich gegenüber der kaiserlichen Kunstdoktrin zunächst äußerst widerspenstig.[5] Diese sah eine säuberliche Trennung der ›hohen Kunst‹ von den Niederungen des Kunstgewerbes vor. In seiner Rede *An die Berliner Künstler nach Herstellung der Denkmäler in der Siegesallee am 18. Dezember 1901* stellte der Kaiser fest: »Eine Kunst, die sich über die von Mir bezeichneten Gesetze und Schranken hinwegsetzt, ist keine Kunst mehr, ist Fabrikarbeit, ist Gewerbe, und das darf die Kunst nie werden. [...] Die Kunst soll mithelfen, erzieherisch auf das Volk einzuwirken, sie soll auch den unteren Ständen nach harter Mühe und Arbeit die Möglichkeit geben, sich an den Idealen wieder aufzurichten«.[6] Durch Houston Stewart Chamberlains Schriften[7] stark beeinflusst, glaubte der Kaiser fest an die Existenz überzeitlicher Gesetze von Harmonie und Ästhetik und an eine deutsche Nationalkunst, deren Förderung er als höchste Aufgabe betrachtete. Einen ganz aus der Vernunft seiner Schöpfer

---

4 Vgl. den Beitrag von Volker Wahl in diesem Band.
5 Vgl. Thomas Föhl: Kunstpolitik und Lebensentwurf. Das Neue Weimar im Spiegel der Beziehungen zwischen Henry van de Velde und Harry Graf Kessler. In: Rolf Bothe, Thomas Föhl (Hrsg.): Aufstieg und Fall der Moderne. Ausstellungskatalog, Kunstsammlungen zu Weimar. Ostfildern 1999, S. 60-78, hier S. 68.
6 Friedrich Wilhelm II: An die Berliner Künstler nach Herstellung der Denkmäler in der Siegesallee am 18. Dezember 1901. In: Worte und Reden Sr. Majestät Kaiser Wilhelm II. Hrsg. von Karl Handtmann. Berlin 1905, S. 56f., hier S. 56.
7 Chamberlains Werk über *Die Grundlagen des 19. Jahrhunderts*, in dem er Gobineaus Deutung der Weltgeschichte nach dem Rasseprinzip übernahm, hatte sich zum Bestseller entwickelt. Eine Volksausgabe des 1.000-seitigen Buches war 1906 erschienen. Der Kaiser las seinen Hofdamen regelmäßig daraus vor. Die Entwicklung einer Nationalkultur betrachtete Chamberlain, anders als die Autoren des Kulturpessimismus, als Aufgabe. Das Deutschtum setzte er mit der Weltmission der arischen Rasse gleich und begründete so die Notwendigkeit einer deutschvölkischen Nationalkultur. Vgl. Houston Chamberlain: Die Grundlagen des 19. Jahrhunderts. München 1899.

statt aus der Tradition entwickelten neuen Stil lehnte er kategorisch ab. Den van de Velde-Raum auf der Düsseldorfer Ausstellung 1902 weigerte er sich zu betreten, um nicht seekrank zu werden, wie man kolportierte.[8] Die Berufung van de Veldes nach Weimar als Berater für die künstlerische Hebung von Handwerk und Gewerbe in Sachsen-Weimar-Eisenach war ein Akt entschiedener Auflehnung gegen die konservative Kulturpolitik Berlins.

In Sachsen-Weimar-Eisenach pflegte man einen gesunden Pragmatismus und sah in der Verbindung von Kunst und Gewerbe keine unschickliche Allianz. Mit der Gründung einer Großherzoglichen Zentralstelle für Gewerbe war bereits in den 1880er Jahren der Versuch unternommen worden, das Handwerk künstlerisch zu heben.[9] Man zeigte Interesse an der Kunstgewerbebewegung, wenngleich sie sich in Weimar nicht – wie etwa in München 1898 mit dem Zusammenschluss von Künstlern, Handwerksbetrieben und Architekten in den Vereinigten Werkstätten – konsolidieren konnte.[10] 1902 hatten Gutachter im Dienste des Großherzogs vorgeschlagen, in Weimar eine kunstgewerbliche Abteilung oder besser noch eine Kunstgewerbeschule zu gründen.[11] Möglicherweise bestanden aber auch schon bei Wilhelm Ernsts Regierungsantritt Pläne zur Angliederung von Abteilungen für Bildhauerei und Kunstgewerbe an die bestehende Kunsthochschule.[12] Für die Stelle des Kunstschuldirektors war die Anstellung eines Kunstgewerblers in Betracht gezogen worden.[13] Harry

---

8 Vgl. Henry van de Velde: Geschichte meines Lebens. Hrsg. und übertragen von Hans Curjel. München 1962, S. 238.
9 Leider bestand diese Unternehmung nur einige Jahre und blieb ohne Einfluss.
10 Zu den Vereinigten Werkstätten zählten unter anderem Peter Behrens, Hermann Obrist, Otto Pankok, Bruno Paul, Richard Riemerschmid und Paul Schultze-Naumburg.
11 Vgl. Achim Preiß: Die künstlerische Ausbildung in Weimar von 1900 bis 1919. In: Frank Simon-Ritz, Klaus-Jürgen Winkler, Gerd Zimmermann (Hrsg.): Aber wir sind! Wir wollen! Und wir schaffen! Von der Großherzoglichen Kunstschule zur Bauhaus-Universität Weimar 1860-2010. 2 Bde. Weimar 2010-2012. Bd. 1. Weimar 2010, S. 83-98, hier S. 87.
12 Vgl. Hans Olde in: Die Zukunft der Vorbildung unserer Künstler. Aussprüche von Künstlern und Kunstfreunden, zusammengestellt von Woldemar von Seidlitz. Leipzig 1917, S. 18. Vgl. auch Bernhard Post: Von der fürstlichen Kunstschule zur staatlichen Hochschule. In: Frank Simon-Ritz, Klaus-Jürgen Winkler, Gerd Zimmermann (Hrsg.): Aber wir sind! Wir wollen! Und wir schaffen! (Anm. 11). Bd. 1, S. 61-80, hier S. 63. Zwei Jahre nach seinem Antritt in Weimar schlug van de Velde die engere Verknüpfung seines Kunstgewerblichen Seminars mit der Großherzoglich Sächsischen Hochschule für bildende Kunst durch Gründung einer Schule für Handwerkskunst vor. Vgl. Immediatsbericht Henry van de Veldes an den Großherzog vom 24. Dezember 1904 über das Projekt einer Schule für Handwerkskunst. In: Volker Wahl (Hrsg.): Das Staatliche Bauhaus in Weimar (Anm. 1), S. 159.
13 Vgl. Harry Graf Kessler an Eberhard von Bodenhausen, 6. September 1901. In: Eberhard von Bodenhausen – Harry Graf Kessler. Ein Briefwechsel. 1894-1918. Ausgew. und hrsg. von Hans-Ulrich Simon. Marbach a. N. 1978, S. 61.

Graf Kessler und Elisabeth Förster-Nietzsche versuchten, wenn auch erfolglos, Henry van de Velde auf diesen Posten zu lancieren.[14]

Das Direktorat der Kunstschule übernahm schließlich 1902 der Maler Hans Olde.[15] Mit ihm und Henry van de Velde, der ebenfalls 1902 sein Amt als Berater des Großherzogs antrat, verfügte Weimar nun über eine Doppelspitze im Kampf für die moderne Kunst. An ihre Seite traten 1903 Harry Graf Kessler und als Professor der Kunstschule Ludwig von Hofmann.[16] Wenig später, 1905, gründete der Bildhauer Adolf Brütt ein zunächst privat betriebenes Bildhaueratelier. Brütt, ein Jugendfreund Oldes, hatte sich 1899 mit dem *Standbild des Markgrafen Otto der Faule* an der Gestaltung der Berliner Siegesallee, dem Lieblingsprojekt des Kaisers, beteiligt, versuchte jedoch den Historismus zu überwinden, was ihn für Weimar qualifizierte. Die Front für eine moderne Kunst in Weimar war damit indessen nur vordergründig geschlossen. Sezessionismus und Kunstschulreform gingen nicht zwangsläufig mit der Begeisterung für den Neuen Stil van de Veldes einher. So berief Olde als einen der ersten neuen Lehrer den nationalkonservativen Lebensreformer Paul Schultze-Naumburg, der van de Veldes Arbeit ablehnte und in seinen *Kulturarbeiten*[17] vorindustrielle Architekturen sowie Landschaften popularisierte. Eine deutsche Kunst und Architektur sah Schultze-Naumburg im Biedermeier vorbildhaft ausgeprägt.[18]

Zum Tee bei »ganz alten Tanten«

Jugendstil und Biedermeierrezeption hatten seit 1890 die Entwicklung eines neuen Stils vorangetrieben. Ihr kleinster gemeinsamer Nenner drückte sich im Begriff der Vernunft aus, ihre größte Differenz im jeweiligen Verhältnis zur Tradition. Van de Velde, der sich jedem historischen Vorbild verweigerte, spottete: »Sicherlich hat er [der Biedermeierstil] dasselbe an sich, was es einem nicht leicht macht, die Rührung zu unterdrücken, welche man verspürt, wenn man ganz alte Tanten besucht, die sich in weit abgelegene Provinzen zurückgezogen haben«.[19]

---

14 Für Elisabeth Förster-Nietzsche war auch Harry Graf Kessler ein möglicher Kandidat für diese Stelle. Vgl. Thomas Föhl: Kunstpolitik und Lebensentwurf (Anm. 5), S. 66.
15 Olde hatte sich bereits mit seinem Nietzsche-Porträt von 1897 für Weimar empfohlen. Der Auftrag stammte aus dem Redaktionskreis des *Pan*, dem auch Harry Graf Kessler angehört hatte. Olde unterzog die Kunsthochschule einer umfassenden Reform im Sinne des Sezessionismus.
16 Auch von Hofmann war ein Wunschkandidat Kesslers.
17 Paul Schultze-Naumburg: Kulturarbeiten. 9 Bde. München 1902-1917.
18 Vgl. Paul Schultze-Naumburg: Häusliche Kunstpflege. Leipzig 1899.
19 Henry van de Velde: Das Streben nach einem Stil, dessen Grundlagen auf vernünftiger, logischer Konzeption beruhen. In: Vom neuen Stil. Der »Laienpredigten« II. Teil. Leipzig 1907, S. 21-50, hier S. 45.

Die Verfechter des reanimierten Biedermeier interpretierten diesen Stil dagegen als reinen Ausdruck vernünftiger Gestaltung. ›Einfachheit‹ war das Schlagwort, das diese Strömung in erster Linie von van de Veldes raffinierter Linienkunst unterschied. Eine 1898 im Münchener Glaspalast eröffnete Ausstellung[20] ließ die Gegentendenz zwar schon sichtbar werden, konnte aber dem Jugendstil seinen Erfolg noch nicht streitig machen. Die Diskussionen um einen modernen Stil zielten immer stärker auf einen originär deutschen National-Stil. Sachlichkeit, Handwerklichkeit, Materialgerechtigkeit und weitgehende Ornamentlosigkeit manifestierten sich als ›deutsche Tugenden‹ weit deutlicher im Biedermeier als in einem Neuen Stil französisch-belgischer Herkunft.[21] Damit war eine Alternative zum Jugendstil gefunden: Das Kunsthandwerk konnte auf geradem Wege und nicht auf ›Schlängellinien‹ aus den Niederungen des Historismus geführt werden, was den Geschmack eines breiten Publikums traf. Prominent wurde diese Auffassung von Alfred Lichtwark, Julius Lessing, Paul Schultze-Naumburg und Hermann Muthesius vertreten, die nicht die sentimentalen, sondern die konstruktiven und funktionalen Qualitäten des Biedermeier rezipierten. »Im Biedermeier sah man stillose Konstruktion verwirklicht und konnte deshalb [diese Epoche] als die Keimperiode des modernen Möbels ansehen«.[22]

Die »Industrie- und Gewerbeausstellung für Rheinland, Westfalen und benachbarte Bezirke, verbunden mit einer deutsch-nationalen Kunstausstellung Düsseldorf 1902« bestätigte die Renaissance des Biedermeier sehr zur Freude von Wilhelm II. Das Neobiedermeier ging über eine Mode hinaus, zu der einige Kunsthandwerker und Produzenten den Jugendstil drohten verkommen zu lassen. Für das geschmackliche Dogma der jungen Generation der bürgerlichen Elite war die Wiederentdeckung des Biedermeier maßgeblich. Idealtypisch verkörperte der junge wohlhabende Verleger und Herausgeber der Zeitschrift *Die Insel*, Alfred Walter Heymel, die neue Haltung.[23] Bei der Ausstattung seiner legendären Münchener »Insel-Wohnung« und des Redaktionsbüros der Zeitschrift hatte er dem ursprünglich vorgesehenen Jugendstilkünstler Martin Dülfer[24] letztendlich nur die Gestaltung des Büros überlassen und für die Woh-

---

20 »Münchener Jahresausstellung von Kunstwerken Aller Nationen im königlichen Glaspalaste 1889«.
21 Die Vorbildhaftigkeit der englischen Möbel wurde jedoch auch von den meisten Anhängern des Biedermeier, wie etwa Hermann Muthesius, nicht bestritten.
22 Stillosigkeit umschreibt hier den Unterschied zum eklektizistischen Historismus. Lars Hjortsø: Neo-Biedermeier, Biedermeier II, Biedermeier-Renaissance, Biedermeierrevival um 1900. In: Archiv für Begriffsgeschichte 21 (1977), S. 120-132, hier S. 127.
23 Zur Heymel-Wohnung vgl. auch Wolfgang Martynkewicz: Salon Deutschland. Geist und Macht 1900-1945. Berlin 2011, S. 87.
24 Dülfer verband im Unterschied zu van de Velde den Jugendstil mit barocken und klassizistischen Stilelementen, was zu einer Art neuer historisierender Variante führte, die vom Publikum gemocht wurde.

nung Rudolf Alexander Schröder[25] engagiert. Schröder setzte sich ganz bewusst in einen Kontrast zu van de Velde und in die Tradition von Biedermeier und Klassizismus (Abb. 1). Er schrieb über das Insel-Projekt:

> Die Wohnung, in der im Gegensatz zu den vorerwähnten Schlängellinien der damaligen, von missverstandenen Anglizismen und Belgizismen gleichmäßig beeinflußten Mode im Konstruktiven alles auf gradlinige Schlichtheit, im Ornamentalen auf größte Zurückhaltung und Sparsamkeit angelegt war und der ästhetische Aufwand im Anschluß an das Mobiliar der späten Goethe- und frühen Stifterzeit durch klare, ausgewogene Flächen- und Farbwirkungen bestritten wurde, erregte damals Aufsehen, und der neuerweckte Biedermeierstil hat dann im Verfolg seine Epoche gehabt.[26]

Neben Rudolf Alexander Schröder waren Ludwig Troost und Heinrich Vogeler an der Ausstattung der Heymel-Wohnung beteiligt.[27]

Mit einem ausführlichen Aufsatz in der Zeitschrift *Dekorative Kunst* feierte Julius Meier-Graefe 1901 die Entscheidung des Auftraggebers. Schon der Titel *Ein modernes Milieu* weist über die bloße Beschreibung einer musterhaften Wohnung hinaus. Sowohl Meier-Graefe als auch van de Velde argumentierten für einen Neuen Stil in beständigem Rekurs auf die moderne Lebenswirklichkeit. Van de Velde konnte sich nicht vorstellen,

> wie sich ein Biedermeier-Interieur mit dem rauhen Beruf des Offiziers vertragen soll, oder in welcher Beziehung es zu der nervösen Rastlosigkeit des Journalisten steht! [...] wodurch eine Biedermeier-Einrichtung den modernen Rechtsanwalt an sein Heim fesseln könnte, dessen Beruf von ihm die Fähigkeit verlangt, sich in alle Dramen und Leidenschaften des modernen Lebens, des Handelswesens und der Industrie versetzen zu können! Oder wodurch sich ein Bankier, ein Ingenieur oder ein Fabrikdirektor von diesem Stil angezogen fühlen könnte![28]

---

25 Heymel, der in Bremen als Ziehsohn der Familie Rudolf Alexander Schröders aufgewachsen war, gehörte zum Freundeskreis Harry Graf Kesslers. Zu Heymel vgl. Theo Neteler: Verleger und Herrenreiter. Das ruhelose Leben des Alfred Walter Heymel. Göttingen 1995.
26 Zitiert nach Thomas Heyden: Biedermeier als Erzieher. Studien zum Neubiedermeier in Raumkunst und Architektur 1896-1910. Diss. Bonn 1993, S. 88.
27 Schröder und Vogeler wurden Mitglieder der ausgesprochen erfolgreichen Bremer Werkbundfraktion, die sich erfolgreich mit der Industrie verbinden konnte. Gleichzeitig bestand ein enger Kontakt zur Künstlerkolonie Worpswede, der der spätere Direktor der Großherzoglich Sächsischen Hochschule für bildende Kunst, Fritz Mackensen, angehörte. Zur nordwestdeutschen Werkbundfraktion vgl. Niels Aschenbeck (Hrsg.): Schnelldampfer, Landhäuser und Kaffee HAG. Der Deutsche Werkbund in Bremen, Delmenhorst und Oldenburg 1900 bis 1948. Delmenhorst 2004.
28 Henry van de Velde: Das Streben nach einem Stil (Anm. 19), S. 46.

Abb. 1
*Rudolf Alexander Schröder, Schrank aus dem Musiksalon,
Werkbundausstellung 1914*

Van de Veldes Neuer Stil wurde nach der Dritten Deutschen Kunstgewerbeausstellung 1906 in Dresden immer mehr zur Zielscheibe der Kritik. Andererseits hatte der sogenannte Fall Muthesius[29] alle Aufmerksamkeit auf sich gezogen und vereinte die Künstler unabhängig von ihren stilistischen Auffassungen gegen die massenhaft historistischen Kitsch produzierende Industrie. Muthesius'

---

29 Der ›Fall Muthesius‹ wurde durch eine Vorlesungsreihe, die dieser 1907 an der Berliner Handelshochschule gehalten hatte, ausgelöst. Dort hob er die Individualität des Künstlers ausdrücklich als Grundbedingung für jede Stilentwicklung hervor und fragte nach der Rolle des Gestalters innerhalb des kapitalistischen Produktions- und Distributionssystems. Vgl. dazu Frederic J. Schwartz: Der Werkbund. Ware und Zeichen 1900-1914. Dresden 1999, S. 26.

Gedanken waren die Grundlage, auf der sich 1907 Produzenten, Künstler und Theoretiker zum Deutschen Werkbund zusammenschlossen, zu dessen Gründern auch Henry van de Velde zählte.[30]

Die Fahne des Aufstandes

In Weimar entwickelte sich rasch eine enge Zusammenarbeit zwischen dem regionalen Gewerbe und van de Velde. Sein »Institut, auf dem die Fahne des Aufstandes wehte, war die fortschrittlichste Zitadelle der neuen künstlerischen Prinzipien«.[31] Das Kunstgewerbliche Institut stand bis 1910 in keiner Abhängigkeit zum großherzoglichen Hof, was seinem Gründer Autonomie garantierte. Van de Velde blieb der »überzeugungstreue[-] Künstler [...], der unbeirrt um die Tagesmeinung an seinen Anschauungen« festhielt.[32] Ungeachtet der Tatsache, dass das Neobiedermeier von höchster Stelle als Maßstab für einen deutschen Nationalstil zu gelten hatte, rechnete er 1908 in seinem Aufsatz *Rückkehr zum Biedermeier*[33] erneut mit dieser Richtung ab. Van de Velde blieb van de Velde und musste die Konsequenzen tragen. Schon 1903 hatte Wilhelm II. verhindert, dass er einen Auftrag zur Ausstattung von Ozeandampfern erhielt. Dieser Affront traf nicht nur den Künstler, sondern auch den Großherzog Wilhelm Ernst und unterminierte dessen Überzeugungen in Kunstangelegenheiten. Sein Gesinnungswandel kulminierte schließlich in der Absetzung Harry Graf Kesslers 1906.[34] Bis 1910 verließen auch Ludwig von Hofmann, Hans Olde und Adolf Brütt die Stadt. Der Worpsweder Maler Fritz Mackensen übernahm 1910 die Leitung der Großherzoglich Sächsischen Hochschule für bildende Kunst. Van de Velde war nun in Weimar zunehmend isoliert und durch auswärtige Aufträge häufig abwesend. Statt der frischen Brise des Aufbruchs, die seine »Fahne des Aufstandes« hatte fröhlich flattern lassen, blies ihm nun ein schneidender Wind der Ablehnung entgegen.

Das Verhältnis der beiden Kunstschulen war angespannt. Die geplante Zusammenarbeit kam nicht in der erhofften Weise zustande, was nur zum Teil in

---

30 Vgl. dazu Elke Mittmann: Objektästhetik oder Gesellschaftsreform? In: Regina Bittner (Hrsg.): Bauhausstil. Zwischen International Style und Lifestyle. Ausstellungskatalog, Stiftung Bauhaus Dessau. Berlin 2003, S. 42-53.
31 Henry van de Velde: Geschichte meines Lebens (Anm. 8), S. 292.
32 Immediatbericht Fritz Mackensens als Direktor der Hochschule für bildende Kunst an den Großherzog [Ende September 1913]. Zitiert nach Volker Wahl (Hrsg.): Henry van de Velde in Weimar. Dokumente und Berichte zur Förderung von Kunsthandwerk und Industrie (1902 bis 1915). Köln, Weimar, Wien 2007, S. 291 f., hier S. 291.
33 Henry van de Velde: Die »Rückkehr zum Biedermeier«. In: Insel-Almanach auf das Jahr 1908. Leipzig 1908, S. 140-143.
34 Vgl. dazu Karl-Heinz Hüter: Henry van de Velde. Sein Werk bis zum Ende seiner Tätigkeit in Deutschland. Berlin 1967, S. 43.

den äußerst unterschiedlichen Charakteren der Direktoren begründet lag.[35] Das Interesse des Großherzogs hatte sich mehr und mehr abgekühlt, obwohl er die Kunstgewerbeschule 1912 in die Hände des Staates übernommen hatte. Bereits 1913 stand fest, dass ein weiteres Bleiben van de Veldes in Weimar nicht erwünscht sei. Zu diesem Zeitpunkt beauftragte man Fritz Mackensen mit der Suche nach einem Nachfolger für das Direktorat der Kunstgewerbeschule. Van de Velde hatte man darüber nicht informiert.[36] Mackensen zweifelte an der Erfüllbarkeit dieser Aufgabe, da Weimars kleinstädtische Verhältnisse und ein geringes Auftragsvolumen für einen Kunstgewerbler von Rang kaum verlockend sein könnten.[37] Ende 1914 konnte er vier Kandidaten benennen. An erster Stelle stand Rudolf Alexander Schröder, dahinter Johann Vincenz Cissarz, der zahlreiche Publikationen für den Verlag Eugen Diederichs gestaltet hatte, darunter auch Schultze-Naumburgs *Häusliche Kunstpflege*. Cissarz sehnte sich in erster Linie nach einer ruhigen Arbeitsatmosphäre, die er bei seiner Anstellung an der Akademie der bildenden Künste in Stuttgart nicht fand.[38] Er brachte Erfahrungen aus den Deutschen Werkstätten Hellerau und der Darmstädter Künstlerkolonie Mathildenhöhe mit. In Frage kamen außerdem Heinrich Vogeler und Emil Orlik, der die Klasse für Buchkunst an der Berliner Kunstgewerbeschule leitete. Außer Rudolf Alexander Schröder waren alle genannten nicht nur Kunsthandwerker, sondern ebenso bildende Künstler. Keiner – vielleicht abgesehen von Vogeler – hatte in einer van de Velde vergleichbaren Stringenz eigene Auffassungen entwickelt und vertreten. Mit

35 Mackensen empfand den allzu engen Kontakt der Schüler beider Schulen als Zumutung. Er schrieb rückblickend: »Es ist nicht angängig, daß auf einer Hochschule für bildende Kunst Handwerker und Kunsteleven durcheinander laufen. Schon bei Bestehen der Kunstgewerbeschule ist dieses als ein großer Mangel empfunden worden«. Fritz Mackensen an das Hofmarschallamt, 1. Dezember 1916. ThHStAW, Akten des Hofmarschallamtes 3726, S. 107.

36 »Die Schwierigkeiten, mit denen ich schon seit Jahren zu kämpfen gehabt hatte, nahmen vom Jahre 1911 einen unerträglichen Charakter an. Im Frühjahr 1914 erfuhr ich, daß der Direktor der Weimarer Kunstschule, Prof. Mackensen, hinter meinem Rücken in offiziellem Auftrage einen Nachfolger für mich zu finden suchte, ohne daß ich doch in irgend einer Weise von einem beabsichtigten Wechsel in der Leitung der Kunstgewerbeschule wäre unterrichtet worden«. Henry van de Veldes gedruckte Erklärungsschrift zu seinem Weggang aus Weimar vom Oktober 1915. Zitiert nach Volker Wahl (Hrsg.): Henry van de Velde in Weimar (Anm. 32), S. 329-335, hier S. 329.

37 Vgl. Immediatbericht Fritz Mackensens (Anm. 32), S. 291.

38 »Ich weiß nicht, was Sie mit mir vorhaben. Jedenfalls hat Freund Weise in Treue an mich gedacht. Er weiß ja sehr wohl, daß ich mich nach einer Harmonie des Arbeitslebens sehne, die ich hier noch nicht erzeugen konnte. Wenn diese Harmonie irgendwo als erreichbar winkte, so könnt ich mich unter Umständen entschließen, die mancherlei Vorteile die man mir verschafft hat, im Stich zu lassen«. Vincenz Cissarz an Fritz Mackensen, 19. Januar 1914. ThHStAW, Großherzoglich Sächsische Hochschule für bildend Kunst 95, Bl. 2 f.

Schröder und Vogeler als Favoriten schlug Mackensen zwei Vertreter des Neobiedermeier vor, was den geschmacklichen Präferenzen des Großherzogs entsprach und auf einen grundsätzlichen Wunsch nach Mäßigung in seiner Kunstpolitik und damit in der Opposition gegen Wilhelm II. schließen lässt.

Im Frühjahr 1915 war die Nachfolge van de Veldes noch immer nicht geklärt.[39] Mackensen hatte weiterhin größtes Interesse, das Problem ohne Mitwirkung van de Veldes zu lösen[40] und verwendete sich weiterhin ganz besonders für Schröder. Dessen »Geschmack [sei] ein hervorragender, seine Formen schließen sich denen des Biedermeierstils an. Er ist hauptsächlich wegen seiner Wohnungseinrichtungen bekannt«.[41] Als neuer Kandidat wurde der Medailleur Rudolf Bosselt, damals Direktor der Magdeburger Kunstgewerbeschule, ins Gespräch gebracht. Bosselt empfahl sich vor allem durch seine organisatorischen Erfahrungen. Auch Heinrich Tessenow und der Maler Waldemar Rößler standen zur Debatte. Ausgesprochen positiv bewertete Mackensen August Endell, den er bereits persönlich in Weimar kennengelernt hatte. Endell war vor allem durch seine aufsehenerregenden Jugendstilarbeiten, etwa die Fassade des »Atelier Elvira« in München, bekannt geworden. Bis 1913 hatte er eine eigene architektonische Sprache entwickelt (Abb. 2). Karl Scheffler bestätigte Endells Arbeiten »Einfachheit, die [sich] aus Zweckbegriffen und statischer Notwendigkeit der Bauformen entwickelt [und] Strenge, die das Architektonische aus dem Tektonischen ableitet, und die zugunsten künstlerisch erhöhter Sachlichkeit auf Dekoration mehr und mehr verzichtet«.[42] Auch die Verhandlungen mit ihm liefen stillschweigend ohne van de Veldes Wissen ab.[43]

Van de Velde selbst schlug Hermann Obrist, Walter Gropius und ebenfalls August Endell vor.[44] Den 52-jährigen Obrist lehnte Mackensen ab. Er sei eine

---

39 Auf eine eingehende Beschreibung des Vorgehens gegen van de Velde 1914/15 und den bis zur Duellforderung eskalierten Konflikt zwischen den beiden Direktoren soll hier verzichtet werden, da er in zahlreichen Publikationen ausführlich behandelt wurde.

40 Vgl. Schreiben des Direktors der Hochschule für bildende Kunst [Fritz Mackensen] an das Ministerialdepartement des Großherzoglichen Hauses. Abgedruckt in: Volker Wahl (Hrsg.): Henry van de Velde in Weimar (Anm. 32), S. 315-317, hier S. 316.

41 Ebenda. Vom Vorschlag Schröders für Weimar erfuhr van de Velde eher zufällig, was ihn kränkte, da er ein enger Freund von dessen Ziehbruder Rudolf Walter Heymel war.

42 Karl Scheffler: Neue Arbeiten von August Endell. In: Kunst und Künstler 11 (1913), S. 350-359, hier S. 351. Abgebildet werden hier Endells Bauten auf der Trabrennbahn Berlin Mariendorf.

43 Vgl. Henry van de Velde an Walter Gropius, 8. Juli 1915. Abgedruckt in: Volker Wahl (Hrsg.): Henry van de Velde in Weimar (Anm. 32), S. 337f. Wie van de Velde behauptete, soll auch mit Schultze-Naumburg verhandelt worden sein. Ein entsprechender Beleg dafür wurde bislang jedoch nicht gefunden. Vgl. Henry van de Velde: Geschichte meines Lebens (Anm. 8), S. 373.

44 Die Vorschläge hatte auch Karl Ernst Osthaus unterstützt. Es handelte sich um die engsten Mitstreiter van de Veldes und Osthaus' im Werkbundstreit 1914.

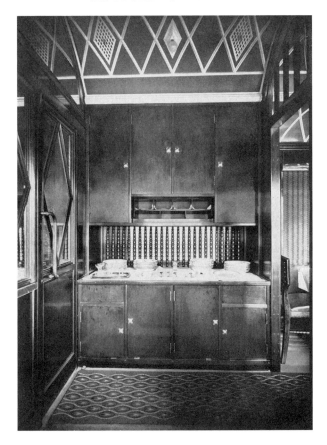

Abb. 2
August Endell, Anrichte im Speisewagen, Werkbundausstellung 1914

»problematische Natur, ein hochbegabter Mensch, der sucht und nie fertig wird [...], der extremste Kunstgewerbler, der existiert. [...] Er würde hier den Versuch machen, Architektur und Kunstgewerbe auf den Kopf zu stellen«.[45] Gropius, den Mackensen als »hervorragend begabt[-]«, aber zu jung einschätzte, war über die Vorgänge in Weimar informiert. Am 1. Dezember 1914 schrieb er Henry van de Velde einen Brief, in dem er das Vorgehen gegen seinen Kollegen als brutal bezeichnete und ihn seines Mitgefühls versicherte. In diesem Brief findet sich jener schon legendäre Satz: »Wir haben viel an Ihnen gut zu machen, lieber Herr Professor«.[46] Dieser Satz sollte sich im weiteren Verlauf der Ereignisse zur moralischen Last entwickeln.

45 Schreiben des Direktors der Hochschule für bildende Kunst (Anm. 40), S. 316.
46 Privatschreiben von Walter Gropius an Henry van de Velde vom 1. Dezember 1914. Zitiert nach Volker Wahl (Hrsg.): Henry van de Velde in Weimar (Anm. 32), S. 336.

»Eine Vereinigung der intimsten Feinde«

Kaum treffender könnte man die ersten sieben Jahre des Deutschen Werkbundes umschreiben.[47] Im Vorfeld der Werkbund-Ausstellung von 1914 hatte der Vorsitzende, Hermann Muthesius, eine Politik betrieben, mit der er beabsichtigte, allzu individualistische oder expressionistische Künstler von der Schau auszuschließen.[48] Statt der erhofften Nivellierung waren Lagerbildungen und Fraktionierungen die Folge.[49] Taut, van de Velde und Gropius, die Schöpfer der interessantesten Beiträge, hatten nur mit großer Mühe, mit Vermittlung, Beziehungen oder – in Tauts Fall – privatem Geld ihre Projekte verwirklichen können. Gropius konnte seine Fabrik erst nach dem Rückzug Poelzigs bauen und konkurrierte mit Muthesius um den Auftrag für die Hamburg-Amerika-Linie, die Kaiserräume auf dem Dampfer »Bismarck« zu gestalten. Der Auftrag ging an Muthesius.

Angeführt von Karl Ernst Osthaus verweigerten Gropius, van de Velde, Endell und Obrist gemeinsam mit anderen Mitgliedern den »Leitsätzen«[50] von Hermann Muthesius ihre Zustimmung. Das Problem der Entwicklung von Typen verhüllte in diesem Streit die tatsächlich wesentlich komplexeren Differenzen innerhalb des Bundes. Muthesius sah Typisierung nicht allein als ästhetische, sondern auch als politische Notwendigkeit und Aufgabe des Werkbundes. Sie war für ihn sowohl die Bedingung für die Wiedererlangung von Bedeutung in Architektur und Kunsthandwerk, wie sie »in Zeiten harmonischer Kultur« bestanden hatte, als auch die »Voraussetzung für kunstindustriellen Export« und unbedingt mit dem Zustandekommen »leistungsfähiger und geschmacklich sicherer Großgeschäfte« verknüpft. Mit dem exklusiv entworfenen Einzelstück war Typisierung nicht vereinbar. Muthesius forderte die Durchsetzung einer »Geschmacks-Avantgarde« und das Ende des Wettbewerbs relativierender Einzelauffassungen. Die Kollektivnorm sollte den individuellen Ausdruck oder das »Wesen eines Dings« substituieren. Der destabilisierende Einfluss des Individualkünstlers war von den sachlichen Forderungen der industriellen Fertigung fernzuhalten.

---

47 Die Äußerung wird hier von Muthesius zitiert und stammt höchstwahrscheinlich von Wolf Dohrn. Vgl. Hermann Muthesius: Vortrag auf der Werkbund-Tagung Köln 1914. Zitiert nach Wend Fischer: Zwischen Kunst und Industrie. Der Deutsche Werkbund. München 1975, S. 87.
48 Vgl. Fedor Roth: Hermann Muthesius und die Idee der harmonischen Kultur als Einheit des künstlerischen Stils in allen Lebensäußerungen eines Volkes. Berlin 2001, S. 247.
49 Vgl. dazu Peter Stressig: Walter Gropius. In: Herta Hesse-Frielinghaus (Hrsg.): Karl Ernst Osthaus. Leben und Werk. Recklinghausen 1971, S. 459-474, hier S. 465-468.
50 Hermann Muthesius: Die Werkbundarbeit der Zukunft. Vortrag auf der Werkbund-Tagung Köln 1914. Abgedruckt in: Wend Fischer: Zwischen Kunst und Industrie (Anm. 47), S. 85-97.

Abb. 3
Karl Arnold, Von der Werkbund-Ausstellung, aus: Simplicissimus 19 (1914), H. 18, S. 285

Van de Velde wurde aufgefordert, Gegenleitsätze[51] aufzustellen, und versammelte um sich die Opposition. Im Ergebnis der hitzigen Debatten konnte Muthesius schließlich seine Thesen nicht wie ursprünglich vorgesehen als Statement des Deutschen Werkbundes veröffentlichen. Die Kontroverse allein auf einen Streit der Partei der ›Individualisten‹ gegen die ›Typisierer‹ zu reduzieren, würde die Komplexität der Problematik freilich verflachen (Abb. 3). So hatten sich sowohl van de Velde als auch Gropius bereits intensiv mit den Themen Typisierung und Serienproduktion beschäftigt, verhielten sich also in dieser Frage nicht generell ablehnend. Andererseits sah Muthesius im Deutschen Werkbund keineswegs nur ein absatzförderndes ›Bekunstungsunternehmen‹ für die Industrie, sondern ein Werkzeug zur Reformierung der Gesellschaft unter Anerkennung der Bedingungen der kapitalistischen Industrieproduktion.[52]

51 Henry van de Velde: Gegenleitsätze. In: Wend Fischer: Zwischen Kunst und Industrie (Anm. 47).
52 Den Werkbundstreit und seine theoretischen Hintergründe analysiert sehr scharfsinnig Frederic K. Schwartz: Der Werkbund. Ware und Zeichen (Anm. 29).

Abb. 4
Walter Gropius, Damenzimmer, Werkbundausstellung 1914

Nach der Werkbundtagung versuchte Gropius weiter, Muthesius zum Rücktritt zu zwingen. Er drohte, falls Muthesius nicht freiwillig gehen wolle, mit dem geschlossenen Austritt von Osthaus, van de Velde, Endell, Poelzig, Obrist und anderen. Dieser Aktionismus fand bei den Kollegen wenig Echo. Peter Behrens vermittelte, Karl Ernst Osthaus und Henry van de Velde gaben sich schließlich mit einem Kompromiss zufrieden. Gropius hatte den Kampfgeist seiner Bundesgenossen wohl stark überschätzt und ging auf Distanz. Tief gekränkt schrieb er an Osthaus: »Ich [...] verstehe Sie und van de Velde absolut nicht. Wozu haben wir diese endlosen Mühen und Aufregungen unternommen? [...] Ich bin außer mir [...], weil ich mich persönlich blamiert fühle. Ich habe alles gewagt [...] und stehe nun allein da [...]. Es bleibt mir nun eigentlich nur der einzige Weg, auszutreten [...]; ich kann nun einmal nicht mit Kompromisslern«.[53] Der ernüchternde Ausgang des Werkbundstreits mag Gropius' Haltung gegenüber van de Velde verändert und ihn darin bestärkt haben, seine weitere Arbeit in größtmöglicher Unabhängigkeit zu leisten. Van de Velde hatte ihm bezüglich seiner Nachfolge in Weimar mitgeteilt, dass, da die Kunstgewerbeschule noch im Herbst 1915 geschlossen werden würde, für ihn wahrscheinlich

---

53 Zitiert nach Peter Stressig: Walter Gropius (Anm. 49), S. 467.

Abb. 5
Herrmann Gerson, Anzeige, 1915

eine Art Beratertätigkeit vorgesehen sei, von der er seinem jungen Kollegen allerdings abrate. Doch Gropius folgte der Einladung nach Weimar. Seiner Bewerbung legte er Fotografien jener neoklassischen Möbel bei, die er auf der Werkbundausstellung von 1914 gezeigt hatte. Die Möbel strahlten gediegene Bürgerlichkeit aus. Gropius präsentierte sich als zeitgemäßer, aber recht konventioneller Künstler (Abb. 4). Mit seiner Werkbundfabrik dagegen hatte er 1914 Aufsehen erregt. Ein Besichtigungstermin des Großherzogs in der Möbelfirma Gerson, die Gropius' Möbel produzierte, war minutiös vorbereitet. Die Firma warb für ihre Produkte mit Walter Gropius' Namen und nannte diesen in einem Atemzug mit den Altmeistern Bruno Paul und Hermann Muthesius.[54] Die Demarkationslinie des Werkbundstreits von 1914 zwischen den Lagern Muthesius und van de Velde/Gropius war ihrer Anzeige nicht zu entnehmen (Abb. 5). Ein Antwortbrief von Mackensen an Gropius legt nahe, dass beide in

54 Werbung der Firma Gerson in: Deutsche Form im Kriegsjahr. Jahrbuch des Deutschen Werkbundes 1915. München 1915.

einigen Punkten einen gewissen Konsens erreicht hatten, darunter auch in der Meinung über van de Velde.[55] Möglicherweise haben die Vorfälle von 1914 zu dieser Annäherung beigetragen. Die nun angebotene Leitung einer eigenen Schule für Architektur und Kunstgewerbe unter der Ägide der Kunsthochschule muss Gropius zwiespältig erschienen sein. Positiv war für ihn, dass er nicht der direkte Nachfolger van de Veldes wurde und man nun nicht von ihm erwarten konnte, dass er die Schule in dessen Sinne weiterführe. Andererseits sah sich Gropius auch nicht als Abteilungsleiter einer Kunsthochschule. Als einziger der Bewerber wurde er gebeten, seine Vorstellungen schriftlich vorzulegen.[56] Gropius versuchte, die Ideen des Deutschen Werkbundes sanft für das Kleingewerbe im Großherzogtum zu adaptieren. Den Wert der künstlerischen Einzelarbeit und ihren Führungsanspruch bestritt er zunächst nicht. Aber er sprach die Hoffnung aus, die Arbeitsgemeinschaft von Kaufmann, Techniker und Künstler könne »vielleicht imstande sein [...], auf Dauer alle Faktoren der alten individuellen Arbeit, die verloren ging, zu ersetzen«.[57] Damit bekannte er sich zur vervielfältigenden Fertigungsweise und nahm den Verlust der Exklusivität des künstlerischen Einzelentwurfs in Kauf. Den ›göttlichen Funken‹ der künstlerischen Eingebung rettete Gropius rhetorisch ungemein geschickt hinüber in die Serie, wenn er schrieb: »denn der Künstler besitzt die Fähigkeit, dem toten Produkt der Maschine Seele einzuhauchen; seine Schöpferkraft lebt darin fort«; und begründet die propagierte Egalität von Künstler, Kaufmann und Techniker durch gegenseitige Abhängigkeit, denn »[s]obald der Künstler die gewichtige Erfahrung des Kaufmanns und des Technikers und ihre fachmännischen Ratschläge ohne Anmaßung würdigt, andererseits aber auch seine eigene Arbeit [...] anerkannt weiß, [...] ist die erste Brücke gegenseitigen Verständnisses geschlagen«.[58]

55 »Ihre Anschauungen decken sich vollkommen mit den meinigen, sowohl in den künstlerisch architektonischen Forderungen, als auch soweit sie van d. Velde angehen«. Mackensen betont jedoch immer seine Hochachtung für die Überzeugungstreue van de Veldes. Schreiben von Fritz Mackensen an Walter Gropius vom 14. Oktober 1914. Abgedruckt in: Volker Wahl (Hrsg.): Henry van de Velde in Weimar (Anm. 32), S. 340 f., hier S. 340.
56 Vgl. Vorschläge von Walter Gropius für eine Beratungsstelle für Industrie, Gewerbe und Handwerk vom Januar 1916. Abgedruckt in: Ebenda, S. 349-352.
57 Ebenda, S. 349.
58 Ebenda, S. 349 f.

Tradition als »fruchtbare Reibefläche für das Neue«

Die langen Schatten der Weimarer Traditionen bewertete Gropius mit den hier zitierten Worten als Herausforderung für sein Bauhaus-Projekt, die er selbstbewusst annahm.[59] Mit der erzwungenen Abdankung des Großherzogs Wilhelm Ernst im Jahre 1918 war der Weiterbestand der Großherzoglich Sächsischen Hochschule für bildende Kunst mehr als fraglich geworden. Wollte man den Freistaat als Rechtsnachfolger des Großherzogtums für ein staatliches Unternehmen wie die Kunstschule gewinnen, bedurfte es eines zeitgemäßen Programms und damit einiger längst überfälliger Reformen. Seit Fritz Mackensen 1918 seinen Direktorenposten verlassen hatte, leitete Max Thedy, der letzte Vertreter der Weimarer Malerschule, das Institut kommissarisch. Ein neuer Mann an der Spitze, der die Ideale der Zeit verkörperte, wurde dringend gesucht. Um die Jahreswende 1918/19 besann man sich auf das ruhende Berufungsverfahren Gropius. Die Novemberrevolution hatte der Verwirklichung seiner Schul-Idee nun optimale Bedingungen verschafft.[60] Auch die Professoren der Hochschule wurden aktiv. Ein Wunschszenario knüpfte an die akademische Tradition der Vorkriegszeit an. Gerne hätte man Ludwig von Hofmann als Direktor gesehen, der aber Weimar keine zweite Chance geben wollte und eine Berufung ablehnte. Das Kollegium der Hochschule zeigte sich auch aufgeschlossen gegenüber dem Vorschlag, Gropius nun doch zu berufen. Richard Engelmann brachte eine neue Idee ein: Gropius solle nicht nur die Leitung einer Architekturschule, sondern auch die Direktorenstelle der Hochschule für bildende Kunst übernehmen. Engelmann meinte: »Einer Rückberuf[ung] v. d. Veldes, die von versch[iedenen] Seiten geplant ist, würde der Angelegenheit nicht im Mindesten im Wege stehen«.[61] Auch einige Weimarer Gewerbetreibende, darunter Scheidemantel, Müller, Schmidt und Heidelmann, sprachen sich für van de Velde aus. Sie setzten sich mit einem Antrag auf ein Jahresgehalt von 3.000 Mark beim Gemeinderat für eine Rückberufung ein, blieben aber erfolglos.

Als Gropius im Frühjahr 1919 das Staatliche Bauhaus Weimar eröffnete, trat er ein schwieriges Erbe an, auf das auch der etwas sperrige Untertitel »Vereinigte ehemalige Großherzogliche Hochschule für bildende Kunst und ehemalige Großherzogliche Kunstgewerbeschule« hinwies. Aus ehemaligen Professoren wurden nun die ersten Bauhaus-Meister. Sie waren im Frühjahr 1919 gegenüber den Neuberufenen sogar in der Überzahl. Das Bauhaus-Programm sah eine zweigleisige Ausbildung im Handwerk und bei einem Künstler vor.

---

59 Vgl. Walter Gropius an Ernst Hardt, 14. April 1919. In: Jochen Meyer (Hrsg.): Briefe an Ernst Hardt aus den Jahren 1898-1947. Marbach a. N. 1975, S. 109 f., hier S. 109.

60 »[D]urch seinen [Wilhelm Ernsts] Weggang [ist] mein Hauptzweifel, dort ersprießliche Arbeit leisten zu können, aus der Welt geschafft«. Walter Gropius an Ernst Hardt, 16. Januar 1919. Zitiert nach ebenda, S. 107.

61 Richard Engelmann an Hans Poelzig, 3. Februar 1919. Zitiert nach Volker Wahl (Hrsg.): Das Staatliche Bauhaus in Weimar (Anm. 1), S. 58.

Diese Idee konnte nur in Kooperation mit Werkstätten der ehemaligen Kunstgewerbeschule und vom Bauhaus unabhängigen Handwerksbetrieben realisiert werden.[62] Auch mehr als 70 Prozent der Studierenden des ersten Semesters ›erbte‹ das Bauhaus von seinen Vorgängerinstitutionen.[63]

Gropius verfolgte eine kompromisslose Personalpolitik. Weitere gestandene Akademiker berief er nicht an seine Schule. Von den Schülern forderte er den völligen Neubeginn und honorierte von ihnen bisher erreichte Ehren und Anerkennungen kaum. Das hatte Richard Engelmann wohl anders eingeschätzt. Er ging, als er Gropius für die Direktorenstelle der Hochschule für bildende Kunst vorschlug, davon aus, dass das Kollegium in rein künstlerischen Dingen weiterhin mitbestimmen und die »guten Traditionen« fortsetzen würde.[64] Dass Engelmann im Direktorat Gropius' kein Hindernis für van de Veldes Rückberufung sah, ist Zeichen der fatalen Fehleinschätzung des Bauhausprogramms. Unmittelbar im Vorfeld der Berufung von Gropius im Februar und März 1919 hatten sowohl die Provisorische Republikanische Regierung als auch das Ministerium für Kultus noch geschwankt, wie man in Sachen van de Velde und Gropius verfahren solle. Im März fiel dann endlich eine Entscheidung: Die Rückberufung van de Veldes wurde von offizieller Seite abgelehnt, und Gropius unterschrieb seinen Vertrag.

Dessen ungeachtet teilten Engelmann und Klemm van de Velde mit, dafür sorgen zu wollen, dass ihm ein Atelierhaus in Weimar überlassen werde, er ein jährliches Gehalt von der Handwerkskammer beziehen und gegen Honorar Vorträge am Bauhaus halten könne.[65] Von all dem erfuhr Gropius eher beiläufig und reagierte autoritär und empört. Er schrieb an Engelmann:

> Durch Ihren Schritt ohne mein Wissen haben Sie mir diese ganze heikle Angelegenheit, die allein auf persönlicher Auseinandersetzung zwischen v. d.

---

62 Das Bauhaus übernahm die Weberei unter Helene Börner und Otto Dorfners Buchbinderei. Die Ofenfabrik Schmidt ermöglichte den Studierenden einen improvisierten Keramikkurs und der Dekorationsmaler Franz Heidelmann unterrichtete die Wandmaler. Auch sie hatten bereits mit Henry van de Velde zusammengearbeitet.

63 Zur Schülerschaft des Bauhauses und dem Verhältnis von Akademikern und Bauhaus-Künstlern vgl. Ute Ackermann: Reform und Revolte. In: Dies., Kai-Uwe Schierz, Justus H. Ulbricht (Hrsg.): Streit ums Bauhaus. Ausstellungskatalog, Kunsthalle Erfurt. Jena 2009, S. 86-99.

64 Vgl. Richard Engelmann an Hans Poelzig, 3. Februar 1919. In: Volker Wahl (Hrsg.): Das Staatliche Bauhaus in Weimar (Anm. 1), S. 58. Zum Verhältnis von Erbe und Neuanfang des Bauhauses vgl. Ute Ackermann: Viele schöne Rahmen, prachtvolle Aufmachung, fertige Bilder. Das Bauhaus und seine akademischen Erblasten. In: Dies., Ulrike Bestgen (Hrsg.): Das Bauhaus kommt aus Weimar. Ausstellungskatalog, Klassik Stiftung Weimar. München 2009, S. 25-41.

65 Vgl. Richard Engelmann und Walther Klemm an Henry van de Velde, 2. April 1919. Zitiert nach Wolf D. Pecher: Eine ungenutzte Chance. Henry van de Velde und das Bauhaus (Anm. 2), S. 1411.

Velde und mir beruhen kann, sehr kompliziert. [...] Sie werden nicht im Zweifel sein, dass ich van de Velde helfen will, soweit es in meiner Kraft steht, aber die Schritte selbst in dieser Richtung kann nur ich tun. Nach diesem Auftakt bestätigt sich meine Besorgnis, daß an dieser Sache Konflikte entstehen müssen, und die muss ich unter allen Umständen vermeiden, denn sie könnten ein Krankheitskeim in der gesunden Sache werden, wenn nicht von vornherein alles licht und klar ist.[66]

In einem höflichen Schreiben vertröstete Gropius am 24. Mai 1919 van de Velde und schilderte seine immer noch mehr als unsichere Situation in Weimar.[67]

Richard Engelmann und Henry van de Velde verband eine kollegiale Freundschaft. Van de Velde besaß zwei Kleinplastiken des Bildhauers und hatte mehrfach Ankäufe von Engelmanns Arbeiten vermittelt. Auch Engelmann trat als Auftraggeber auf und ließ sich von van de Velde 1915 ein Sommerhaus und Atelier errichten. Van de Velde schien keinen Moment daran zu zweifeln, dass die Einladung des Freundes im vollen Einvernehmen mit Gropius stand, und bekannte euphorisch: »An dem Aufbau des ›neuen‹ Deutschlands kann ich desto eifriger mitwirken, als der Gedanke eines neuen Stils, welchen ich nun seit 25 Jahren vertrete, durch die Umstände aktueller geworden ist, denn je«.[68] Er erwartete nun nur noch eine formelle Einladung von Gropius. Dieser kritisierte jedoch van de Veldes Lehrmethode, in der er vor allem die Imitation des Meisters sah,[69] und suchte mit dem Bauhaus auch nicht nach einem neuen Stil. Die Berufung Johannes Ittens im April 1919 markierte die prinzipielle Unterschiedlichkeit der Ziele des Bauhauses und jener van de Veldes. Die beiden Lehrkonzepte standen sich diametral gegenüber. Selbst wenn Gropius auf der Pluralität differenter künstlerischer Auffassungen aufbaute, wäre van de Velde kaum in der Lage gewesen, gleichberechtigt mit Konstruktivisten und entschiedenen Expressionisten das gestalterische Gemisch der Anfangszeit des Bauhauses zu ertragen, ohne ordnend eingreifen zu können.

Im Sommer 1919 kochte die »gesellschaftliche Sumpfatmosphäre und häßliche Intrige«[70] noch einmal auf. Harry Graf Kessler, Paul Kämmer und Alfred

---

66 Privatschreiben von Walter Gropius an Richard Engelmann vom 8. April 1919. Zitiert nach Volker Wahl (Hrsg.): Henry van de Velde in Weimar (Anm. 32), S. 382 f.
67 Privatschreiben von Walter Gropius an Henry van de Velde vom 24. Mai 1919. Ebenda, S. 387 f.
68 Privatschreiben von Henry van de Velde an Richard Engelmann und Walther Klemm vom 17. April 1919. Ebenda, S. 383 f., hier S. 383.
69 Allerdings wurde auch am Bauhaus nach dem Werkstattprinzip unterrichtet. Wie Klaus Weber feststellte, sind zeitgenössische Äußerungen von Gropius zu van de Veldes Arbeit bislang nicht gefunden worden. Vgl. Klaus Weber: »Wir haben viel an Ihnen gut zu machen« (Anm. 3), S. 371.
70 Alfred Walter Heymel an Harry Graf Kessler, Ende 1907. Zitiert nach Theo Neteler: Verleger und Herrenreiter (Anm. 25), S. 42.

Pochwadt trafen im Berliner Automobil Club zusammen. Pochwadt glaubte, den sozialdemokratischen Staatskommissar Baudert in Weimar für van de Veldes Sache gewinnen zu können. Angeblich behauptete der Politiker, die Kunstschule sei unter Gropius ein »Herd des Spartakismus und Judentums geworden«.[71] Kessler lehnte eine Mitwirkung an einer solchen Verschwörung jedoch ab, so dass Pochwadt gegen Gropius nicht aktiv wurde. Zwischen April und Juli 1919 setzten Karl Ernst Osthaus sowie Elisabeth Förster-Nietzsche Gropius immer wieder in Sachen Rückberufung van de Velde unter Druck. Auf deren Unterstützung konnte Gropius zu diesem Zeitpunkt noch nicht vollständig verzichten und vermied es, eine deutliche Absage in diese Richtung auszusprechen, wohl auch, weil er gerade im Sommer 1919 erste ernsthafte Anfeindungen abzuwehren hatte und sich keine weiteren Feinde schaffen wollte.

Im Bauhaus war mit dem beginnenden Wintersemester der Konflikt zwischen altem Kollegium und Neuberufenen scharf in Erscheinung getreten. An ein harmonisches Miteinander war kaum noch zu denken. Die ehemaligen Professoren der Hochschule, darunter auch Engelmann und Klemm, mit denen van de Velde besser harmoniert hätte als mit Itten und Marcks, distanzierten sich vom Bauhaus-Programm, was 1921 schließlich zur endgültigen Trennung der Fraktionen und zur Neugründung der Hochschule für bildende Kunst führte.[72] Bei seinem Besuch in Weimar im Oktober 1919 bewertete van de Velde Gropius' zögerliches Verhalten richtig und rechnete nicht mehr mit dessen Unterstützung. Nachdem sich im Herbst 1919 die Mehrheitsverhältnisse im Meisterrat des Bauhauses zu Gunsten der Avantgardisten verschoben hatten, entschied sich Gropius für eine administrative Lösung des Problems van de Velde: Er ließ in einer Sitzung des Meisterrates darüber abstimmen. Im Protokoll heißt es:

> Zum Schluß teilt der Vorsitzende [Gropius] mit, daß ihm von verschiedenen Seiten nahegelegt [worden] wäre, Herrn Professor van de Velde, der nach Weimar zurückzukehren gedenkt, im Bauhaus Arbeitsräume anzubieten. Da für ihn diese Angelegenheit einen schweren Konflikt der Pflichten bedeute, wolle er sich der Stimme enthalten und bittet den Meisterrat, darüber zu entscheiden. In der anschließenden Debatte nimmt der Meisterrat davon Abstand, van de Velde Arbeitsräume anzubieten, da sich bis auf zwei Herren alle dagegen aussprachen.[73]

---

71 Zitiert nach Thomas Föhl: Henry van de Velde. Architekt und Designer des Jugendstils. Weimar 2010, S. 307.
72 Vgl. dazu ausführlich Ute Ackermann, Kai-Uwe Schierz, Justus H. Ulbricht (Hrsg.): Streit ums Bauhaus (Anm. 63).
73 Protokoll der Meisterratssitzung vom 28. Oktober 1919. Zitiert nach Volker Wahl (Hrsg.): Bauhaus. Meisterratsprotokolle des Staatlichen Bauhauses Weimar 1919-1925. Weimar 2001, S. 48-51, hier S. 51.

Vollendung oder Neubeginn?

Vor dem Ersten Weltkrieg hatte ihr gemeinsames Engagement im Deutschen Werkbund Henry van de Velde und Walter Gropius ungeachtet des Generationenunterschieds und stilistischer Differenzen vereint. Mit Hilfe des gemeinsamen Freundes Karl Ernst Osthaus konnte sich Gropius als Architekt profilieren. Der Erfolg seiner Werkbundfabrik verschaffte ihm enorme Aufmerksamkeit. Im Typenstreit ging er weit über die Forderungen der Älteren hinaus, an denen sein Kampfgeist abprallte, was ihn enttäuschte. Das Erlebnis des Ersten Weltkriegs und die Novemberrevolution radikalisierten seine Anschauungen. 1919 distanzierte sich Gropius weitgehend vom Werkbund, was der Zusammenarbeit mit van de Velde die Basis entzog.

Van de Velde bewertete dagegen noch 1924 das Bauhaus als »Vollendung eines Werkes, das wir [...] unternommen hatten, d.h. die Ausarbeitung eines neuen Stils«.[74] Gropius hatte sich allerdings programmatisch gegen jeden Stil ausgesprochen. Die Gründung des Bauhauses sollte einen radikalen Neubeginn markieren. Sympathie und vielleicht auch moralische Verpflichtung, die Gropius zweifelsohne für van de Velde empfand, konnten nicht darüber hinwegtäuschen, dass sich mit den beiden Künstlern zugleich zwei Epochen begegneten, die ein Krieg voneinander trennte.

Während van de Velde nach dem harmonischen Ganzen einer Gestaltung suchte, widmete sich das Bauhaus dem harmonischen Menschen. Während er Schülerschaft als Nachfolge betrachtete, sah Gropius diese in der freien Entfaltung der Persönlichkeit.

Die Sezession der ehemaligen Professoren und Freunde van de Veldes vom Bauhaus hätte das Verhältnis zwischen van de Velde und Gropius möglicherweise irreparabel zerstört, da es ihn unweigerlich zwischen die Fronten der kompromisslosen Parteien gebracht hätte. Wo hätte er seinen Platz gefunden? Van de Velde und Gropius haben in ihrer Überzeugungstreue und Unduldsamkeit etwas gemeinsam, was sie 1919 weit auseinandergetrieben hatte. Für eine Zusammenarbeit in Weimar bestand damals keine Chance und noch 1961, aus einer historischen Distanz von über vierzig Jahren, beurteilte Gropius die Verbindung von van de Veldes Kunstgewerbeschule mit dem Bauhaus als Fehlinterpretation.[75]

---

74 Henry van de Velde an den Landtag von Thüringen, 16. Oktober 1924. ThHStAW, Landtag von Thüringen, Nr. 80.
75 Vgl. Walter Gropius an Hans Curjel, 21. August 1961. DLA, A: Curjel.

Volker Wahl

1903 – »Das neue Weimar« und seine Folgen

I.

Auch 2013 wird man die 1962 erstmals unter dem Titel *Geschichte meines Lebens*[1] herausgegebenen Memoiren von Henry van de Velde wieder als informative Quelle für mancherlei Betrachtungen zu seinen Weimarer Jahren nutzen. Der Kunsthistoriker und Schriftsteller Hans Curjel hat die im Nachlass vorgefundenen französischsprachigen Aufzeichnungen zu einem voluminösen Erinnerungsbuch des belgischen Malers, Architekten und Designers geformt, wobei er als Editor allerdings auch in den überlieferten Text eingriff, um seinen deutschen Lesern ein ausgewogenes Bild vom Leben und Schaffen des Künstlers vorlegen zu können.[2] Die Kapiteleinteilung der Autobiographie und die Titel der verschiedenen Abschnitte gehen auf ihn zurück.[3] Die drei Weimar-Kapitel, welche die Jahre von 1902 bis 1917 umfassen, hat Curjel »Auf der Höhe des Schaffens«, »Entscheidende Arbeiten und Ereignisse« sowie »Enttäuschungen und Katastrophe« genannt.[4] Einen Abschnitt aus der Anfangszeit überschrieb er mit »Das neue Weimar«.[5] Da es sich bei dieser Formulierung um einen aus der Tagespresse des Jahres 1903 entlehnten Feuilletontitel handelt, setzte er sie in Anführungsstriche. Bei der »erweiterten Neuausgabe« von 1986 erschien der Titel wie alle anderen Überschriften sogar in Kapitalschrift: »DAS NEUE WEIMAR«.

»Das neue Weimar« fehlt seitdem in keiner kulturhistorischen Betrachtung zu Weimars Stadtgeschichte nach 1900. Häufig wird die Formulierung benutzt, um die Zeit nach der Regierungsübernahme durch Großherzog Wilhelm Ernst im Jahre 1901 als eine neue Periode weimarischer Kultur zu charakte-

---

1 Henry van de Velde: Geschichte meines Lebens. Hrsg. und übertragen von Hans Curjel. München 1962. Die Neuausgabe von 1986 ist seitenidentisch.
2 Inzwischen liegen zwei kritische Ausgaben der Manuskriptfassungen von Henry van de Velde über seine Weimarer Zeit in französischer Sprache vor: Henry van de Velde: Récit de ma vie. 2 Bde. Hrsg. und kommentiert von Anne van Loo in Zusammenarbeit mit Fabrice van de Kerckhove. Brüssel 1992-1995. Bd. 2: Berlin, Weimar, Paris, Bruxelles 1900-1917. Brüssel 1995; Henry van de Velde: Les Mémoires inachevés d'un artiste européen. Hrsg. von Léon Ploegaerts. Brüssel 1999.
3 Henry van de Velde: Geschichte meines Lebens (Anm. 1), S. 473.
4 Ebenda, S. 206-384.
5 Ebenda, S. 245.

risieren.[6] Da ist es dann nicht weit, um im 1993 erstmals erschienenen *Lexikon zur Stadtgeschichte* auch ein Stichwort »Neues Weimar« zu platzieren, das hier allerdings mit »Gruppierung von Künstlern und Kunstfreunden um 1900 bis etwa 1910, zunächst um Elisabeth Förster-Nietzsche, danach um Harry Graf Kessler« erklärt wird. »Leitgedanke war der Plan, durch Einladung prominenter Künstler aus Weimar, wie in klassischer Zeit, ein Zentrum von Kunst, Literatur und Theater zu machen«.[7] Dabei wird Helene von Nostitz mit ihrem 1926 erschienenen Erinnerungsbuch *Aus dem alten Europa*[8] in gewissem Sinne als ›Chronistin‹ dieser Zeit angeführt, obwohl sie, bedingt durch die Anstellung ihres Mannes im sachsen-weimarischen Hofdienst, lediglich von 1908 bis 1910 in der Residenzstadt weilte und in ihrem Buch nicht ein einziges Mal den Begriff »Das neue Weimar« verwendet hat. Neben den Erinnerungen von Helene von Nostitz werden Harry Graf Kesslers Tagebücher[9] und Henry van de Veldes Memoiren als Hauptquellen für die Gruppierung »Neues Weimar« angegeben. Eine solche Verengung auf einen Kreis von Künstlern und Kunstfreunden klang bereits 1988 bei Gerhard Schuster im Katalog der Marbacher Ausstellung zu Harry Graf Kessler an, wo es heißt: »Das ›neue Weimar‹, erobert mit dem trojanischen Pferd eines Freundeskreises, könnte so, glaubte man, die in Berlin geächtete Moderne hoffähig machen«.[10]

»Das neue Weimar« hat seit seiner begrifflichen Prägung in der Tagespresse von 1903 eine erstaunliche Metamorphose durchlaufen und wird heute in kulturgeschichtlichen Betrachtungen über Weimar wie ein Epochenbegriff für die Zeit nach der Jahrhundertwende eingesetzt. Ist dieses epochengeschichtliche Etikett jedoch überhaupt angemessen? Henry van de Velde hat diesen Gedankengang selbst kanalisiert, als er in seinen Erinnerungen die Lage beim Regentenwechsel 1901 beschrieb. Damals war die Frage virulent geworden,

---

6 Eingeführt wurde der Begriff 1971 in der Publikation *Die Cranach-Presse in Weimar*, in der es zum Regierungsantritt des Großherzogs Wilhelm Ernst heißt: »Der Beginn dieser Periode, die von ihren Initiatoren gern als das ›Neue Weimar‹ bezeichnet wurde, war vielversprechend«. Renate Müller-Krumbach: Die Cranach-Presse in Weimar. Weimar 1971, S. 6.

7 Neues Weimar [Art.]. In: Weimar. Lexikon zur Stadtgeschichte. Hrsg. von Gitta Günther, Wolfram Huschke und Walter Steiner. Weimar 1993 [Neuauflage 1997], S. 331.

8 Helene von Nostitz: Aus dem alten Europa. Menschen und Städte. Hrsg. von Oswalt von Nostitz. Frankfurt a. M. 1978, S. 100-115 (Weimar in den Jahren 1908-1910).

9 Erst jetzt liegen die Tagebücher für die angegebenen Jahre in einer mustergültigen Edition vor: Harry Graf Kessler. Das Tagebuch 1880-1937. Hrsg. von Roland S. Kamzelak und Ulrich Ott. Stuttgart 2004ff. Bd. 3: 1897-1905. Hrsg. von Carina Schäfer und Gabriele Biedermann. Stuttgart 2004; Bd. 4: 1906-1914. Hrsg. von Jörg Schuster. Stuttgart 2005; Bd. 6: 1916-1918. Hrsg. von Günter Riederer. Stuttgart 2006.

10 Harry Graf Kessler. Tagebuch eines Weltmannes. Ausstellungskatalog, Deutsches Literaturarchiv Marbach. Marbach a. N. 1988, S. 109.

»ob ein Bruch mit den großen Epochen der Tradition bevorstehe«.[11] Ausgehend von der Feststellung, dass Weimar ein »Zentrum universaler literarischer und künstlerischer Kultur« sei, verweist er auf die situative Notwendigkeit, »die Tradition in würdiger Weise fortzusetzen« und eine »neue, dritte Epoche weimarischer Kultur in die Wege zu leiten«.[12] Zu dem damaligen Plan, an dessen Wiege vor allem Harry Graf Kessler und die in solchen Dingen leicht zu gewinnende Elisabeth Förster-Nietzsche standen, heißt es bei Henry van de Velde: »[D]ie dritte Epoche sollte – in gehöriger Distanz zu den früheren – die Wiederbelebung des Kunsthandwerks und der industriellen Kunst bringen und den Weg für einen architektonischen Stil und eine Ästhetik unserer Zeit frei machen«.[13] Im gleichen Atemzug spricht er aber auch davon, dass Elisabeth Förster-Nietzsche ebenfalls von einem »dritten Weimar« geträumt habe, »in dessen Zentrum das ›Nietzsche-Archiv‹ stehen sollte«, doch war das wohl eher ihrem maßlosen Ehrgeiz geschuldet, mit dem Leben und Werk ihres toten Bruders zu reüssieren.[14]

Ist diese »dritte Epoche weimarischer Kultur« in jenem Sinne seinerzeit Wirklichkeit geworden und tatsächlich als »Das neue Weimar« zu kennzeichnen? Warum sich die heute gängige Weimarer Kulturgeschichtsbetrachtung vorzugsweise auf diese Erscheinungen fokussiert, wenn das frühe 20. Jahrhundert in den Blick genommen wird, muss hinterfragt werden.[15]

II.

Dass die Rede vom »neuen Weimar« oder von »Neu-Weimar« zunächst ganz allgemein auf eine Überwindung des Althergebrachten abzielt und keineswegs exklusiv an die Zeitenwende nach Carl Alexanders Tod gebunden ist, zeigt sich bereits bei einem Blick in frühere und spätere Zeiten. Die Rede vom »neuen Weimar« begegnet zwar nicht sonderlich häufig, doch durchweg in prononcier-

11 Henry van de Velde: Geschichte meines Lebens (Anm. 1), S. 196.
12 Ebenda, S. 195 f.
13 Ebenda, S. 196.
14 Ebenda, S. 198.
15 Das hängt sicherlich auch mit den nach der Wende intensivierten Forschungsaktivitäten rund um diese drei Personen und einer damit verbundenen Literaturflut zusammen. Und es war zuerst die Weimarer Ausstellung »Genius huius loci. Kulturelle Entwürfe aus fünf Jahrhunderten« von 1992, die mit einer gleichnamigen Abteilung die künftige Betrachtungsweise für das Neue Weimar vorgab, wobei das Vorbild die ebenso bezeichnete Abteilung der Ausstellung »Harry Graf Kessler. Tagebuch eines Weltmannes« des Deutschen Literaturarchivs Marbach von 1988 war. Vgl. Genius huius loci. Kulturelle Entwürfe aus fünf Jahrhunderten. Ausstellungskatalog, Stiftung Weimarer Klassik. Weimar 1992, S. 119-141; Harry Graf Kessler. Tagebuch eines Weltmannes (Anm. 10), S. 104-118.

ter Absicht. Immer geht es um die geistig-kulturelle Regeneration Weimars vor dem Hintergrund erstarrter Traditionen. Das gilt zunächst für den 1854 von dem Kreis um Franz Liszt und Heinrich Hoffmann von Fallersleben gegründeten »Neu-Weimar-Verein« und dessen Herausforderung für »Alt-Weimar«, von dem er sich »absolut abgrenzte«.[16] Ein halbes Jahrhundert später stellte sich die Frage der kulturellen Erneuerung in ganz anderer Weise. Schon im Juni 1902 – also nach dem am 5. Januar 1901 erfolgten Regierungsantritt des jungen Großherzogs Wilhelm Ernst und noch vor dem Auftritt von Harry Graf Kessler in Weimar im März 1903 – wurde von der *Weimarischen Zeitung* unter dem neuen Redakteur Ernst Wachler die Frage aufgeworfen: »Wie kann Weimar zu einer neuen litterarischen Blüthe gelangen?«[17] Ein Jahr später wurde dann – hierauf wird noch ausführlich einzugehen sein – das »neue Weimar« erfunden. Als nach dem Ende der Monarchie im November 1918 auch in kultureller Hinsicht ein Neuanfang bevorstand, wurde das Schlagwort vom »neuen Weimar« erneut bemüht.[18] Zum Ende des Jahres 1919 befragte der Schriftsteller Adolf Teutenberg im nunmehr republikanischen Weimar prominente Kulturbürger »Wie kann Weimar zu neuer Blüte gelangen?« und veröffentlichte erste Antworten im Mai 1920 unter der Überschrift »Neu-Weimar – Tempel deutscher Zukunft«.[19] Die Rede vom »neuen Weimar« ist offenbar eine nach der Goethezeit mehrfach für das Überwinden der Erstarrung gefundene Formulierung in jeweils zeitgebundenen Kontexten. Sie eignet sich daher auch nicht als exklusiver kulturgeschichtlicher Epochenbegriff für die Charakterisierung der Jahre um 1900.

Wenn ich es recht sehe, liegt eine Weimarer Kulturgeschichte erstmals mit dem 1908 in der Reihe »Stätten der Kultur« erschienenen Band *Weimar* des Kunsthistorikers Paul Kühn (1866-1912) vor.[20] In dieser Kulturgeschichte, die 1919 in einer von Hans Wahl bearbeiteten Auflage neu herauskam,[21] steht

16 Neu-Weimar-Verein [Art.]. In: Weimar. Lexikon zur Stadtgeschichte (Anm. 7), S. 332.
17 Begonnen mit einem Aufsatz unter diesem Titel in Nr. 131 vom 7. Juni 1902 und fortgesetzt vom 12. bis 21. Juni 1902 mit Beiträgen verschiedener Verfasser.
18 So zitierte die *Weimarische Zeitung* am 14. Februar 1919 aus einem ebenso mit »Das neue Weimar« überschriebenen Beitrag der *Deutschen Zeitung* in Berlin, in dem auf die Bestrebungen zur geistigen Erneuerung Weimars durch die neugegründete »Weimar Gesellschaft« eingegangen wird (Weimarische Zeitung, 14. Februar 1919).
19 Das geschah in der von ihm in Weimar gegründeten Zeitschrift *Die Fundgrube* (Die Fundgrube. Sammelblätter für Kunst, Wissenschaft, Leben. H. 1: Neu-Weimar – Thüringen I. [erschienen Mai 1920], S. 20-26; Fortsetzung in: Die Schatzkammer. Sammelblätter für Kunst, Wissenschaft, Leben. H. 2/4: Thüringen – Weimar – Jena [erschienen Mai 1921], S. 83-97).
20 Paul Kühn: Weimar. Leipzig 1908.
21 Die von Hans Wahl bearbeitete zweite Auflage erschien 1919, die dritte 1921, die vierte 1925.

das bis auf die Anfänge des Ortes zurückgehende Auftaktkapitel unter der Überschrift »Das alte Weimar«. Es endet vor dem Beginn von Anna Amalias Regentschaft um die Mitte des 18. Jahrhunderts. Im Kapitel »Neuweimar« wird die »Epoche Carl Alexanders« im nachklassischen Weimar – er trat 1853 die Regierung an – als »eine neuweimarische Blütezeit« geschildert.[22] Hier ist noch nicht die Rede vom »Silbernen Zeitalter«, unter dem heute – auch wieder nach dem *Lexikon zur Stadtgeschichte* – die großen kulturellen Leistungen aus der Zeit von 1848 bis 1902 subsumiert werden.[23]

Unser Blick richtet sich hingegen auf das bei Paul Kühn enthaltene letzte Kapitel, das die Überschrift »Das jüngste Weimar« trägt und die ersten Jahre der »Wilhelm Ernst-Epoche« abhandelt. Hans Wahl behielt bei der Neuausgabe 1919 zwar die Hauptüberschrift bei, wies aber in der Vorbemerkung darauf hin, dass dieses Kapitel der Ergänzung bedürfe, ja »fast ganz durch ein anderes ersetzt werden« müsse, »da der Sehwinkel der Gegenwart es heute gestattet, die Entwicklung Weimars im 20. Jahrhundert in vieler Hinsicht unbefangener und freier darzustellen«.[24] Gerade der Hinweis von Hans Wahl vergegenwärtigt, wie problematisch es ist, die Jahre um 1900 mit der Formulierung »Das neue Weimar« zu verknüpfen und somit an die von Henry van de Velde und Harry Graf Kessler verfolgten Absichten bei der Neubelebung der weimarischen Kulturwerte unter Großherzog Wilhelm Ernst rückzubinden.

III.

Wieso war es 1903 überhaupt in einer Berliner Tageszeitung zu der pointierten Rede vom »neuen Weimar« gekommen? »So umstritten unsere Tätigkeit in Weimar war, so sehr interessierte man sich in den kulturellen Zentren Deutschlands für unsere Bestrebungen«, beginnt Henry van de Velde den Abschnitt seiner Erinnerungen, der in der deutschen Ausgabe von Hans Curjel mit »Das neue Weimar« überschrieben ist.

Die Redaktion eines der in Berlin und Deutschland meistgelesenen Blätter, des »Tag«, beorderte ihren als maßgebend geltenden Kunstkritiker Hans Rosenhagen nach Weimar. Er kam im Herbst 1903,[25] als unsere Aktivität

---

22 Paul Kühn: Weimar (Anm. 20), S. 175.
23 Weimar. Lexikon zur Stadtgeschichte (Anm. 7), S. 401.
24 Paul Kühn: Weimar. Bearbeitet von Hans Wahl. Leipzig 1919, Vorbemerkung vom Mai 1919.
25 Das Tagebuch von Harry Graf Kessler vermerkt am 14. Oktober 1903 einen Besuch von Rosenhagen in Weimar (vermutlich wegen der Einweihung des Nietzsche-Archivs am folgenden Tag). Harry Graf Kessler. Das Tagebuch (Anm. 9). Bd. 3, S. 611. Durch ein Telegramm von Henry van de Velde an Kessler in London ist Rosenhagens Anwesenheit bereits für den 22. Mai 1903 in Weimar bezeugt. Henry

schon eine gewisse Breite erreicht hatte. Kurz darauf erschien im »Tag« Rosenhagens Feuilleton von neun Spalten mit dem Titel »Das neue Weimar«. Es ist pikant, daß sich die ersten drei Worte dieses Feuilletons – »Was ist Pietät?« – auf Angriffe bezogen, die gerade damals in infamer Weise gegen mich entfesselt worden waren.[26]

Mit diesen Feststellungen Henry van de Veldes verbinden sich mehrere irreführende Aussagen.[27] So erschien der angegebene Beitrag bereits am 15. Juli 1903 in der vom August-Scherl-Verlag herausgegebenen konservativen Tageszeitung *Der Tag* (Abb. 1),[28] zu einer Zeit also, als alle kulturreformerischen Bestrebungen Henry van de Veldes und Harry Graf Kesslers noch in den Anfängen steckten und keinesfalls schon der Zeitpunkt gegeben war, die von ihnen angestoßenen Bemühungen für ein »neues Weimar« objektiv bewerten zu können. Nicht anders ist es mit einem unter dem gleichen Titel »Das neue Weimar« verfassten Bildbericht vom September 1904 in der ebenfalls im Scherl-Verlag erschienenen illustrierten Zeitschrift *Die Woche*,[29] der ein Jahr nach Rosenhagens Feuilleton schon mehr über die inzwischen eingetretenen Veränderungen zu sagen wusste, aber – betrachtet man seinen Verfasser, den aus Berlin

---

van de Velde: Récit de ma vie (Anm. 2). Bd. 2, S. 159. Wahrscheinlich hat vor allem Henry van de Velde den Berliner Journalisten über die Weimarer Zustände und Pläne informiert. Für den 24. bis 26. Juni 1903 ist ein gemeinsamer Besuch von Kessler und van de Velde in Berlin nachgewiesen, so dass sie sich dort mit Rosenhagen getroffen haben könnten, bevor am 15. Juli 1903 das Feuilleton in *Der Tag* erschien. Vgl. Harry Graf Kessler. Das Tagebuch (Anm. 9). Bd. 3, S. 583.

26 Henry van de Velde: Geschichte meines Lebens (Anm. 1), S. 245.
27 Dass auch an anderen Stellen der Memoiren von Henry van de Velde irreführende Aussagen anzutreffen sind, habe ich mehrfach feststellen müssen. So ist Henry van de Veldes Bericht von den Dichterlesungen (Richard Dehmel, Gerhart Hauptmann, Hugo von Hofmannsthal, Rainer Maria Rilke) in Schloss Belvedere, veranstaltet von der Erbgroßherzogin Pauline, komplett falsch (ebenda, S. 230). Lediglich die Lesung von André Gide fand am 5. August 1903 in Belvedere statt. Die Erbgroßherzogin verstarb bereits am 17. Mai 1904 auf einer Reise in Italien. Die genannten Dichter sind alle erst später nach Weimar gekommen. Als frühester kam Richard Dehmel und nahm am 8. Juli 1904 an einem Empfang im Nietzsche-Archiv teil. Auch die Schilderung von dem Zusammentreffen mit Gerhart Hauptmann (ebenda, S. 230 f.) ist nicht zutreffend, da dieser zum ersten Mal im Oktober 1904 nach Weimar kam.
28 Hans Rosenhagen: Das neue Weimar. In: Der Tag, 15. Juli 1903. Es ist hier nicht der Raum, den kompletten Text der Zeitungsveröffentlichung abzudrucken. Das soll 2013 in einer Edition des Verfassers in der von ihm herausgegebenen Zeitschrift *Weimar-Jena. Die große Stadt* erfolgen.
29 Max Hausen [d. i. Max von Münchhausen]: Das neue Weimar. In: Die Woche. Moderne illustrierte Zeitschrift, 10. September 1904, S. 1641-1645. Eine Abbildung der ersten Seite in: Henry van de Velde: Récit de ma vie (Anm. 2). Bd. 2, S. 160. Dort wird allerdings fälschlicherweise Juli 1904 als Erscheinungszeit angegeben.

Abb. 1
Hans Rosenhagen, Das neue Weimar,
aus: Der Tag, 15. Juli 1903, Titelseite mit Anfang des Artikels

nach Weimar übergesiedelten Schriftsteller Baron Max von Münchhausen[30] – auch nur Weimarer Hof- und Gesellschaftsberichterstattung (mit elf Aufnahmen von Louis Held) darstellt. Dass Münchhausen sich später insgeheim kritisch zu den Bemühungen von Harry Graf Kessler und Henry van de Velde verhielt und schon bald mit Weimar brach, geht unter anderem aus seinem Brief an Elisabeth Förster-Nietzsche vom 13. Juni 1907 hervor, wo er davon spricht, dass »wir alle mit künstlichen Mitteln Weimar zu einem Centrum deutscher Kultur machen wollten«.[31] Ein ähnlicher Bildbericht mit einer Charakterisierung des zeitgenössischen Gesellschaftslebens, aber mit dem weitaus zutreffenderen Titel »Das moderne gesellschaftliche Weimar«, erschien 1910 in der in Leipzig verlegten Wochenzeitschrift Welt und Haus.[32] Sein Verfasser war der in Weimar lebende Schriftsteller Wilhelm Hegeler (1870-1943).

Henry van de Velde und Harry Graf Kessler standen 1903/04, als das Schlagwort vom »neuen Weimar« für ihre ehrgeizigen Pläne herhalten musste, noch am Anfang ihrer Bemühungen. Der belgische Kunstgewerbler und Architekt hatte am 1. April 1902 seine Tätigkeit als Berater des Großherzogs für die »künstlerische Hebung« von Handwerk und Industrie aufgenommen und war im ersten Weimarer Jahr überwiegend mit den dazu notwendigen Inspektionsreisen im Großherzogtum Sachsen-Weimar-Eisenach sowie mit dem von ihm geschaffenen und am 15. Oktober 1902 eröffneten Kunstgewerblichen Seminar als Beratungsstelle für die kunstgewerblichen Produzenten im Lande beschäftigt.[33] Der kunstbeflissene Graf Kessler war erst im März 1903 zum Kuratoriumsvorsitzenden des neuen Großherzoglichen Museums für Kunst und Kunstgewerbe berufen worden, dessen erste, am 23. Juni 1903 eröffnete Ausstellung Arbeiten des Bildhauers Max Klinger zeigte. Noch waren die Markenzeichen des »neuen Weimar« nicht einmal in ihren Umrissen sichtbar: Das von Kessler inspirierte moderne Ausstellungsprogramm im Museum am Karlsplatz lief gerade erst an, das von Henry van de Velde umgebaute Nietzsche-Archiv am Silberblick wurde erst am 15. Oktober 1903 eingeweiht und die Gründung des Deutschen Künstlerbundes setzte erst im Dezember 1903 ein über Weimar hinausweisendes Achtungszeichen für die deutschen Kunsterneuerungsbestrebungen. Auch die »Angriffe«, von denen Henry van de Velde in seinen Memoiren im Zusammenhang mit Rosenhagens Feuilleton »Das neue Weimar« vom

---

30 Zu seiner Person vgl. Thomas Föhl, Klaus-Jürgen Sembach: Henry van de Velde und das Weimarer Mobiliar für Baron von Münchhausen. München 1999.
31 GSA 72/BW 3742. Das Zitat auch bei Thomas Föhl, Klaus-Jürgen Sembach: Henry van de Velde und das Weimarer Mobiliar für Baron von Münchhausen (Anm. 30), S. 54.
32 Wilhelm Hegeler: Das moderne gesellschaftliche Weimar. In: Welt und Haus 9 (1910), H. 17, 22. Januar 1910, S. 16-20. Der Bericht enthält 18 Porträtfotografien von Weimarer Persönlichkeiten.
33 Vgl. Volker Wahl (Hrsg.): Henry van de Velde in Weimar. Dokumente und Berichte zur Förderung von Kunsthandwerk und Industrie (1902 bis 1915). Köln, Weimar, Wien 2007.

15. Juli 1903 spricht, haben erst danach stattgefunden. Ihre Ursachen sind mit einer anderen öffentlichen Auseinandersetzung in Weimar verknüpft, mit deren Ausbruch Henry van de Velde zunächst gar nichts zu tun hatte, die allerdings sein Renommee in Weimar zum ersten Mal nachhaltig beschädigte: der Pressefehde zum Streit um Goethes Gartenmauer von 1903.[34]

Kessler hatte als kritischer Beobachter seiner Zeit, aber noch mehr als feinsinniger und international denkender Kunstliebhaber 1903 neben seinen anderweitigen Wohnsitzen in Berlin, Paris und London die Residenzstadt des Großherzogtums Sachsen-Weimar-Eisenach zum neuen Domizil gewählt, da er hier die Chance für ein kulturpolitisches Experiment fernab der Metropole Berlin erkannte. Den Aufbruch in Weimar markierte für ihn der Wechsel an der Spitze des vergleichsweise kleinen Fürstentums in der Mitte Deutschlands. 1901 war nach fast einem halben Jahrhundert Regentschaft der kunstverbundene und mäzenatisch geprägte Großherzog Carl Alexander verstorben. Auf ihn folgte sein Enkel Wilhelm Ernst, und mit diesem »Herrscher in der Zeitenwende«[35] regte sich angesichts seiner Jugend – als er den Thron bestieg, stand er im 25. Lebensjahr – allenthalben eine Aufbruchsstimmung, die widersprüchlicher nicht hätte sein können. In dieser Situation verstieg sich Rosenhagen zu dem Diktum, mit dem Regierungsantritt des jungen Großherzogs habe sich endlich »die drückende Atmosphäre über Weimar verflüchtigt«. »Das Pompeji der deutschen Literatur umfängt mit seinen Mauern wieder frisches Leben und geht, wenn nicht alle Zeichen trügen, einer neuen Zukunft entgegen«. Er sah die tiefere Ursache für diesen Epochenwechsel in dem »zielbewußte[n] Wille[n] des Großherzogs, die von seinen weitsichtigen Ahnen geschaffene geistige und künstlerische Kultur seiner Residenz nicht weiter hinsterben zu lassen, sondern auf ihren Resten eine neue Kultur aufzubauen«.[36] Das damit ausgesprochene Verdikt gegen »Das alte Weimar« konnte nicht unwidersprochen bleiben, wobei die Entgegnung von Oskar von Wedel, dem Oberhofmarschall des verstorbenen Großherzogs Carl Alexander, unter diesem Titel in der *Weimarischen Zeitung* vor allem davor warnte, den jungen Großherzog falsch zu verstehen, »wenn man ihn in Gegensatz bringt zu seinem erhabenen Vorgänger in der Regierung«.[37]

Der Artikel im Berliner Feuilleton bildete zwar auch eine Kampfansage gegen das verklärte Erinnerungsbild von Weimar in der nachklassischen Zeit, hatte aber vor allem den Zweck, Großherzog Wilhelm Ernst für die Ziele des Kreises um Harry Graf Kessler dauerhaft zu gewinnen. Diesem Kreis ging es

---

34 Vgl. Volker Wahl: »Ick 'aben keine Pietät«. Henry van de Velde als Opfer des Streites um Goethes Gartenmauer 1903. In: Die Pforte. Veröffentlichungen des Freundeskreises Goethe-Nationalmuseum 9 (2008), S. 328-354. Vgl. auch den Beitrag von Antje Neumann in diesem Band.
35 Vgl. dazu die Biographie von Bernhard Post, Dietrich Werner: Herrscher in der Zeitenwende. Wilhelm Ernst von Sachsen-Weimar-Eisenach 1876-1923. Jena 2006.
36 Hans Rosenhagen: Das neue Weimar (Anm. 28).
37 Oskar von Wedel: Das alte Weimar. In: Weimarische Zeitung, 18. Juli 1903.

jedoch um mehr als die Sympathie des Großherzogs, nämlich um eine weitreichende Erneuerung der Kultur – und Weimar schien hierfür eine geeignete Plattform abzugeben. Als »Jugendidealismus« charakterisierte Kessler später diese weitgehenden Bestrebungen nach der Jahrhundertwende,[38] als er

> mit Freuden die Gelegenheit ergriff, die sich mir unverhofft im Jahre 1903 bot, in Weimar mitzuhelfen an dem Aufbau einer deutschen Kulturstätte, die im Gegensatz zu den kaiserlichen Bestrebungen dem vielen Guten, was Deutschland in Kunst und Dichtung damals hervorbrachte, einen Mittelpunkt und eine Heimstätte bieten und von hier aus auch die Brücke schlagen sollte zu den gleichlaufenden Bewegungen in England, Amerika, Frankreich usw., um so die Isolierung, in die Deutschland durch die kaiserliche Politik hineingeraten war, zu durchbrechen und dem neuen deutschen Geiste neue Einbruchspforten in die Außenwelt zu öffnen.[39]

Das panegyrische Zerrbild von Wilhelm Ernst in Rosenhagens Artikel sollte deutlich machen, dass »alle wahrhaft kunstfördernden Fürsten [...] dem Geschmack ihrer Zeit weit voraus« gewesen seien. »In diesem Sinne scheint der Großherzog Wilhelm Ernst seine Absichten verwirklichen zu wollen. Er teilt unser aller Empfindung«.[40] Der dem Verfasser von van de Velde und Kessler in die Feder diktierte und in Berlin erschienene Huldigungsaufsatz steht mit seinem in die Zukunft gerichteten Titel »Das neue Weimar« als Wunschdenken am Anfang dieser Bewegung, die für kurze Zeit Weimars Voranschreiten in die Moderne versinnbildlicht, ihr aber nicht den Stempel einer prägenden Epochenkennzeichnung in der Geschichte der Residenzstadt aufdrücken konnte. Die öffentliche Wahrnehmung eines in diesem Umfang zuvor nicht gekannten Ausstellungsprogramms internationaler Prägung zwischen 1903 und 1906 genügt keineswegs, allein darin das »neue Weimar« zu sehen. Und schon gar nicht lässt sich diese Charakterisierung auf die gesamte Regierungszeit des 1918 abgedankten Weimarer Großherzogs im wilhelminischen Kaiserreich beziehen, dem am Ende seiner Herrschaft eher Schmähungen als Anerkennung seiner Regentschaft entgegenschlugen.

Im Aufwind der ersten Regierungsjahre war es gelungen, Großherzog Wilhelm Ernst als Protektor für die Gründung des Deutschen Künstlerbundes im Dezember 1903 zu gewinnen und Weimar als Ausgangsort dieser sezessionistischen Vereinigung zu etablieren. Mit Blick auf die lange Tradition der Kulturförderung durch das Fürstenhaus formulierte Kessler 1904 in seiner Werbeschrift für den Deutschen Künstlerbund:

---

38 Harry Graf Kessler. Das Tagebuch (Anm. 9). Bd. 6, S. 406 (Eintrag vom 9. Juni 1918).
39 Harry Graf Kessler: Curriculum vitae. In: Harry Graf Kessler. Gesammelte Schriften in drei Bänden. Hrsg. von Cornelia Blasberg und Gerhard Schuster. Frankfurt a. M. 1988. Bd. 1, S. 319-334, hier S. 328 f.
40 Hans Rosenhagen: Das neue Weimar (Anm. 28).

Jedesmal, wenn die deutsche Kultur sich neuen Zielen zuwandte, sind die neuen, eigenartigen Geister vom Haus Wettin in Thüringen gefördert und geschützt worden. Luther und Cranach, Herder und Goethe, Liszt und Wagner waren Moderne für ihre Zeit und wurden als solche in Weimar aufgenommen. Denn hier gilt schon lange die Verteidigung und Begünstigung der Eigenart ohne Einmischung in ihre Betätigungen als Staatsgrundsatz. Dem verdankt Weimar seine lange Vorherrschaft in der deutschen Kultur; ein glänzender Beleg für die Fruchtbarkeit dieses Prinzips im Staatsleben. Und der junge Fürst, der jetzt regiert, hat bewiesen, daß er die stolzen Traditionen seines Hauses fortzuführen fest entschlossen ist.[41]

Aber der Großherzog wandte sich schon bald von solch hehren Zielen ab und enttäuschte damit die in ihn gesetzten Erwartungen. Und auch Kesslers Meinungsführerschaft beim Aufbruch Weimars in ein modernes und international ausgerichtetes Kulturleben währte nur drei Jahre. Das Ende kam abrupt, als eine Ausstellung mit Aktzeichnungen von Auguste Rodin im Museum am Karlsplatz im Widerstreit konservativer Kreise gegen Kesslers einseitige Förderung der modernen Kunst eskalierte und im Juli 1906 dessen Demission erzwang.[42] Im Rückblick auf seine weitreichenden Pläne nach der Jahrhundertwende, die auf den »Aufbau einer deutschen Kulturstätte« in Weimar abzielten, resümierte Kessler zwei Jahrzehnte später: »Leider sind diese Bestrebungen an der Unzulänglichkeit namentlich des damaligen Großherzogs von Weimar und seiner Berater bald gescheitert«.[43] Gescheitert waren damit allerdings auch die hochgesteckten Erwartungen Harry Graf Kesslers, vor allem sein im April 1902 selbstbewusst vorgetragener Anspruch auf »eine Art Oberleitung aller Kunstbestrebungen im Grossherzogtum«.[44] Lediglich als ambitionierter Direktor des Museums für Kunst und Kunstgewerbe hatte er öffentlich auf sich aufmerksam machen können.

---

41 Harry Graf Kessler: Der Deutsche Künstlerbund. In: Harry Graf Kessler. Gesammelte Schriften (Anm. 39). Bd. 2, S. 66-77, hier S. 76f.
42 Der Verfasser hat die bis dahin nicht erkannten Zusammenhänge mit der Ehrenpromotion von Auguste Rodin 1905 in Jena erstmals 1979 aus den Quellen heraus publiziert. Vgl. Volker Wahl: Die Jenaer Ehrenpromotion von Auguste Rodin und der »Rodin-Skandal« zu Weimar 1905/06. In: Auguste Rodin. Ausstellungskatalog, Nationalgalerie der Staatlichen Museen zu Berlin. Berlin 1979, S. 58-67.
43 Harry Graf Kessler: Curriculum vitae (Anm. 39), S. 329.
44 Harry Graf Kessler. Das Tagebuch (Anm. 9). Bd. 3, S. 481 (Eintrag vom 4. April 1902). Es ist allerdings historisch unbedacht, darin eine »große Ähnlichkeit mit der ›Oberaufsicht‹ Goethes« zu sehen, wie das in der jüngsten Kulturgeschichte Weimars zu lesen ist (Annette Seemann: Weimar. Eine Kulturgeschichte. München 2012, S. 249). Goethes Oberaufsicht über alle unmittelbaren Anstalten für Wissenschaft und Kunst in Weimar und Jena stellte eine viel weiter ausgreifende und differenziertere Kultusbehörde dar, als sie Kessler mit seinen Vorstellungen von einer »Oberleitung aller Kunstbestrebungen« jemals angestrebt hat.

IV.

In seiner Weimarer Kulturgeschichte von 1908 würdigt Paul Kühn die Museumsarbeit der Jahrhundertwende, verweigert Kessler als ihrem Urheber jedoch die verdiente Anerkennung: »Vorzügliche Ausstellungen des deutschen Künstlerbundes, französischer Impressionisten, modernen Kunstgewerbes, nur erlesener Arbeiten edelster Qualität gaben Genüsse, wie sie nur wenige Großstädte bieten«.[45] Während Kessler im Kapitel »Das jüngste Weimar« keine Erwähnung findet, wird Henry van de Velde als international anerkanntem Architekten und Designer in besonderer Weise die Rolle des Protagonisten der kulturerneuernden Entwicklung im »jüngsten Weimar« zugewiesen. Sein Ansehen in der Öffentlichkeit ist im ersten Jahrzehnt des neuen Jahrhunderts noch ungebrochen.

> In Henry van de Velde hat Großherzog Wilhelm Ernst einen Organisator gewonnen, einen Neubeleber, dessen Beispiel reformatorisch wirkt, der durch seine Werke, seine Vorträge, seine Schriften die Geister in Bewegung setzt und neue Kultur schafft aus den Errungenschaften und dem Besitz seiner Zeit, der die Kräfte, die ihm unterstellt sind, schult und veredelt; wer nach Weimar kommt, wird sein Wirken spüren. Sein unbändiger Kulturwille erscheint recht als die notwendige Ergänzung zu der Kulturarbeit der klassischen Zeit.[46]

Hans Wahl hatte 1919 in der Neuauflage dieser ersten umfassenden Kulturgeschichte Weimars keinen Anlass, diese Aussage zu revidieren oder auch nur zu relativieren.[47] Als aber im Mai 1919 der studierte Kunsthistoriker und Literaturwissenschaftler das Vorwort zur Neuausgabe der Weimarer Kulturgeschichte von Paul Kühn verfasste, kündigte sich bereits das nunmehr Neue an: »Völlig umgestaltend wird der Eintritt des Architekten Walter Gropius wirken, der im April 1919 die Leitung der Hochschule [für bildende Kunst] übernahm. Von dem Grundsatz ausgehend, daß das Endziel aller bildnerischen Tätigkeit der Bau ist, wandelte er die Hochschule in ein ›staatliches Bauhaus‹ um«.[48] Unmittelbar nach seiner Berufung hatte Gropius dem neuen Intendanten des zum Deutschen Nationaltheater ausgerufenen Hoftheaters, Ernst Hardt, am 14. April 1919 geschrieben:

> Diese ungeheuer interessante, ideengeschwängerte Zeit ist reif dafür zu etwas positiv Neuem zusammengehämmert zu werden; ich spüre das auf Schritt und Tritt. Wir Gleichgestimmten müssen unter einander wirklich wollen und uns nichts Kleines vornehmen, es muß ein geistiger Zusammen-

---

45 Paul Kühn: Weimar (Anm. 20), S. 204.
46 Ebenda, S. 203.
47 Vgl. Paul Kühn: Weimar (Anm. 24), S. 181 f.
48 Ebenda, S. 184.

schluß all den materiellen Widrigkeiten zum Trotz gelingen; die Dinge werden in der Welt ja nur durch den Anstoß von Wollenden. Meine Idee von Weimar ist keine kleine, ich sehe gerade in dem Punkt der alten, schwerüberwindlichen Tradition die Möglichkeit, fruchtbare Reibungsflächen für das Neue zu schaffen. Ich glaube bestimmt, daß Weimar gerade um seiner Weltbekanntheit willen, der geeignetste Boden ist, um dort den Grundstein einer Republik der Geister zu legen.[49]

Wie zwingend der Drang zur Überwindung der alten, noch monarchisch geprägten Kulturzeit in Weimar nunmehr war, zeigt Adolf Teutenbergs zur Jahreswende 1919/20 gestartete Umfrage »Wie kann Weimar zu neuer Blüte gelangen?«. Als er im Mai 1920 die ersten Antworten dazu veröffentlichte, schärfte er in ganz anderer Weise als zu Beginn des neuen Jahrhunderts den Blick für die Erfordernisse der Gegenwart:

So steht die Frage auf: was können wir, an einer Wende der Zeiten stehend, heute tun – bei aller Not, die uns umgibt, dennoch tun, gerade tun, erst recht tun –, um dem Weimar der Vergangenheit ein Weimar der Gegenwart, um dem Weimar der großen Toten ein Weimar der großen Lebendigen, um dem Weimar unserer ehrfürchtigen Andacht ein Weimar unseres schaffenden Strebens an die Seite zu stellen?[50]

Die von Walter Gropius Anfang 1920 niedergeschriebene, aber erst im Mai 1921 veröffentlichte Antwort rechnet wohl am schärfsten mit dem »alten«, aber auch mit dem »neuen« Weimar von 1903 ab:

Welche reichen Schätze – kulturelle wie wirtschaftliche – könnte man aus dem geistigen Kredit des Namens Weimar in der ganzen Welt gewinnen, wenn man den »Geist« von Weimar nicht geistlos werden ließe, wenn die Bürger Weimars voll Weitsicht die »geheiligte Tradition« in der Pflege ewig neuen, ewig lebendigen, ewig veränderlichen Menschengeistes erblicken würden anstatt im Nachbeten von Gedanken großer Geister der Vergangenheit, die dieser Stadt die Würde gaben. – Das heutige Weimar schläft auf seinen Ahnenlorbeeren, es ist blütenlos und eng geworden, die Stadt des öffentlich anerkannten Dilettantismus in seiner reinsten Form, der der wahre und einzige Feind seiner »neuen Blüte« ist. Denn Dilettantismus verhindert Weitsicht, Großzügigkeit und Vertrauen in die Zukunft. Dilettantismus ist der Bildungs- und Denkzustand der müden Herzen und kleinen Seelen, ist das Symptom des absterbenden Lebens.

---

49 Volker Wahl (Hrsg.): Das Staatliche Bauhaus in Weimar. Dokumente zur Geschichte des Instituts 1919-1926. Köln, Weimar, Wien 2009, S. 87.
50 Die Fundgrube (Anm. 19), S. 21. Vgl. dazu Volker Wahl: Walter Gropius – Antwort auf die Umfrage »Wie kann Weimar zu neuer Blüte gelangen?«. In: Die große Stadt. Das kulturhistorische Archiv von Weimar-Jena 2 (2009), H. 2, S. 87-90.

Was tut aber der Gärtner, wenn er den altersschwachen, halbverdorrten Baum ins Leben zurückrufen will? Er pfropft ihm junge grüne Reiser auf; diese lösen die Erstarrung und jagen neues Leben durch seinen kalten, träge gewordenen Leib. So braucht das alte Weimar neue, junge, starke, glühende Herzen, um ein Neu-Weimar würdig dem der Vergangenheit zu werden.

Sie werden frischen Wind bringen, der den Staub der Mumifizierung von seinen Mauern und Menschen weht. Holt euch die Besten, die um ihrer Taten und ihres Geistes Willen Umkämpften und bereitet ihnen eine gastliche Stätte, helft ihnen in dem nun anhebenden gigantischen Kampfe einer aus der Tiefe dieses Chaos vulkanisch aufbrechenden neuen »gotischen« Weltanschauung mit der alten erschütterten Welt der klassischen Bildung; dann, nur dann, wird Weimar den größten Sieg erfechten – den über sich selbst, dann kann über diesem Bethlehem des Geistes vielleicht ein zweites Mal ein Stern aufgehen, der Freude, Frische, Begeisterung in die Welt ausstrahlen wird.[51]

Ich plädiere dafür, erst in den kulturreformerischen Bestrebungen nach der Aufhebung der Monarchie von 1918 – insbesondere in der Existenz und im Wirken des Staatlichen Bauhauses – das neue Weimar zu sehen und zu begreifen, da hier das verwirklicht wurde, was Henry van de Velde schon in seiner Weimarer Zeit vorgeschwebt hatte: »den Weg für einen architektonischen Stil und eine Ästhetik unserer Zeit frei [zu] machen«.[52] Dass es im republikanischen Weimar dazu nicht mehr eines »wahrhaft kunstfördernden Fürsten«[53] bedurfte, wie es zu anderen Zeiten noch die von Harry Graf Kessler und Henry van de Velde geschürte Pressekampagne von 1903/04 unter dem Schlagwort »Das neue Weimar« beschwor, sollte uns bei der Betrachtung der Kulturgeschichte Weimars zum Nachdenken anregen, um nicht wortgläubig und bedenkenlos Zitate aus zweiter Hand ungeprüft zu übernehmen. Der »Sehwinkel der Gegenwart« gestattet es heute, »die Entwicklung Weimars im 20. Jahrhundert in vieler Hinsicht unbefangener und freier darzustellen«, wie das schon im Mai 1919 Hans Wahl richtig erkannt hat.[54]

---

51 Die Schatzkammer (Anm. 19), S. 89. Die Antwort von Gropius ist auch ediert bei Volker Wahl (Hrsg.): Das Staatliche Bauhaus in Weimar (Anm. 49), S. 263 f.
52 Henry van de Velde: Geschichte meines Lebens (Anm. 1), S. 196.
53 Hans Rosenhagen: Das neue Weimar (Anm. 28).
54 Vorbemerkung zur Neuausgabe von Paul Kühn: Weimar (Anm. 24).

Nachrufe

Prof. Dr. Gerhard Schmid
20. Juli 1928 – 1. Januar 2013

Die Klassik Stiftung Weimar beklagt den Tod von Gerhard Schmid, der in den ersten Stunden des neuen Jahres gänzlich unerwartet eingetreten ist. Seit 1971 in leitender Stellung für das Goethe- und Schiller-Archiv tätig, von 1991 bis 1993 dessen Direktor, in den Jahren 1995 bis 2005 Mitglied im Stiftungsrat der Klassik Stiftung Weimar, hat sich Gerhard Schmid sowohl als sorglicher Bewahrer der ihm anvertrauten Schätze wie auch als verantwortungsbewusster Kulturpolitiker große und bleibende Verdienste erworben.

Als Sohn eines Pfarrers im vogtländischen Greiz geboren, durchlebte Gerhard Schmid als Luftwaffenhelfer das Grauen der letzten Kriegsmonate, legte nach der Rückkehr aus dem Inferno 1946 in Plauen das Abitur ab und studierte von 1947 bis 1951 an der Friedrich-Schiller-Universität Jena Geschichte, Kirchengeschichte und Germanistik. Eine postgraduale Ausbildung am Institut für Archivwissenschaft in Potsdam schloss er 1953 mit der Diplomprüfung ab, die ihm eine Laufbahn im höheren staatlichen Archivdienst eröffnete. Mit einer Arbeit über kirchenrechtliche Probleme nach dem Westfälischen Frieden wurde er 1953 in Jena promoviert. Seit 1953 war Gerhard Schmid in verantwortlicher Position als Archivar im Deutschen Zentralarchiv in Potsdam tätig. Im selben Jahr begann seine Lehrtätigkeit, die nach und nach alle Bereiche der Archivwissenschaft umfasste, zunächst in Potsdam, seit 1968 an der Berliner Humboldt-Universität, die ihm 1985 eine Honorarprofessur für Archivwissenschaft und Historische Hilfswissenschaften zuerkannte.

Gerhard Schmid hinterlässt ein reiches wissenschaftliches Œuvre, von dessen Dimensionen ein 2008 veröffentlichter Sammelband nur unvollständig Zeugnis ablegen kann. Schon im Titel *Archivar von Profession. Wortmeldungen aus fünfzig Berufsjahren* gibt sich Gerhard Schmids Ethos zu erkennen, in dem charakterliche Beständigkeit, souveränes Urteilsvermögen und profunde historische Bildung zusammenfanden. Wesentliche Stationen seines Berufsweges hat Gerhard Schmid in der DDR zurückgelegt. 1990, im Jahr der deutschen Wiedervereinigung, die ihm selbst wie vielen anderen die lange ersehnte Befreiung von räumlichen und intellektuellen Grenzen eröffnete, hat er mit Augenmaß und dem ihm eigenen noblen Sinn für Gerechtigkeit Bilanz gezogen. Deren Summe lautete: Unabhängig von allen Systemzwängen und ideologischen Pressionen konnte ein Archivar in der DDR in striktem Bezug auf die ihm anvertrauten Archivgüter fundierte Arbeit leisten, war ein ›richtiges‹ Leben im ›falschen‹ möglich. Unter solchen Vorzeichen konnte er 1990 zur ›Besinnung‹ aufrufen. Was Gerhard Schmid damals als Anspruch an den Archivar einforderte – fachliche Kompetenz und politisch-moralische Integrität –, hat er selbst beispielhaft vorgelebt. Seine Fachkollegen wählten ihn 1990 zum ersten und einzigen Vorsitzenden eines Verbandes der Archivare der DDR und gaben ihm das Mandat, den Verband in den nunmehr gesamtdeutschen Verein deutscher Archivare hinüberzuführen. Seine politische Heimat wurde 1989 die SPD, der er als kluger, vorurteilsfreier Ratgeber und Mitgestalter in der Stadt Weimar und im Freistaat Thüringen verbunden blieb.

Als die strikte politische Reglementierung des staatlichen Archivwesens, wie sie nach dem Mauerbau Zug um Zug mit polizeilich-drakonischen Maßnahmen betrieben wurde, unerträglich zu werden drohte, nahm Gerhard Schmid gemeinsam mit seiner Ehefrau Irmtraut Schmid eine Berufung nach Weimar als stellvertretender Direktor des Goethe- und Schiller-Archivs an. Hier waren ihm bescheidene Freiräume gewährt. Die Beschäftigung mit der deutschen Klassik erwies sich als ›Lebenshilfe‹. Vor allem aber konnte Gerhard Schmid seine großen archivarischen Erfahrungen, die Pflege und Restaurierung von Beständen, deren Ordnung und Verzeichnung betreffend, in Weimar fruchtbar anwenden. Eines seiner Verdienste ist es, die Ordnung und Verzeichnung der Weimarer Bestände auf eine streng wissenschaftliche Grundlage gestellt und sie mit dem ganzen Einsatz seiner Persönlichkeit vorangebracht zu haben. Die von ihm gemeinsam mit Anneliese Clauß und Eva Beck bereits 1976 vorgelegten Ordnungs- und Verzeichnungsgrundsätze haben, wenngleich damals schon Maßstab setzend, erst 1996 durch ihre Publikation in Buchform die ihnen zukommende nationale und internationale Wirkung in der Fachwelt entfalten können. Die Inventare des Schiller-Bestandes und von Goethes Gedichten entstanden in Gerhard Schmids persönlicher Verantwortung. Damit ist der Kreis seiner Tätigkeit noch nicht vollständig umrissen. Als Editor hat er sich mit einer Faksimileedition von Büchners *Woyzeck* hohes Ansehen in der wissenschaftlichen Öffentlichkeit erworben. Sein Opus magnum aber ist die kommentierte Edition von Goethes amtlichen Schriften im Deutschen Klassiker Verlag geworden, die in schöner Lebens- und Arbeitsgemeinschaft mit seiner Ehefrau insbesondere in der Zeit ihres gemeinsamen ›Lebensabends‹ entstanden ist. Hier haben sich germanistische wie historisch-archivarische Tugenden zu glücklicher Synthese vereinigt.

Gerhard Schmid war Archivar aus Profession und Leidenschaft. Weit über seine aktive Berufszeit hinaus galt seine Sorge dem ihm einstmals anvertrauten

›Schatzhaus‹ der deutschen Literatur. Ohne die Arbeit des Bewahrens und Erschließens, so sein Ceterum censeo, stehe alles Forschen und Bilden auf tönernen Füßen. Noch in seiner Zeit als Archivdirektor hat er Pläne für einen Umbau des Gebäudes vorgelegt. Wenige Monate vor seinem so plötzlichen Ableben konnte er die Wiedereröffnung des glanzvoll restaurierten Goethe- und Schiller-Archivs freudig bewegt miterleben. Ein Lebenswunsch von Gerhard Schmid war in Erfüllung gegangen.

Jochen Golz

Prof. Dr. Walter Steiner
12. Juni 1935 – 5. Dezember 2012

Walter Steiner war niemals Mitarbeiter der Klassik Stiftung Weimar. Er hat auch zur Vorgänger-Institution der Klassik Stiftung zu keinem Zeitpunkt in einem Arbeitsverhältnis gestanden. So mag es zunächst überraschen, dass im Jahrbuch der Klassik Stiftung seiner gedacht wird.

Wem allerdings bewusst ist, dass es ohne Walter Steiner die Parkhöhle im Ilm-Park als geologisches und kulturgeschichtliches Untertagemuseum der Klassik Stiftung nicht gäbe, wer also weiß, dass Walter Steiner mit Fug und Recht als der Initiator, Promotor und Realisator einer musealen Einrichtung der Stiftung anzusprechen ist, der wird sich über eine Würdigung an dieser Stelle nicht wundern. Jedes Jahr wird die Parkhöhle im Ilm-Park von Tausenden besucht. Sie ist eine Attraktion im Angebotsspektrum der Stiftung und verleiht diesem Spektrum eine Farbe, die einer Institution, die sich Goethe verpflichtet weiß, wahrlich gut ansteht.

Walter Steiner, der 1935 in Böhmisch Leipa geboren wurde, kam als diplomierter Geologe 1960 nach Weimar und blieb hier mehr als dreißig Jahre der Hochschule für Architektur und Bauwesen, der heutigen Bauhaus-Universität, verbunden. 1992 wurde er zum Honorarprofessor für Geologie ernannt. Eigentlich kam der Zusammenbruch der DDR für Walter Steiner zu spät. Er war, als Deutschland wiedervereinigt wurde, bereits 55 Jahre alt. Aber was über so viele – leider – zutreffend gesagt wäre, gilt für Walter Steiner in keiner Weise. Eher gilt das Umgekehrte: Hätte er nicht schon in der Mitte seines sechsten Jahrzehnts gestanden, wäre das erstaunliche Schauspiel, das sich den Zeitgenossen nunmehr bot, gar nicht möglich gewesen. Die gut zwanzig Jahre, die ihm noch blieben, hat er mit ungeheurer Intensität gelebt und in stets unermüdlicher Begeisterung für seine Anliegen genutzt. Das war beispielhaft, und es war für viele, die es miterleben durften, anspornend und ermutigend.

Sein Hauptgeschäft war ab 1991 das Weimarer Stadtmuseum, das er bis zu seiner Pensionierung im Jahre 2001 leitete. Er leitete es nicht nur, er baute es auch neu auf, wozu zunächst einmal alle Räumlichkeiten des historischen Bertuch-Hauses restauriert und saniert werden mussten. Dass die Stadt Weimar den Geologen Steiner mit dieser Aufgabe betraute, sagt etwas über die Zeit des Umbruchs, in der so etwas möglich war, vor allem aber viel über diesen begeisterten Chronisten Weimars.

An eine weitere Herkules-Tat, der er sich schon seit den achtziger Jahren gemeinsam mit der Leiterin des Stadtarchivs, Gitta Günther, und dem (späteren) Rektor der Hochschule für Musik Franz Liszt, Wolfram Huschke, widmete, ist zu erinnern: die Herausgabe des *Lexikons zur Stadtgeschichte Weimars*, ein umfassendes Kompendium, wie es in dieser Qualität keine andere Stadt von der Größenordnung Weimars aufzuweisen hat.

Wenn seine Verpflichtungen, die er gegenüber Weimar und seiner einzigartigen Geschichte empfand und, man muss es so sagen, regelrecht verkörperte, ihn zu diesen kulturhistorischen Aufgaben riefen, so galt seine eigentliche, seine unverbrüchliche Liebe der Erdgeschichte und dem, was diese über den auch insoweit einzigartigen Ort in Thüringen erzählt. Deshalb befasste sich der Geologe Walter Steiner unter vielem anderen intensiv mit dem ausgedehnten Höhlensystem, das sich von der Ilm unter der Belvederer Allee hindurch bis zur Freiherr-vom-Stein-Allee zieht. Dieses System von Gängen und Schächten entstand gegen Ende des 18. Jahrhunderts zunächst, um die Voraussetzungen für eine Bierproduktion zu schaffen. Später wurde das System immer weiter ausgebaut, um die notwendigen Kies-, Stein- und Sandmengen, die für die Unterhaltung des Ilm-Parks erforderlich waren, direkt am Ort zu gewinnen. Nach dem Ende des Zweiten Weltkriegs, in dem die Stollen als Luftschutzbunker für die Stadtbevölkerung gedient hatten (und für diesen Zweck von Häftlingen aus Buchenwald hergerichtet worden waren), wurde die Parkhöhle für die Öffentlichkeit verschlossen. Walter Steiner erkannte Anfang der neunziger Jahre nicht nur die Chance, hier eine hochinteressante erdgeschichtliche Formation für die Allgemeinheit zugänglich zu machen, sondern zugleich eine Möglichkeit, die einzigartige Verbindung von Natur- und Kulturgeschichte, wie sie für Weimar so ungemein typisch ist, anschaulich werden zu lassen.

Sein Projekt hieß: Erschließung der Parkhöhle und Einrichtung eines Museums zur Geologie und Paläontologie des Ilm-Grabens in Weimar. Dieses große Projekt würde heutzutage vermutlich keinerlei Realisierungschance haben.

Damals jedoch bot sich die Stiftung Weimarer Klassik als Trägerin an, die Stadt Weimar beförderte die Unternehmung durch die Beantragung vielfältiger Projektmittel, und Walter Steiner war der Spiritus Rector der ganzen Unternehmung. 1997 konnte die Parkhöhle als Untertagemuseum eröffnet werden.

Als ich nach Weimar kam, Mitte 2001, berichtete mir der damalige Verwaltungsdirektor Manfred-Udo Schmidt mit allen Zeichen der Dringlichkeit, dass ich mich umgehend um die Erhaltung der Parkhöhle kümmern müsse. Tatsächlich stellte sich bereits in den ersten Tagen meiner Tätigkeit ein gewisser Professor Steiner in meinem Büro ein, der mich originellerweise einlud, mit ihm besagte Parkhöhle zu besuchen. Diese ersten Wochen in Weimar, an seltsamen Erlebnissen wahrlich nicht arm, sollten mich nun also auch unter Tage führen. Mir war vollkommen unklar, was mich erwartete. Bei warmem Hochsommerwetter traf ich am Eingang der Höhle meinen Cicerone Walter Steiner. Er hatte mir, fürsorglich wie er war, einen dicken Pullover mitgebracht. Dann stiegen wir in das Stollensystem hinab. Im Nu kühlte die Luft auf zirka zehn Grad ab. Es wurden faszinierende Stunden, von denen ich nichts erwartet hatte und die gerade deshalb unvergesslich sind. Eine Naturgeschichte Weimars, fast so spannend wie seine Kulturgeschichte, wurde in Walter Steiners packender Rede anschaulich: Ausgestorbene Tiere, Jägerhorden des Zeitraums um 200 000 vor unserer Zeitrechnung schienen in den Höhlen dieser Travertin-Stollen lebendig zu werden. Von diesem ersten Besuch her habe ich Walter Steiner als fabelhaften Lehrer und enthusiastischen Historiker zu schätzen gelernt. Er war eine ungemein lebendige Persönlichkeit. Jede Frage begeisterte ihn, auf jedes Rätsel suchte er eine Lösung. Nichts war ihm unwichtig, immer hatte er seine Kamera zur Hand, um zu dokumentieren, was vielleicht einmal von entscheidender Bedeutung sein würde.

Weimar hat einen einzigartigen Menschen verloren, einen Menschen, wie er nur hier möglich ist. In weiten Zeiträumen denkend und lebend, von vielfältigen wissenschaftlichen Interessen geleitet, unendlich neugierig, von unbegrenzter Arbeitswut und Arbeitsfreude getragen, ein Mann von künstlerischer Begabung hohen Grades, dessen geologische Schema-Zeichnungen unvermittelt übergehen konnten in herrliche Aquarelle und freie künstlerische Gestaltungen. Er war ein Goethe'scher Mensch.

Hellmut Th. Seemann

Jahresbericht 2012

Klassik Stiftung Weimar

Am 28. Juni 2012 wurde das Gesamtkonzept der Klassik Stiftung unter dem Titel »Kosmos Weimar« im Stiftungsrat beschlossen. Das Gesamtkonzept verfolgt das Ziel, die verschiedenen Arbeitsbereiche der Stiftung eng zu verzahnen. Dies gelingt durch die Ausrichtung aller Aktivitäten an stiftungsübergreifenden Generalzielen. Mit der Verabschiedung des Gesamtkonzepts erreicht ein mehrjähriger und von vielfältiger konzeptioneller Arbeit bestimmter Konsolidierungsprozess ein wichtiges Etappenziel. Auf der Grundlage des Gesamtkonzepts können nun die bereits vorliegenden Einzelkonzepte und Arbeitsprogramme, insbesondere der »Masterplan Bau«, das Forschungs- und Bildungskonzept, das Kommunikationskonzept sowie das Restaurierungs- und Digitalisierungskonzept, aktualisiert werden. Die Bedeutung und damit nicht zuletzt auch die Identität der Klassik Stiftung zeigen sich darin, dass ihr in den für ihre Arbeit wichtigsten historischen Epochen: der klassischen Periode um 1800, der Kultur des 19. Jahrhunderts und der frühen Moderne im 20. Jahrhundert, ein einzigartig diversifiziertes Spektrum von Arbeitsbereichen und -aufgaben vorgegeben ist. So sind in einer einzigen Institution denkmalpflegerische Aufgaben mit musealen, wissenschaftliche mit kommunikativen, philologische mit gestalterischen verbunden. Soll der weite Fächer von Aufgaben und der dafür erforderlichen Kompetenzen gleichwohl nach innen und außen schlüssig erscheinen, muss sich die gesamte Arbeit der Stiftung zum einen an ihrem Bestand, also den Liegenschaften und Sammlungen, orientieren. Weiterhin müssen sich die Schwerpunkte der Stiftungsarbeit in allen Bereichen an den Leitlinien des Gesamtkonzepts ausrichten. Wichtige Bereiche verfügen bereits seit einigen Jahren über ihre jeweils fachspezifischen Konzepte. Diese werden nun im Lichte des Gesamtkonzepts regelmäßig fortzuschreiben und hinsichtlich mittelfristiger Arbeitsprogramme zu konkretisieren sein.

Für den Aufgabenbereich des Kollegs Friedrich Nietzsche sah sich die Stiftung veranlasst, ein solches Konzept erstmals zu entwickeln, das der Stiftungsrat am 14. November 2012 beschlossen hat. Auf der Grundlage des Konzepts wird sich die Arbeit des Kollegs besser mit den Sammlungsinstituten der Stiftung verknüpfen lassen. Ein weiteres Augenmerk gilt der Vernetzung in der deutschen und internationalen Wissenschaftslandschaft sowie der stärkeren Ausrichtung der Programmarbeit an den Themenfeldern, die durch Friedrich Nietzsches Philosophie eröffnet sind. Ein wichtiges Format des Konzepts ist das zu entwickelnde Distinguished Fellowship, in dessen Rahmen herausragende Persönlichkeiten der Wissenschaft nach Weimar eingeladen werden können.

Eine besondere Rolle spielte im Jahr 2012 die Weiterentwicklung der Klassik Stiftung als außeruniversitäre Forschungseinrichtung. Hier haben vor allem zwei langfristige Projekte, an deren Vorbereitung die Stiftung beteiligt ist, die Arbeit geprägt. Gemeinsam mit der Sächsischen Akademie der Wissenschaften zu Leipzig und der Akademie der Wissenschaften und der Literatur Mainz hat die Klassik Stiftung einen Antrag unter dem Titel »Propyläen. Forschungsplattform zu Goethes Biographica« bei der Union der deutschen Akademien gestellt, um den Fortgang und Abschluss ihrer Goethe-Editionen zu sichern und diese integriert in einer digitalen Forschungsumgebung zu präsentieren. Mit einer Entscheidung über diesen Antrag ist im Sommer 2013 zu rechnen. Überdies konzipierte die Klassik Stiftung im Jahr 2012 gemeinsam mit dem Deutschen Literaturarchiv in Marbach und der Herzog August Bibliothek in Wolfenbüttel einen Forschungsverbund, für dessen finanzielle Förderung das Bundesministerium für Bildung und Forschung gewonnen werden konnte. Ziel des Forschungsverbundes wird es sein, die einzigartigen Bestände der drei Einrichtungen zur Geistes- und Kulturgeschichte Deutschlands von der Frühen Neuzeit bis zur Gegenwart gemeinsam zu erschließen, der internationalen Forschergemeinschaft optimal zugänglich zu machen und dadurch die drei Standorte des Verbundes als international weithin sichtbare Zentren der geisteswissenschaftlichen Forschung zu etablieren. Der Forschungsverbund wird in der Förderung des wissenschaftlichen Nachwuchses eine wichtige Aufgabe sehen. An die einjährige Aufbauphase des Forschungsverbundes soll sich im Herbst 2013 eine erste, auf eine fünfjährige Laufzeit angelegte Hauptphase anschließen.

Die Vermittlungsarbeit der Klassik Stiftung konzentrierte sich 2012 in besonderer Weise auf das Erbe Goethes. Anlass für diese Schwerpunktsetzung war kein Jubiläum, sondern die Eröffnung der neuen Ständigen Ausstellung »Lebensfluten – Tatensturm« im Goethe-Nationalmuseum. Die neue Präsentation wurde im Rahmen der Geburtstagsfeierlichkeiten zum 28. August 2012 der Öffentlichkeit erstmals vorgestellt. Damit einher ging der Abschluss der baulichen Ertüchtigung von Foyer und Ausstellungsbereich des Goethe-Nationalmuseums. Die von der Öffentlichkeit mit großem Interesse aufgenommene Präsentation eröffnet der Stiftung nunmehr die Möglichkeit, auch die Sanierung und Restaurierung des historischen Wohnhauses am Frauenplan in Angriff zu nehmen. Die kommenden Jahre (2013 bis 2015) sind für die Planung und Vorbereitung der Restaurierungsarbeiten vorgesehen, die voraussichtlich im Jahr 2016 beginnen werden.

Mit der im Frühjahr 2013 zu erwartenden Fertigstellung des Zentralen Museumsdepots erlangt die Klassik Stiftung endlich Handlungsfreiheit für die bauliche Sanierung, Ertüchtigung und Restaurierung des Stadtschlosses und zugleich für die museale Entwicklung desselben zum Zentrum des »Kosmos Weimar« und damit für die wichtigste Investitionsmaßnahme der Klassik Stiftung seit der Wiedervereinigung. Der Stiftungsrat hat die Klassik Stiftung beauftragt, die Gesamtplanung für das Stadtschloss auf der Basis der von der Klassik Stiftung entwickelten Grundlagen auszuschreiben. Daraufhin konnte die Klassik Stiftung im Herbst 2012 mit dem Verfahren zur Auswahl des Architekten für die Schlossbaumaßnahme beginnen. Die Entscheidung in diesem Verfahren wird voraussichtlich im Frühjahr 2013 fallen.

Mit der Entscheidung im internationalen Architektenwettbewerb und der Beauftragung von Prof. Heike Hanada mit der Entwurfsplanung ist das Bauhaus-Museum in die Phase seiner Realisierung eingetreten. So nimmt auch hier der »Kosmos Weimar« und der darauf zielende »Masterplan Bau« der Klassik Stiftung Gestalt an. Mit den drei Zentren der Stiftung in der Stadt – dem Stadtschloss und seiner Umgebung, dem Frauenplan und dem Bauhaus-Museum am Schwansee-Park – gewinnen die drei wesentlichen Arbeitsbereiche der Stiftung – die Residenzkultur von der Reformation bis zum Ende des Ersten Weltkriegs, die Goethe-Zeit mit der Memorialkultur des 19. Jahrhunderts und die ästhetische Moderne mit dem Bauhaus – ihre Kernstandorte in der Topographie der Kulturstadt Weimar.

Schlösser, Gärten, Bauten

Im Jahr 2012 konnte die Direktion Schlösser, Gärten und Bauten dank einer Förderung durch das Investitionsprogramm »Nationale UNESCO-Welterbestätten« die grundhafte Sanierung der Orangeriegebäude im Schlosspark Belvedere fortsetzen. Bereits 2011 war mit umfangreichen Bau- und Restaurierungsmaßnahmen am Dach- und Dachtragwerk des Nord- und Südflügels der Orangerieanlage begonnen worden. Durch behutsame Ergänzung und Ertüchtigung des teils schwer geschädigten Holztragwerkes ließ sich die barocke Dachkonstruktion weitgehend erhalten. Da die Gebäude als Überwinterungshäuser für die Orangeriepflanzen dienen, stand für die Baumaßnahmen nur die Sommerzeit von Mai bis September zur Verfügung. Bereits im April 2012 begann nach umfangreichen restauratorischen Untersuchungen die Instandsetzung des Gärtnerwohnhauses mit Arbeiten an Dach und Fassade. Schwerpunkt der Arbeiten an den Pflanzenhäusern von Ende Mai bis Ende September 2012 waren der Fensterbau, Natursteinrestaurierung, Maurer- und Putzarbeiten, der Kanalheizungsbau, Elektroinstallationsarbeiten und der Einbau des Stampflehmbodens im Nordflügel. Am Neuen Haus wurde das Dachtragwerk erneuert. Die Eindeckung der Dachflächen erfolgte mit den an den übrigen Orangeriegebäuden geborgenen historischen Dachziegeln. Ziel der Baumaßnahmen ist es, die originale Substanz zu erhalten und die Gebäude für die intensive Nutzung als Orangerie nachhaltig zu sanieren und zu ertüchtigen.

Im August 2012 wurde die Ausstellung »Lebensfluten – Tatensturm« nach mehrmonatigen Umbauarbeiten im Goethe-Nationalmuseum eröffnet. Der zentrale Empfangsbereich für die Ausstellungsbesucher wird nunmehr über die Torchdurchfahrt des historischen Hauses barrierefrei erschlossen. Das Foyer wurde neu geordnet, offener gefasst und in seinen Funktionen optimiert. Im hinteren Foyerbereich sind neue Räumlichkeiten für den Museumsladen entstanden. In den beiden Ausstellungsetagen schufen bauliche Maßnahmen die notwendigen Voraussetzungen für die Einrichtung der neuen Dauerausstellung. Durch verschiedene Licht- und Wärmeschutzmaßnahmen sowie durch die Ergänzung und Optimierung der lufttechnischen Anlagen wurde eine wesentliche Verbesserung der konservatorischen Bedingungen erreicht. Die sicherheitstechnischen Anlagen wurden teilweise erneuert und ergänzt. In Vorbereitung der Instandsetzungs- und Umgestaltungsmaßnahmen an Goethes Wohnhaus wurde die bauliche Entwicklung des Hauses anhand der Archivbestände aufbereitet.

Nach Abschluss der Arbeiten am Gebäude des Goethe- und Schiller-Archivs Ende 2011 folgte im Jahr 2012 die Ausstattung der Büros und Arbeitsräume. Einen weiteren Schwerpunkt bildete die Einrichtung einer Restaurierungswerkstatt im dritten Obergeschoss. In unmittelbarer Nähe der Restaurierungswerkstatt entstand die Digitalisierungswerkstatt, in der Digitalisierungsprojekte abgewickelt werden können, ohne die Archivalien aufwendig transportieren zu müssen. Besondere Aufmerksamkeit erforderte die Ausstattung der Beletage im ersten Obergeschoss mit dem historischen Mittelsaal, den Handschriftenlesesälen und der Petersen-Bibliothek. Die Regale, die Arbeitsplätze und die Ausstattung des Konferenzbereiches wurden denkmalverträglich integriert und tragen zur Attraktivität des Hauses entschieden bei. Im Mittelsaal mit seinen historischen Ausstellungsvitrinen und den beiden Archivschränken aus der Entstehungszeit des Hauses wird die dezente Pracht, die das Haus auf seine frühen Besucher um 1900 ausstrahlte, besonders deutlich. Auch hier geht die Farbfassung der Wände und Möbel auf die vorgefundenen Fassungen zurück. Das Haus wurde am 16. April 2012 übergeben, so dass alle Archivalien rechtzeitig vor der Wiedereröffnung am 5. Juli 2012 in das Archiv zurückkehren konnten.

In der ehemaligen Kapelle des Residenzschlosses wurden Teile der 1969 eingebauten Stahltragkonstruktion substanzschonend rückgebaut. Diese Maßnahme eröffnete die Möglichkeit, in Vorbereitung der künftigen Konservierungs- und Restaurierungsmaßnahmen eine Musterachse zu erstellen. Für die Restaurierung der Goethe-Galerie und des Wieland-Zimmers – als Kernbereiche der Dichterzimmer im Stadtschloss – konnten die Rudolf-August-Oetker-Stiftung und der World Monument Fund als Förderer gewonnen werden. Grundlage der nunmehr beginnenden Konservierungs- und Restaurierungsmaßnahmen waren umfangreiche Untersuchungen zum Bestand sowie eine fundierte Schadenskartierung, das Anlegen von Musterachsen und die Erprobung geeigneter Restaurierungstechnologien. Die vorbereitenden Maßnahmen werden nunmehr analog auch im Schiller-Zimmer durchgeführt, um unter Berücksichtigung der gesamten Raumflucht zu einer denkmalpflegerischen Zielstellung zu gelangen. Parallel zu diesen Maßnahmen wurde mit den Konservierungsarbeiten an der spätklassizistischen Stuckdecke im Schiller-Zimmer begonnen. Auf der Grundlage des in zahlreichen Schlossbereichen durchgeführten Raumklima-Monitorings werden derzeit erste Klimastabilisierungskonzepte für die zukünftigen musealen Bereiche mit hohen konservatorischen Anforderungen entwickelt.

Um die Aufheizung im Neuen Museum während der Sommermonate zu reduzieren und das Raumklima hier insgesamt zu stabilisieren, wurde während des zurückliegenden Jahres ein Forschungsvorhaben mit der Thüringer Energie- und GreenTech-Agentur (ThEGA) durchgeführt. Hier wurden Maßnahmen zur Nachrüstung der Fenster und Vorschläge für eine Teilklimatisierung erarbeitet, welche abschnittsweise umgesetzt werden sollen. In einem ersten Teilbauabschnitt wurden die Fenster der Nordseite entsprechend ertüchtigt.

Im Schloss Kochberg führte die Bauabteilung mit Mitteln aus dem Konjunkturpaket II Maßnahmen zur Verbesserung der Infrastruktur und der Sanierung der Gebäudetechnik durch. Es wurden eine moderne Heizung eingebaut, Versorgungsleitungen im Außenbereich ersetzt und die sanitären Anlagen im Schloss erneuert. Mit dem Einbau eines Aufzugs im Hohen Haus des Schlosses konnte der barrierefrei zu erschließende Bereich deutlich vergrößert werden. Im Liebhabertheater wurde unter anderem der Fußboden restauriert und ein Rauchansaugsystem zur Branderkennung eingebaut. Darüber hinaus wurden umfangreiche Instandsetzungsarbeiten am Dach und an den Fenstern von Schloss und Liebhabertheater, am Wallgrabenmauerwerk, an Sockelputz und Natursteinbauteilen des Schlosses vorgenommen. Am Gebäude des Liebhabertheaters wurden restauratorische Untersuchungen im Bereich des Portikus durchgeführt. Damit kann eine Restaurierung der Säulen, die durch eine über die »Freunde des Liebhabertheaters Schloss Kochberg e. V.« bereitgestellte Spende mitfinanziert wird, in eine nachhaltige Gesamtmaßnahme zum Portikus eingebunden werden. In Vorbereitung der Instandsetzung der Mauerwerkswangen der Wallgrabenbrücke wird im Rahmen eines Pilotprojektes eine Technologie zur abschnittsweisen handwerklichen Instandsetzung erprobt. Weiterhin werden Aufmaßarbeiten sowie eine holzschutztechnische Untersuchung an einem der Nebengebäude im Wirtschaftshof durchgeführt.

Am 24. Oktober 2011 erfolgte der erste Spatenstich für den Neubau des Zentralen Museumsdepots in der Ettersburger Straße. Nachdem die Bodenplatte des Gebäudes noch im Dezember 2011 eingebracht werden konnte, wurde der Rohbau im Frühsommer 2012 fertiggestellt. Bis zum zweiten Quartal 2013 folgen die Ausbauleistungen. Schwerpunkte der speziellen technischen Ausstattung sind eine Gaslöschanlage für die Sicherheit des Kunstgutes, ein Großraum-Lastenfahrstuhl für den Transport der Kunstgüter zwischen den Etagen, eine Stickstoffbegasungsanlage zur Schädlingsbekämpfung sowie ein separierter Firnisraum für die Restaurierungswerkstätten.

Der internationale, zweiphasige Architekturwettbewerb zum neuen Bauhaus-Museum stieß weltweit auf große Resonanz. Insgesamt gingen 536 Arbeiten ein. In der ersten Preisgerichtssitzung im November 2011 wurden 27 Arbeiten für eine vertiefende Bearbeitung in der Phase II ausgewählt. In der zweiten Preisgerichtssitzung im März 2012 einigte sich die Jury dann auf die Vergabe von zwei zweiten Plätzen, zwei dritten Plätzen und drei Anerkennungen. Aus dem anschließenden VOF-Verfahren, an dem sich die vier Preisträger des Wettbewerbs beteiligten, ging in der Jurysitzung vom 25. Juni der Entwurf der Architekten Heike Hanada und Benedict Tonon als Sieger hervor.

Um den hohen Pflegestandard der historischen Garten- und Parkanlagen in Weimar zu sichern, bildeten die fachgerechten Pflegemaßnahmen auch 2012 einen Schwerpunkt der Arbeit. Dazu gehörten umfangreiche Gehölzarbeiten, das Freischneiden von Sichten und Parkräumen, Wege- und Wiesenpflege, eine attraktive Beet- und Rabattenbepflanzung sowie die Pflege und Erhaltung der vielfältigen Parkausstattungen. Durch den Wegfall von zwanzig befristeten GFAW-Stellen mussten besondere Anstrengungen unternommen werden, um keine allzu großen Pflegedefizite aufkommen zu lassen. Erschwerend kamen die extremeren Wetterlagen im Februar und in den Frühjahrsmonaten hinzu.

Durch spezielle Schnitt-, Sicherungs- und Fällarbeiten konnte bei 70 Parkbäumen die Verkehrssicherheit wiederhergestellt werden. Es wurden insgesamt 80 Bäume und 220 Sträucher neugepflanzt und 50 Kübelpflanzen in der Orangerie Belvedere umgesetzt. Im Schlosspark Kochberg konnte vor der Wiedereröffnung des Schlosses der Wallgraben entschlammt und das Schlossumfeld wiederhergerichtet werden. In den Parkanlagen an der Ilm, in Tiefurt, Belvedere und Kochberg wurden umfangreiche Wege- und Platzreparaturen durchgeführt. Die Ausarbeitung einer denkmalpflegerischen Zielstellung für Teilbereiche des Ilmparks durch externe Fachleute wurde durch die Gartenabteilung begleitet.

Die Gartenabteilung betreute die Wiederherstellung der Außenanlagen am Goethe- und Schiller-Archiv sowie die Gestaltung des Gartenhofes und die Wiederherstellung eines Gartenteils am Goethe-Nationalmuseum. Beide Maßnahmen wurden im Sommer 2012 abgeschlossen. Ebenso wurden die Bauarbeiten im Wirtschaftshof am Liszthaus beendet. Für die Außenanlagen am neuen Zentraldepot der Klassik Stiftung wurden die Planungen abgeschlossen. Hier steht die Ausführung bevor. Die Erstellung eines Konzepts für das Schlossumfeld in Großkochberg und die Planungen für den Wegebau an Goethes Gartenhaus durch externe Planer liefen bis Ende 2012.

In Zusammenarbeit mit dem Dahlienzentrum Bad Köstritz und dem Dahlienzuchtbetrieb Panzer aus Bad Köstritz wurde für den Blumengarten und die Gärtnerei in Belvedere die Ausstellung »Kaiser Wilhelm, Franz Kafka und andere Berühmtheiten zu Gast in Belvedere« erarbeitet und vom 25. August bis zum 23. September 2012 gezeigt. Dafür wurden ein umfangreiches Dahliensortiment gepflanzt und Informationstafeln aufgestellt. Eine kleine Fotoausstellung zum Thema Dahlienblüten ergänzte das Angebot. Die Belvederer Gärtnerei beteiligte sich an den »Open gardens« 2012. Für Fachkollegen, Studenten, Schüler und Freundeskreise wurden im Berichtszeitraum insgesamt 50 Fachführungen durchgeführt beziehungsweise Vorträge gehalten. Die Vortrags- und

Führungsreihe »Der Landschaftspark und seine Elemente« wurde mit großer Resonanz fortgesetzt. Erstmals haben in Kooperation mit dem Verein »Open Houses« zwölf internationale Freiwillige im Rahmen des UNESCO-Programms »World Heritage Volunteers« für zwei Wochen in den Welterbestätten Schlosspark Belvedere und Park an der Ilm bei der Parkpflege und bei gartenarchäologischen Grabungen mitgewirkt.

Museen

Am 27. August 2012 wurde nach mehrjähriger Vorbereitung als neue Dauerpräsentation die Ausstellung »Lebensfluten – Tatensturm« im Goethe-Nationalmuseum eröffnet. Anhand von rund 500 Exponaten, die Themenkomplexen wie »Genie«, »Liebe«, »Erinnerung« zugeordnet sind, eröffnet die Ausstellung Perspektiven auf das Leben und Werk Goethes. Vielfältige Vermittlungsangebote – von einem Medienguide über einen Einführungsfilm bis hin zu einem Lese- und Hörkabinett – ermöglichen sowohl einen orientierenden Einstieg als auch eine differenzierte Beschäftigung mit Goethes Welt. Zur Ausstellungseröffnung erschien zudem ein umfangreiches Begleitbuch. Durch die neue Konzeption des Goethe-Nationalmuseums sind nun das Wohnhaus des Dichters, der Hausgarten sowie die Ausstellungsbereiche zu einer Einheit verbunden. Für Konzeption und Einrichtung der Ausstellung »Lebensfluten – Tatensturm« standen Mittel in Höhe von 1,4 Millionen Euro zur Verfügung. Für die bauliche Umgestaltung der Ausstellungsräume und die funktionale Neuordnung des Foyerbereichs wurden 1,8 Millionen Euro aufgewendet.

Das inhaltliche Konzept für das neue Bauhaus-Museum wurde hinsichtlich seiner räumlichen Umsetzung gemeinsam mit den Architekten Heike Hanada und Benedict Tonon präzisiert. Ferner wurden das Raumprogramm des neuen Museums sowie die Beschreibung der Nutzeranforderungen mit den Architekten abgestimmt. Das Konzept zur Einrichtung des Stadtschlosses wurde weiterentwickelt. Im Jahr 2012 konzentrierte sich die Arbeit auf die zukünftige Präsentation »Von der Reformation bis zur Epoche Anna Amalias« im Erdgeschoss. Darüber hinaus konnten Archivrecherchen zur Geschichte des Schlosses und der Residenz im 16. Jahrhundert durchgeführt werden, die die Bedeutung Weimars für die Reformation in ein neues Licht rücken. Die Planung der Inneneinrichtung des neuen Zentralen Museumsdepots mit gattungsspezifischen Lagersystemen wurde abgeschlossen. Am 29. September 2012 hatte die interessierte Öffentlichkeit die Möglichkeit, die zukünftige Nutzung des Gebäudes im Rahmen verschiedener Führungen durch den Rohbau kennenzulernen. Am 1. April 2012 wurde das Museum Schloss Kochberg nach einjähriger Schließung aufgrund baulicher Maßnahmen wiedereröffnet. Das Museum ist nun nahezu barrierefrei zugänglich. Die Museumseinrichtung wurde überarbeitet, der Empfangsbereich neu gestaltet.

Im Jahr 2012 veröffentlichte die Klassik Stiftung gemeinsam mit dem Bauhaus-Archiv Berlin und der Stiftung Bauhaus Dessau das *Bauhaus Reisebuch. Weimar Dessau Berlin.* Zudem richteten die drei Bauhaus-Einrichtungen in Berlin, Dessau und Weimar während der Olympischen Spiele die Ausstellung »Bauhaus: Art as Life« in der Londoner Barbican Art Gallery aus. Für das Neue Museum wurden im Jahr 2012 fünf Ausstellungen konzipiert. Die Ausstellung »Spieler. Harald Reiner Gratz und Thomas Thieme« zeigte von Februar bis April Rollenporträts des Schauspielers Thomas Thieme, die von Harald Reiner Gratz über einen Zeitraum von drei Jahren gemalt wurden. Den Höhepunkt des Ausstellungsjahres im Neuen Museum bildete die am 18. Oktober eröffnete Schau »Abschied von Ikarus. Bildwelten in der DDR – neu gesehen«, die in Kooperation mit dem vom BMBF geförderten Verbundprojekt »Bildatlas: Kunst in der DDR« erarbeitet wurde. Die Übersichtsausstellung verstand sich als Beitrag zur anhaltenden Diskussion über die Kunst in der DDR. Die Grundlage der Ausstellungskonzeption bildete das in der Kunst gespiegelte Verhältnis zwischen utopischem Anspruch und sozialistischer Wirklichkeit. Am 17. und 18. Oktober fand anlässlich der Ausstellungseröffnung eine von der Klassik Stiftung und dem Dresdner Institut für Kulturstudien e. V. organisierte Tagung »Die andere Moderne? Bildwelten in der DDR – Perspektiven einer Neubewertung« statt. Im Ausstellungsformat »Varietas. Neues aus den Museen« wurden fünf Ausstellungen realisiert. In Kooperation mit der Casa di Goethe in Rom entwickelten die Graphischen Sammlungen die Ausstellung »›den ganzen Tag gezeichnet‹. Die italienischen Zeichnungen Goethes«, die ab dem 20. September in der Casa di Goethe gezeigt wurde.

Ein besonderes Augenmerk galt der Inventarisierung und Bestandserschließung. Im Mittelpunkt standen die Erstellung von Digitalisaten und die Kennzeichnung der Sammlungsobjekte durch Barcodes zur Vorbereitung des Umzugs der Bestände in das Zentrale Museumsdepot. Dazu gehörten die Durchsicht des Bestands der Plastiken und der Gemälde aus der zweiten Hälfte des 19. Jahrhunderts im Depot des Schlossmuseums sowie die Revision des Bestands an Hohlgläsern und europäischen wie ostasiatischen Porzellanen, der Bestände des ehemaligen »Großherzoglichen Kunstkabinetts« (1.200 Objekte) sowie der in den Zwischengeschossen magazinierten Möbel der ehemaligen Schlossausstattung. Eine Daktyliothek zur Russischen Geschichte wurde erschlossen. Die Einarbeitung von 282 Medaillenabdrücken (Autopsie und Digitalisierung) in die Datenbank schloss die Nachinventarisation von 74 Objekten ein. Im Zuge der Inventarisation wurden auch die Schreibzeuge aus der Sammlung Dr. Volker Strätz (96 Objekte) digitalisiert. Die Recherchen zu historischen Innenaufnahmen im Residenzschloss wurden mit der Erstellung einer Dokumentation in Abstimmung mit der Direktion Schlösser, Gärten und Bauten erfolgreich abgeschlossen. Die Digitalisierung des Bildmaterials zur Schlossbaugeschichte (sogenannte Plankammer) wurde fortgeführt. Im Berichtszeitraum wurden 1.900 graphische Blätter inventarisiert beziehungsweise nachinventarisiert. Zudem lief die Bestandserfassung umfangreicher Künstlernachlässe in den Graphischen Sammlungen an: die graphischen Arbeiten von Walter Determann (1889-1960); das graphische Werk von Walther Klemm (einschließlich Revision bereits erfasster Werke); Fortsetzung der Werkerfassung aus der Sammlung Dr. Worbes. Ferner wurden die graphischen Blätter von Christian Wilhelm Dietrich bearbeitet. Rund 200 digitalisierte Objekte der Museen wurden in das Online-Portal des Thüringer Museumsverbands eingestellt. Die Objekte der Elfenbeinsammlung wurden für die Datenbank des »Gothic Ivories Project« am Courtauld Institute of Art (London) aufbereitet.

Die Abteilung Restaurierung widmete sich neben der allgemeinen konservatorischen Betreuung des Sammlungsbestandes sowie der Schausammlungen vor allem der umfangreichen Ausstellungtätigkeit, dem Leihverkehr, der Fortführung des Restaurierungsprogramms und der Vorbereitung des Umzugs in den Neubau des Zentralen Museumsdepots. Durch das Ausstellungssekretariat und die Abteilung Restaurierung wurden 49 Ausstellungen, davon 16 mit internationalen Leihnehmern, betreut. Dafür wurden insgesamt 926 Objekte bearbeitet und dokumentiert (490 Blätter der Graphischen Sammlung, 66 Gemälde, 370 kunstgewerbliche Gegenstände, darunter Möbel und Textilien). Für die Vorbereitung eigener Wechselausstellungen im Jahr 2013 und anlässlich diverser Umgestaltungen in den historischen Häusern der Klassik Stiftung wurden 625 Objekte bearbeitet. Das Restaurierungsprogramm konzentrierte sich weiterhin auf Objekte der ehemals großherzoglichen Sammlung mit Schwerpunkten in der Möbelrestaurierung und der Ausstattung des Residenzschlosses sowie teils großformatiger Fürstenporträts. Zu den prominenten Stücken gehörten der Reisemantel Goethes und dessen Hofuniform wie auch Johann Heinrich Meyers Ölkopie der *Aldobrandinischen Hochzeit*. Im Bereich der Graphik wurden 2012 zusammen mit externen Fachrestauratoren 9.079 Blätter bearbeitet. Die Restaurierung der Särge in der Fürstengruft wurde fortgesetzt. Der gesamte Bestand an mittelalterlicher Kunst wurde einer restauratorischen Revision unterzogen und dokumentiert. Der Bestand an Bauhaus-Möbeln wurde im Hinblick auf die Einrichtung des neuen Bauhaus-Museums neu deponiert. Zur Vorbereitung der Restaurierung der Kutschensammlung in Auerstedt richtete die Klassik Stiftung einen Workshop aus.

Zum Abschluss des Jubiläumsjahres konnten verschiedene Objekte des Nachlasses von Franz Liszt aus der Sammlung Ernst Burger erworben werden, unter anderem ein Abguss der Kinderhand des Virtuosen. Für die Abteilung Kunstsammlungen wurde ein Gipsabguss von Danneckers Büste der Katharina Pawlowna, Königin von Württemberg, angekauft. Ein für die Ausstattung der Weimarer Residenz bestimmter Armlehnstuhl nach dem Entwurf von Heinrich Gentz (um 1803) wurde im Kunsthandel erworben. Ebenfalls aus dem Kunsthandel kam eine biedermeierliche Porzellantasse mit Ansicht des Goethehauses (KPM Berlin). Ein vollständiges Kaffee-, Tee- und Schokoladenservice mit Landschaftsszenen wurde aus Weimarer Privatbesitz angekauft. Für die Medaillensammlung konnte eine Silbermedaille auf A. S. Werner von F. W. Hörnlein erworben werden. Als Geschenk kam die Kollektion von 96 Schreibzeugen aus dem Besitz von Dr. Volker Strätz in die Sammlung, außerdem ein Paar Chiffonnieren aus dem Schloss Marienthal nach dem Entwurf von Paul Schultze-Naumburg (um 1910; Geschenk von Wilmowski). Einige Möbel und kunstgewerbliche Objekte des Designers Henry van de Velde wurden erworben: die originale Ausstattung eines Eisenbahnabteils mit zugehöriger Beleuchtung sowie – im Rahmen einer umfangreichen Schenkung – zwei komplette Zimmereinrichtungen. Das Mobiliar wurde von Henry van de Velde in den Jahren 1911/12 für den Münchner Bankier Dr. Alfred Wolff angefertigt. Der Salon besteht aus einem Ledersofa, sechs Sesseln, einem Couchtisch, einem Vitrinenschrank sowie einer Sitzgruppe. Das Speisezimmer besteht aus einem Tisch mit zwölf Stühlen, einer Anrichte sowie einem Beistelltisch. Aus dem Umfeld der Weimarer Kunsthochschule kamen folgende Arbeiten in die Sammlung: Franz Bunke (1857-1939): *Herbstlandschaft in der Abenddämmerung*, um 1895, Öl auf Leinwand; Max Merker (1861-1928): *Sonnenuntergang im Spätherbst*, Öl auf Leinwand; Ludwig von Hofmann (1861-1945): *Jünglinge am Meer*, um 1911, Pastell; Teilnachlass von Otto Illies (1881-1959), Schüler von Ludwig von Hofmann; zehn Gemälde, Mappen mit Aktzeichnungen und Druckgraphik sowie dazugehörig zwei Gemälde von Erwin Vollmer (1884-1973) und Rudolf Siegmund (1881-1973). Die Graphischen Sammlungen konnten folgende Zuwächse verzeichnen: Jean Auguste Dominique Ingres (1780-1867), *Portrait de Mme Delannoy*, 1797-1806, Pinselzeichnung; 53 Handzeichnungen und Druckgraphiken aus dem Nachlass von Alexander Olbricht; 20 Arbeiten aus dem Nachlass von Wolfgang Barton; Konvolut von 36 Handzeichnungen. Weitere Teile des Nachlasses von Heinrich Reinhold (1788-1825) konnten erworben werden; außerdem die Zeichnung *Andächtiger Engel* von Walter Sachs (geb. 1954). Für das Neue Museum wurden mit Hilfe des Thüringer Ministeriums für Bildung, Wissenschaft und Kultur Fotos der Künstlerin Gabriele Stötzer sowie eine großformatige Graphik von Ulrich Panndorf angekauft. Als wichtigster Neuzugang für die Bauhaus-Sammlung konnte mit Hilfe der Ernst von Siemens Kunststiftung ein Konvolut mit 16 Skulpturen von Hermann Glöckner erworben werden. Zahlreiche weitere Schenkungen von Fotografien, dokumentarischem Material und Bauhaus-Objekten wurden der Sammlung übergeben und inventarisiert.

Als außerordentlich bereichernd erwies sich auch 2012 die Zusammenarbeit mit den Freundeskreisen. Der Freundeskreis des Goethe-Nationalmuseums engagierte sich über sein umfangreiches Veranstaltungsprogramm hinaus mit der Erwerbung von Objekten, insbesondere für die Graphischen Sammlungen, und finanzierte in Vorbereitung der Ausstellung »Lebensfluten – Tatensturm« die Restaurierung von Exponaten. Der Kunsthistoriker Christian Hecht erhielt den vom Freundeskreis verliehenen Heinrich-Weber-Preis. Der Verein »Bauhaus.Weimar.Moderne. Die Kunstfreunde« brachte sich intensiv in die Diskussion um das neue Bauhaus-Museum ein und unterstützte die Museen durch den Ankauf von Sammlungsobjekten. Begleitend zum Architekturwettbewerb anlässlich des neuen Bauhaus-Museums initiierte der Verein ein Kolloquium zu einer »Topographie der Moderne« in Weimar. Mit einem Festakt im Stadtschloss wurde am 24. Mai 2012 der neue Förderverein »Weimarer Kunstgesellschaft. Von Cranach bis Rohlfs e.V.« gegründet. Der »Verein der Freunde des Liebhabertheaters Schloss Kochberg e.V.« bereicherte die Schlossanlage in Kochberg mit einem Veranstaltungsprogramm, dessen Höhepunkt die Aufführung des Goethe'schen Singspiels *Erwin und Elmire* mit Musik der Herzogin Anna Amalia bildete.

Herzogin Anna Amalia Bibliothek

Der Bestand der Herzogin Anna Amalia Bibliothek hat zum Ende des Jahres 2011 erstmals die Grenze von einer Million Medieneinheiten überschritten. Damit ist die Sammlung inzwischen deutlich umfangreicher als vor dem Brand des historischen Gebäudes im September 2004. Seinerzeit belief sich der Gesamtbestand schon einmal auf 960.000 Bände. Durch den Brand wurde er jedoch zunächst um 50.000 Bände und um eine noch unbekannte Menge an nicht mehr restaurierbaren Büchern dezimiert. Insgesamt wurden während des Jahres 2011 rund 18.000 Medieneinheiten neu in den Bestand aufgenommen – sowohl aktuelle wissenschaftliche Bücher, Zeitschriften und elektronische Medien zur Literatur- und Kulturgeschichte als auch Antiquaria. Für Bucherwerbungen konnte die Bibliothek 1,1 Millionen Euro ausgeben. Diese Summe entspricht ungefähr dem Betrag der Vorjahre, allerdings hat sich der Spendenanteil an den Erwerbungsmitteln (Wiederbeschaffung nach dem Brand) auf 60 Prozent erhöht.

Am 24. März 2012 wurde im Renaissancesaal der Bibliothek die Ausstellung »Galilei, Goethe und Co.« eröffnet. Sie gibt Einblick in die Entstehungsgeschichte, Überlieferung und Erforschung sogenannter Freundschaftsbücher (Alba Amicorum, Stammbücher). Achtzig kostbare Werke werden vom 24. März 2012 bis zum 10. März 2013 im Renaissancesaal des Historischen Bibliotheksgebäudes gezeigt. Die Herzogin Anna Amalia Bibliothek verwahrt die weltweit größte Sammlung an Freundschaftsbüchern aus der Zeit von 1550 bis 1950. Der Grundstock für den heute mehr als eintausend Werke umfassenden Bestand wurde durch Goethe gelegt, der als Leiter der Herzoglichen Bibliothek den Ankauf der ersten Exemplare veranlasste. Die Ausstellung stellt Bücher vor, in denen sich unter anderem Martin Luther, Philipp Melanchthon, Galileo Galilei, Johannes Kepler, Gotthold Ephraim Lessing und Johann Wolfgang Goethe verewigt haben. Wertvolle Einbände und künstlerisch gestaltete Papiere zeugen von der Bedeutung, welche die Unikate für ihren jeweiligen Besitzer hatten. Das Begleitbuch zur Ausstellung in Form eines Immerwährenden Kalenders nimmt in besonderer Weise auf den privaten Charakter der Freundschaftsbücher Bezug: Denn Gedenk- und Geburtstage von Freunden zu notieren, entspricht der Erinnerungsfunktion, die den Alben einst zugedacht war.

In Zusammenarbeit mit Lutz Vogel und dem Verein Weimarer Dreieck haben prominente Schriftsteller aus Polen unter dem Titel »Fremde Freunde? Polnische Autoren im Dialog« neue literarische Texte vorgestellt. Unter der Moderation von Friedrich von Klinggräff lasen Wojciech Kuczok aus seinem Roman *Lethargie* (11. April), Joanna Bator aus ihrem Werk *Sandberg* (23. Mai) und Jacek Dehnel aus seinem Buch *Lala* (6. Juni). In Zusammenarbeit mit dem Centre national de littérature Luxemburg fand am 25. April eine Lesung der Luxemburger Autoren Anise Koltz, Guy Helminger und Jean Krier statt. Am 12. September lud die Bibliothek unter dem Titel »Reizwölfe in Weimar« zu einem Podiumsgespräch mit Künstlern und Kennern der sogenannten DDR-Untergrundszene ein. Das Gespräch führten Claus Bach, Jens Henkel, Ullrich Panndorf, Walter Sachs und Gabriele Stötzer-Kachold unter der Moderation von Johannes Mangei.

Seit dem Brand 2004 wurden bis Ende 2011 mehr als 31.000 Bände restauriert und der Benutzung wieder zur Verfügung gestellt, darunter 12.000 mittels externer Ausschreibung zur Bearbeitung vergebene Bände. Die Zahl der restaurierten Aschebuchblätter durch die bibliothekseigene Werkstatt für brandgeschädigtes Schriftgut in Weimar-Legefeld ist gegenüber dem Vorjahr um 8.000 auf 86.117 angestiegen. Damit wurden von 2008 bis 2011 insgesamt 293.000 Blatt restauriert, was etwa 1.500 Bänden entspricht. Hinzu kommen mehr als 67.000 Blätter, die in der Schweiz vom Berner Atelier Rothe mit der gleichen Verfahrenstechnologie bearbeitet wurden.

Die Friede Springer Stiftung hat die Restaurierung der brandgeschädigten Pergamenteinbände mit einem namhaften Betrag unterstützt. Staatspräsident François Hollande und Bundespräsident Joachim Gauck haben gemeinsam die Schirmherrschaft für das Projekt »Res Gallicae« übernommen. Hier engagieren sich drei Pariser Werkstätten und ein Atelier in der Schweiz für die Restaurierung von Papier der beim Brand 2004 in Weimar geschädigten Bücher aus dem französischen Kulturkreis. Die Finanzierung dieser Arbeiten soll über Spenden sowie durch die Übernahme von Buchpatenschaften gewährleistet werden.

Für seine wegweisenden Leistungen auf dem Gebiet der Papierrestaurierung, besonders im Zusammenhang mit dem Brand in der Herzogin Anna Amalia Bibliothek, erhielt der Buchrestaurator und Leiter der Restaurierungswerkstatt für brandgeschädigtes Schriftgut in Weimar-Legefeld, Günter Müller, am 27. September 2012 in der Thüringer Staatskanzlei in Erfurt von Ministerpräsidentin Christine Lieberknecht den »Verdienstorden des Freistaates Thüringen«, die höchste Auszeichnung des Bundeslandes.

Die Herzogin Anna Amalia Bibliothek und die Fakultät Erhaltung von Kulturgut an der Hochschule für angewandte Wissenschaft und Kunst in Hildesheim haben im Frühjahr 2012 ein gemeinsames Modellprojekt zur Restaurierung von Gewebebänden mit wichtigen Ergebnissen abgeschlossen. Im Fokus stand dabei eine Gruppe von rund 2.200 Büchern mit Einbänden zum Beispiel aus Samt oder Leinen, Kaliko oder Moleskin. Vier Monate lang arbeiteten zwei Restauratorinnen in Weimar und ein Team von Lehrenden und Studierenden der Studienrichtung Schriftgut, Buch und Graphik in Hildesheim gemeinsam an der Entwicklung innovativer Methoden für die Gewebeband-Restaurierung. Sie betreffen vor allem Fragen der Reinigung, der Einbringung geeigneter Ergänzungsmaterialien und der Verminderung von Deformierungen. Das Modellprojekt wurde gefördert von der Koordinierungsstelle für die Erhaltung des schriftlichen Kulturguts, die auf Initiative von Kulturstaatsminister Bernd Neumann 2011 eingerichtet wurde.

Seit dem Unglück 2004 unternimmt die Herzogin Anna Amalia Bibliothek systematisch den Versuch, die dezimierten Buchbestände durch Wiederbeschaffung ehemals vorhandener Ausgaben sowie durch die Aufnahme wertvoller Privatsammlungen zu bereichern. Dafür werden Spendenmittel eingesetzt. Bis Ende 2011 wurden im Rahmen dieses Programmes 33.000 alte Bücher neu in den Bestand der Bibliothek integriert. Davon wurden 19.500 durch Kauf erworben, 13.500 kamen als Geschenk in den Bestand. Damit konnten 9.000 Brandverluste im engeren Sinne ersetzt werden. Zu den wertvollsten Erwerbungen der jüngsten Vergangenheit gehört das luxuriös ausgestattete Werk von Jacob Paul Gundling *Das Alterthum der Stadt Halle* (Halle a. d. Saale 1715). Des Weiteren wurden die Hefte 1 bis 6 der Monatsschrift für Gesang und Klavier *Harmonia* (Prag 1805) erworben. Hierbei handelt es sich um eine lediglich in Kleinstauflage für Liebhaberkreise erschienene Zeitschrift. Das einzige bisher bekannte Exemplar befindet sich in der Prager Nationalbibliothek. Der in Gänze gestochene Druck enthält weitgehend unbekannte Lieder und Klavierwerke böhmischer Komponisten, darunter auch Vertonungen zu Goethes Gedichten *Der Fischer* und *Nähe des Geliebten*.

Im März 2012 konnte das Projekt »Erschließung der Weimarer Stammbuchsammlung« erfolgreich abgeschlossen werden. Im Rahmen dieses durch die H. W. & J. Hector-Stiftung finanzierten Projekts wurden seit 2008 alle 1.119 Stammbücher der Herzogin Anna Amalia Bibliothek katalogisiert. Die Daten sind aus der Tübinger Arbeitsdatenbank in den Gemeinsamen Verbundkatalog der Bibliotheken überspielt worden und stehen damit dauerhaft via Internet zur Verfügung. Zum 1. April 2012 hat die Deutsche Forschungsgemeinschaft ein Anschlussprojekt zur Tiefenerschließung und Digitalisierung der Freundschaftsbücher aus der Zeit von 1550 bis 1765 in Höhe von etwa 200.000 Euro bewilligt. Es sollen 47.000 Namenseintragungen und mehr als 5.000 Illustrationen identifiziert und mit Ort, Datum, Sprache sowie gattungsspezifischen Angaben (zum Beispiel Bibelzitat, Devise, Epigramm, Sentenz) verzeichnet werden. Darüber hinaus sind die vollständige Digitalisierung der knapp 500 Weimarer Alben dieses Zeitraums und ihre Präsentation im Online-Angebot der Herzogin Anna Amalia Bibliothek geplant.

Weiterhin bewilligt wurde der Fortsetzungsantrag für die Digitalisierung und Erschließung der Kulturzeitschrift »Jugend – Münchner illustrierte Wochenschrift für Kunst und Leben« von 1896 bis 1949. Ziel dieses DFG-Projektes ist die Indexierung der Zeitschrift und ihre Bereitstellung als Open-Access-Datenbank im Internet. Das Vorhaben versteht sich als Ergänzung und Parallele zum »Simplicissimus«-Projekt, das mit Jahresende 2008 abgeschlossen wurde. Beide Zeitschriften werden mit dem gleichen Schlagwörter-Thesaurus erschlossen und sind unter einer gemeinsamen Oberfläche im Netz publiziert. Das Projekt hat ebenfalls ein Fördervolumen von fast 200.000 Euro.

Begonnen wurde das DFG-Projekt zur Bearbeitung der Bibliothek der ehemaligen Kunstsammlungen, die seit 2003 zur Herzogin Anna Amalia Bibliothek gehört. Die etwa 54.000 Bände werden im Online-Katalog der Herzogin Anna Amalia Bibliothek verfügbar gemacht. Bisher sind die historischen Bestände der 1869 gegründeten Museumsbibliothek weitgehend nur in Zettelform beziehungsweise noch gar nicht erschlossen. 300 ausgewählte Werke sollen digitalisiert werden.

Im Jahr 2011 zählte die Bibliothek insgesamt 172.000 Besucher. Davon besichtigten 82.000 Personen das Historische Gebäude. Die Besucherzahl der im März 2012 geschlossenen Jahresausstellung »Reise in die Bücherwelt« erhöhte sich im Vergleich zur vorausgehenden Jahresausstellung um mehr als ein Drittel auf 62.000. Über 800 Sonderführungen wurden angeboten. Die Benutzerzahlen der Bibliothek sind gegenüber den Vorjahren in etwa konstant geblieben: So sank die Zahl der neu angemeldeten Leser zwar um ein Prozent auf 875, auch die Zahl der Ausleihen ging auf 81.000 zurück, doch die Fernleihe für Nutzer anderer Bibliotheken im In- und Ausland stieg auf fast 6.400 Bestellungen. Generell sind die Ausleihzahlen der Bibliotheken leicht rückläufig, während die Zahl der Bibliotheksbesuche steigt. Diese Entwicklung unterstreicht die Bedeutung der Bibliotheken als Orte des Lernens, des Studiums und der Forschung.

Goethe- und Schiller-Archiv

Bis zum Sommer wurden die Bauarbeiten am historischen Archivgebäude abgeschlossen. Von außen weithin sichtbar war der Wiederaufbau der aufgearbeiteten Brüstung an der ilmseitigen Stützmauer. Im Inneren nahm das Haus jene Farbgestaltung wieder an, die es bei der Eröffnung 1896 hatte und die über restauratorische Befunde gesichert worden war. Wesentlich zum Gesamteindruck des modernisierten Hauses tragen fortan die neu eingerichteten Lesesäle und ein multifunktionaler Vortragsraum bei, der zugleich die sogenannte Petersen-Bibliothek beherbergt. Mit dem Wiedereinzug der Mitarbeiterinnen und Mitarbeiter im April sowie der Archivalien von den verschiedenen Standorten im Mai 2012 ging die beschwerliche Übergangszeit zu Ende. Am

5. Juli 2012 wurde das sanierte Haus im Beisein des Beauftragten der Bundesregierung für Kultur und Medien, des Thüringer Kultusministers und zahlreicher Gäste mit großem Medienecho feierlich eröffnet. Am Eröffnungswochenende nutzten fast 2.500 Besucher die Gelegenheit, das Archiv im Rahmen zahlreicher Hausführungen vom Magazingeschoss bis zu den Werkstätten im Dach kennenzulernen. Zur Eröffnung des Archivs konzipierten die Mitarbeiter des Hauses die Ausstellung »Schätze des Goethe- und Schiller-Archivs« im historischen Mittelsaal, die einen Einblick in die vielfältigen Nachlässe des Archivs ermöglichte. Aufgrund des großen Interesses wurde diese Ausstellung bis zum 4. November verlängert. Am 9. Juli 2012 begann der reguläre Benutzer- und Magazindienst in den neuen Räumen. Die Werkstätten für Restaurierung und Digitalisierung sind in Betrieb genommen worden. Bei der Umsetzung des Restaurierungskonzepts konnte die Restaurierungswerkstatt über ein Projekt mit Mitteln aus dem Sonderinvestitionsabkommen erstausgestattet werden. Weitere Projektmittel wurden für die Neuverpackung sowie die Restaurierung wichtiger Archivbestände eingeworben. Unmittelbar nach der Einrichtung der Digitalisierungswerkstatt wurde der Geschäftsgang für die Auftrags- und Bestandsdigitalisierung in Angriff genommen.

Trotz knapper Erwerbungsmittel im Haushaltsjahr 2012 konnte das Archiv bedeutende Neuzugänge zur Ergänzung seiner Handschriftenbestände verzeichnen. Hervorzuheben ist der Ankauf von sieben Goethe-Briefen an verschiedene Empfänger. Nach der Erwerbung eines Konzepts zu Friedrich Schillers *Phaedra*-Übersetzung im Jahr 2006 ist es dem Archiv 2012 dank eines großzügigen Entgegenkommens des Verkäufers wiederum geglückt, ein äußerst seltenes Konzept Schillers zu seinem *Demetrius*-Drama mit einem Übersendungsschreiben von Schillers Sohn Ernst an Babette Oppenhoff zu erwerben. Ein Brief Friedrich Nietzsches an seinen Verleger Ernst Wilhelm Fritzsch vom 27. November 1871 sowie mehr als 100 Briefe, Postkarten und Telegramme von Elisabeth Förster-Nietzsche an den Arzt und Nietzsche-Verehrer Hermann Gocht aus den Jahren 1900 bis 1912 sind dem Archiv aus Privatbesitz großzügig übereignet worden. Als Schenkungen wurden ein Autograph Johann Gottfried Herders mit Aufzeichnungen zu seiner *Abhandlung über den Ursprung der Sprache* aus Privatbesitz und drei Briefe von Christian August Vulpius vom Freundeskreis des Goethe-Nationalmuseums übergeben. Unter den bedeutenden Neuerwerbungen sind weiterhin einzelne Autographe von Großherzog Carl Alexander von Sachsen-Weimar-Eisenach, Ludwig Achim von Arnim, Gustav Freytag, Heinrich Luden, Georg Kestner, August von Kotzebue, Börries von Münchhausen, Friedrich von Müller, Emilie von Gleichen-Rußwurm, Ernst von Schiller und Johannes Schlaf zu nennen.

Die Projekte der Abteilung Editionen wurden erfolgreich weitergeführt. Von der 2008/09 begonnenen »Historisch-kritischen Ausgabe der Briefe Goethes« erschien 2012 der siebte Text- und Kommentarband mit Goethes Briefen von September 1786 bis Juni 1788. Gleichzeitig gingen die Arbeiten an Band 3 und

Band 8 wie geplant voran. Neben der Editionsarbeit wurde das im Internet abrufbare »Repertorium der Goethe-Briefe« kontinuierlich gepflegt und aktualisiert. Bei der historisch-kritischen Ausgabe von »Goethes Tagebüchern« werden derzeit die Bände 6, 7 und 8 bearbeitet, welche die Texte und Kommentare zu Goethes Tagebüchern von 1817 bis 1822 enthalten. Nach dem Auslaufen der Förderung durch die Deutsche Forschungsgemeinschaft stellt die Klassik Stiftung nun den Abschluss sicher. Die Arbeiten an Band 9 der »Briefe an Goethe. Gesamtausgabe in Regestform« (1820-1822) liefen planmäßig weiter. Bereits im November 2011 erschien der zweite Band des Goethe-Inventars mit den Dramen, Romanen und Erzählungen Goethes. Die Arbeit an der in Kooperation mit dem Freien Deutschen Hochstift und der Julius-Maximilians-Universität Würzburg entstehenden historisch-kritischen Hybridedition von Goethes *Faust* wurde durch einen wissenschaftlichen Mitarbeiter am Archiv weitergeführt.

In der auf 40 Bände angelegten historisch-kritischen Ausgabe der Werke und des Briefwechsels Ludwig Achim von Arnims sind bislang acht Bände erschienen. Als neunter Band erscheint zum Jahresende 2012 Band 6 der Ausgabe »Zeitung für Einsiedler«. Im Jahr 2013 wird Band 5 »Erzählungen I« erscheinen. An den Bänden 3 (»Naturwissenschaftliche Schriften II«), 33 (»Briefwechsel 1807-1808«) und 34 (»Briefwechsel 1809-1810«) wird weitergearbeitet. In der Arbeitsstelle wurde mit der Erarbeitung der Bände 25 bis 27 »Kleine Schriften« begonnen. Im September 2011 wurde im Rahmen des Workshops »Ästhetische Transformationen – das romantische Drama zwischen Krieg und Restauration« der zum Jahreswechsel 2010/11 erschienene Band 13 »Schaubühne I« von Yvonne Pietsch in der Herzogin Anna Amalia Bibliothek vorgestellt. Ariane Ludwig und Gert Theile haben die Herausgabe des Periodikums der Internationalen Arnim-Gesellschaft, »Neue Zeitung für Einsiedler«, übernommen. Die Doppelnummer der Jahrgänge 2010/2011 wird Ende 2012 als Online- und Printausgabe vorliegen.

Die historisch-kritische Ausgabe der Herder-Briefe wurde durch eine Förderung der Deutschen Forschungsgemeinschaft für Günter Arnold, den langjährigen Bearbeiter der Edition, fortgeführt. Im Berichtszeitraum erschienen die Bände 15 und 16 mit den Kommentaren zu Band 8 der Ausgabe. Band 17, der letzte der Ausgabe, ist im Manuskript weitgehend abgeschlossen und erscheint 2013. An den noch ausstehenden Bänden der Schiller-Nationalausgabe (SNA) sowie den Nachtragsbänden wurde durch externe Bearbeiter weitergearbeitet. Die Druckvorlage zu Band 9 II (*Jungfrau von Orleans*) ist fertiggestellt, der Band ist Ende 2012 erschienen. Ebenfalls abgeschlossen ist das Manuskript zu Band 41 II »Lebenszeugnisse. Teil 2 B: Dokumente zu Schillers Leben, Kommentar«. Fortgesetzt wurde die redaktionelle Betreuung von Band 19 II »Kommentar zu Band 17 und 18«. Der noch ausstehende letzte Band der Heine Säkularausgabe (Kommentarband 12, Späte Prosa) wurde an externe Bandbearbeiter vergeben.

Die gute Zusammenarbeit mit der Freundesgesellschaft des Goethe- und Schiller-Archivs wurde 2012 fortgesetzt. Den Höhepunkt bildete die Wiedereröffnung des sanierten Archivgebäudes, die der Verein mit verschiedenen Aktivitäten begleitete. Neben der Ausgestaltung des Hausfestes am Eröffnungstag war die Freundesgesellschaft mit zahlreichen neuen Publikationen präsent. Auf diese Weise konnten weitere Mitglieder gewonnen und das Spendenaufkommen bedeutend erhöht werden. Besonders regen Zuspruch fanden die monatlichen Veranstaltungen, für die sich aufgrund der modernen Veranstaltungstechnik in der Petersen-Bibliothek nun auch erweiterte Präsentationsmöglichkeiten bieten. Die Freundesgesellschaft hat auch 2012 zur Ergänzung der Bestände des Hauses durch den Erwerb von Handschriften beigetragen. So konnten ein Goethe-Brief und ein bedeutendes Liszt-Notenmanuskript dem Archiv übergeben werden.

Das Goethe- und Schiller-Archiv organisierte zusammen mit der »Kommission für die Edition von Texten seit dem 18. Jahrhundert« der Arbeitsgemeinschaft für Germanistische Edition und dem Freien Deutschen Hochstift eine dreitägige Fachtagung mit dem Titel »Briefedition im digitalen Zeitalter«. Im Rahmen dieser Fachtagung wurden auch die Weimarer Editionen der Briefe Goethes sowie der Briefe an Goethe präsentiert und ausführlich diskutiert.

Referat Forschung und Bildung

Am 1. September haben das Deutsche Literaturarchiv Marbach, die Klassik Stiftung Weimar und die Herzog August Bibliothek Wolfenbüttel den »Forschungsverbund Marbach Weimar Wolfenbüttel« ins Leben gerufen. Dieser Gründung ging ein erfolgreicher Förderantrag voraus, der federführend vom Referat erarbeitet wurde. Dank großzügiger Unterstützung durch das BMBF kann der Forschungsverbund zunächst bis zum August 2013 weiterentwickelt werden. Das Referat wird während dieses Zeitraums eine Tagung mit international renommierten Wissenschaftlern zu Schlüsselthemen des Forschungsverbundes ausrichten, Fellows nach Weimar einladen, internationale Kooperationen initiieren und gemeinsam mit den Partnerinstitutionen in Marbach und Wolfenbüttel einen weiteren Antrag ausarbeiten, auf dessen Grundlage dann eine mehrjährige Verbundförderung durch das BMBF erfolgen kann.

Am 15. März wurde die vom Referat konzipierte Sonderausstellung »Weimarer Klassik. Kultur des Sinnlichen« im Schiller-Museum eröffnet. Sie ging aus einem vom BMBF geförderten und in Kooperation mit dem Deutschen Forum für Kunstgeschichte (Paris) realisierten Forschungsprojekt hervor, das die Weimarer Klassik erstmals jenseits ihrer literarisch-geistigen Dimension als eine Kultur des Sinnlichen erschloss: Materialästhetische und wahrnehmungspsychologische Fragestellungen standen im Mittelpunkt der Präsentation, die von einem umfangreichen Katalog, wissenschaftlichen Vorträgen, Kuratorenführungen sowie Kinder- und Familienprogrammen begleitet wurde. In Zusammenarbeit mit der Firma Bennert Monumedia entstand eine 3D-Animation, die Goethe als Gestalter seines Wohnhauses vorstellt. Diese Präsentation wurde nach Abschluss der Ausstellung in das Vermittlungsangebot des Goethe-Nationalmuseums übernommen.

Vom 16. bis zum 18. Februar 2012 widmete sich eine vom Referat verantwortete Tagung dem Thema »Rudolf Borchardt und die Klassik«. Im Zentrum dieser gemeinsam mit der Rudolf-Borchardt-Gesellschaft konzipierten Veranstaltung stand die Frage, wie sich Borchardts Werk im Lichte einer methodisch und wissenschaftsgeschichtlich reflektierten Klassikforschung beurteilen lässt. Analysiert wurde Borchardts Verhältnis zur Antike und zu deren Transformationen im Kontext neuzeitlicher Klassiken. Vom 29. bis zum 31. März 2012 richtete das Zentrum für Klassikforschung seine dritte Jahrestagung aus. Gegenstand der Tagung war das Thema »Die Farben der Klassik«. Renommierte Referenten aus dem In- und Ausland erörterten die verschiedenen Bedeutungsdimensionen der Farbe für den europäischen Klassizismus um 1800. Vom 20. bis zum 22. September 2012 widmete sich schließlich eine zusammen mit der Friedrich-Schiller-Universität Jena ausgerichtete Tagung dem Thema »Johann Heinrich Meyer. Kunst und Wissen im klassischen Weimar«. Die Referenten würdigten Meyer als bedeutenden Akteur der Weimarer Wissensgeschichte und Bildpraxis im Kontext des europäischen Klassizismus. Die interdisziplinäre Tagung ging aus einem vom Referat verantworteten Forschungsprojekt zu Johann Heinrich Meyer hervor, das die Deutsche Forschungsgemeinschaft seit 2010 finanziell fördert.

Die Recherchen zu NS-verfolgungsbedingt entzogenen Kulturgütern in den Sammlungen der Klassik Stiftung wurden 2012 erfolgreich fortgeführt. Im März 2012 beantragte das Referat eine einjährige Verlängerung der Förderung durch den BKM. Dieser Antrag wurde von der zuständigen Arbeitsstelle für Provenienzrecherche positiv beschieden. Daraufhin konnte im Frühjahr 2012 zunächst die Überprüfung der Erwerbungen des Goethe- und Schiller-Archivs im Untersuchungszeitraum von 1933 bis 1945 abgeschlossen werden. Aufgrund fehlender Zugangsverzeichnisse erwies es sich als unumgänglich, die Erwerbungen überwiegend anhand bisher wenig erschlossener Institutsakten zu rekonstruieren. Insgesamt ließen sich 147 Erwerbungsvorgänge nachweisen, die hinsichtlich entsprechender Verdachtsmomente überprüft wurden. Während der zweiten Jahreshälfte lag der Arbeitsschwerpunkt auf den Erwerbungen der Thüringischen Landesbibliothek, der Vorgängerinstitution der heutigen Herzogin Anna Amalia Bibliothek. Die Recherchen ergaben, dass die Landesbibliothek während der NS-Jahre nicht nur rund 35.000 Bücher, sondern auch mehr als 400 Autographe erworben hat, die 1969 vom Goethe- und Schiller-Archiv übernommen wurden. Wie die bisherigen Provenienzforschungen zeigen, sind in den Sammlungen der Klassik Stiftung zahlreiche Verdachtsfälle aufzuklären. Aus diesem Umstand erwächst die Notwendigkeit vertiefter

Prüfungen und Recherchen während der nächsten Jahre. Die Vorarbeiten für ein umfangreiches Folgeprojekt sind bereits weit fortgeschritten.

Im Zentrum der Bildungsarbeit standen während des Jahres 2012 die museumspädagogischen Vorbereitungen für die neue Dauerausstellung im Goethe-Nationalmuseum. Dazu zählte die Entwicklung und Umsetzung einer neuen Besucherführung für Gruppen und Einzelbesucher, die Konzeption eines Medienguides sowie eines Hör- und Lesekabinetts. Der Medienguide bietet dem Ausstellungsbesucher verschiedene Themenführungen an, zwischen denen jederzeit gewechselt werden kann. Des Weiteren verbindet er das historische Wohnhaus mit der neuen Dauerausstellung, so dass das Goethe-Nationalmuseum künftig als Einheit wahrgenommen wird. Auf Führungen in Goethes Wohnhaus wird künftig vollständig verzichtet, so dass sich dessen singuläre Atmosphäre besser entfalten kann. Unmittelbar nach der Eröffnung der neuen Dauerausstellung im Goethe-Nationalmuseum fanden zehn mehrtägige Lehrerfortbildungen statt, in deren Rahmen das Ausstellungskonzept vorgestellt wurde.

Im Frühsommer 2012 nahm das vom BKM geförderte Projekt »Zwischen den Zeilen« seine Arbeit auf. Im Zentrum dieses Projekts steht die Frage, inwieweit sich literarische Werke im Kontext historischer Orte an Jugendliche aus bildungsfernen Milieus vermitteln lassen. Begleitet wird das auf zunächst zwei Jahre angelegte Projekt von dem Berliner Verein »cultures interactive«, der sich auf jugendkulturelle Bildungsangebote spezialisiert hat. Auch bei anderen, meist internationalen Bildungsprogrammen konnten neue Kooperationen begründet beziehungsweise bestehende Partnerschaften vertieft werden. Besonderes Augenmerk galt hierbei Institutionen im Nahen und Fernen Osten. Im Oktober lief das von der Mercator Stiftung geförderte Bildungsprojekt »Meeting World Heritage – Essen, Weimar, Istanbul« an. Als Kooperationspartner wurden die Stiftung Zollverein (Essen) sowie Anadolu Kültür (Istanbul) gewonnen. Das Bildungsprojekt richtet sich an Schüler und Studierende aus Istanbul, Essen und Weimar, die sich im Jahr 2013 an den drei Orten mit sehr unterschiedlichen Welterbestätten auseinandersetzen werden: der Hagia Sophia in Istanbul, der Zeche Zollverein in Essen und den Welterbestätten in Weimar. In diesem Zusammenhang werden sie sich mit den aktuellen Positionen der UNESCO sowie mit der Debatte um die Funktion und Profilierung von Welterbestätten beschäftigen. Ebenfalls teilnehmende Kunststudierende werden den Schülern helfen, Ideen für eine Visualisierung ihrer Eindrücke zu entwickeln und diese professionell umzusetzen.

Wie in den vergangenen Jahren richtete das Referat auch 2012 in Zusammenarbeit mit mehreren Kooperationspartnern die Weimarer Sommerkurse für Studierende aus aller Welt aus. Zudem unterstützte es das Programm der Bauhaus Summerschool mit knapp 400 Teilnehmern aus 58 Nationen. Bei den Kinderprogrammen erfreute sich vor allem ein Bildungsprojekt zur höfischen Tafelkultur um 1800 reger Nachfrage. Unter dem Titel »Der Herzog bittet zu Tisch«

konnten Kinder die für sie exotische Hofkultur zur Zeit Carl Augusts spielerisch kennenlernen. Für Erwachsene wurden die seit mehreren Jahren etablierten Veranstaltungsreihen »Sichtbarer Glaube« und »Einblicke. Werkstattgespräche mit Experten« fortgesetzt. Erweitert wurden die Veranstaltungsreihen des Referats durch das im Liszt-Jahr begründete Angebot »Führungen mit Musik«.

Kolleg Friedrich Nietzsche

Den Abschluss und Höhepunkt des Jahres 2011 markierte die Vorlesungsreihe »Der Ausnahmezustand als Regel. Eine Bilanz der Kritischen Theorie«. Renommierte Wissenschaftlerinnen und Wissenschaftler – unter anderen Martin Jay, Christa und Peter Bürger, Christoph Menke, Rolf Wiggershaus, Alfred Schmidt und Axel Honneth – erörterten die historischen und systematischen Bedingungen sowie die Formationen und Folgen der Kritischen Theorie. Die Vorträge demonstrierten die anhaltende Produktivität des von Theodor W. Adorno und Max Horkheimer ausgehenden Denkens.

Vom 17. bis zum 19. Mai veranstaltete das Kolleg zusammen mit und an der Universität Girona eine internationale Tagung zur »Ästhetischen Bildung«, die nach der Bedeutung des Ästhetischen und der Kunst für die Konzipierung eines tragfähigen sowie ideengeschichtlich und systematisch präzisierten Bildungsbegriffs fragte. Eine weitere Tagung fand im August unter dem Titel »Humanismus: ein offenes System« in Kooperation mit der Forschungsstelle »Europäische Romantik« der Friedrich-Schiller-Universität Jena statt. Die Tagung erschloss die kulturelle Bewegung und Tradition des Humanismus, untersuchte die geschichtlichen Formen ihrer Darstellung und diskutierte die Möglichkeiten einer zukünftigen Humanistik als wissenschaftliches Forschungsfeld. Fortgeführt wurde die Veranstaltungsreihe »Philosophicum« im Schloss Ettersburg, in deren Rahmen sich 2012 namhafte Referenten wie Wolfgang Welsch, Rüdiger Safranski und Hans Ulrich Gumbrecht mit dem Thema »Genealogie der Moderne« befassten. Das Kolleg vergab 2012 vier Fellowships in Residence. Fortgeführt wurde das gemeinsam mit der Friedrich-Schiller-Universität Jena vergebene Promotionsstipendium.

Referat Kommunikation, Öffentlichkeitsarbeit, Marketing

Die Arbeit des Referats wurde im zurückliegenden Jahr durch die Wiedereröffnung des Goethe- und Schiller-Archivs, die Ausstellung »Weimarer Klassik. Kultur des Sinnlichen« sowie die neue Dauerpräsentation »Lebensfluten – Tatensturm« im Goethe-Nationalmuseum bestimmt. Für das Jahr 2013, in dessen Verlauf die Klassik Stiftung den belgischen Architekten und Designer Henry van de Velde mit zahlreichen Veranstaltungen ehrt, wurden die zentralen

Marketingmaßnahmen vorbereitet. Das Referat wirkte in den von der Thüringer Tourismus GmbH eingesetzten Arbeitsgruppen bei der Umsetzung der Landestourismuskonzeption 2011 bis 2015 mit.

Das Referat formulierte ein Strategiepapier zu aktuellen und künftigen Maßnahmen der Online-Kommunikation, bei der insbesondere die ›sozialen Medien‹ eine stetig wachsende Bedeutung gewinnen. Ziel ist es, neue und insbesondere jüngere Zielgruppen für die Arbeit der Stiftung zu interessieren. Eine für mobile Endgeräte optimierte Version der Internetseite der Klassik Stiftung, die vom Referat konzipiert wurde und sich aktuell in der Umsetzungsphase befindet, soll Besuchern einen schnellen und übersichtlichen Einstieg in den »Kosmos Weimar« ermöglichen. Um Aussagen über Herkunft, Anliegen und Zufriedenheit der Internetnutzer treffen zu können, führte das Referat eine Besucherbefragung durch. Gefragt wurde nach der geographischen Herkunft der Nutzer, nach Gründen und Anlässen für die Nutzung sowie nach der Beurteilung des Internetangebots.

Im Jahr 2012 entwickelte das Referat ein Kommunikationskonzept für das Bauhaus-Museum, das die Anforderungen und Zielsetzungen der Öffentlichkeitsarbeit definiert und Marketing-Schwerpunkte für die Phase der bauvorbereitenden und baubegleitenden Maßnahmen formuliert. Eine Internetseite zum Bauhaus-Museum wird diese Maßnahmen unterstützen und eine Fundraising-Kampagne vorbereiten. Im zurückliegenden Jahr stiegen die Medienanfragen im Zusammenhang mit dem neuen Bauhaus-Museum spürbar an. Höhepunkt war die Berichterstattung zum Ergebnis des Architekturwettbewerbs. Das Referat organisierte und koordinierte 2012 zahlreiche Pressekonferenzen. Es vermittelte Interviewpartner, betreute Pressevertreter und begleitete diverse Dreharbeiten. Zudem koordinierte es die Öffentlichkeitsarbeit für die gemeinsam mit dem Bauhaus-Archiv Berlin und der Stiftung Bauhaus Dessau organisierte Ausstellung »Bauhaus: Art as Life« in der Londoner Barbican Art Gallery. Die größte Bauhaus-Schau in Großbritannien seit mehr als vierzig Jahren zog von Mai bis August 2012 mehr als 100.000 Besucher an.

Das Referat konzipierte und organisierte zahlreiche Veranstaltungen, darunter den Neujahrsempfang der Klassik Stiftung am 16. Februar, die Konzertreihe »Klingendes Schloss«, zehn studentische Salonkonzerte sowie die poetischen Liedertage »MelosLogos«. Am 30. Mai 2012 lud die Klassik Stiftung die Mitglieder des Thüringer Landtages zu einem Parlamentarischen Abend in Erfurt ein, um aktuelle Aufgaben und Projekte vorzustellen. Die vom Referat organisierte Veranstaltung bot den Parlamentariern ebenso wie den Mitarbeiterinnen und Mitarbeitern der Klassik Stiftung die Möglichkeit, die Bedeutung kultur- und wissenschaftspolitischer Maßnahmen in Thüringen zu erörtern. Zur Langen Nacht der Museen am 2. Juni 2012 wurden in den 14 beteiligten Häusern fast 19.000 Besuche gezählt. Die Lesung am Vorabend des Goethe-Geburtstags bestritt 2012 Volker Braun, der im Schießhaus aus seinem Buch *Die hellen Haufen* las. Zur Eröffnung der neuen Dauerausstellung »Lebensfluten – Tatensturm« organisierte das Referat neben der Vernissage ein abendliches Fest im Garten von Goethes Wohnhaus sowie unter dem Titel »Goethes Leidenschaften« ein großes Festprogramm für Kinder und Familien.

Die Besucherinformation verzeichnete steigende Informations- und Buchungsanfragen sowie ein kontinuierlich zunehmendes Interesse an touristischen Führungen und museumspädagogischen Angeboten in den Museen, in den historischen Häusern und in den Ausstellungen. Vertrieb und Service profitierten von der Arbeit einer Service-AG, in der Mitarbeiterinnen und Mitarbeiter aus allen Referaten und Direktionen der Klassik Stiftung vertreten sind, um einheitliche Qualitätsstandards der Kassen- und Aufsichtskräfte im Umgang mit den Besuchern festzulegen, regelmäßige Schulungstermine sowie Kontrollen zu organisieren. Vorbereitet wurde die Entwicklung eines direktionenübergreifenden Konzepts für das Beschwerdemanagement. Besucher der zur Klassik Stiftung gehörenden Museen finden seit 2012 in ausgewählten Häusern Karten vor, auf denen sie Kritik üben und Anregungen zur Verbesserung des Serviceangebots artikulieren können.

Verwaltung

Die Bewilligungen des Bundes, des Freistaates Thüringen und der Stadt Weimar sahen für den institutionellen Haushalt der Klassik Stiftung Weimar im Jahr 2012 folgende Zuwendungen vor:

Bund	9.346 T€
Land	9.346 T€
Weimar	2.045 T€
Gesamt	20.737 T€

Mit den (geplanten) eigenen Einnahmen in Höhe von 3.696 T€ betrug das Volumen des Haushaltes der Stiftung 24.433 T€. Die Ausgaben gliedern sich folgendermaßen:

Personalausgaben	14.427,5 T€
Sächliche Verwaltungsausgaben	9.476,9 T€
Zuwendungen und Zuschüsse	55,0 T€
Investitionen (ohne Bau)	267,6 T€
Bauinvestitionen (ohne Projektmittel)	206,0 T€

Die sächlichen Verwaltungsausgaben wurden hauptsächlich für die folgenden Positionen geplant:

– Geschäftsbedarf sowie Geräte und Ausstattungsgegenstände; Post- und Fernmeldegebühren	199 T€
– Ausstattung der Museen	80 T€

- Bewirtschaftungskosten der Gebäude 2.161 T€
- Mieten für Gebäude und Geräte 197 T€
- Bauunterhalt einschließlich Gefahrenmeldeanlagen 990 T€
- Unterhaltung der Parkanlagen 230 T€
- Ergänzung und Erhaltung der Bestände der HAAB, der Museen und des GSA 520 T€
- Aus- und Fortbildung 60 T€
- Öffentlichkeitsarbeit und Veranstaltungen 220 T€
- Veröffentlichung von Publikationen 25 T€
- Ausstellungen 500 T€
- Restaurierung der Sammlungen 581 T€
- Kosten für den Aufsichtsdienst in den Museen und Bewachung 2.458 T€
- Ausgaben für die Unterhaltung der IT 262 T€
- Ausgaben für Forschung und Bildung sowie das Kolleg Friedrich Nietzsche 298 T€

Die investiven Ausgaben waren insbesondere für die IT-Ausstattung, die Beschaffung von Technik für die Gartenabteilung und die Museen, für den Erwerb von Archivalien für das Goethe- und Schiller-Archiv sowie von Sammlungsgegenständen für die Museen geplant.

Zusätzlich zur institutionellen Förderung wurde die Klassik Stiftung mit Projektmitteln des Bundes und des Freistaates Thüringen in Höhe von jeweils 2,16 Mio. Euro aus dem Finanzabkommen zwischen dem Bund, dem Freistaat Thüringen und der Stadt Weimar sowie weiteren 11,93 Mio. Euro aus dem Sonderinvestitionsprogramm zwischen dem Bund und dem Freistaat Thüringen unterstützt. Die Sonderinvestitionsmittel waren vorgesehen für Planungsleistungen zur Vorbereitung der denkmalpflegerischen Herrichtung des Stadtschlosses, den Abschluss der Grundsanierung des Goethe- und Schiller-Archivs, den Wettbewerb und die Planungsvorbereitung zur Errichtung des Bauhaus-Museums, die Restaurierung von Druck- und Handschriften der Bibliothek und der Museen sowie für die Wiederbeschaffung von Büchern für die Bibliothek.

Eine weitere Grundlage für die Durchführung von Projekten war die Einwerbung von Drittmitteln. Rund 2,0 Mio. Euro Sondermittel der öffentlichen Hand, Zuwendungen gemeinnütziger Körperschaften sowie Spenden und Erträge wurden von der Klassik Stiftung für zahlreiche Forschungsprojekte und Bildungsprogramme sowie für Erwerbungen, Restaurierungsmaßnahmen und die Wiederbeschaffung von Büchern für die Bibliothek eingeworben.

Die Stiftung verfügte 2012 über 253 Stellen, von denen drei zeitweise vakant waren (Stand: Oktober 2012). Die Schlüsselpositionen des Justitiars und des Abteilungsleiters Liegenschaftsverwaltung wurden im Laufe des Jahres neu besetzt. Es bestanden 125 befristete Beschäftigungsverhältnisse (Zeitraum von Januar bis Oktober 2012), von denen 60 aus Drittmitteln, 41 aus dem institutionellen Haushalt und 24 über Landes- und Bundesmittel sowie über Mittel aus dem Europäischen Sozialfonds finanziert wurden. Im Jahr 2012 nahmen 144 Mitarbeiterinnen und Mitarbeiter an 79 externen Schulungsmaßnahmen teil. Im Rahmen von acht Inhouse-Schulungen wurden 79 Mitarbeiterinnen und Mitarbeiter weitergebildet. Zur Nachwuchsförderung ermöglichte die Stiftung im Jahr 2012 neun Volontären und 12 Auszubildenden ihre weitere Qualifizierung. Alle Auszubildenden des letzten Ausbildungsjahres haben ihre Ausbildung erfolgreich abgeschlossen. Sechs Personen absolvierten ein Freiwilliges soziales Jahr – FSJ Kultur – in der Stiftung. Darüber hinaus engagierten sich sechs Frauen und Männer im Rahmen des Bundesfreiwilligendienstes in verschiedenen Bereichen der Stiftung.

Stiftungsrat der Klassik Stiftung Weimar

Minister Christoph Matschie,
Vorsitzender
Thüringer Ministerium für Bildung, Wissenschaft und Kultur, Erfurt

Ministerialdirektorin Dr. Ingeborg Berggreen-Merkel,
Stellvertretende Vorsitzende
Der Beauftragte der Bundesregierung für Kultur und Medien

Prof. Dr. Werner Frick
Wissenschaftlicher Beirat der Klassik Stiftung Weimar

Prof. Dr. Pia Müller-Tamm
Wissenschaftlicher Beirat der Klassik Stiftung Weimar

Ministerialrat Dr. Andreas Nebel (ausgeschieden)
Ministerialrat Peter Rath (Nachfolger)
Bundesministerium der Finanzen, Berlin

Staatssekretär Dirk Diedrichs
Thüringer Finanzministerium, Erfurt

Stefan Wolf
Oberbürgermeister, Weimar

Dr. Peter D. Krause
Stadtrat Weimar

Prinz Michael von Sachsen-Weimar-Eisenach
Haus Sachsen-Weimar-Eisenach

Wissenschaftlicher Beirat der Klassik Stiftung Weimar

Prof. Dr. Werner Frick,
Vorsitzender
Albert-Ludwigs-Universität Freiburg

Prof. Dr. Pia Müller-Tamm,
Stellvertretende Vorsitzende
Staatliche Kunsthalle Karlsruhe

Prof. Dr. Peter-André Alt
Freie Universität Berlin

Prof. Dr. Andreas Beyer
Deutsches Forum für Kunstgeschichte Paris

Prof. Dr. Michel Espagne
Centre National de la Recherche Scientifique, Paris

Prof. Dr. Gerhard Glaser
Landeskonservator a.D., Dresden

Prof. Dr. Claudia Lux (bis März 2012)
Zentral- und Landesbibliothek Berlin

Prof. Dr. Stefan Matuschek
Friedrich-Schiller-Universität Jena

Drittmittelprojekte

Forschung und Bildung

Sinnlichkeit, Materialität, Anschauung
Ästhetische Dimensionen kultureller Übersetzungsprozesse in der Weimarer Klassik
Forschungsprojekt in Koop. mit dem Deutschen Forum für Kunstgeschichte Paris
Förderung durch das Bundesministerium für Bildung und Forschung
Laufzeit: 2009-2012

Laboratorium Aufklärung
Kooperation mit dem Forschungszentrum Laboratorium Aufklärung
an der Friedrich-Schiller-Universität Jena
Förderung durch das Thüringer Kultusministerium
im Rahmen des Landesprogramms ›Pro Exzellenz‹
Laufzeit: 2009-2013

Johann Heinrich Meyer. Kunst und Wissen im klassischen Weimar
Forschungsprojekt in Kooperation mit der Friedrich-Schiller-Universität Jena
Förderung durch die Deutsche Forschungsgemeinschaft
Laufzeit: 2010-2013

NS-Raubgut in den Sammlungen der Klassik Stiftung Weimar
Projekt zur Provenienzrecherche
Förderung durch die Arbeitsstelle für Provenienzforschung
aus Mitteln des Beauftragten der Bundesregierung für Kultur und Medien
Laufzeit: 2010-2013

Forschungsverbund Marbach Weimar Wolfenbüttel
Explorationsphase zum Aufbau eines Forschungsverbunds mit dem Deutschen
Literaturarchiv Marbach und der Herzog August Bibliothek Wolfenbüttel
Förderung durch das Bundesministerium für Bildung und Forschung
Laufzeit: 2012-2013

Weimarpedia-Junior
Medienpädagogisches Projekt in Kooperation mit der Bauhaus-Universität Weimar
Förderung durch das Bundesministerium für Bildung und Forschung
sowie das Thüringer Kultusministerium
Laufzeit: 2009-2012

Begegnung Weltkulturerbe
Internationales Bildungsprojekt in Kooperation mit der Stiftung Zollverein (Essen)
und dem Kulturzentrum Anadolu Kültür (Istanbul)
Förderung durch die Stiftung Mercator
Laufzeit: 2012-2013

Zwischen den Zeilen. Literaturvermittlung in Weimar
Kooperationsprojekt mit cultures interactive e.V. und der
Europäischen Jugendbildungs- und Jugendbegegnungsstätte Weimar
Förderung durch den Beauftragten der Bundesregierung für Kultur und Medien
Laufzeit: 2012-2014

Materialien für Lehrerinnen und Lehrer
Publikationen zu den Themen »Freundschaft« und »Antikerezeption«
Förderung durch den Arbeitskreis selbständiger Kultur-Institute (AsKI)
aus Mitteln des Beauftragten der Bundesregierung für Kultur und Medien
Laufzeit: 2012

Rudolf Borchardt und die Klassik
Tagung in Kooperation mit der Rudolf-Borchardt-Gesellschaft
Förderung durch die Arbeitsgemeinschaft Literarischer Gesellschaften
und Gedenkstätten (ALG)
16. bis 18. Februar 2012 in Weimar

Herzogin Anna Amalia Bibliothek

Restaurierung von brandgeschädigten Büchern
in der Herzogin Anna Amalia Bibliothek
Förderung durch die Volkswagen Stiftung
Laufzeit: 2008-2014

Bibliotheken politischer und kultureller Vereinigungen als NS-Raubgut
Projekt zur Provenienzrecherche
(NS-Raubgut in den Sammlungen der Klassik Stiftung Weimar)
Förderung durch die Arbeitsstelle für Provenienzforschung aus Mitteln
des Beauftragten der Bundesregierung für Kultur und Medien
Laufzeit: 2009-2013

Zeitschriften des Weimar-Jenaer Literaturkreises um 1800
Digitalisierungs- und Erschließungsprojekt
in Kooperation mit der Thüringer Universitäts- und Landesbibliothek Jena
Förderung durch die Deutsche Forschungsgemeinschaft
Laufzeit: 2010-2012

Erschließung und Digitalisierung der Bibliothek
der ehemaligen Kunstsammlungen der Stadt Weimar
Förderung durch die Deutsche Forschungsgemeinschaft
Laufzeit: 2011-2014

Erschließung und Digitalisierung der Stammbuchsammlungen
der Herzogin Anna Amalia Bibliothek
Förderung durch die Deutsche Forschungsgemeinschaft
Laufzeit: 2012-2015

Erschließung und Digitalisierung der Kulturzeitschrift
»Jugend. Münchner illustrierte Wochenschrift für Kunst und Leben«
in Kooperation mit dem Deutschen Literaturarchiv Marbach,
der RWTH Aachen und der Universitätsbibliothek Heidelberg
Förderung durch die Deutsche Forschungsgemeinschaft
Laufzeit: 2012-2014

Goethe- und Schiller-Archiv

Goethe. Tagebücher. Historisch-kritische Ausgabe
Förderung durch die Deutsche Forschungsgemeinschaft
Laufzeit: 1994-2012

Goethe: Briefe. Historisch-kritische Ausgabe
Förderung durch die Deutsche Forschungsgemeinschaft
Laufzeit: 2003-2016

Herder: Briefe
Förderung durch die Deutsche Forschungsgemeinschaft
Laufzeit: 2009-2012

Historisch-kritische Edition von Goethes »Faust« als Hybrid-Ausgabe
Kooperation mit dem Freien Deutschen Hochstift Frankfurt
und der Julius-Maximilians-Universität Würzburg
Förderung durch die Deutsche Forschungsgemeinschaft
Laufzeit: 2009-2014

Johann Wolfgang Goethe.
Briefwechsel mit Friedrich Wilhelm Riemer (Hybridedition)
Förderung durch die Deutsche Forschungsgemeinschaft
Laufzeit: 2012-2015

Museen

Werkverzeichnis der kunstgewerblichen und raumkünstlerischen Arbeiten
Henry van de Veldes zwischen 1893 und 1957
Förderung durch die Deutsche Forschungsgemeinschaft
Laufzeit: 2011-2014

Weimar-Stipendien

Kerstin Andermann (Berlin): Nietzsches »spinozistische Inspiration«. Die Ethik Spinozas und ihr Einfluss auf die Idee der Lebenssteigerung bei Nietzsche

Babette Babich (New York): Versions of Nietzsche's *Will to Power* (1901-1968)

Hubert van den Berg und Pawel Zajas (Poznan): Deutsche »Kunst- und Kulturpropaganda« während des Ersten Weltkriegs

Maja Chotiwari (Weimar): Angelica Facius. Leben und Werk einer Bildhauerin der Goethezeit und des Spätklassizismus

Anke Fröhlich (Dresden): Zeichnungen und Radierungen von Christian Wilhelm Ernst Dietrich

Lucia Giuliano (Capracotta): Aloys Hirt und die Kunst der frühen Renaissance

Friedhelm Gleiß (Weimar): Die Weimarer Disputation von 1560. Theologische Konsensfindung im Spannungsfeld territorialer Politik

Hendrik Kalvelage (Göttingen): Quellenedition zur Vor- und Gründungsgeschichte des Goethe-Nationalmuseums

Charlotte Kurbjuhn (Berlin): Zur Rolle Karl Ludwig von Knebels bei der Entstehung der ›klassischen‹ deutschen Elegie

Suk Won Lim (Seoul): Walter Benjamins Briefsammlung *Deutsche Menschen*

Jörg Löffler (Herford): Zeichen der Liebe. Textgenetische Untersuchungen zu Goethes Briefen, Gedichten und Zeichnungen für Charlotte von Stein

Andrew McKenzie-McHarg (Gotha): Der unbekannte Obere. Figuren des Geheimnisvollen in den Arkanwelten der Spätaufklärung

Jan Mende (Berlin): Öfen und Ofenaufsätze des Klassizismus. Das Beispiel Weimar

Marlene Meuer (Freiburg): Schillers Anthologie auf das Jahr 1782. Jugendliche Experimente mit antiker Philosophie im Kontext ihrer Zeit

Annette Mönnich (Wien): Historisch-kritische Edition der Lyrik Karl Ludwig von Knebels im Zeitraum zwischen 1765 und 1800

Haruka Oba (München): Die Wahrnehmung Japans im Alten Reich und der Eidgenossenschaft in der Frühen Neuzeit

Betty Pinkwart (Weimar): Literarisch-ästhetische Geselligkeitskultur in Jena um 1800: Das Frommannsche Haus

Monika Tokarzewska (Torun): Metaphern des Anfangs bei Leibniz, Fichte, Jacobi und Novalis

David Trippett (Cambridge): Eine italienische Oper in Weimar: Liszts *Sardanapalus*

Publikationen

Bibliographien

Herder-Bibliographie 2010/2011 (mit Nachträgen). Bearb. von Wolfram Wojtecki. In: Herder-Jahrbuch 11 (2012), S. 157-201.

Klassik online. Internationale Bibliographie zur deutschen Klassik 1750-1850. Bearb. von Wolfram Wojtecki. Online-Ressource: http://opac.ub.uni-weimar.de/LNG=DU/DB=4.2/

Weimarer Goethe-Bibliographie online. Bearb. von Erdmann von Wilamowitz-Moellendorff und Wolfram Wojtecki. Online-Ressource: http://opac.ub.uni-weimar.de/LNG=DU/DB=4.1/

Weimarer Nietzsche-Bibliographie. Bearb. von Erdmann von Wilamowitz-Moellendorff. Online-Ressource: http://ora-web.swkk.de/swk-db/niebiblio/

Editionen

Berliner Kunstakademie und Weimarer Freye Zeichenschule. Andreas Riems Briefe an Friedrich Justin Bertuch 1788/89. Hrsg. von Anneliese Klingenberg und Alexander Rosenbaum. Göttingen 2012.

Johann Wolfgang Goethe: Briefe. Historisch-kritische Ausgabe. Im Auftrag der Klassik Stiftung Weimar hrsg. von Georg Kurscheidt, Norbert Oellers und Elke Richter. Bd. 7: Briefe. 18. September 1786-10. Juni 1788. Bd. 7 I: Text. Hrsg. von Volker Giel unter Mitarbeit von Susanne Fenske und Yvonne Pietsch. Berlin 2011. Bd. 7 II: Kommentar. Hrsg. von Volker Giel unter Mitarbeit von Yvonne Pietsch, Markus Bernauer und Gerhard Müller. Berlin 2011.

Johann Gottfried Herder: Briefe. Gesamtausgabe. Hrsg. von der Klassik Stiftung Weimar. Bd. 15: Kommentar zu Bd. 8. Bearb. von Günter Arnold. Weimar 2012.

Johann Gottfried Herder: Briefe. Gesamtausgabe. Hrsg. von der Klassik Stiftung Weimar. Bd. 16: Kommentar zu Bd. 8. Anhang. Bearb. von Günter Arnold. Weimar 2012.

Carl Justi: Moderne Irrtümer. Briefe und Aphorismen. Hrsg. von Johannes Rößler. Berlin 2012.

Ausstellungskataloge

Abschied von Ikarus. Bildwelten in der DDR – neu gesehen. Hrsg. von Wolfgang Holler, Karl-Siegbert Rehberg und Paul Kaiser. Köln 2012.
Bauhaus Reisebuch Weimar Dessau Berlin. Hrsg. vom Bauhaus-Archiv Berlin, von der Stiftung Bauhaus Dessau und von der Klassik Stiftung Weimar. Köln 2012.
Die Bauhäuslerin Benita Koch-Otte. Textilgestaltung und Freie Kunst 1920-1933. Hrsg. von Michael Siebenbrodt. Weimar 2012.
Galilei, Goethe und Co. Freundschaftsbücher der Herzogin Anna Amalia Bibliothek. Ein Immerwährender Kalender. Im Auftrag der Klassik Stiftung Weimar bearb. von Eva Raffel. Berlin 2012 [Buchhandelsausgabe mit anderem Layout und Nachwort: Unterhaching 2012].
Lebensfluten – Tatensturm. Begleitbuch zur gleichnamigen Ausstellung im Goethe-Nationalmuseum. Hrsg. von Wolfgang Holler, Gudrun Püschel und Bettina Werche. Weimar 2012.
Spieler. Harald Reiner Gratz beobachtet Thomas Thieme. Hrsg. von Wolfgang Holler und Ulrike Bestgen. Bielefeld 2012.
Weimarer Klassik. Kultur des Sinnlichen. Hrsg. von Sebastian Böhmer, Christiane Holm, Veronika Spinner und Thorsten Valk. Berlin, München 2012.

Monographien und Sammelbände

Albrecht, Wolfgang: Ungewöhnliche kritische Blicke auf Lessing. Johannes Schlafs nachgelassene »Glossen zu Lessings ›Die Erziehung des Menschengeschlechts‹«. Mit einem Teildruck der »Glossen«, ediert unter Mitarbeit von Gert Theile. Wolfenbüttel 2012.
Fischer, Bernhard; Klunkert, Gabriele (Hrsg.): Goethe- und Schiller-Archiv. Weimar 2012.
Henke, Silke; Immer, Nikolas (Hrsg.): Schillers Lyrik. Weimar 2012.
Klauß, Jochen (Hrsg.): Mit Goethe durch das Jahr 2013. Goethe und die Höhe. Mannheim 2012.
Klauß, Jochen; Feiler, Horst; Riedel, Gerd-Rainer: Granit – Goethes Urgestein. Uckerland 2012.
Klauß, Jochen; Herfurth, Dietrich; Klee, Jürgen: Im Zeichen des weißen Falken. Sachsen-Weimar-Eisenach im Lichte seiner Orden und Ehrenzeichen. Berlin 2012.
Knoche, Michael; Schmitz, Wolfgang (Hrsg.): Wissenschaftliche Bibliothekare im Nationalsozialismus. Handlungsspielräume, Kontinuitäten, Deutungsmuster. Wiesbaden 2011.
Ludwig, Ariane: Opernbesuche in der Literatur. Würzburg 2012.
Rößler, Johannes; Gramaccini, Norberto (Hrsg.): Hundert Jahre »Abstraktion und Einfühlung«. Konstellationen um Wilhelm Worringer. Paderborn 2012.

Seemann, Hellmut Th.; Valk, Thorsten (Hrsg.): Literatur ausstellen. Museale Inszenierungen der Weimarer Klassik. Jahrbuch der Klassik Stiftung Weimar 2012. Göttingen 2012.
Streckhardt, Bert-Christoph (Hrsg.): Die Neugier des Glücklichen. Eine Festschrift für den Gründer des Kollegs Friedrich Nietzsche (Schriften aus dem Kolleg Friedrich Nietzsche). Weimar 2012.
Valk, Thorsten: Der junge Goethe. Epoche – Werk – Wirkung. München 2012.
Weber, Jürgen; Tervooren, Anja (Hrsg.): Wege zur Kultur. Barrieren und Barrierefreiheit in Kultur- und Bildungseinrichtungen. Köln, Weimar, Wien 2012.
Wirsing, Claudia (Hrsg.): Auf Nietzsches Balkon II. Philosophische Beiträge aus der Villa Silberblick (Schriften aus dem Kolleg Friedrich Nietzsche). Weimar 2012.

Zeitschriften und Buchreihen

Bibliothek und Wissenschaft 44 (2011). Mithrsg. von Michael Knoche.
Goethe-Jahrbuch 128 (2011). Mithrsg. von Edith Zehm.
Jahrbuch der Klassik Stiftung Weimar. Hrsg. von Hellmut Th. Seemann und Thorsten Valk.
Klassik und Moderne. Schriftenreihe der Klassik Stiftung Weimar. Hrsg. von Thorsten Valk.
Schriften aus dem Kolleg Friedrich Nietzsche. Hrsg. von Rüdiger Schmidt-Grépály.
Zeitschrift für Ideengeschichte 6 (2012). Mithrsg. von Hellmut Th. Seemann. Heftthemen: (1) Der Besiegte – (2) Idealist. Kanaille. Rousseau – (3) Kuba 1962 – (4) Droge Theorie.

Wissenschaftliche Aufsätze in Auswahl

Albrecht, Wolfgang: Gegenaufklärung. In: Helmut Reinalter, Peter J. Brenner (Hrsg.): Lexikon der Geisteswissenschaften. Wien 2011, S. 238-245.
Arnold, Günter: Herders Schadenfreude über den Mißerfolg des Kantianismus in England. In: Herder-Jahrbuch 11 (2012), S. 27-36.
Bärwinkel, Roland: »Ein Mann von ungewöhnlicher Begabung«. Die Thüringische Landesbibliothek Weimar in der Zeit Hermann Blumenthals 1939-1941. In: Michael Knoche, Wolfgang Schmitz (Hrsg.): Wissenschaftliche Bibliothekare im Nationalsozialismus. Handlungsspielräume, Kontinuitäten, Deutungsmuster. Wiesbaden 2011, S. 91-111.
Bärwinkel, Roland: Die Großherzogliche Bibliothek Weimar zwischen 1893 und 1915 unter der Leitung Paul von Bojanowskis. In: Weimar-Jena: Die große Stadt 4 (2011), S. 286-304.
Bestgen, Ulrike: »Alter Adam, neue Eva«. Tradierte Rollenmuster auf dem Prüfstand. In: Wolfgang Holler, Karl-Siegbert Rehberg, Paul Kaiser (Hrsg.): Abschied

von Ikarus. Bildwelten in der DDR – neu gesehen. Ausstellungskatalog. Weimar 2012, S. 295-305.

Bestgen, Ulrike: »Wir sind Ich«. Anmerkungen zum Thieme-Projekt von Harald Reiner Gratz. In: Wolfgang Holler, U. B. (Hrsg.): Spieler. Harald Reiner Gratz beobachtet Thomas Thieme. Ausstellungskatalog. Bielefeld 2012, S. 19-27.

Cleven, Esther: Man and Image. Hans Belting's Anthropology of the Image and the German ›Bildwissenschaften‹. In: Barbara Baert, Ann-Sophie Lehmann, Jenke Van Den Akkerveken (Hrsg.): New Perspectives in Iconology. Visual Studies and Anthropology. Brüssel 2012, S. 143-161.

Ellermann, Karin: »Fehlt eine Zahl, fehlt eine Kiste. Das fällt sofort auf.« Der Umzug der Bestände des Goethe- und Schiller-Archivs im November 2009. In: Manuskripte. Freundesgesellschaft des Goethe- und Schiller-Archivs 5 (2012), S. 24-33.

Fischer, Bernhard: Der Aufsteiger und das Genie – Johann Peter Eckermann und Goethe. In: »Wohlgefällig Zeugniß abzulegen«. Johann Wolfgang von Goethe an die Herzogin von Cumberland. Hrsg. von der Sparkassen-Kulturstiftung Hessen-Thüringen. Frankfurt a. M. 2011, S. 47-56.

Fischer, Bernhard: Poesien der Warenwelt. Karl August Böttigers Messberichte für Cottas ›Allgemeine Zeitung‹. In: René Sternke (Hrsg.): Böttiger-Lektüren. Die Antike als Schlüssel zur Moderne. Mit Karl August Böttigers antiquarisch-erotischen Papieren im Anhang. Berlin 2012, S. 55-74.

Fischer, Bernhard: Von der »Handschrift« zum Digitalisat. Kehrseiten der Wissensgesellschaft? In: Uwe Jochum, Armin Schlechter (Hrsg.): Das Ende der Bibliothek? Vom Wert des Analogen. Frankfurt a. M. 2011, S. 93-100.

Henke, Silke: Der Briefwechsel zwischen Schiller und Goethe in Weimar und Frankfurt. Zwei Ausstellungen im Vergleich. In: Hellmut Th. Seemann, Thorsten Valk (Hrsg.): Literatur ausstellen. Museale Inszenierungen der Weimarer Klassik. Jahrbuch der Klassik Stiftung Weimar 2012. Göttingen 2012, S. 299-310.

Henke, Silke; Henzel, Katrin; Bohnenkamp, Anne u. a.: Perspektiven auf Goethes ›Faust‹. Werkstattbericht der historisch-kritischen Hybridedition. In: Jahrbuch des Freien Deutschen Hochstifts 2011, S. 23-67.

Holler, Wolfgang: Den Bildspeicher öffnen. Überlegungen vor Zeichnungen von Harald Reiner Gratz. In: W. H., Ulrike Bestgen (Hrsg.): Spieler. Harald Reiner Gratz beobachtet Thomas Thieme. Ausstellungskatalog. Bielefeld 2012, S. 93-95.

Holler, Wolfgang: Der Passionsaltar von Erich Klahn in Zella-Mehlis. Wege zu seinem Verständnis. In: Jahrbuch der Thüringer Schlösser und Gärten 15 (2011), S. 116-129.

Holler, Wolfgang: Lebensfluten – Tatensturm. Goethe ausstellen. In: W. H., Gudrun Püschel, Bettina Werche (Hrsg.): Lebensfluten – Tatensturm. Begleitbuch zur gleichnamigen Ausstellung im Goethe-Nationalmuseum. Weimar 2012, S. 11-19.

Holler, Wolfgang; Kaiser, Paul: Ernste Spiele. Hermann Glöckner als abstrakter Künstler in der DDR und seine Werkgruppe der »Modelli«. In: W. H., Karl-Siegbert Rehberg, P. K. (Hrsg.): Abschied von Ikarus. Bildwelten in der DDR – neu gesehen. Ausstellungskatalog. Köln 2012, S. 155-163.

Holm, Christiane: Goethes Gewohnheiten. Konstruktion und Gebrauch der Schreib- und Sammlungsmöbel im Weimarer Wohnhaus. In: Sebastian Böhmer, Chr. H., Veronika Spinner, Thorsten Valk (Hrsg.): Weimarer Klassik. Kultur des Sinnlichen. Berlin, München 2012, S. 116-125.

Holm, Christiane: Goethes Gipse. Präsentations- und Betrachtungsweisen von Antikenabgüssen im Weimarer Wohnhaus. In: Charlotte Schreiter (Hrsg.): Gipsabgüsse und antike Skulpturen. Präsentation und Kontext. Berlin 2012, S. 117-134.

Holm, Christiane: Goethes Papiersachen und andere Dinge des »papiernen Zeitalters«. In: Zeitschrift für Germanistik 22 (2012), H. 1, S. 17-40.

Izdebska, Magdalena: Weimarer Aschebücher. Neue Restaurierungstechnologien in der Mengenrestaurierung. In: Wochenblatt für Papierfabrikation 140 (2012), Nr. 3, S. 196-200.

Klauß, Jochen: Goethe als Sammler und Erblasser. In: Goethe und das Geld. Der Dichter und die moderne Wirtschaft. Ausstellungskatalog. Hrsg. von Vera Hierholzer und Sandra Richter im Auftrag des Freien Deutschen Hochstifts. Frankfurt a. M. 2012, S. 233-242.

Klauß, Jochen: Goethe und Kleist. In: Palmbaum 19 (2011), H. 2, S. 9-45.

Knoche, Michael: Das Archiv des Springer-Verlags als Spiegel der Wissenschaftsgeschichte. In: Das Archiv des Springer-Verlags. Dokumentation der Übergabe am 14.12.2010. Berlin 2012, S. 20-28.

Knoche, Michael: Von der Neigung der Bibliothekare zum Trauerspiel. In: Wer ist so feig, der jetzt noch könnte zagen. Deutsches Nationaltheater und Staatskapelle Weimar. Intendanz Stephan Märki. Hrsg. vom Deutschen Nationaltheater und der Staatskapelle Weimar. Berlin 2012, S. 92-94.

Knoche, Michael: Warum Archive und Bibliotheken bauen? Warum nicht ihre Bestände digitalisieren? / Why build archives and libraries? Why not digitalize their collections? In: Baukunst in Archiven – Gedächtnis der Generationen aus Papier und Bytes. Hrsg. vom Museum für Architektur und Ingenieurkunst NRW und vom Architektur Forum Rheinland. Gelsenkirchen 2012, S. 14-23.

Knoche, Michael; Schmitz, Wolfgang: Einführung. In: M. K., W. Sch. (Hrsg.): Wissenschaftliche Bibliothekare im Nationalsozialismus. Handlungsspielräume, Kontinuitäten, Deutungsmuster. Wiesbaden 2011, S. 7-11.

Kollar, Elke; Kahl, Paul: Europa in der »pädagogischen Provinz«. Wielandgut und Wielandmuseum in Oßmannstedt bei Weimar als Orte der interkulturellen Bildung. In: Museumkunde 77 (2012), H. 1, S. 58-63.

Koltes, Manfred: Die Sanierung des Goethe- und Schiller-Archivs aus Nutzersicht. In: Manuskripte. Freundesgesellschaft des Goethe- und Schiller-Archivs 5 (2012), S. 18-23.

Kurbjuhn, Charlotte: »Kehrseiten« Siziliens um 1800. Hinter Vorhängen, Leichentüchern und Buchattrappen. In: Joseph Imorde, Erik Wegerhoff (Hrsg.): Dreckige Laken. Die Kehrseite der ›Grand Tour‹. Berlin 2012, S. 101-121.

Liepsch, Evelyn: Mozart in Goethes Sammlung der Autographen vorzüglicher Menschen. In: Musik – Politik – Ästhetik. Detlef Altenburg zum 65. Geburtstag.

Hrsg. von Axel Schröter in Zusammenarbeit mit Daniel Ortuño-Stühring. Sinzig 2012, S. 537-548.

Lorenz, Katja: Alexander von Humboldts amerikanisches Reisewerk in der Weimarer Sammlung. In: SupraLibros 10 (Oktober 2011), S. 21-23.

Mangei, Johannes: Viel Spreu, wenig Weizen. Vom Umgang mit »schlechten Büchern« aus bibliothekarischer Sicht. In: B.I.T.online – Zeitschrift für Bibliothek, Information und Technologie 15 (2012), S. 329-332.

Mangei, Johannes: Zu wenig beachtet: NS-Raubgut und aktuelle antiquarische Erwerbung. In: Bibliotheksdienst 46 (2012), H. 7, S. 608-617.

Mangei, Johannes; Sellinat, Frank: Eine besondere Erwerbung 2011: Die Sammlung von Dorfner-Einbänden zu Goethes »Faust«. In: SupraLibros 10 (Oktober 2011), S. 24-26.

Metzger, Folker: Barrierefreiheit und kulturelle Bildung in Museen. In: Jürgen Weber, Anja Tervooren (Hrsg.): Wege zur Kultur. Barrieren und Barrierefreiheit in Kultur- und Bildungseinrichtungen. Köln, Weimar, Wien 2012, S. 191-201.

Mildenberger, Hermann: Die italienischen Zeichnungen Goethes / I disegni italiani di Goethe. In: Ursula Bongaerts (Hrsg.): »den ganzen Tag gezeichnet«. Die italienischen Zeichnungen Goethes. Ausstellungskatalog. Bonn 2012, S. 39-65.

Mildenberger, Hermann: Jacob Philipp Hackert und Johann Wolfgang von Goethe. In: Javier Arnaldo (Hrsg.): Goethe. Naturaleza, Arte, Verdad, Circulo de Bellas Artes. Madrid 2012, S. 117-138.

Müller, Gerhard: »Diesmal muß mirs nun freylich Ernst und sehr Ernst seyn …«. Goethe, Carl August und das Finanzwesen in Sachsen-Weimar-Eisenach. In: Goethe und das Geld. Der Dichter und die moderne Wirtschaft. Ausstellungskatalog. Hrsg. von Vera Hierholzer und Sandra Richter im Auftrag des Freien Deutschen Hochstifts. Frankfurt a. M. 2012, S. 204-214.

Müller, Gerhard: Nach den Ideologien. Weimarer Klassik-Ausstellungen seit 1999. In: Hellmut Th. Seemann, Thorsten Valk (Hrsg.): Literatur ausstellen. Museale Inszenierungen der Weimarer Klassik. Jahrbuch der Klassik Stiftung Weimar 2012. Göttingen 2012, S. 243-260.

Müller-Harang, Ulrike: Der Mozart-Ring. Eine Reliquie findet ihren Platz. In: Mozart-Jahrbuch 2011, S. 277-288.

Oppel, Margarete: Die italienischen Zeichnungen Goethes / I disegni italiani di Goethe. Katalogteil. In: Ursula Bongaerts (Hrsg.): »den ganzen Tag gezeichnet«. Die italienischen Zeichnungen Goethes. Ausstellungskatalog. Bonn 2012, S. 67-178.

Richter, Elke: »Und frische Krafft und frisches Blut trinck ich aus neuer Welt …«. Goethes erste Schweizer Reise im Spiegel seiner Lebenszeugnisse. In: Ulrike Leuschner (Hrsg.): »Wie sehr dieser Kreis mich belebte und beförderte«. Schriften der Darmstädter Goethe-Gesellschaft, H. 2. Bonn 2012, S. 7-37.

Richter, Elke: »Verehrung« und »Anhänglichkeit« – Gothe und die Herzogin von Cumberland. In: »Wohlgefällig Zeugniß abzulegen«. Johann Wolfgang von Goethe an die Herzogin von Cumberland. Hrsg. von der Sparkassen-Kulturstiftung Hessen-Thüringen. Frankfurt a. M. 2011, S. 12-16.

Richter, Elke; Zschiedrich, Bettina: »Wohlgefällig Zeugnis abzulegen« – Goethes letzter Brief an Friederike Herzogin von Cumberland. In: »Wohlgefällig Zeugniß abzulegen«. Johann Wolfgang von Goethe an die Herzogin von Cumberland. Hrsg. von der Sparkassen-Kulturstiftung Hessen-Thüringen. Frankfurt a.M. 2011, S. 34-38.

Rößler, Johannes: Carl Justi – ein Beitrag zu seiner intellektuellen Biographie. In: Carl Justi: Moderne Irrtümer. Briefe und Aphorismen. Hrsg. von J.R. Berlin 2012, S. 483-546.

Rößler, Johannes: Konkurrenz der Stile. Alexander Trippel als Gegner Antonio Canovas und Johann Gottfried Schadows. In: Das achtzehnte Jahrhundert 36 (2012), S. 224-237.

Rößler, Johannes: Universitäre Kunstgeschichte um 1864. Anton Springer als Lehrer Johann Rudolf Rahns. In: Zeitschrift für Schweizerische Archäologie und Kunstgeschichte 69 (2012), S. 287-291.

Rößler, Johannes; Gramaccini, Norberto: Zur Einführung. In: J.R., N.G. (Hrsg.): Hundert Jahre »Abstraktion und Einfühlung«. Konstellationen um Wilhelm Worringer. Paderborn 2012, S. 9-18.

Rosenbaum, Alexander: Literatur unter Glas. Das Goethe- und Schiller-Archiv als »Handschriftenmuseum«. In: Hellmut Th. Seemann, Thorsten Valk (Hrsg.): Literatur ausstellen. Museale Inszenierungen der Weimarer Klassik. Jahrbuch der Klassik Stiftung Weimar 2012. Göttingen 2012, S. 111-132.

Rosenbaum, Alexander: Titelbilder in Kalendern der Altenburger Sammlung. In: Klaus-Dieter Herbst (Hrsg.): Astronomie, Literatur, Volksaufklärung. Der Schreibkalender der Frühen Neuzeit mit seinen Text- und Bildbeigaben. Bremen 2012, S. 151-182.

Schäfer, Sabine: Alexander Palmer alias Blankenstein – auf der Spur eines Hochstaplers. In: Goethe-Jahrbuch 128 (2011), S. 273-285.

Schimma, Sabine: Goethe schreibt. In: Wolfgang Holler, Gudrun Püschel, Bettina Werche (Hrsg.): Lebensfluten – Tatensturm. Begleitbuch zur gleichnamigen Ausstellung im Goethe-Nationalmuseum. Weimar 2012, S. 21-33.

Siebenbrodt, Michael: Bauhaus-Parallelen. Die Loheland-Werkstätten. In: Elisabeth Mollenhauer-Klüber, M.S. (Hrsg.): bauhaus-parallelen. Loheland-Werkstätten. Weimar, Künzell 2012, S. 5-16.

Siebenbrodt, Michael: Benita Koch-Otte am Bauhaus in Weimar 1920-1925. In: M.S. (Hrsg.): Die Bauhäuslerin Benita Koch-Otte. Textilgestaltung und Freie Kunst 1920-1933. Ausstellungskatalog. Weimar 2012, S. 7-17.

Siebenbrodt, Michael: The Bauhaus in Weimar. A School of Creativity and Invention. In: Barbican Art Gallery (Hrsg.): Bauhaus: Art as Life. Köln 2012, S. 34-49.

Theile, Gert: 1811: Die Deutsche Tischgesellschaft. In: Mitteldeutsches Jahrbuch für Kultur und Geschichte 18 (2011), S. 138-141.

Theile, Gert: Hinter Glas. Romantische Facetten eines modernen Topos bei Hoffmann, Arnim, Tieck. In: Antje Arnold, Walter Pape (Hrsg.): Emotionen der Romantik. Repräsentation, Ästhetik, Inszenierung. Berlin, Boston 2012, S. 155-168.

Ulferts, Gert-Dieter: Museale Präsentationen in den historischen Räumen des Weimarer Schlosses. Ein Rückblick mit Ausblicken. In: Hellmut Th. Seemann, Thorsten Valk (Hrsg.): Literatur ausstellen. Museale Inszenierungen der Weimarer Klassik. Jahrbuch der Klassik Stiftung Weimar 2012. Göttingen 2012, S. 311-326.

Valk, Thorsten: Berglinger und kein Ende. Filiationen romantischer Musikästhetik im Roman der Postmoderne. In: Walter Hinderer (Hrsg.): Auftakte und Nachklänge romantischer Musik. München 2012, S. 43-58.

Valk, Thorsten: Weimarer Klassik. Kultur des Sinnlichen. In: Sebastian Böhmer, Christiane Holm, Veronika Spinner, Th. V. (Hrsg.): Weimarer Klassik. Kultur des Sinnlichen. Ausstellungskatalog. Berlin, München 2012, S. 11-23.

Weber, Jürgen: Provenienzklärung und Restitution als Managementaufgabe. In: Hans-Christoph Hobohm, Konrad Umlauf (Hrsg.): Erfolgreiches Management von Bibliotheken und Informationseinrichtungen. Aktualisierungs- und Ergänzungslieferung Nr. 38. Hamburg 2012, S. 1-11.

Weber, Jürgen: Sammeln als Konsum – Die Verwaltung von NS-Raubgut in deutschen Bibliotheken. In: Regine Dehnel (Hrsg.): NS-Raubgut in Museen, Bibliotheken und Archiven. Viertes Hannoversches Symposium. Frankfurt a. M. 2012, S. 31-40.

Siglenverzeichnis

BRB	Bibliothèque Royale de Belgique, Brüssel
DLA	Deutsches Literaturarchiv Marbach
ENSAV	École Nationale Supérieure des Arts Visuels
GSA	Klassik Stiftung Weimar, Goethe- und Schiller-Archiv
HAAB	Klassik Stiftung Weimar, Herzogin Anna Amalia Bibliothek
Museen	Klassik Stiftung Weimar, Museen
ThHStW	Thüringisches Hauptstaatsarchiv Weimar
WA	Goethes Werke. 143 Bde. Hrsg. im Auftrag der Großherzogin Sophie von Sachsen. Weimar 1887-1919. Nachdruck: München 1987. Bd. 144-146: Nachträge und Register zur IV. Abt. Briefe. Hrsg. von Paul Raabe. München 1990 (Weimarer Ausgabe)

Mitarbeiter des Bandes

Ute Ackermann, Klassik Stiftung Weimar, Museen

Franziska Bomski, Klassik Stiftung Weimar, Referat Forschung und Bildung

Prof. em. Dr. Dieter Dolgner, Anemonenweg 4, 06118 Halle (Saale)

Dr. Hansdieter Erbsmehl, Hornstr. 5, 10963 Berlin

Angelika Emmrich, Klassik Stiftung Weimar, Schlösser, Gärten und Bauten

Prof. Dr. Ole W. Fischer, University of Utah, School of Architecture, 375 South 1530 East, Salt Lake City, Utah 84112, USA

Dr. Thomas Föhl, Klassik Stiftung Weimar, Sonderbeauftragter des Präsidenten

Angela Jahn, Klassik Stiftung Weimar, Referat Forschung und Bildung

Dr.-Ing. Norbert Korrek, Bauhaus-Universität Weimar, Fakultät Architektur, Geschwister-Scholl-Str. 8, 99423 Weimar

Ann Luise Kynast, Klassik Stiftung Weimar, Referat Forschung und Bildung

Dr.-Ing. Ursula Muscheler, Faunastr. 1 a, 40239 Düsseldorf

Antje Neumann, Klassik Stiftung Weimar, Museen

Prof. Dr. Carsten Ruhl, Bauhaus-Universität Weimar, Fakultät Architektur, Geschwister-Scholl-Str. 8, 99423 Weimar

Hellmut Th. Seemann, Präsident der Klassik Stiftung Weimar

PD Dr. Thorsten Valk, Klassik Stiftung Weimar, Referat Forschung und Bildung

Dipl.-Ing. Jérémy Vansteenkiste, Morisstraat 54, 1060 Brüssel, Belgien

Prof. Dr. Volker Wahl, Paul-Schneider-Str. 33 a, 99425 Weimar

Sabine Walter, Klassik Stiftung Weimar, Museen

Prof. Dr. Gabriel P. Weisberg, University of Minnesota, Department of Art History, 271 19th Avenue South, Minneapolis, Minnesota 55455, USA

Dr. Gerda Wendermann, Klassik Stiftung Weimar, Museen

Prof. Dr. Ulrike Wolff-Thomsen, Christian-Albrechts-Universität Kiel, Kunsthistorisches Institut, Olshausenstraße 40, 24118 Kiel

Bildnachweis

Association des Amis du Petit Palais, Genf: S. 50 unten, 121 unten (Fotos: Studio Monique Bernaz, Genf)

Bauhaus-Universität Weimar: S. 168 oben (Foto: Jonas Tegtmeyer)

Bibliothèque des Arts Décoratifs, Paris: S. 45, 51

Bibliothèque Royale de Belgique, Brüssel: S. 41, 147, 173, 176, 185, 187, 189, 191, 195, 196

Bildarchiv Foto Marburg: S. 159, 162, 179, 181, 199, 212

bpk | Bayerische Staatsgemäldesammlungen: S. 127 unten

bpk | CNAC-MNAM: S. 128

bpk | Kupferstichkabinett, SMB: S. 74 (Foto: Jörg P. Anders)

bpk | RMN – Grand Palais: S. 123 oben (Foto: Jean Schormans)

bpk | Staatsbibliothek zu Berlin: S. 329

Design museum Gent: S. 77, 296

ENSAV La Cambre, Brüssel: S. 40, 198, 200, 244, 248, 249, 253, 254, 259, 271, 299

Galerie Ronny Van de Velde, Antwerpen-Knokke: S. 122

Klassik Stiftung Weimar: Frontispiz (Foto: Toma Babovic), S. 61, 127 oben, 165 unten (Foto: Alexander Burzik), 166 (Fotos: Toma Babovic), 167 (Fotos: Toma Babovic), 168 unten (Foto: Renno), 221, 222, 226, 227, 228, 229, 230, 231, 232, 233, 269

Kunsthaus Zürich: S. 125 unten

Lukas – Art in Flanders VZW | SABAM Belgium: S. 126 (Foto: Hugo Maertens)

Museum für Gestaltung Zürich: S. 50 oben, 206 (Fotos: Museum für Gestaltung Zürich, Kunstgewerbesammlung. Marlen Perez © ZHdK)

National Trust Images: S. 165 oben (Foto: Andrew Butler)

Privatsammlung, Hamburg: S. 75 (Foto: Alexander Burzik)

Privatsammlung: S. 76

Privatsammlung: S. 123 unten

Ronny und Jessy Van de Velde, Antwerpen: S. 124 unten

Sammlung E. W. K., Bern: S. 78

Sammlung Kröller-Müller Museum, Otterlo, Niederlande: S. 32

Sammlung SAM: S. 124 oben

Staatsgalerie Stuttgart: S. 121 oben (Foto: Staatsgalerie Stuttgart)

Städel Museum, Frankfurt am Main: S. 83

Städel Museum | ARTOTHEK: S. 84 (Foto: U. Edelmann)

The Art Institute of Chicago: S. 125 oben (207,5 × 308,1 cm, Helen Birch Bartlett Memorial Collection, 1926. 224, Foto © The Art Institute of Chicago)

Theaterwissenschaftliche Sammlung, Universität zu Köln: S. 255

The Museum of Modern Art (MoMA), New York: S. 18 (Ausstellungsansicht von »Modern Architecture: International Exhibition«, MoMA, New York, 10.02.-23.03.1932. The Museum of Modern Art Archives, IN15.1. Digitales Bild © 2012, The Museum of Modern Art, New York | Scala, Florenz)

VG Bild-Kunst, Bonn 2012: S. 27, 50, 126, 313, 314 sowie sämtliche Werke von Henry van de Velde

Sollte trotz sorgfältiger Recherche ein Rechteinhaber nicht genannt sein, werden berechtigte Ansprüche im Rahmen der üblichen Vereinbarungen nachträglich abgegolten.

Redaktion: Angela Jahn und Ann Luise Kynast

Gefördert durch:

 Der Beauftragte der Bundesregierung für Kultur und Medien

aufgrund eines Beschlusses des Deutschen Bundestages

Bibliografische Information der Deutschen Nationalbibliothek
Die Deutsche Nationalbibliothek verzeichnet diese Publikation in der Deutschen Nationalbibliografie;
detaillierte bibliografische Daten sind im Internet über http://dnb.d-nb.de abrufbar.

© Wallstein Verlag, Göttingen 2013
www.wallstein-verlag.de
Vom Verlag gesetzt aus der Sabon
Umschlag: goldwiege | visuelle projekte
Druck und Verarbeitung: Hubert & Co, Göttingen
Gedruckt auf alterungsbeständigem Papier

ISBN: 978-3-8353-1229-6
ISSN: 1864-1210